E-commerce Platform Rule-based Governance

# 电子商务平台的规则治理

沈 岿 满艺姗 等 著

北京 | 法律出版社 | LAW PRESS

**图书在版编目(CIP)数据**

电子商务平台的规则治理 / 沈岿等著. -- 北京 : 法律出版社, 2024

ISBN 978-7-5197-9004-2

Ⅰ. ①电… Ⅱ. ①沈… Ⅲ. ①电子商务—经济法—研究—中国 Ⅳ. ①D922.290.4

中国国家版本馆 CIP 数据核字(2024)第070941号

**电子商务平台的规则治理**
**DIANZI SHANGWU PINGTAI DE GUIZE ZHILI**

沈 岿 满艺姗 等 著

责任编辑 郑怡萍
装帧设计 贾丹丹

**出版发行** 法律出版社
**编辑统筹** 法律教育出版分社
**责任校对** 王语童
**责任印制** 刘晓伟
**经　　销** 新华书店

**开本** A5
**印张** 12.5　**字数** 326千
**版本** 2024年5月第1版
**印次** 2024年5月第1次印刷
**印刷** 北京建宏印刷有限公司

---

地址:北京市丰台区莲花池西里7号(100073)
网址:www.lawpress.com.cn
投稿邮箱:info@lawpress.com.cn
举报盗版邮箱:jbwq@lawpress.com.cn
销售电话:010-83938349
客服电话:010-83938350
咨询电话:010-63939796


---

**书号**:ISBN 978-7-5197-9004-2
**定价**:52.00元

凡购买本社图书,如有印装错误,我社负责退换。电话:010-83938349

# 认真对待平台规则
## （代序）

### 一

“电子商务平台的规则治理”课题发动于2019年初。在课题组同学们的辛勤努力之下，经过调研、文献研究和写作，本书各章的初稿基本于2020年开年之际完成。

然后，整个世界进入了“新冠”疫情防控模式！

我因为一段时间滞留于海外，无法像在课题进行中那样，与撰稿人见面沟通稿件的进一步完善事宜。故而，只得一一审阅各章。在较易修改之处，直接进行改写；在需要更多研究之处，给撰稿人提出意见。各章修改稿就在我与撰稿人之间往返，有的只是往返一两次，有的则是数次。在这期间，作者们多数毕业了，离开了学校，有其紧张的工作要做，甚至需要参加一线的防疫工作。于是，全部书稿修改定稿的时间，差不多在2022年年中了。

感谢法律出版社的青睐，继《电子商务监管导论》《电子商务的合作治理》之后，再次与我们签约出版本书！但是，疫情仍在继续，甚至防控形势日益加紧。许多工作不得不调慢日常的节奏，书籍的出版即为其中一项。与此同时，我们所研究的对象——电子商务平台的规则，并非像法律那样稳定，在这四五年的时间里，总有一些变化。于是，原先基本完成的书稿，在去年又经历修改和审校。这期间，本书作者之一满艺姗老师和出版社郑怡萍老师都付出了很多心血和努力。

斗转星移，时空进入2024年春季；值此百花争艳之际，本书终于迎来杀青付梓时刻。

## 二

对电商平台规则进行系统研究，是一个比较艰难的选择。这倒不是因为理论上对电商平台规则的性质、地位、效力等基础问题，仍然存有不少的歧见和争议，而是因为两个影响研究对象、研究范围的因素：一是电商平台规则多如牛毛、不计其数，每个平台都有其自己制定的规则，无论该平台是大还是小；二是相比较国家法律规范而言，电商平台规则的变化更多、更快、更频繁。前者需要决定哪些平台规则应当纳入课题研究范围，后者需要决定是否随时更新课题的研究对象。然而，平台规则在电子商务领域中的重要影响，已经丝毫不亚于在同一领域的国家法。将其纳入法学的视野进行完整、系统的研究，并给出我们的研究进路、方法和成果，这两点意义足以克服对研究对象过于庞杂且不够稳定的担心。

电子商务对当今人们生活广泛而深入的渗透，已经能够几乎被每个人所感受，就连几岁孩童都会在需要时对家长说声“叫个外卖吧”。更何况，在疫情防控期间，电子商务在缓减防控措施对人们生活带来的诸多不便方面发挥了无可替代的功能，以至于人们对此记忆犹新。毫无疑问，如此重大的影响是在一个秩序空间里存在的。很难想象，若没有一种稳定的、持续的、可预期的、公平公正的秩序，从未谋面的交易双方，买方怎会在对卖方提供的商品或服务，除了网页上浏览以外，基本一无所知的情况下，仍愿意下单给卖方；卖方怎会在对买方能否收到商品或服务以后及时付清价款而忧心忡忡的情况下，依旧愿意向买方供应商品或服务。此外，还有许多让电子商务使用者——平台、卖家、买家、广告者等——和利害相关者担心的其他问题，诸如商品或服务质量、退换货、个人信息、隐私、知识产权、商业秘密、公平竞争等，同样需要通过一种能够尽可能消除各方疑虑、从而使得电子商务活动可以正常开展的秩序予以应对。

任何一种具有稳定性、持续性、可预期性、公平公正性的秩序,都必须由众多的、调节人们行为的规则提供支持。若没有这样的规则,违约违规的行为得不到应有的惩戒,可能造成违约违规的因素得不到应有的抑制,网络上的、虚拟空间里的商务和交易,就不可能正常进行,电子商务作为一种新的经济业态,就不可能发展至现在这样的规模。回溯历史,原《民法通则》、原《合同法》、《产品质量法》、《消费者权益保护法》、《反不正当竞争法》等为线下商务提供制度环境的国家法规则,同样是打造电子商务秩序的框架柱石。然而,与电子商务特殊性紧密关联的、可以让平台用户放心进入线上交易环境的大量规则,如用户信用评价规则、用户行为管理规则等,最先还是由电商平台主动供应的。

只是,随着电子商务系统在更大范围、更深程度、更加复杂地嵌入原有的经济—社会生活系统,平台主要出于作为一个经济体的逐利动机——吸引和黏住更多用户——而生产、提供的规则,已经不能应对以下的利益冲突或诉求:其一,电子商务平台经济与传统经济形态之间的竞争和冲突,如曾经出现的网约出租车对传统出租车的冲击;其二,电子商务平台经济之间的竞争和冲突,如无正当理由的限定交易行为,即俗称的"二选一"垄断行为;其三,电子商务平台与用户之间因为极其不对称的地位而造成的冲突,如"淘宝围城"事件;其四,电子商务平台、平台内经营者、快递与消费者之间的利益冲突,如交易各方的纠纷;其五,电子商务平台、平台内经营者与利害相关者之间的利益冲突,如知识产权权利人受到侵害;其六,国家在对网络交易市场进行监管方面出现一定程度的资源缺乏和能力不足,需要平台更多承担以往由国家负责的功能,如处理违法交易行为、侵权行为以及解决争端。

于是,与电子商务有关的国家法规则,不断地应运而生,或者使成熟的平台规则法律化,或者填补平台规则的空白,或者矫正平台规则的偏狭。在当下的电子商务公共治理语境之下,国家法与平台规则更多交织在一起,共同塑造了前述的电商平台交易秩序。原来出于自我逐利动机的平台规则,依然还会因为平台经营模式或业态的改变,有新的生成、生长;但也有相当一部分的平台规则,是源自平台合法合规的动机。现在,就许多规则而言,已经很难分辨明白是哪个动机使然或起主要作用,因为平台的合法合规也往往——虽然并不绝对——意味着其可以吸引和黏住更多的用户,形成更大的谋利空间。

成万上亿的我们就是在国家法与平台规则交融的"混合法"体系之中进行着各种各样的网络交易。仅就此而言,从法学的视角进入平台规则体系,对其进行系统、完整研究的重要意义可谓昭然。

## 三

关于平台规则的性质,理论上多有不同看法,常见的是"合同说(含格式条款说)"、"习惯说"和"软法说"。其中,"软法说"也是我以及我曾经带领的另一课题组所持之观点。[1] "习惯说"似乎只是昙花一现。早期的"软法说"未在理论上考虑到自治规范仍然可以形成强制性约束力,[2] 而且其观点与司法实践对平台规则约束性效力的认可不符,故现在看来也是难以成立。

相较之下,"合同说(含格式条款说)"则拥有更大理论市场和实务市场。[3] 只是平台规则的四个现象让此说也显得捉襟见肘。一是平台规则之绝大多数皆是平台单方面制定的,而不是经过平等协商完成的,与典型意义上的合同明显不符。二是平台规则颁布以后,平台用户基本

---

〔1〕 参见沈岿:《互联网经济的政府监管原则和方式创新》,载《国家行政学院学报》2016年第2期;沈岿、付宇程、刘权等著:《电子商务监管导论》,法律出版社2015年版,第102~103页。

〔2〕 参见沈岿:《自治、国家强制与软法——软法的形式和边界再探》,载《法学家》2023年第4期。

〔3〕 有的平台,如淘宝,明确将平台规则视为平台服务协议的组成部分。参见本书第111页。法院裁判也多将平台规则视为格式条款。例如,杭州互联网法院发布网络服务合同纠纷十大典型案例之一:"某(中国)公司诉郑某某、新乡市某商贸公司网络服务合同纠纷案";四川天府新区成都片区人民法院、重庆自由贸易试验区人民法院联合发布2022年十大涉外、涉港澳台商事典型案例之十:"原告W公司与被告李某国际运输合同纠纷案"。

只有要么接受、要么离开的选择,用户因为长年的或者必要的使用平台而产生的黏性使其往往不得不接受之。其或可用民法上的“格式条款”解释之,并用格式条款相关规范以防止明显不合理的无效情形。[4] 但是,格式条款相关规范相对比较简单,似乎无力对平台规则进行更加全面的规制。三是国家对平台规则的制定过程已经介入较深,一系列规则和制度的出台至少表明公共意志已经隐含地承认平台规则与典型意义上的格式条款有较大差异,即便这些规则和制度仍然将平台规则定位为格式条款。四是格式条款作为民事合同的一种特殊条款,更多地体现提供者一方的单方意志,但仍然应该在强调主体自由、意思自治的民法语境中对待之。然而,现实中,相当一部分平台规则的制定,并非出于平台自身的自由意志,而是国家将其原先的功能通过立法转移给平台造成的。表面上,制定平台规则也可以解释为是平台意思自治下的“合规”措施,可实质上是平台不得不承接的“准政府”职能的自我规制。

我们课题组在讨论如何对平台规则展开全方位研究的时候,最初遇到的基础性问题之一就是对其如何定性。因为看起来,唯有定性清楚,才能知道该采取何种进路、从哪些维度去考察和研究它。假设我们完全接受“合同说(含格式条款说)”,那么,此书的框架就有可能是一部特殊的合同法体系。最终,考虑到以上的情形,我们的选择是:第一,大致倾向于将平台用户服务协议以外的平台规则视作平台自治规则,而不将其“一揽子”地视作合同格式条款;第二,在此基础上,对平台规则进行更多具有实证性的、描述性的研究,尽管本书中也有从平台规则及其制度体系存在什么不足、需要怎样矫正的方向上进行一定的规范性探讨的。

将平台规则作为自治规则来对待,是我提议的一个想法。在思考过程中,我将其对应英文词语“by - laws”。根据《布莱克法律词典》,该词

---

[4] 参见《民法典》第 496、497、498 条。例如,江苏省高级人民法院发布 10 件 2023 年度全省消费维权典型案例之六:“宋某与某科技公司信息网络买卖合同纠纷案”。在该案中,法院认定被告没有以醒目方式告知消费者该平台提供的“假一赔十”是现金券赔偿,从而支持原告要求现金赔偿的主张。

通常指向协会、公司或其他类似组织,为了其治理的需要,而制定的规章、条例、规则或法律。[5] 在我国,通常将该词译为"章程"。在前互联网时代、前平台经济时代,协会、公司、学校等并不对其自身成员或雇员以外的个人或组织进行治理,章程的翻译也是约定俗成,为这些组织习惯用之。而平台经济下的平台企业,其进行的治理不仅对象规模巨大,对象与其除了签订用户协议而成为用户外,没有很强的人身依附或隶属关系,而且,治理所涉的还包括用户以外的利害相关者,如知识产权所有者。故而,对应地译为"自治规则"更贴近平台规则的实际。

大致上,自治可以是同意基础上的自治,也可以是授权基础上的自治,所以,"自治规则"概念或可对国家转移部分治理功能于平台上的事实,有更强的解释力。由于是自治,自治体就有权制定自治规则——无论是同意自治还是授权自治,无须同自治体的每个成员都再就规则"签约",也无须将其视为格式条款。自治规则与自治体的成员有着密切的利害关系,与自治体以外的权利人也会有某种程度的利益关联,因此,自治体有权制定并不意味着自治体可以任意制定。这就需要在法律制度上考虑如何从实体法和程序法两个维度对其进行更好的规制,使其一方面有利于平台的自治,让平台始终保有利润空间,另一方面也有利于平台用户、平台利害相关者的正当利益得到保护。"自治规则"根据其内容,尤其是根据其是否附有违反规则的惩戒性后果,可以分为硬法意义的自治规则和软法意义的自治规则,[6]这就比格式条款理论更具容纳力。

## 四

课题组整体倾向于"自治规则说",并不意味着课题组成员对此都

---

〔5〕 By – laws. Regulations, ordinances, rules or laws adopted by an association or corporation or the like for its government. See Black's Law Dictionary, 5th ed., West Publishing Co., 1979, p. 182.

〔6〕 参见沈岿:《自治、国家强制与软法——软法的形式和边界再探》,载《法学家》2023年第4期。

予以认可。读者可以在书中读到一些相对模糊的处理,也可以在书中仍然接触到“格式条款说”。然而,这个基本倾向决定了本书的框架和思路。

本书的第一章是“平台与公共治理”,旨在将平台置于电子商务公共治理的语境之中,突出其作为公共治理体系中治理主体之一的地位与作用,也就由此彰显关注和研究“这个对平台及其用户的行为更具直接规范性的庞大的规则体系”的重大意义。此后,读者可以发现,本书的基本思路就是像对待“国家法”那样去对待平台规则。第二章“平台规则的发展和意义”,在划出电子商务平台规则历史线的基础上,更重要的是从中发掘其演进的动力和特性。当我们发现平台规则的公共性有一个递增的过程之后,就更能理解为什么平台规则是网络化、平台化时代“法秩序”中不可或缺且日显重要的部分。之所以有第三章“平台规则的类型和谱系”的设计,首先,考虑到平台规则的内容和形式林林总总,对其进行类型化的处理更有助于比较清晰地了解其所涉主要的权利义务关系包括哪些方面。其次,考虑到平台规则的制定既有逐利动机也有合规动机,从意志论角度似乎可以将平台规则所体现的意志放在一个从私人意志到公共意志的谱系之中。通过梳理和分析,最初的想法得到了印证。

第四章“平台规则与国家法”,是关注平台规则与国家法的互动,这同研究平台规则谱系有一个考察点的重叠,即都涉及作为私主体的平台与作为主要公共主体的国家之间关系,但着重研究的内容不同。在平台规则谱系之下,研究的问题是平台规则本身有多少国家意志的介入;而在平台规则与国家法之下,揭示的是平台规则如何得到国家法认可、如何执行国家法任务、如何填补国家法空白以及又如何向国家法转化。第五章“平台规则的效力”,力图建构起一套平台规则的效力理论,其涉及平台规则的效力来源、生效要件、效力层次和效力范围四个方面。该章的主要内容不是描述性的勾勒,更多是给出规范性的阐释。

本书的最后三章,即第六章“平台规则的‘立改废’”、第七章“平台规则的执行”和第八章“平台规则与争议解决”是对标立法、执法和司法而进行探究。在合同法的话语体系中，是不会表述为合同的“立改废”的，而本书有意如此，就是因为发现目前无论是国家层面，还是平台自身，对平台制定过程的打造和形塑，已经越来越将其像行政机关制定规则那样来对待了。而平台规则在实践中得到执行，主要是依靠平台惩戒、平台奖励和平台的日常监管来完成的，保障执行的路径大致可以分为“说服”和“压服”，这与法律的实施几乎同理。至于平台的准司法功能，即解决平台经营中产生的各种纠纷，因其快捷性、便利性、合意性等，已经发挥越来越大的作用，成为法院正式的裁判和仲裁机构的仲裁的良好替代。一方面，平台的准司法功能得到了程序法意义上的平台争议解决规则的塑造；另一方面，实体法意义上的平台管理或服务规则在争议解决过程中得到适用。以上即最后三章之主要内容。

综上所述，本书大致以平台规则乃自治规则为前设，进而展开前述的研究图景。“认真对待平台规则，如认真对待法律一般”，这应该是本书最想表达的核心观点。同时，随着平台经济的进一步发展，虚拟空间技术（如元宇宙）的进一步发展，我们或许会比现在更多地生活于超越国界的平台世界、平台社会之中，也就会有更多的平台规则呈现在我们面前，成为我们的行动准则；我们的人格尊严、平等权、隐私权等基本权利也会越来越多地受到既有国内的又有全球的平台规则、平台权力的影响。〔7〕如何对待“未来法秩序”中的平台规则，包括搜索平台的、社交平台的、电商平台的等，已经是一项并不仅仅属于未来的挑战性课题。

最后，不得不非常遗憾地表明，我们所研究的平台规则更多是已公开、可获得、可分析的、为电子商务平台提供运作框架的自治规则。而对电子商务各方主体的行为有更大、更广、更深影响的算法（algorithm）或代码（code），我们并未将其纳入本课题亦即本书的研究范围之中。我们

〔7〕本课题组意识到全球视野对研究平台规则的重要意义，但由于精力、时间的有限，本课题未就这个方面展开一定的研究。

深知,算法或代码是数字世界另一种形式的法律,[8]其引发的关注热度——特别是其对民主、法治、人权的影响问题——远比我们这里探讨的规则要高很多。然而,不积跬步,无以至千里。认真对待本书视野中的平台规则,应该是进一步认真对待算法或代码在数字世界、平台世界中的法律意义的垫脚石。

## 五

本书最终得以出版,首先,特别感谢课题组成员、各章的作者!他们在前期辛勤地调研、讨论、撰写,后期在疫情肆虐时不辞工作劳累,坚持对需要变动的内容进行细致修改,这一切造就了现在的这本书。本书具体分工如下:

第一章　平台与公共治理　湛舟恒

第二章　平台规则的发展和意义　支玉晨

第三章　平台规则的类型和谱系　孔德辉

第四章　平台规则与国家法　满艺姗

第五章　平台规则的效力　周雷

第六章　平台规则的"立改废"　吕子祎

第七章　平台规则的执行　陈泓润

第八章　平台规则与争议解决　李伟佳

其次,我要感谢我的同事、北京大学法学院教授、北京大学电子商务法研究中心主任薛军!是他,持之以恒地对我的课题研究给予无私帮助,无论是精神上的还是物质上的。

最后,我要感谢满艺姗老师和郑怡萍老师!课题启动时,满艺姗老师还是我指导的博士研究生,现在她已经是对外经贸大学法学院的教师

---

[8] See Lawrence Lessig, *Code: And Other Laws of Cyberspace*, A Member ot the Perseus Books Group, 1999; Lawrence Lessig, *Code: And Other Laws of Cyberspace*, *Version* 2.0, A Member of the Perseus Books Group,2006.

了。无论是在课题进行时,还是在最后书稿的汇总、整理、文字校对过程中,她都表现出了充分的周到、耐心和细致。法律出版社的郑怡萍老师,也是在这么长的出版周期里,一直陪伴着我们,以其精益求精的执着,督促我们、同我们一起将书稿改得更好。这本书凝结了她们两位的心血!

我的家人始终是我前进的动力、生命的支撑!在这期间,我经历了痛失慈母之苦,妻子余伟利、儿子沈子越则是我滴泪心尖时的慰藉。沈子越更是受我之托,为本书封面设计了底稿。感谢、感恩她(他)们!

本书经五年之磨砺,主要原因是疫情造成迟滞。平台规则的多样性、易变性、新生性以及包括我在内的课题组研究能力之局限,都会给本书带来诸多不足,还要请读者方家批评指正。

沈　岿

2024年5月24日

北京大学法学院陈明楼

# 目　录

# 第一章　平台与公共治理

## 第一节　电子商务的发展与需要治理的问题

### 一、我国电子商务的发展历程

以中国商品交易中心和中国化工网于1997年分别上线为标志，电子商务在我国开始蹒跚起步。自此以后的20余年间，电子商务历经低谷、回暖、崛起、转型、爆发和迭代多个阶段，最终迎来了全面发展的黄金时期。电子商务已成为我国重要的社会经济形式和流通方式，在国民经济和社会发展中发挥着日益重要的作用。[1]

（一）萌芽时期（1997～2000年）：电子商务晨光初现

1998年4月北京海星凯卓计算机公司和陕西华星进出口公司利用中国商品交易中心电子商务系统（CCEC）完成了我国历史上第一笔电子在线交易，[2]中国商品交易中心开创了国内B2B模式的先河；1999年3月开始试运营的8848电子商务网站，创新性地将B2C这一电子商务新模式引进了国内；同年8月易趣网诞生，标志着C2C模式在我国的初次亮相。至此，网络购物开始从概念走向实践。

---

〔1〕 参见聂林海：《我国电子商务发展的特点和趋势》，载《中国流通经济》2014年第6期。

〔2〕 参见大魏：《我国电子商务第一单交易顺利成交——中国商品交易中心首单电子交易纪实》，载《中国经贸导刊》1998年第9期。

从事网络广告服务的门户网站中华网于1999年7月率先登陆纳斯达克,成为国内第一家在美国成功上市的互联网公司,市值一度高达50亿美元。中华网的意外成功,一方面使得探索中的互联网创业者们的精神为之一振,另一方面令华尔街投资者们的目光转向了国内,阿里巴巴、当当网、美商网等知名互联网企业相继获得了数千万美元的战略投资。

世纪之交,互联网公司策划了一系列营销活动:2000年9月,阿里巴巴在杭州举办第一届"西湖论剑"网络峰会,本次峰会由著名作家金庸担任主持人,张朝阳、王峻涛、丁磊、王志东、马云等知名互联网企业家悉数到场,畅谈"中国互联网的未来该走向何处"。[3] 峰会的高调引发了国内外媒体的争相报道,更是引起了社会的热烈反响。2000年11月,当当网借一周年店庆的名义,以极低的折扣开展了轰轰烈烈的图书促销活动,一时间网站访问量飙升。互联网的炒作热潮,令普罗大众对电子商务这一新生名词开始有所了解,但囿于这一时期国内网络环境的不成熟,电子商务尚处于起步阶段,绝大多数人对于网络购物并没有实际体验的机会。

(二)低谷时期(2001~2002年):电子商务遭遇动荡

电子商务表面繁荣的背后是巨大的互联网泡沫,尽管此时国内的电子商务网站如雨后春笋般纷纷上线,数以千计,但大部分电子商务网站缺乏有效的盈利模式,只能依靠外部的风险投资维持生存,即便是在B2C领域一路高歌猛进的"8848",也尚未实现真正的盈利。

以2000年4月纳斯达克指数高位暴跌为标志,投资者们从盲目追捧网络概念股的狂热中逐渐清醒过来,互联网公司持续亏损的现状得到

---

[3]　《金庸主持的网络峰会圆满结束》,载新浪网2000年9月10日,http://tech.sina.com.cn/internet/china/2000-09-10/36388.shtml。

正视,[4]投资者们对网络新经济不再抱有信心,或者撤资离场,或者保持观望。失去外部“输血”的电子商务网站相继“关门打烊”,据统计,2000 年至 2002 年间新创建的电子商务网站数量只占当时网站总数的 12.1%。昔日耀眼的“8848”、美商网、CCEC 等中国电子商务开拓者也未能幸免,受当时国际互联网泡沫破灭的大环境影响,逐步由盛转衰,最终难逃倒闭的命运。投机的氛围充斥了这一时期的电子商务领域,利令智昏,首次公开募股(Initial Public Offerings,IPO)成功之后的高额回报使得互联网创业者们热衷于炒作和营销,脱离了电子商务的本质。互联网泡沫破裂之后,电子商务与网络新经济一同陷入了低谷。

(三)回暖时期(2003~2004 年):电子商务因祸得福

2003 年席卷全球的“非典”(可简称 SARS)事件给正处于低谷的电子商务带来了生机。SARS 病毒近距离飞沫传播和接触患者呼吸道分泌物传染的特性,导致人们在“非典”期间纷纷远离人流密集的百货商场、大型超市等公共场所,蜗居家中、足不出户成为当时的社会写照。为了防范“非典”,人们的目光又移向了“遇冷”一年多的电子商务,很多年轻人开始尝试网络购物这一新鲜事物,以满足购置日常消耗品的需求。

原本只是打算清理因“非典”滞销的库存商品的刘强东,嗅到了互联网营销的巨大商机,开设实体店销售光盘、磁碟等数码产品起家的京东公司开始转型从事电子商务。2004 年 1 月正式上线的京东商城,迅速抢占了国内 B2C 领域的市场份额。

与此同时,C2C 领域的一场角力正悄然拉开序幕。全球最大的商品在线交易网站 eBay 早在 2002 年就瞄准了中国的网络购物市场,但因本土化战略进展缓慢,一直未能有所作为。“非典”的到来,让 eBay 意识到这是一次占领中国市场的绝佳契机。于是,eBay 在 2003 年果断出手,以 1.8 亿美元的高价收购了当时国内最大的 C2C 电子商务网站易趣网,并

---

[4] 网景公司上市后的单季度亏损额就高达 160 万美元,亚马逊公司的净亏损额更是在 1999 年 10 月以 8600 万美元再创新高。参见叶秀敏:《中国电子商务发展史》,山西经济出版社 2017 年版,第 23 页。

将其更名为“eBay 易趣”。[5] 重组后的 eBay 易趣表现瞩目，国内 C2C 领域 80% 的市场份额尽入其手；始终关注 eBay 动向的阿里巴巴时任 CEO 马云，也看到了“非典”背后隐藏的巨大机遇。2003 年 5 月，阿里巴巴宣布定位于 C2C 模式的淘宝网正式上线，剑指 eBay 易趣。不同于 eBay 易趣的收费策略，淘宝网创新地提出了免费战略，其通过“基础服务免费 + 增值服务收费”的商业模式迅速打开了局面，eBay 易趣的会员们纷纷“倒戈”，仅一年时间淘宝网便吸收了近 100 万个注册会员。[6] 其后淘宝网继续保持快速增长，直至 2006 年 eBay 撤出中国、淘宝网坐稳国内 C2C 领域“第一把交椅”。

各大银行网上银行业务的大面积推广和第三方担保支付平台“支付宝”的出现，大幅增强了网络购物的便捷性和安全性；同时期“三通一达”和顺丰速运等物流快递企业的快速崛起，为电子商务的发展提供了有力的支撑；京东商城和淘宝网分别在 B2C 和 C2C 领域的大获成功，既给心灰意冷的电子商务从业者注入了一针强心剂，也为电子商务的良性发展树立了典型示范，从概念炒作回归商务本质的电子商务开始快速回暖。

（四）崛起时期（2004～2007 年）：电子商务快速成长

2004 年至 2007 年间，宽带逐渐取代有线窄带成为网民上网接入方式的首选。截至 2007 年 12 月，国内宽带网民数已经达到 1.63 亿人，占网民总体的 77.8%，比 2006 年 12 月的 1.04 亿人增加了 5938 万人；而采用拨号方式上网的用户呈下降趋势，总人数降为 2338 万人，仅占网民总体的 11.1%。宽带的快速发展使得支撑国内电子商务发展的网络环境得到了实质性的改善。另外，网民总数也出现了爆发式的增长。数据显示，2007 年全国网民数已达到 2.1 亿人，仅 2007 年一年便增加了 7300

[5] 网易科技：《历史上的今天（2003 年 7 月 16 日）：eBay 收购易趣》，载网易网 2009 年 7 月 16 日，https://tech.163.com/09/0716/00/5EA7SJFL000938DA.html。

[6] 参见黄乐欣：《欲颠覆“收费”易趣 淘宝网推免费模式》，载新浪网 2004 年 7 月 11 日，https://finance.sina.com.cn/roll/20040711/1822863171.shtml。

万人,年增长率达到53.3%。其中,网民利用网络购物的人数连年攀升,截至2007年12月,中国网民网络购物比例为22.1%,网络购物人数规模达到4640万人。〔7〕

外部环境的利好更是催生了电子商务商业模式的不断创新,其中影响最大的便是移动电子商务的崭露头角。中国互联网络信息中心(CNNIC)的调查结果显示,截至2007年12月底,我国共有4亿手机用户,其中在过去半年有过手机接入互联网行为的网民数量是5040万人,〔8〕换言之,国内网民中的24%、手机用户中的12.6%是手机网民,手机上网蔚然成风。2008年2月27日,阿里巴巴集团旗下的两大子公司——"淘宝网"(C2C在线交易平台)与"支付宝"(第三方支付平台)联合发布移动电子商务战略,正式进军无线零售领域。同日,淘宝网大规模公开测试手机版淘宝网(wap.taobao.com),支付宝也推出手机支付业务。〔9〕该举动标志着阿里巴巴集团率先踏入移动电子商务这一全新赛道。

电子商务短短三年的快速发展,获得了资本市场的再度青睐。投中投资咨询有限公司(China Venture)发布的《China Venture 2007年中国创业投资市场研究报告》显示,尽管2007年互联网行业投资整体表现不佳,投资金额较2006年下降27.7%,仅为6.21亿美元,但电子商务作为互联网细分领域增长势头良好,投资金额较2006年暴涨268.6%,高达1.88亿美元。〔10〕2007年11月,阿里巴巴在香港的上市,更是点燃了创

---

〔7〕参见中国互联网络信息中心:《第21次中国互联网络发展状况统计报告》,载中国互联网络信息中心官方网站2008年1月24日,https://www.cnnic.net.cn/n4/2022/0401/c88-818.html。

〔8〕参见中国互联网络信息中心:《第21次中国互联网络发展状况统计报告》,载中国互联网络信息中心官方网站2008年1月24日,https://www.cnnic.net.cn/n4/2022/0401/c88-818.html。

〔9〕参见网易科技:《阿里巴巴正式测试手机版淘宝 推出手机支付业务》,载网易网2008年2月27日,http://www.techweb.com.cn/news/2008-02-27/301458.shtml。

〔10〕参见黄丽萍:《2007年中国互联网投资表现不佳》,载新浪网2008年3月13日,https://tech.sina.com.cn/i/2008-03-13/07372074571.shtml。

业者与投资者对电子商务的热情。

值得注意的是，这一时期国内电子商务正式告别野蛮生长的“蛮荒时代”，进入了政府监管的视野。以《中华人民共和国电子签名法》[11]和《国务院办公厅关于加快电子商务发展的若干意见》[12]为代表的一系列法律法规和政策的颁布实施为标志，我国电子商务的发展开始朝着规范化、有序化的方向迈进。

（五）转型时期（2008～2009年）：电子商务转型升级

2008年，席卷全球的金融危机为处于快速成长阶段的中国电子商务同时带来了威胁与机遇。面对国际消费市场萎缩、订单大幅减少的严峻形势，万国商业网、沱沱网、慧聪网等一批在危机面前准备不足的出口导向型B2B企业或者濒临倒闭，或者大幅裁员；最早“感知冬意”的阿里巴巴则做好了充分准备，以马云发布号召全体阿里人“准备过冬”的内部邮件为信号，阿里巴巴陆续采取了调整战略、启动“150亿暖冬计划”等一系列积极措施，[13]不仅有效抵御了金融危机，更是利用此次危机提升了企业自身的竞争能力。其他勉强幸存的出口型B2B企业纷纷开始“外贸转内贸”，或通过与当地政府合作，或深挖国内中小企业市场，电子商务在中西部地区与中小企业之间迅速普及，部分中西部地区电子商务市场业务的增长速度甚至超过了东部沿海地区的增长速度。

不同于B2B企业深陷于水深火热之中的艰难转型，我国B2C在这两年间迎来快速发展。截至2009年12月，电子商务的总网站数达到1.56万家，其中仅B2C网站数就超过了9400家。一方面，甲型H1N1流感“接棒”SARS，又一次推动了网民选择网络购物方式，而B2C网站凭借其价廉物美、售后服务更好、产品质量更有保障的优势，备受网购消

---

〔11〕 2004年8月28日发布，2005年4月1日实施，于2015年、2019年两次修正。

〔12〕 2005年1月8日发布、实施。

〔13〕 参见人民网：《阿里巴巴再抛“新冬天论” 推出“150亿援冬计划”》，载中国新闻网2008年11月3日，https://www.chinanews.com.cn/it/hlwxw/news/2008/11-03/1435456.shtml。

费者的青睐。另一方面,B2C得到风险投资的追捧,京东商城、悠都网、凡客为代表的一批B2C网站分别获得了不同程度的注资。与此同时,C2C仍然保持高速增长。从网络零售交易额来看,2009年我国网络零售交易额已达到2586亿元,较2008年的1257亿元,翻了1倍;从网购人数来看,应用网络购物的网民占到28.1%,达到1.08亿人,比2008年增长了45.8%,增速超过了当年网民的增长速度。[14] 此外,C2C与B2C还呈现出融合化的趋势。C2C领域市场占有率高达81.5%的淘宝网,[15]在网站中增加品牌旗舰店B2C服务功能的做法,[16]使得两者的界限变得越来越模糊。

2009年1月,中国移动、中国联通和中国电信分别获得工信部发放的三张3G牌照,标志着我国移动通信正式进入3G时代。得益于网速的提升和资费的下降,手机网民人数在这一时期出现激增。截至2009年12月底,手机网民规模达到2.33亿人,占网民总体的60.8%。[17] 移动电子商务迎来了前所未有的机遇,不仅受到各级政府的高度重视,产业链的各个节点企业也纷纷入局,通过与电信服务提供商开展战略合作,试图在移动电子商务市场抢占先机。

(六)过渡时期(2010~2012年):电子商务平稳过渡

自2010年起,我国电子商务的发展进入平稳过渡时期。为了更好地通过数据进行分析,本章整理了2010年至2021年我国电子商务产业

---

〔14〕参见新华社:《我国电子商务2009年交易额达到3.8万亿元人民币》,载中国政府网2010年8月30日,http://www.gov.cn/govweb/jrzg/2010-08/30/content_1691611.htm。

〔15〕参见新浪科技:《09中国网购市场研究报告:C2C市场企业竞争状况》,载新浪网2009年12月3日,http://tech.sina.com.cn/i/2009-12-03/14073646637.shtml。

〔16〕参见广发证券、洪涛、童若琰:《阿里巴巴研究报告:淘宝里的二十年》,载腾讯网2022年5月19日,https://new.qq.com/omn/20220519/20220519A042MI00.html。

〔17〕参见中国互联网络信息中心:《第25次中国互联网络发展状况统计报告》,载中国互联网络信息中心官方网站2010年1月15日,https://www.cnnic.net.cn/n4/2022/0401/c88-808.html。

发展相关数据。[18]（见表1－1）

**表1－1　2010～2021年我国电子商务产业发展相关数据**

| 年份 | 电子商务交易额/万亿元 | 网络零售交易额/万亿元 | 社会消费品零售总额/万亿元 | 网购用户规模/亿人 | 网民规模/亿人 | 电子商务交易额年增长率/% | 网络零售占总零售额/% | 网络零售年增长率/% |
|---|---|---|---|---|---|---|---|---|
| 2010 | 4.55 | 0.51 | 15.70 | 1.61 | 4.57 | 23.9 | 3.24 | 96.7 |
| 2011 | 6.09 | 0.78 | 18.39 | 1.94 | 5.13 | 33.8 | 4.26 | 53.7 |
| 2012 | 8.11 | 1.31 | 20.72 | 2.42 | 5.64 | 33.2 | 6.3 | 67.5 |
| 2013 | 10.40 | 1.89 | 23.44 | 3.12 | 6.32 | 28.2 | 8.04 | 41.3 |
| 2014 | 16.39 | 2.79 | 27.18 | 3.61 | 6.49 | 57.6 | 10.26 | 49.7 |
| 2015 | 21.79 | 3.88 | 30.09 | 4.13 | 6.88 | 32.9 | 12.89 | 33.3 |
| 2016 | 26.10 | 5.16 | 33.23 | 4.67 | 7.31 | 19.8 | 15.53 | 26.2 |
| 2017 | 29.16 | 7.18 | 36.62 | 5.33 | 7.72 | 11.7 | 19.61 | 32.2 |
| 2018 | 31.63 | 9.01 | 38.10 | 6.10 | 8.29 | 8.5 | 23.64 | 23.9 |
| 2019 | 34.81 | 10.63 | 41.16 | 7.10 | 9.03 | 6.7 | 20.7 | 16.5 |
| 2020 | 37.21 | 11.76 | 39.20 | 7.82 | 9.89 | 4.5 | 24.9 | 10.9 |
| 2021 | 42.30 | 13.09 | 44.08 | 8.42 | 10.32 | 19.6 | 29.7 | 14.1 |

〔18〕参见中国国际电子商务中心：《中国电子商务报告2014》，中国商务出版社2015年版，第1～5页；中国国际电子商务中心：《中国电子商务报告2015》，中国商务出版社2016年版，第1～6页；中华人民共和国商务部：《中国电子商务报告2016》，中国商务出版社2017年版，第1～5页；中华人民共和国商务部电子商务和信息化司：《中国电子商务报告2017》，中国商务出版社2018年版，第1～5页；中华人民共和国商务部电子商务和信息化司：《中国电子商务报告2018》，中国商务出版社2019年版，第1～5页；中华人民共和国商务部电子商务和信息化司：《中国电子商务报告2019》，中国商务出版社2020年版，第1～5页；中华人民共和国商务部电子商务和信息化司：《中国电子商务报告2020》，中国商务出版社2021年版，第1～5页；中华人民共和国商务部：《中国电子商务报告2021》，中国商务出版社2022年版，第1～5页；中国互联网络信息中心：第44、47、49次《中国互联网络发展状况统计报告》等。

2008～2009 年的全球金融危机并没有给处于发展中的中国电子商务造成过重的打击，反而为其带来了新的发展契机。2010～2012 年这三年里，电子商务交易总额保持稳步增长，网络购物人数激增，移动电子商务快速起步，国家政策不断利好，电子商务已经成为国家新兴产业的重要组成部分。

一方面，从电子商务交易额来看，2010 年我国电子商务交易总额达到 4.55 万亿元，同比增长 23.9%，远高于当年国内生产总值(Gross Domestic Product，GDP)8% 左右的增长速度。这一增长比率在 2011 年和 2012 年更是达到了 33.8% 和 33.2%，电子商务俨然是我国这一时期最具潜力的经济增长点。另一方面，网络购物人数在这三年也出现了爆发式增长。2010 年我国网络购物用户规模达到 1.61 亿人，在网民中占比 35.1%，而网购用户数高达 48.6% 的年增长率，更是领跑各类网络应用；后续的两年里，网络购物用户继续攀升，截至 2012 年 12 月，我国网络购物用户规模已达 2.42 亿人，与 2009 年相比，翻了 2 倍有余。

与此同时，3G 的规模化应用和智能手机的大面积普及，加快了移动电子商务交易市场的启动速度。截至 2012 年 12 月，我国移动电子商务市场交易规模已达 965 亿元，移动电子商务用户规模已达 25050 万人，尽管其与整个中国电子商务市场规模相比提升空间仍然很大，但增长速度很快，发展前景十分可观。阿里巴巴、百度、京东商城等电子商务头部企业瞅准时机重点布局，先后开通了移动服务，对于移动电子商务这块“尚未被切割的蛋糕”跃跃欲试。

在国家政策方面，政府继续大力扶持电子商务。2012 年 3 月，《电子商务“十二五”发展规划》，明确提出大力发展电子商务，并制定了电子商务交易额到 2015 年翻两番、突破 18 万亿元的目标。为了保障这一目标的顺利实现，《电子商务“十二五”发展规划》还提出了建立健全电子商务诚信发展环境、加大对电子商务违法行为打击力度等 10 个方面的政策措施。面对整体环境的持续改善，我国电子商务即将迎来爆发式发展。

### （七）爆发时期（2013～2015年）：电子商务全面爆发

2013年开始，我国电子商务呈现出全面爆发的态势：电子商务交易总额高速增长，商业模式和支付方式不断革新改进，上下游产业链条不断得到强化，鼓励扶持政策也密集出台，电子商务迎来了发展的黄金时代。

三年间电子商务年度交易额连续突破10万亿元和20万亿元大关。2013年我国电子商务交易额首破10万亿元大关，达到了10.4万亿元；仅仅过了两年，20万亿元大关的关门也被叩开，我国电子商务交易额在2015年达到了21.79万亿元，较2014年同比增长32.9%，不仅远高于当年国内生产总值（GDP）6.9%的增长速度，而且超额完成了《电子商务"十二五"发展规划》提出的发展目标，实现了电子商务交易总额翻两番。电子商务已经成为我国国民经济发展的强大推动力。与此同时，电子商务的商业模式也呈现出了一些新的样态。

1. 互联网金融方兴未艾

2013年6月，阿里巴巴推出余额宝，吹响了电子商务企业向传统金融市场进军的号角。余额宝凭借其较之于传统金融理财产品更便捷的操作、更低的准入门槛、更高的投资收益以及不收取手续费的显著优势，一经推出便迅速"攻城略地"：用户数从0到250万人，仅仅用了18天；资金从0到2500亿元，仅仅用了200多天。[19] 其他互联网巨头闻风而动，相继推出自家的互联网金融产品以抢占市场，如京东的小金库、腾讯的理财通正是在这一时期诞生的。面对互联网金融产品的"搅局"，传统金融机构则显得有些被动。2013年10月的金融统计数据报告显示，当月储户存款流失严重，减少了8967亿元之多。[20] 银行存款急速流失的背后，"变革还是不变革"成为摆在以银行业为代表的传统金融机构

〔19〕 参见施颖楠、陆玫：《余额宝上线18天用户超250万》，载网易网2013年7月2日，http://money.163.com/13/0702/10/92P6KV5H00253B0H.html。

〔20〕 参见刘伟：《银行被互联网逼着"进步"》，载新浪网2013年11月25日，http://news.sina.com.cn/o/2013-11-25/071028801159.shtml。

面前的一道难题。马云更是高调喊话:“如果银行不改变,我们就改变银行。”[21] 迫于互联网金融产品带来的生存压力,银行业开始绝地反击,各大银行相继推出诸如“平安盈”“活期宝”等类余额宝产品,以抵御余额宝们的步步紧逼。各大银行的先后入局,反过来又推动了互联网金融市场的进一步发展,2013 年也因此被称为“互联网金融元年”。

2. 跨境电子商务异军突起

2013 年 6 月,从事外贸 B2C 业务的兰亭集势公司在美国纽交所成功挂牌上市,引发了国内对跨境电商领域的广泛关注。同年 8 月,商务部联合多部委共同出台《关于实施支持跨境电子商务零售出口有关政策的意见》,首次明确提出对于跨境电子商务进行政策支持。不过,此时的跨境电商尚处于成长时期,从交易规模来看,2013 年度跨境网络零售交易额约 214 亿美元,仅占我国进出口总额的 0.5%;[22] 从进出口占比来看,出口占比不高且出口产品的科技含量较低,缺乏核心竞争力。随着各地促进跨境电子商务发展的扶持政策落地,跨境电商在 2014 年迎来了“春天”。截至 2014 年底,我国跨境电商企业已经超过 20 万家,平台企业已经超过 5000 家,据统计,2014 年我国跨境网络零售交易额达到 718 亿美元,同比增长 44%。[23] 2015 年,面对世界市场逐渐萎缩,我国外贸进出口总值双降的外部环境,跨境电子商务却呈现出逆势而上的良好发展态势。这一阶段我国跨境电商交易规模约 4.56 万亿元,其中出口占比高达 87.5%。[24] 同年 6 月,国务院发布了《关于促进跨境电子商务健康快速发展的指导意见》,分别从海关、质检、税收、支付等方面为跨

---

〔21〕 参见马云:《如果银行不改变 我们就改变银行》,载新浪网 2008 年 12 月 7 日,http://finance.sina.com.cn/hy/20081207/18215601585.shtml。

〔22〕 参见中国国际电子商务中心:《中国电子商务报告 2013》,中国商务出版社 2014 年版,第 2 页。

〔23〕 参见中国国际电子商务中心:《中国电子商务报告 2014》,中国商务出版社 2015 年版,第 3~4 页。

〔24〕 参见中国国际电子商务中心:《中国电子商务报告 2015》,中国商务出版社 2016 年版,第 80 页。

境电子商务的发展提供了强有力的支持，跨境电子商务一跃成为电子商务领域的"香饽饽"。

3. O2O 模式驱动传统企业转型

O2O 模式是一种推动线上线下商务活动深度融合的新型商业模式，其雏形是2010 年在国内兴起的团购网站。随着大数据、商用 Wi－Fi、移动支付等互联网技术的日趋成熟，传统企业纷纷借助 O2O 模式的机遇，尝试互联网转型。传统零售业和服务业因其在市场推广、内部运营、产品销售等方面存在借力互联网技术完成全渠道转型的需求，率先试水O2O。截至 2015 年 12 月，国内涌现出大量的 O2O 电商平台，O2O 市场规模达到 8797 亿元。[25] 其中餐饮 O2O 发展最为迅速，年增长率高达45.9%，孕育出了一批以饿了么、美团外卖为代表的餐饮 O2O 龙头企业；苏宁通过打通线上渠道和实体渠道的方式，祭出"线上线下同价"策略，开传统零售业 O2O 模式的先河。海尔、王府井百货、沃尔玛、大润发等传统企业纷纷以苏宁为样板，整合线下实体资源，开展线上商业服务。

网络环境的不断改善推动了移动支付的高速发展。随着 3G/4G 的大面积应用和网络资费的下调，我国网民人数继续增长，尤其是手机网民增长极为迅速。截至 2015 年 12 月，我国手机网民规模达 6.20 亿人，占整体网民比例 90.1%。[26] 移动支付也受益颇多，业务规模全面爆发。从使用人数规模来看，第三方移动支付以 49.8% 的占比位居 2014 年国内网民经常使用的支付方式第二名。[27] 从交易规模来看，2014 年，我国第三方移动支付交易额达到 59924.7 亿元，同比增长 391.3%；2015 年，共处理移动支付业务 45.42 亿笔，金额 18.17 万亿元，同比分别增长

---

〔25〕 参见中国国际电子商务中心：《中国电子商务报告 2015》，中国商务出版社 2016 年版，第 102 页。

〔26〕 参见中国互联网络信息中心：《第 37 次中国互联网络发展状况统计报告》，载中国互联网络信息中心官方网站 2016 年 1 月 22 日，https://www.cnnic.net.cn/n4/2022/0401/c88－1103.html。

〔27〕 参见艾瑞咨询：《2015 年中国电子支付用户报告简版》，载艾瑞咨询官方网站 2015 年 4 月 21 日，https://www.iresearch.com.cn/Detail/report?id＝2358&isfree＝0。

253.69%和194.86%。[28]

商业模式的不断创新以及支付方式的革新改进,使得电子商务在这一阶段得到了进一步的高速发展。

(八)迭代时期(2015年至今):电子商务业态革新

随着流量红利逐渐消失,传统电商开始出现增速减缓的情况。国家统计局调查显示,2016年全国网上零售交易总额为5.16万亿元,增长速率骤降至26.2%。[29] 与此同时,移动网络市场规模持续攀升,智研咨询数据显示,2018年中国移动网络购物用户规模已达5.92亿人,而移动购物市场交易规模预计2019年将达到7.6万亿元。[30] 移动端购物正在成为网络消费的主要方式。迥异于PC端的流量经济模式,移动端以应用程序(Application,App)使用为主,具备流量碎片化、去中心化的显著特征,用户推广和社交结合更为紧密。在此背景下,社交电商和直播电商两种电子商务新业态崭露头角。

1. 社交电商应运而生

脸书网(Facebook)创始人马克·扎克伯格(Mark Zuckerberg)曾极富洞见地指出:“要是我来猜想,下一个引爆点应该会是社会化电子商务。”[31] 作为电子商务一种新的衍生模式,社交电商融合了电子商务和社交媒体两大数字化趋势,成为引领网购行为的重要推动力,成长前景十分广阔。社交电商的本质特征是基于电商基础上的社交属性。[32] 与传统电商的不同之处在于,社交电商更多基于人际关系网络,利用了互

〔28〕 参见中国国际电子商务中心:《中国电子商务报告2014》,中国商务出版社2015年版,第4页;中国国际电子商务中心:《中国电子商务报告2015》,中国商务出版社2016年版,第49页。

〔29〕 参见中华人民共和国商务部:《中国电子商务报告2016》,中国商务出版社2017年版,第2页。

〔30〕 参见智研咨询:《中国电子商务产业发展水平进步提高,预计2019年中国移动购物规模将达到7.6万亿元,电子商务交易规模将超30万亿元》,载产业网2019年4月10日,http://www.chyxx.com/industry/201904/728277.html。

〔31〕 参见苏落:《解剖“社交电商”》,载《成功营销》2014年第1期。

〔32〕 郭全中:《社交电商的本质、模式与竞争关键》,载《互联网经济》2019年第6期。

联网等社交工具,是在传统电商模式上的创新,具备用户忠诚度高、获客成本相对低的优势。该模式让消费者可以成为信息发布主体,基于社交网络关系向其他消费者分享或推荐商品,激发其他人的购物兴趣。正是通过这种方式,社交电商实现了对传统电商模式的迭代。

经过不断发展,社交电商演化出多种类型,其中最为公众所熟知的,是以拼多多为典型代表的拼购型社交电商。拼多多以低价优惠为突破口,将 QQ 和微信作为推广平台,并通过拼团方式吸引了大批消费者,在短时间内实现了用户的快速累积。[33]《2017 中国共享社交电商白皮书》公布的数据显示,拼多多正式上线仅 4 个月时,单日成交额就超过 1000 万元。2018 年 7 月,创建仅 3 年的拼多多在美国上市,市值突破 240 亿美元;而在纽约和上海两地同时敲钟的做法,也令拼多多成为纳斯达克历史上首家得此殊荣的企业。

拼多多的成功并非孤例。得益于移动互联网红利、大数据红利、自媒体红利等,有赞、云集等零售型社交电商也相继成功上市,我国社交电商迎来了爆发式增长。

2. 直播电商异军突起

就在社交电商发展如火如荼的同时,另一种电子商务新模式也在悄然兴起。不论是传统电商还是社交电商,都未能解决用户对拟购商品"看不见""摸不着",无法产生真实体验的痛点。直播电商的出现,有效化解了该问题。直播电商最早可追溯至 20 世纪 90 年代的电视直播。网红是直播电商的核心,在线实时互动也是直播电商最吸引消费者之处。网红在进行直播的同时,通过与消费者不断互动,根据消费者的反应来实时调整直播内容。相比于传统电商和社交电商文字或音频式的回复,此种互动更加直观、清晰和高效。此外,直播间实时播放的特性,以及网红现场示范等全方位的商品呈现方式,让消费者对商品体验的真

---

〔33〕 截至 2020 年 5 月,拼多多年度活跃用户数已破 6 亿个。参见中研产业研究院:《拼多多发布 2020 年第一季度财报 月活用户数达到 4.87 亿》,载中研网 2020 年 5 月 25 日,http://it.chinairn.com/news/20200525/134736170.html。

实感大幅提升,也在彼此间建立起信任感和亲切感,进而提高了用户粘性。

尽管如此,2016 年淘宝网、蘑菇街等电商平台上线网络直播服务之初,并未掀起太大波澜,长期声名不显。对于直播这个新生事物,众多投资机构持观望态度。是金子总会发光,2018 年"双 11"成为直播电商的高光时刻:薇娅直播间完成 3.3 亿元销售额;[34] 李佳琦直播间 5 分钟销售了 15000 支口红。[35] 数据显示,整个 2018 年,淘宝直播月增速为 350%,全年拉动网站成交金额(GMV)1000 亿元,进店购买转化率超 65%。[36] 在直播电商强大的转化率面前,其他电商皆黯然失色。

2019 年"双 11"期间,直播电商再创佳绩,用实力证明自己的"带货能力"并非昙花一现,仅淘宝直播在"双 11"当天引导成交额就近 200 亿元。"网红 + 直播 + 电商"模式重新搅动了资本市场。同年 7 月,京东宣布投资 10 亿元孵化红人计划;同年 12 月,拼多多亦抛出试水直播电商的信号……除头部电商外,如涵、小红书、抖音、快手等也在加快布局网红直播带货行列。至此,2019 年正式成为"直播电商元年"。

2020 年新年伊始,一场突如其来的新冠疫情席卷全国,直播电商迎来了新的高潮。疫情让线下商企蒙受了巨大损失。一方面,出于疫情防控需要,不少门店选择暂时停业;另一方面,消费者此时大多足不出户,即便开门营业,同样面临客流稀少的窘境。在此背景下,电商直播成为联结"暂停营业"商家与"足不出户"消费者的核心中枢,成为疫情下传统行业"复工"与"自救"的"及时雨"。2020 年 4 月,《人民日报》新媒体

---

〔34〕 参见东北网:《淘宝第一女主播薇娅:一年引导成交额超 27 亿》,载网易网 2019 年 1 月 10 日,http://news.163.com/19/0110/18/E56891FR000189DG.html。

〔35〕 参见朗宋传媒:《李佳琦 5 分钟卖 15000 支口红,他是怎么做到的?》,载百度百家号 2019 年 3 月 20 日,https://baijiahao.baidu.com/s?id=1628506119362058685&wfr=spider&for=pc。

〔36〕 参见郭雅文、肖筱:《网红经济下"电商 + 直播"模式发展策略研究》,载《现代商贸工业》2019 年第 34 期。

联合淘宝直播,共同发起“为鄂下单”活动,单场成交额最高达 2.26 亿元。[37] 数据显示,目前我国电商直播用户已达 2.65 亿个,占网民整体的 29.3%。[38] 直播电商已摁下加速键。

梳理直播电商近 4 年的发展脉络,从最初的籍籍无名,到现在的“全民标配”,电商直播在不知不觉间,不断改变着人们的消费习惯,也以其异军突起式的影响力带动着新一轮的电子商务模式转型。当然,“电商直播能走多远”还远远未到盖棺定论的时候,但不容否认的是,在仍将持续较长时间的后新冠疫情防控时代,“直播 +”模式显现出前所未有的增长潜力。我们有理由相信,随着 5G、虚拟现实(Virtual Reality,VR)等新技术的不断成熟与发展,直播形式将进一步演进,未来有望实现“万物皆可云”。直播电商或将成为引领中国电子商务持续领先世界的第一推动力量。

## 二、电子商务发展中需要治理的问题

纵观我国电子商务的发展历程,其交易规模高速扩张的同时,也暴露出许多有待治理的问题,其中,知识产权保护、个人信息保护以及消费者权益保护三个方面最具代表性。

### (一)电子商务消费者权益保护

#### 1. 消费者知情权:知情不易

由于经营者与消费者之间所掌握信息的非对称性,《消费者权益保护法》赋予了消费者知情权——消费者享有知悉其购买、使用的商品或者接受的服务的真实情况的权利。[39] 在传统交易中,商品和服务的信

---

〔37〕 参见李建广:《人民日报新媒体“为鄂下单” 带货直播单场销售额超 2 亿元》,载《人民日报》2020 年 5 月 2 日,第 2 版。

〔38〕 参见中国互联网络信息中心:《第 45 次中国互联网络发展状况统计报告》,载中国互联网络信息中心官方网 2020 年 4 月 28 日,https://www.cnnic.net.cn/n4/2022/0401/c88-1088.html。

〔39〕 《消费者权益保护法》第 8 条第 1 款。

息交流具有互动性和直观性的特点,消费者可以充分了解所需信息,知情权基本能够得到保障。然而,电子商务属于典型的"非面对面"交易,商品或服务信息通常是由经营者单向提供,消费者很难像现实中一样通过看货、试用、讨价还价来掌握信息。同时,网购需要历经网上下单、在线支付、线下配送等一系列流程,而在这些过程完成之前,消费者对于商品的质量问题、是否存在瑕疵,一概无从知晓,即使经营者刻意隐瞒了部分信息,消费者也只能被动接受。正因如此,在电子商务的交易过程中,消费者知情权受到非法侵害的情况不断出现。

侵犯消费者知情权主要表现为商品信息不实和经营者信用造假两种形式:一是商品信息不实。在网络交易的场景中,由于观看不到实物,消费者只能根据经营者发布的图文信息对商品进行了解,因而这些图文信息在一定程度上能够左右消费者的购买决策。实践中,经营者常常利用这种信息不对称,通过对商品信息进行夸张宣传、虚假描述,误导消费者的选择。例如,在跨境电商领域,部分商家通过盗取海外采购图片、视频,向消费者展示以骗取其信任,实际提供的商品却是小作坊生产的仿制品。〔40〕二是经营者信用造假。除了商品信息之外,通过电商平台建立的信用评价系统,可以很好地衡量商家的声誉。〔41〕消费者习惯于选择好评率高、销量大的商家与之进行交易,但可能已然落入经营者预设的圈套。事实上,许多经营者借助"刷好评""刷销量"等方式炒作信用、虚假评价,以影响消费者的选择。〔42〕而消费者在购买商品时对此并不知晓,也缺乏对好评辨别真伪的能力,一旦上当受骗,"一朝被蛇咬,十年

〔40〕参见徐希、邹辉鸿、周凌轲:《跨境电商中的消费者权益保护法》,载《江苏商论》2019年第6期。

〔41〕参见李维安、吴德胜、徐皓:《网上交易中的声誉机制——来自淘宝网的证据》,载《南开管理评论》2007年第5期。

〔42〕参见卢代富、林慰曾:《网络刷单及其法律责任》,载《重庆邮电大学学报(社会科学版)》2017年第9期。

怕井绳"，整个网络交易的信誉将因此受到损害。〔43〕 值得一提的是，《电子商务法》对于"刷单炒信"行为进行了全面禁止，〔44〕不过在配套罚则暂付阙如之下，这一制度安排具体执行效果如何仍有待于观察。

2. 消费者公平交易权：难显公平

消费者在购买商品或者接受服务时，依法享有与经营者进行公平交易的权利。在电子商务领域，消费者公平交易权受到侵害的现象却比比皆是。例如，网络购物主要是根据预先拟定的格式合同进行交易，经营者往往会在其中"暗藏玄机"。常见的不合理格式条款包括：(1)电子商务经营者减轻或免除自己的责任；(2)加重消费者的责任；(3)限制或剥夺消费者的权利，如规定消费者在所购买的商品存在瑕疵时，只能要求更换，不得解除合同或减少价金，也无权请求损害赔偿；(4)不合理地分配风险，如规定不可抗力产生的风险由消费者承担；(5)缩短法定的瑕疵担保期限；(6)转移法定的举证责任；(7)约定有利于自己的纠纷解决条款。〔45〕 面对此类条款，消费者无法与经营者进行协商、修改，只能选择拒绝或者同意。尽管之前的《合同法》、现在的《民法典》等法律法规，均对格式条款有所规范，但作为弱势一方的消费者，如果想要购买所需商品，除同意之外别无他法。

再如，不同于传统交易在购买之初就能实时确认商品质量，网络交易中的消费者，只有在收到商品时才能判断商品质量是否符合标准，而实践中经营者经常会寄送不符合描述、有质量瑕疵的商品。然而，囿于鉴定成本、精力损耗等各方面考量，即使商品存在一定程度的质量瑕疵，多数消费者也倾向于"大事化小，小事化了"。特别是针对那些金额不大的商品，考虑到"七天无理由退货"的适用门槛以及运费仍需买家承

〔43〕 参见杨立新、吴烨、杜泽夏：《网络交易信用欺诈行为及法律规制方法》，载《河南财经政法大学学报》2016 年第 1 期。

〔44〕《电子商务法》第 17 条。

〔45〕 参见庞敏英：《电子商务中的消费者权益保护问题研究》，载《河北法学》2005 年第 7 期。

担,消费者一般会选择自认倒霉。[46] 凡此种种,均对消费者的公平交易权构成了不同程度的侵害。

3. 消费者自主选择权:自主难彰

消费作为满足人类私欲的一种经济行为,只有让消费者依照意愿自主决定消费与否、消费对象以及消费方式,才能令其需求真正得到满足。[47] 为此,《消费者权益保护法》第9条规定,消费者在自主选择商品或服务时,有权进行鉴别、比较和挑选。但在电子商务活动中,除了传统交易中常见的"强买强卖""不合理格式条款"外,电子商务经营者会通过技术手段或其他方式,对于消费者行权进行干扰和限制,具体表现在以下方面:

第一,"二选一"问题。"二选一"肇始于2010年互联网领域著名的"3Q大战",腾讯公司与奇虎360利用优势地位和技术手段,强迫消费者在"腾讯QQ"与"360安全卫士"软件之间作出选择。[48] 在电子商务领域内竞争日趋白热化的今天,"二选一"问题更是愈演愈烈,无论是"东猫大战",[49]还是"天猫狙击拼多多",[50]究其实质均是通过对平台内经营者自主经营权的妨害,进而影响终端消费者自主选择权的行使。

第二,强制"搭售"问题。在电子商务活动中,将存在关联性的商品或服务置于同一页面进行销售的行为,是一种常见的商业模式,也不为法律所禁止。但当消费者购买某种商品或服务时,电子商务经营者以隐秘的方式,将其他商品或服务作为默认同意的选项一并提供给消费者,

---

[46] 周福明:《"七天无理由退货"规定 仍难解网购退货难》,载人民网2014年4月22日,http://opinion.people.com.cn/n/2014/0422/c1003-24927932.html。

[47] 参见李适时主编:《中华人民共和国消费者权益保护法释义(最新修正版)》,法律出版社2013年版,第34页。

[48] 参见徐隽:《热点解读:"3Q大战",腾讯终审胜出》,载中国共产党新闻网2014年10月17日,http://cpc.people.com.cn/n/2014/1017/c83083-25852593.html。

[49] 参见王伶玲:《京东实名举报天猫扰乱双11市场 天猫未正面回应》,载搜狐网2015年11月6日,http://news.sohu.com/20151106/n425476443.shtml。

[50] 参见王景琰:《拼多多商家遭遇天猫"二选一",置消费者于何地?》,载搜狐网2018年10月10日,https://m.sohu.com/a/258706095_539476。

此即"搭售"。[51] 例如,2017年曝光的"携程强制搭售"事件中,[52]在未事先告知消费者的情况下,携程网为其默认勾选了"贵宾休息室"等付费项目,显然构成对消费者自主选择权的侵害。

第三,"砍单"问题。大型促销活动期间,平台经营者为了打击"薅羊毛"等投机行为,会将部分提交成功的订单进行"砍单"。如"京东双'11'砍单"事件中,[53]京东平台未经消费者同意,单方面取消了其已下单并完成付款的网购订单。

以上这些问题,均在不同程度上反映出电子商务经营者对消费者自主选择权的轻视。虽《电子商务法》以专条形式对此分别进行了规范,[54]但此类问题还是屡禁不止。

4. 消费者求偿权:名存实亡

作为一种事后提供救济的权利,如果消费者因购买、使用商品或接受服务,引发了人身或财产利益受损,可以直接向相关经营者主张损害赔偿。在传统交易中,消费者能够通过联系店家当面协商、向消费者协会求助或者提起诉讼等方式维权,求偿权的行使尚且比较畅通。但电子商务交易的开放性和虚拟性,使得消费者行权面临诸多挑战。

一方面,虚拟性意味着消费者与经营者只能通过电商平台的在线客服进行交流,注定了交易双方的沟通很难像现实中那样直接高效。特别是消费者因所购商品出现质量问题寻求退换货时,经营者往往闪烁其词,或回复慢,或"踢皮球",变相不提供售后服务。退一步说,即便部分卖家允许消费者退换商品,但仍然需要消费者将商品寄回并承担为此支出的邮费。正因如此,一些消费者难以忍受烦琐的退换流程,无奈选择

---

〔51〕 参见吕祖善、彭森等主编:《中华人民共和国电子商务法条文释义》,法律出版社2018年版,第73页。

〔52〕 参见王愔纯:《携程网强制"搭售"引热议 中消协称已启动调查》,载中华网2017年4月20日,https://finance.china.com/consume/11173302/20170420/30439762.html。

〔53〕 参见黄晓宇:《男子网购多台电视遭砍单 京东:系统自动拦截》,载搜狐网2015年12月3日,http://news.sohu.com/20151203/n429382999.shtml。

〔54〕 《电子商务法》第19、35、49条。

自认倒霉,放弃求偿的权利。

另一方面,当消费者与经营者沟通不畅,转而求助于电商平台时,会发现被动的处境并不会得到实质改变。多数场合电商平台并非交易的当事人,通常扮演的是居中调停者的角色,即使平台对此类纠纷予以受理,也会以举证为由对消费者维权施加一定的阻碍。而消费者却因疏于了解法律规定、证据保存意识淡薄等现实因素所限,事实上处于极为不利的境地。更有甚者,部分平台要求消费者提供有资质机构出具的鉴定报告对商品问题加以佐证,但对于"资质"的认定却缺乏统一明确的标准,导致消费者的索赔之路困难重重。[55]

此外,本应作为维护消费者权益最后一道防线的诉讼,却囿于异地管辖、庭前准备以及出庭应诉等各方面的高昂成本,令消费者望而却步,求偿权的行使因此大打折扣。

(二)电子商务知识产权保护

电子商务中的知识产权因其网络化、信息化、全球化的特点,给传统的知识产权保护带来了诸多新问题。

1. 网络著作权侵权问题

在互联网大背景下,著作权的客体——作品,往往依托数字化技术而形成,并以信息形式呈现。与传统的纸质作品相比,数字作品能在极短时间内复制、传递、存储和大面积扩散,又基于网络的开放、自由特性与全球化趋势,此类作品还极易通过跨境网络发生传播。以数字化计算机软件为例,如果得不到严格的技术性保护,其复制品最快可在数秒钟传遍世界上的每一个角落。这意味着侵权人获取数字作品的经济成本非常低廉,极易滋生网络著作权侵权事件。与此同时,在过往的发展过程中,民众已经习惯并有办法,通过免费的方式来获取知识产权人的作品,享受别人创造的价值。如此一来,著作权人创造性的收益无法得到

---

〔55〕 参见王朦:《奢侈品电商假货难维权:鉴定不易官司费神》,载雨果网2016年3月21日,https://www.cifnews.com/article/19635。

保障,严重挫伤其创作积极性。

2. 商标侵权问题

对于相同或相似品种的商品而言,主要通过商标来发挥识别作用。电子商务领域的商标侵权有其特殊性,但我国目前尚未对此制定专项规范,现行《商标法》同样面临适用困境。《商标法》规定,未经商标注册人的许可,在同一种商品上使用与其注册商标近似的商标,或者在类似商品上使用与其注册商标相同或近似的商标,须达到"容易导致混淆"的程度才构成侵权。[56] 然而,认定是否"容易导致混淆",即使是对于经验丰富的法官或执法人员来说同样也并非易事,电商平台更是往往以其"不具备认定是否容易导致混淆"的能力为由,对于权利人发出的平台内经营者实施此类商标侵权行为的通知坐视不理。[57] 电子商务领域的盗版现象一度非常猖獗。

伴随着跨境电商业务的"井喷",跨境电商涉及的知识产权呈现出错综复杂的形势。尽管政府已在此领域积极努力地推动知识产权保护,但囿于跨境电商"商品境外来源"与"境内收货渠道"的双重复杂性,[58] 海关在开展知识产权确权、查获知识产权侵权等方面均面临不小的困难。根据《2016 年中国海关知识产权保护状况》显示,2016 年全国海关共采取知识产权保护措施 1.95 万余次,涉及货物 4205.82 万余件,其中涉嫌侵犯商标权占 98.56%。[59] 但是,被海关查获的侵权商品不过是冰山一角,据悉,阿里巴巴集团仅在 2016 ~ 2017 年一个年度,就清退了"全

〔56〕 参见《商标法》第 57 条第 2 项。

〔57〕 参见张为安:《电子商务立法中知识产权保护相关问题探讨》,载《中国市场监管研究》2017 年第 3 期。

〔58〕 参见韩旭:《跨境电子商务背景下的知识产权保护问题刍议》,载《知识经济》2015 年第 19 期。

〔59〕 参见郑鲁英:《跨境电子商务知识产权治理:困境、成因及解决路径》,载《中国流通经济》2017 年第 10 期。

球购”涉假卖家多达 3 万家。[60]

此外，虽然跨境电商平台在不断加强知识产权侵权的自我治理，但外部环境仍不容乐观。最为典型的是阿里巴巴集团，多年来一直致力于完善自身的知识产权保护措施，但美国贸易代表办公室（USTR）对此并不完全认可，仍将其列入《特别 301 报告》的“恶名市场”之中。[61] 与此同时，知识产权保护也有向恶性竞争手段异化的趋势。如亚马逊对涉嫌知识产权争议的中国跨境出口商品，严格采取强制下架处理，未给予出口商足够的抗辩渠道。[62] 这在一定程度上阻碍了跨境电商的发展。

（三）电子商务个人信息保护

1. 消费者个人信息频频泄露

一直以来，网购消费者个人信息泄露的现象极为普遍。各类电商平台 App 的用户注册，均需要消费者提供一定的个人信息，如姓名、身份证号、住址等，像支付宝、微信等支付工具还要求进行实名认证，并绑定本人持有的银行卡，否则无法使用。而当消费者使用该 App 进行网购时，其消费习惯、商品搜索记录以及其他网络行踪轨迹等个人信息，也会被电商平台持续收集记录。对于这些消费者个人信息，电商平台会运用算法进行数据画像，并根据分析结果对消费者实施个性化营销。由于此类“大数据营销”的转化率很高，电商平台基于增加盈利的动机，也会千方百计地诱使消费者提供其个人信息。例如，2017 年支付宝年度账单事件中，支付宝在每位用户账单下方最不起眼的地方，将“我同意《芝麻服

---

〔60〕 参见环球科技：《淘宝全球购一年清退卖家超三万 跨境打假社会共治才能去根》，载环球网 2017 年 2 月 17 日，https://tech. huanqiu. com/article/9CaKrnK0ABD。

〔61〕 参见朱慧容：《阿里回应被美列入恶名市场：打假已花巨资 仍会继续》，载新浪网 2016 年 12 月 23 日，http://finance. sina. com. cn/roll/2016 - 12 - 23/doc - ifxyxqsk6460397. shtml? source = cj&dv = 2。

〔62〕 参见张钦：《亚马逊突然下架中国平衡车 疑因专利纠纷》，载人民网 2015 年 12 月 25 日，http://ip. people. com. cn/n1/2015/1225/c136655 - 27976352. html。

务协议》”的选项进行了默认勾选，用户稍不留神就会忽略掉该选项。[63] 只要用户完成了勾选，就意味着支付宝可以在未经用户授权同意的情况下，将用户个人信息提供给第三方，上亿人将因此面临权益受侵害的风险。更有甚者，部分电商平台在未征得消费者同意的情况下，擅自将其收集的用户个人信息出售给他人用于广告营销，给消费者的生活造成极大困扰。

此外，即便消费者对个人信息的提供保持谨慎，但网购商品需要邮寄，这意味着商家能够获取消费者的姓名、电话和家庭住址等个人信息。而这些个人信息一旦被无良商家出售给不法分子，将会对消费者权益造成严重损害，小红书信息泄露事件即为著例。2017 年 6 月，50 多位小红书 App 用户表示自己接到了骗子假冒“小红书客服”的退款诈骗电话，并因此造成了 80 多万元的财产损失。[64] 面对如此大面积的个人信息泄露，消费者想要维权却困难重重。消费者日常使用的电商平台数量众多，个人信息泄露的渠道也相应增多，消费者很难举证证明是哪家平台泄露了其个人信息。由此可见，如何有效防止消费者个人信息的泄露是当下亟待解决的热点问题。

2. 大数据“杀熟”屡禁不止

在电子商务中，消费者个人信息被电商平台不当使用的另一典型情形是大数据“杀熟”。大数据“杀熟”是指电子商务经营者就同一商品或服务，针对不同消费者推送不同报价的现象。早在 2018 年，由于涉嫌大数据“杀熟”，携程网就多次遭到消费者谴责和控诉。滴滴打车、京东等电子商务平台也相继被曝出存在针对新、老用户差别定价的现象。大数据“杀熟”一度成为当年的流行语，并入选了 2018 年度的“十大消费侵

---

〔63〕 参见新华网：《支付宝年度账单事件》，载百度百家号 2018 年 1 月 11 日，https://baijiahao.baidu.com/s?id=1589269209925543739&wfr=spider&for=pc。

〔64〕 参见李超、蒋丰蔓：《受骗者质问：我的信息到底是怎么泄露的》，载中青在线网 2017 年 6 月 14 日，http://news.cyol.com/content/2017-06/14/content_16186291.htm。

权事件”。[65] 2020年3月7日，有网友在社交媒体上爆料，其在天猫超市购物时发现，88VIP会员账号显示的价格比普通非会员账号更高，怀疑天猫利用大数据进行“杀熟”。天猫超市则回应称：价格差异是“新用户首单专享价”，由于专门标识未被正常显示，部分用户产生了同款商品价格不一致的误解，但大数据杀熟绝对子虚乌有。[66] 经此事件，大数据“杀熟”再度引发社会热议。无独有偶，北京市消协近期发布的一项有关大数据“杀熟”问题的问卷调查显示，88.32%的被调查者认为大数据“杀熟”现象普遍或很普遍，有56.92%的被调查者表示有过被大数据“杀熟”的经历。这与前述涉事平台纷纷竭力撇清自身与大数据“杀熟”之间关系的行为形成鲜明对比。

实际上，大数据“杀熟”之所以饱受社会公众的非议，是因为这种“看人下菜碟”的行为涉嫌对消费者个人信息的不当使用，有违公平原则的基本精神。然而，由于定价算法操作隐匿以及价格差异原因多元，即使消费者发现自己遭到“杀熟”，也很难归咎于电商平台，毕竟监管部门无法仅凭价格差异，就作出平台存在违法行为的认定。正因为如此，对于大数据“杀熟”有无规制必要，以及通过何种路径展开规制，学界至今争论未休。

除了知识产权保护、个人信息保护以及消费者权益保护方面存在的问题以外，电子商务的税收、第三方支付、物流、跨境交易等领域也面临诸多治理问题。如税收领域的纳税主体难以界定、征税难度大等，第三方支付领域的网上洗钱、信用卡套现、网络赌博等网络违法犯罪现象、沉淀资金的非法占用或挪用等，物流领域的快递人员权利保护、末端配送的客户权益保障、城市道路、公共空间、卫生环境等资源的合理利用等，

[65] 参见李颖：《“2018年十大消费侵权事件”今日发布》，载中新网2019年1月25日，http://www.chinanews.com/cj/2019/01-25/8739548.shtml。

[66] 参见梁辰：《天猫超市回应否认大数据杀熟：系新人专享价，问题已解决》，载腾讯网2020年3月8日，https://new.qq.com/omn/20200308/20200308A06XH100.html。

跨境交易领域的检验检疫效率、跨境关税极易避开等。这些治理问题的存在都是极具挑战性的,本章不再一一予以阐述。

## 第二节　电子商务政府监管面临的困境

承前所述,经过20多年的发展,我国电子商务在知识产权保护、消费者个人信息及其他权益保护等方面已滋生诸多问题亟待治理,而单纯依靠市场自发调整已被证明并不足取,政府介入加以规制具有必要性和紧迫性。然而,政府在试图解决部分问题的过程中,却面临着"政府失灵"的风险。

### 一、监管理念:保守与创新之间的矛盾

传统行政理念以政府自上而下的"管理"理论为主导,强调政府对社会的管控权,服务意识则相对薄弱。尽管国家将"协同管理、共管共治"的理念写入《电子商务法》,[67]但理念的转变并非一朝一夕即能立竿见影,实践中传统管理思想仍旧在行政机关内部占据主导地位。受此理念驱使,电子商务监管部门往往坚持传统的"防控型"监管策略,开展严厉的管制活动。更有甚者,为了追求一劳永逸的监管效果,通过对新兴商业模式在定性层面的否定评价,将电子商务的创新发展与可能产生的未知风险一并禁锢。

在"花生日记涉嫌传销事件"中,广州花生日记网络科技有限公司(以下简称花生日记)收到广州市市场监督管理局的行政处罚决定书,因其涉嫌传销行为而被没收违法所得7306万余元,并被处以罚款150

〔67〕《电子商务法》第7条。

万元。[68] 引发争议的是，花生日记通过平台运营的层级分销商业模式，被法院认定构成《禁止传销条例》第7条第3项规定的团队计酬式传销。然而，尽管花生日记设计的层级结构和佣金计提规则，与团队计酬式传销的形式特征具有相似性，但这种商业模式与《禁止传销条例》意图规范的传销行为并不相同。《禁止传销条例》第1条规定的立法目的是“为了防止欺诈，保护公民、法人和其他组织的合法权益，维护社会主义市场经济秩序、保持稳定”。具有规制必要性的违法传销行为构成要件为：首先，有商业欺诈行为，对自然人或法人的合法权益造成了侵犯；其次，扰乱市场经济秩序；最后，对社会稳定产生不利影响。由此可见，只有当相关行为侵害了前述三种法益之一时，才落入此条例规制的范畴。反观花生日记的商业模式，一方面，不存在商业欺诈，也没有受害者群体，其商业模式的底层逻辑非常清晰，创造了积极的社会价值；另一方面，这一商业模式有利于带动“轻创业”，能够使部分人群的补充性收入来源更加多元化，根本不存在扰乱社会经济秩序的问题。此外，花生日记也没有酿成任何群体性事件，在这一点上，与此前频频“爆雷”的互联网金融所引发的大规模社会问题，形成鲜明对照。[69] 这一饱受争议的行政处罚决定，固然表明监管部门对于法律规定存在理解偏差，更为重要的是，暴露出监管部门面对缺乏了解的电子商务模式创新显现的低容忍度。

近年来，随着电子商务商业模式创新的不断发展，监管部门对待模式创新的监管理念也开始逐渐革新，不过这种理念革新较为缓慢，远不及商业模式的创新速度，导致监管理念呈现出明显的阶段性。[70] 当一

---

〔68〕参见王子扬：《花生日记涉嫌传销被罚没7456万元 明年还要在美上市》，载新浪网2019年3月18日，http://finance. sina. com. cn/chanjing/gsnews/2019 - 03 - 18/doc - ihrfqzkc4745869. shtml。

〔69〕参见薛军：《社交电商合法性判断问题上的新思考》，载微信公众号“电子商务法研究”2020年1月18日，https://mp. weixin. qq. com/s/Nq9aTiQyfyEueFNlATT4Tw。

〔70〕参见叶明、郭江兰：《互联网商业模式创新的政府监管困境与应对》，载《重庆邮电大学学报(社会科学版)》2020年第3期。

种新型电子商务商业模式崭露头角时，因未能引起监管部门的注意而得以“爆炸式增长”，增长的同时也会对市场环境造成一定的负面影响，甚至损害相关主体的利益，如共享单车随意停放引发的公共道路侵占问题。为了规范市场秩序，此时的监管者倾向于“防控型”监管策略，对新型商业模式的经营者采取约谈、罚款等监管措施，使得商业模式创新的发展空间遭到压缩，前文提及的“花生日记涉嫌传销事件”即为真实写照。但当监管部门发现，对于商业模式的创新存在过度监管、过密监管，令经营者疲于应对、创新乏力时，又开始转向“促进型”监管策略，不断放松监管，甚至通过对商业模式创新提供补贴的方式来鼓励发展。由此可见，面对电子商务日新月异的模式创新，监管者的理念革新始终处于相对滞后的状态，对商业模式创新的监管也因此陷入了一种“严格监管—放松监管—加强监管—解除监管”的循环式监管怪圈。[71] 这种不确定的监管状态，恰恰体现了监管者保守的监管理念与电子商务内嵌的创新精神之间的根本冲突。

当然，监管者在商业模式创新带来的利益格局震荡之下所采取的“先保守”策略，也不完全是传统监管理念使然。我国政府总体上的“保稳定、促发展”的治理方针，也会使监管者对冲击现有利益分配的商业模式创新“首先”倾向于防控，“首先”保证“不出大事”，然后会在学习和摸索中调整政策，重新部署利益格局。政府对网约车的监管就是著例之一。这也是循环式监管怪圈的可理解之处。只是，这毕竟难掩监管的保守与创新之间的矛盾。

## 二、监管依据：缺位、不适与冲突并存

近年来，我国电子商务领域立法工作取得了长足的进步，尤其是《电子商务法》的出台，对于社会热点问题作出了积极回应，填补了一些监管空白。但是，相对于电子商务商业模式的创新速度，有限的制度供给仍

---

〔71〕 参见彭冰：《反思互联网金融监管的三种模式》，载《探索与争鸣》2018 年第 10 期。

然显得捉襟见肘。如社交电商、直播电商等目前政府监管不足的商业模式创新，亟待通过创制、修订监管规则予以回应。而新法的制定又需要经过冗长的立法程序，难以跟上技术迭代和社会发展的步伐，甚至很可能出现新法甫一出台立刻落后于社会实践的尴尬处境。不过，这并不意味着立法丧失了必要性，而是对于立法者提出了更高的技术要求——法律的制定应当具有一定的前瞻性。从总体上看，目前互联网领域的立法位阶不高，《网络安全法》和《电子商务法》作为整个互联网法律体系的顶层设计，对待现实问题难以面面俱到，导致立法体系中仍然存在许多法律空白，一些具有规制必要性的行为尚未落入法律规制的范围。像大数据"杀熟"、个人信息保护、电商平台垄断以及外卖骑手权益保障等问题，法律体系均未给出及时有效的监管依据。此外，部分法律条款规定过于抽象化，导致"有法难依"，缺乏可操作性。例如，《网络安全法》要求网络运营者收集、使用个人信息，应当遵循"合法、正当、必要"原则，〔72〕但并未对"合法、正当、必要"原则的具体含义进行说明，也未给出具体的执行标准。实践中，电子商务经营者采取的像"一揽子授权""强制索权"等惯常做法，监管部门无法据此展开规制，从而导致消费者的个人信息遭到肆意收集和利用。《个人信息保护法》对"合法、正当、必要和诚信"的规定也是原则性的，〔73〕具体规则也一时难以充分积累和供给。由此，监管依据的缺失使得电子商务市场失灵的诸多情形依旧处于监管缺位的状态。

与此同时，随着互联网技术的不断迭代升级，电子商务的应用场景也日渐拓宽，不再局限于在线市场，而是向线下世界不断渗透。然而，电子商务的商业模式远比传统商业模式更为复杂多样，面向线下传统商业模式的监管规则，未必能够契合电子商务新业态的特殊性，导致既有规范与商业实践之间有脱节之虞。尤其是分享经济的出现，通过对海量闲

---

〔72〕 参见《网络安全法》第 41 条。
〔73〕 参见《个人信息保护法》第 5 条。

置资源的重新配置,在满足了社会群体多样化需求的同时,也令“消费者—经营者;雇员—自由职业者;居住—商业住宅”这种泾渭分明的类型区分变得日益模糊。[74] 而这些不断涌现的新兴业态,显然无法从现行法律体系中找到依归,这意味着其在诞生伊始即处于制度规范的“灰色地带”。更加糟糕的是,基于对传统监管模式的路径依赖,监管者往往会将为传统商业模式设计的监管规则,直接适用于电子商务领域,这种制度上的不兼容极易造成过度监管。例如,在网约车新政落地前后,各地制定的实施细则并未体现适度监管的原则,反而对与出行安全无关的司机户籍、车辆型号、轴距、排量、车价等进行严格限制,侵蚀了本应交由市场自行调节的领域。[75]

除此之外,现有监管依据还存在统一性欠缺的问题。即便是层级较高且处于同一位阶的法律之间,也存在相互冲突的现象。例如,《电子商务法》对电子商务经营者配合有关主管部门、提供电子商务数据提出了相应的义务要求;[76] 但根据《网络安全法》的相关规定,[77] 除公安机关、国家安全机关履行维护国家安全和侦查犯罪的职能外,在未经用户同意的情况下,有关主管部门不能直接要求网络运营者向其提供用户个人信息。换言之,如果有关主管部门依据行政法规级别的授权,要求电子商务经营者提供电子商务数据且其中涉及用户个人信息的,该电子商务经营者将不可避免地陷入必然违法的两难境地。

综上所述,政府陷入监管依据缺位、不适以及冲突的多重困境,规制不足与规制过度并存,既有规范体系需要适时调整,以因应电子商务层出不穷的模式更迭。

---

[74] 参见[美]奥利·洛贝尔、汪雨蕙:《分享经济监管:自治、效率和价值》,载《环球法律评论》2018 年第 4 期。

[75] 参见张彬:《网约车新政落地倒逼平台转型》,载网易网 2016 年 12 月 29 日,http://news. 163. com/16/1229/09/C9EMPKPR000187V5. html#from = relevant。

[76] 《电子商务法》第 25 条。

[77] 参见《网络安全法》第 22、28、41、42 条。

## 三、监管主体：多头监管与监管权争夺

电子商务所涉领域正在不断扩大，很难依靠一个部门完成电子商务的全部监管。目前，我国中央政府负责电子商务监管的主要部门有13个，包括国家发展和改革委员会、工业和信息化部、公安部、商务部、文化和旅游部、财政部、交通运输部、国家市场监督管理总局、国家税务总局、海关总署、国家互联网信息办公室、中国人民银行、国家邮政局等。由于电子商务涉及线上交易、电子支付、物流快递、数据服务、信息安全、税收、进出口、外汇管理等多个环节，相应的监督管理必然涉及多个部门的分工负责，因此，《电子商务法》规定国务院有关部门按照各自职责，分别负责电子商务发展促进、监督管理等工作，[78]从而形成"多头共管、分业监管"的电子商务政府监管体制。

然而，电子商务的商业模式正以前所未有的速度发生着变化，传统行业之间的壁垒在逐渐消融。一个直观的表现是，原本只具备单一功能的电子商务平台App，早已进化成集合多种功能于一体的超级平台，如支付宝App聚合了"吃喝玩乐"等多种本地交易服务。电子商务平台呈现的这种跨界融合趋势，给基于行业类别建立的分业监管体制带来了巨大挑战。

同时，电子商务监管是一项涉及商务、工商、税务、银行、海关等多个部门的系统工程，一项监管事项往往牵涉多个部门，而各监管部门之间职责与权限的边界并不清晰，彼此之间的沟通协作机制也尚不完善，各部门容易在监管内容、监管范围等方面各自为政，难以形成政策合力，甚至出现争夺监管权的乱象。[79]例如，对于网约车的管理，涉及交通、工信、公安、商务、网信等多个部门，尽管国家六部委联合出台的《网络预约出租汽车经营服务管理暂行办法》已经明确"有关部门依据法定职责，

---

〔78〕参见《电子商务法》第6条。

〔79〕参见王鹤霏：《多元共治视角下电子商务的政府监管问题探析》，载《延边大学学报（社会科学版）》2018年第3期。

对网约车实施相关监督管理”,[80]但在实际管理工作中,除偶发性的专项突击检查外,[81]各部门之间尚未形成监管合力。

## 四、监管措施:命令控制型工具难以兼容

适用于传统线下市场的诸如行政许可、设定标准、行政处罚等静态监管措施,在平移至复杂多变的电子商务领域时,出现明显的“水土不服”,给政府监管造成了不小的挑战。

### (一)行政许可阻碍创新

在我国网络交易监管实践中,基于对传统监管模式的路径依赖,政府在很多领域设定了大量的许可性监管措施。然而,过度依赖行政许可并非行之有效的监管措施,其在法律层面并非具备优先权的监管措施,[82]在事实层面又非有效解决市场问题的万全之策。实际上,网络交易市场中一些行政许可的设置,可能产生明显的反竞争效果。例如,有些先期获得牌照的网约车运营公司,通过囤积牌照高价出售,形成一道无形的进入壁垒,在获取巨额利益的同时,令后来者难以参与行业竞争。况且,许可规制的实际效果仍仰赖于后续监管,当后续监管薄弱时,对行为持续控制会出现失灵。[83] 再如,《网络预约出租汽车经营服务管理暂行办法》对于网约车司机“三证齐全”方能上路的要求,[84]实质是将对线下出租车的事前许可机制直接套用于网约车管理,忽视了分享经济中专业与非专业服务提供者之间界限模糊的特殊性,容易导致过度规制,

---

〔80〕 参见《网络预约出租汽车经营服务管理暂行办法》第4条。

〔81〕 参见徐媛园:《交通部等多部门进驻滴滴公司 开展网约车、顺风车专项检查》,载新浪网2018年9月5日,http://news.sina.com.cn/o/2018-09-05/doc-ihitesuy7213130.shtml。

〔82〕 参见《行政许可法》第13条。

〔83〕 [美]Colin Scott:《作为规制与治理工具的行政许可》,石肖雪译,载《法学研究》2014年第2期。

〔84〕 分别是《网络预约出租汽车经营许可证》《网络预约出租汽车驾驶员证》《网络预约出租汽车运输证》,前者由平台取得,后两者由驾驶司机取得。参见《网络预约出租汽车经营服务管理暂行办法》第8、12~15条。

扼杀商业模式创新。此外，分享经济的海量交易规模，意味着对申请人逐一审查，需要耗费大量的人力物力，行政成本极高。由此，严苛的事前许可制度，非但不能适应电子商务自身的发展特点，反而徒增监管成本，还会出现抑制技术创新等负面效果。

（二）标准设定知易行难

在电子商务中，以制定标准的形式进行监管已越来越多。标准规制的优势在于能够促进网络交易的规范化和标准化，且操作简明、见效迅速。但是，标准控制的局限性同样明显，只有当规制对象存在足够相似性时，标准才能有效实施。然而，不同类型的电商平台之间具有高度异质性，规模、资源等差异巨大，统一的技术标准无法适应不同类型、不同发展阶段的电商平台。而且，电子商务瞬息万变的市场环境，使得标准的更新速度远远滞后于实践的发展情况，“发布即过时”的局面更是时常出现。此外，制定标准本身也面临着技术难题。由于监管部门缺乏平台运营的相关经验，部分标准的设定缺乏科学性。例如，政府设定的关于网约车的市场准入标准中，车辆轴距、汽车排量与行驶安全、服务质量之间并不存在必然的因果关系，暴露出监管部门在安全风险方面的认知缺陷。因此，通过设定统一标准引导电子商务健康有序发展，在现实与理想之间存在巨大的预期落差。

（三）行政处罚威慑有限

作为规制力度最大的命令控制型工具，行政处罚以行政执法的威慑理论作为基础，强调对抗式执法以及对违反规则行为的制裁，依靠法律强制力以实现特定执法目标。然而，囿于公共执法资源不足和监管者执法能力有限，监管部门只能采取选择性专项执法，由此引致了守法机会主义现象的盛行。

目前，现有立法针对网络交易的处罚种类和额度不甚合理，威慑力度有限。以使用频率最高的行政罚款为例，对于暴利的“刷单炒信”行为，实践中各地罚款额度过低，导致有限的违法成本与巨大获利之间明显不相匹配，不足以产生必要的威慑。[85] 同时，部分处罚规定本身也存在不合理的现象，如从事医疗器械网络销售的企业未展示备案信息比未备案本身受到的处罚力度还重，显然有违行政合理性原则。[86] 而作为调整电子商务法律关系专门性法律的《电子商务法》，也未能区分不同类型、规模的电商平台设置不同的罚款额度，全部责任条款所规定的最高罚款额仅为50万元。[87] 相比于电商平台动辄逾百亿元的市值，寄希望于此等处罚力度来发挥预防违法的效果，恐怕杯水车薪。

## 五、监管能力：监管者自身能力不足

### （一）信息劣势与取证困境

政府规制必须以充分、准确的信息和知识作为基础。然而，监管部门与电商平台之间先天存在巨大的信息鸿沟，监管者经常处于信息劣势的一方，因信息不充分造成规制目标设定畸高或畸低，导致规制不足或规制过度的情形不在少数。规制目标设定过于严苛，会给电商平台的运营增加不合理负担，也可能因规制目标事实上的不可行，进而造成监管"落空"；规制目标设定过于宽松，则无法将违规经营者"清理出局"，导致规制不足，甚至危及交易安全，"魏则西事件"即为例证。[88]

网络交易信息的瞬时多变性，又将监管者的信息劣势进一步放大，

---

〔85〕 参见陈兆誉、余军：《平台"炒信"治理模式的转型重构：走向多元共治》，载《学术交流》2018年第5期。

〔86〕 参见《医疗器械网络销售监督管理办法》第39～40条。

〔87〕 参见《电子商务法》第77～84条。

〔88〕 大学生魏则西因罹患"滑膜肉瘤"，选择了前往百度检索排名第二的三甲医院"武警二院"进行治疗，并采用所谓最新的"美国斯坦福大学生物免疫疗法"。然而，魏则西的病情非但没有好转，反而持续恶化，并在散尽家财后最终不幸撒手人寰。魏则西离世后，网络舆论将矛头指向百度公司，并认为其在搜索结果中采用竞价排名的方式是对用户的欺骗和误导，随后，武警二院科室被承包给莆田系医疗机构等丑闻相继曝出，一时间引起了轩然大波。参见白剑峰：《魏则西留下的生命考题》，载《人民日报》2016年5月6日，第19版。

并造成执法过程中的取证困境。首要表现是证据调取受限。网络交易的全过程均以电子数据为依托，而电子数据极易被删除、篡改和破坏，且很难恢复原状，监管机构却缺乏有效应对的相应技术手段。同时，网络交易过程中产生的交易记录等证据和经营者信息主要存在于网络平台之上，意味着取证顺利与否受制于电商平台的配合程度。取证困境还体现为证据固定手段不足。尤其如何及时固定处于不断更新中的价格证据，目前仍是一大难题。例如，在涉嫌大数据"杀熟"的案例中，执法机关难以全面准确地监测到不同的终端价格。此外，消费者维权意识不足，维权能力也不强，在自身权益受到侵害时尚未养成留存证据的习惯；同时，为逃避法律的制裁，涉案人也会随时消除涉嫌违规与侵权的信息。凡此种种，均给监管者的调查取证工作造成了不小的困难。

（二）执法资源与规制难度此消彼长

理论上讲，在网络效应的作用下，电子商务可以使交易双方均突破数量增长上限，支撑起一个从深度到广度都前所未有的全球化市场。根据商务部的预测，分享经济平台体量将超万亿级。[89] 面对如此庞大的交易体量，仅靠有限的政府力量根本无法实现对海量参与者以及商品、服务交易信息的实时、有效监督。要求政府对每一个人的每一次交易行为都予以监管，将使政府在财政供给与人员配置方面捉襟见肘，属于不可承受之重。同时，网络交易负面问题的形成，往往涉及科技专业背景，而监管部门尚未建成高质量的专业性监管队伍，具备相关专业素养的执法人员仍面临供给不足的问题。面对庞大的网络交易体量，稀缺的执法资源屡屡造成执法困局。此外，在电子商务跨地域性对现行属地管辖原则的冲击之下，如何确定属地管辖权，俨然成为困扰监管部门的棘手问题。[90] 电子商务领域规制的必要性与政府监管的不足之间存在巨大的张力，这就为公共治理观念和理论适用于电子商务领域提供了契机。

---

〔89〕 参见殷雨婷：《分享经济平台体量将超万亿级 闲鱼用户超 2 亿》，载央广网 2017 年 11 月 16 日，http://tech.cnr.cn/techgd/20171116/t20171116_524028184.shtml。

〔90〕 王锡锌：《网络交易监管的管辖权配置研究》，载《东方法学》2018 年第 1 期。

## 第三节 电子商务公共治理的兴起

正如本章前两节所述,电子商务的监管是一项系统工程,传统的政府一元治理模式并非最优选择,因为其不足以应对电子商务市场的复杂多变。公共治理理论倡导从单一治理向多元治理转变,不仅是社会治理模式整体性变革的大势所趋,也更加契合电子商务的特点。让多个电子商务主体共同参与、相互协作,既能满足电子商务的监管需求,也能促进电子商务的发展。就此而言,公共治理理论在解决电子商务领域"由谁治理、如何治理以及实现什么样的治理"的问题上,为我们提供了翔实且成熟的理论供给。以 2004 年前后为分水岭,就在国内电子商务进入政府监管视野之中的同时,还有其他一些主体,或者直接,或者间接,共同推动着我国电子商务公共治理体系的形成。本节将重点对政府、行业协会、消费者三类主体进行分析和探讨,电商平台因其特殊的重要地位,将在下一节另行单独分析。

### 一、公共治理理论综述

#### (一)公共治理理论的产生背景

自 20 世纪 70 年代末、80 年代初起,伴随着计算机技术的兴起,全球范围内的经济一体化、政治民主化进程开始加速,与此同时,政府管理事务的多样性和复杂性逐渐增加。为应对由于社会发展带来的各领域的治理问题,以西方发达国家为代表的政府产生了从"政府统治"到"政府治理"的理念变革,更加关注企业、社会组织及市场发挥的治理作用。1989 年世界银行在讨论非洲发展问题的报告中,首次使用了"治理危机"(crisis in governance)一词;1992 年世界银行的年度报告标题就是"治理与发展";1995 年联合国成立 50 周年之际,全球治理委员会发表了名为《天涯若比邻》的长篇报告;1996 年经济合作与开发署年度报告题目为“人类可持续发展的治理、管理的发展和治理的分工”;2000 年联合国千年大会秘书长所作的报告中更是全面阐述了全球治理问题。[91] 在此背景下,公共治理这一崭新而富有内涵的理论,迅速在政治领域被广泛应用,并且受到学术界的高度关注,至今热度不减。

(二)公共治理的内涵及模式

公共治理(public governance)的内涵和治理并不完全一致,公共治理是公共部门管理事务的过程,属于治理体系的一种,两者是整体与部分的关系。如上文所述,治理体系既包括公共部门的管理,也包括私人部门和政府的管理,公共治理和政府治理、私人治理在研究途径、治理形态、主体地位、政府角色、关系基础、依赖程度、治理媒介、治理方式、治理文化等诸多方面都存在差异,因此不能将治理与公共治理简单等同。学界经过长时间对公共治理理论的研究,将公共治理的模式归纳为以下几种:

1. 多层级治理

多层级治理主要是指在欧盟广泛适用的治理模式。这一概念由美国学者加利·马克斯(Gary Marks)在 1993 年首次提出。他将多层级治理描述为在跨地区的国家、国际组织、地方政府等主体之间的一种持续谈判体系。1996 年,他又在其著作中,将多层次治理的内涵细化为“隶属于不同层级但并非科层关系的政府之间展开的合作”。[92] 此后,又有许多学者从不同角度对多层次治理进行理论研究,如有的学者将多层次治理划分成了两种类型,也有的学者重点关注多层次治理结构中的权力分配问题。[93]

---

〔91〕 参见魏涛:《公共治理理论研究综述》,载《资料通讯》2006 年第 Z1 期。

〔92〕 参见任声策、陆铭、尤建新:《公共治理理论述评》,载《华东经济管理》2009 年第 11 期。

〔93〕 See Liesbet Hooghe & Gary Marks, *Unravelling the Central State, But How? Types of Multilevel Governance*, American Political Science Review, Vol. 2, p. 233 – 243(2003).

2. 多中心治理

多中心治理理论由奥斯特罗姆夫妇创立,强调治理主体的多元化。在多中心治理的框架下,尽管各治理主体的地位是相互独立的,彼此之间却存在一种依赖性的合作关系,任一主体都需要通过其他主体的支持来发挥自身的作用。而这种依赖性在加深相互间联系的同时,也进一步加强了治理主体间的竞争性。因此,多中心治理过程就是各主体既相互合作又相互竞争的过程。[94] 由此可见,多中心治理不能等同于治理主体的单纯累加,而是对市场、社会与政府之间关系的重塑,从过去不对等的管理与被管理关系,进化为平等伙伴关系,共同参与治理并且在治理途径上展开合作。

3. 网络治理

网络治理理论是伴随着政策网络研究的进展而兴起的,主要是指存在多重行动者参与的治理模式,在治理结构、机制等方面都与传统的市场制和科层制有所不同。该理论认为,在治理过程中,政府只是作为行动者之一,而不再具备绝对性的支配力量。其核心思想在于,没有任何国家或社会一方的行动者能够单方面地决定公共政策过程和治理过程,这些行动者需要形成合作关系,实现资源组合的优化,最终达成社会善治。[95] 与多中心治理理论相类似,网络治理理论同样致力于构建以平等、互信为基础的多元主体合作伙伴关系。如何在不同行动者间形成有效的合作机制,是网络治理的主要研究内容。

4. 整体性治理

整体性治理理论产生于20世纪90年代公共服务碎片化的社会背景之下,由于政府分权化改革、权力下放等因素,政府在公共事务上无法为民众提供整体化的服务,因此不少学者转而研究整体性治理的模式。其中代表性人物是佩里·希克斯(Perri Six)和帕却克·邓利维(Patrick

---

〔94〕 参见高秉雄、张江涛:《公共治理:理论缘起与模式变迁》,载《社会主义研究》2010年第6期。

〔95〕 参见鄞益奋:《网络治理:公共管理的新框架》,载《公共管理学报》2007年第1期。

Dunleavy)。

整体性治理针对的是碎片化治理带来的一系列问题,整体主义的对立面是碎片化而不是专业化。[96] 政府长期以来根据具体职能来设置机构的做法,会造成公共服务的碎片化。基于此,希克斯认为,“21 世纪的政府不应再放任政府各不同功能与专业部门间的单打独斗”。[97] 因此,以制度化的方式将政府各机关间的沟通协调予以落实并推动不同领域的整合,显得至关重要。

与希克斯对整体性治理的诠释有所不同,邓利维对数字化变革带来的影响更为关注。他认为,数字化时代已经到来,重新整合的重要性不言而喻。在他看来,整体性治理必须加强信息技术的整合,实现网络简化和“一站式”服务。就此而言,其主张将信息技术和网络技术作为治理手段并加以整合,建立起一整套统一的中央数据库,据此实行在线治理模式,并将政府部门的行政工作彻底整合化与透明化。[98]

总而言之,整体性治理的本质是整合,主张各治理主体间通过充分沟通与合作,达成有效协调和整合,使彼此政策目标及其执行的一致性与连贯性得到加强,并最终实现无缝隙治理。

## 二、政府:主导、协调和提供服务

尽管公共治理理论的出现,改变了政府在公共事务管理中长期以来的统治地位,我国也不断强调政府应“简政放权”“加快转变政府职能”,但是,这并不意味着政府规制的全面退出,党的十八届三中全会提出“推进国家治理体系和治理能力现代化”的命题,推行的正是“有政府的治理”(Governance with Government)。因此,在规范治理电子商务市场秩

---

[96] 参见韩兆柱、杨洋:《整体性治理理论研究及应用》,载《教学与研究》2013 年第 6 期。

[97] 参见韩兆柱、单婷婷:《网络化治理、整体性治理和数字治理理论的比较研究》,载《学习论坛》2015 年第 7 期。

[98] 参见韩兆柱、张丹丹:《整体性治理理论研究——历程、现状及发展趋势》,载《燕山大学学报(哲学社会科学版)》2017 年第 1 期。

序层面,政府的主导作用仍不容忽视。

（一）既有定位的保留:传统监管者

承前所述,政府虽然不再是唯一的社会治理主体,但并不代表其从治理领域中撤出。正如同“市场失灵”和“政府失灵”的存在,也可能出现“平台失灵”,如平台滥用市场支配地位、大数据价格歧视、不规范收集用户个人信息等问题。此时,平台的自我规制难以奏效,政府作为监管者理应发挥作用。所以,尽管与政府监管相比,在对平台内网络交易活动进行监管方面,电子商务平台经营者更具优势,但是,绝不可因此忽视政府的作用。当然,政府干预市场并非任意为之,必须有其正当性。一般情况下,应该尽可能让平台、协会或联盟发挥规制作用,在“平台失灵”“协会或联盟失灵”不可能避免的情形中,政府以监管者的身份进行介入才是更具正当性的。

此外,为消除不良影响、引导电子商务健康发展,在事关消费者生命健康的问题上,政府必须承担起底线监管的义务。不过,基于职能转变的要求,政府应竭力避免对传统事前监管措施的“路径依赖”。为此,政府须以事中、事后的监管以及服务为主,集中资源防范和化解交易风险,维护平台生态秩序的健康发展。

（二）职能转移的必然:元治理者

政府职能转移也会引发治理角色变化。在电子商务治理的视域中,当政府将部分公共规制任务分配给电商平台,由后者扮演治理主要实施者的角色时,政府也就从直接监管者转变成了元治理者。元治理是一种间接治理形式,是为了克服治理失灵而进行的对自我规制的管理。这种管理可具体化为最低标准的设定者、利益相关各方协商对话的召集者与组织者等。〔99〕其中,最为典型的是政府作为协商对话的组织者。协商对话的理想方式是商谈,政府需要为不同利益相关方搭建商谈平台。实践中,政府主要通过行政约谈的形式来发挥组织协商对话的功能。具体

---

〔99〕　参见王瑞雪:《治理语境下的多元行政法》,载《行政法学研究》2014 年第 4 期。

而言,政府运用行政约谈向平台企业传递警示信息,明示违法问题或隐患,责令督促其整改。例如,在国家互联网信息办公室网络安全协调局针对“2017年支付宝年度账单事件”,对支付宝的有关负责人进行了约谈后,后者立即开展了全面整改。[100]

(三)简政放权的需要:服务提供者

2013年5月,时任国务院总理李克强在国务院召开的全国电视电话会议提出,政府“放权”就是要“把该放的权力放掉,把该管的事务管好”。因此,“放权”不是“放任”,其本质在于要求政府将自身的治理权与其他治理主体进行分享。然而,“放权容易行权难”,对于其他主体来说,要想有效行使分得的治理权,往往需要政府跟进提供服务予以支持。例如,《电子商务法》要求平台经营者对拟进入其平台从事商品或服务交易的经营者与非经营者,进行严格的身份核查和背景调查。[101] 为此,平台经营者需要公安机关配合提供相关数据库的开放对接,以确保核查数据来源的合法性与准确性。此时,公安机关提供数据库对接的行为,体现的就是政府作为服务提供者的角色。

此外,政府对电子商务发展出台并落实相应扶持政策,也是提供服务的另一种直观体现。如上海市人民政府曾以第三方购买服务的形式,聘用人员在出行高峰期对摩拜单车进行投放和整理,对其代表的分享经济在上海的发展,客观上起了促进作用。[102]

## 三、行业协会:以行业自律为实现方式

电子商务的发展过程中会产生一些特殊的新型问题,于此而言,由

---

[100] 参见国家互联网信息办公室:《国家互联网信息办公室网络安全协调局约谈“支付宝年度账单事件”当事企业负责人》,载中国网信网2018年1月10日,http://www.cac.gov.cn/2018-01/10/c_1122234687.htm。

[101] 参见《电子商务法》第27条。

[102] 周洪、林馥榆:《上海摩拜单车进入精细化运营新赛道 助力城市有序管理》,载央广网2017年8月19日,http://www.cnr.cn/shanghai/tt/20170819/t20170819_523909060.shtml。

政府运用法律手段加以治理确有必要,但是,立法囿于其滞后性、疏漏性特征,难以及时有效全面地作出回应。同时,电子商务技术正处于不断更新之中,各种电子商务模式仍有较大发展空间,如果全面展开法律规制,或将面临矫枉过正的风险,商业模式上的创新极易遭到扼杀。相比之下,行业自律则显得更加弹性与温和,通过行业内部自行探索、发展规则并予以遵守,整个电子商务行业也得以健康可持续地发展。

(一)行业协会的治理优势

行业自律主要是由行业协会组织实施。行业协会是成熟市场经济国家普遍存在的一种促进经济领域各类互益性活动,并提供相应公共服务的社会经济组织形式。[103] 受制于掌握信息不完全和决策能力不完备两方面因素,政府决策过程中暴露出有限理性的不足,自上而下的政策与经营者的实际需求发生脱节。与政府相比,行业协会在消除信息不对称、降低协调成本和提高信息传递效率等方面明显更具优势,能够充当弥补政府有限理性的组织角色。

电子商务行业协会亦同,其治理优势主要体现在以下几方面:第一,中介性。各自为战、彼此分散的电商企业,往往无法及时察觉政府的监管动向,也很难直接影响政府决策。反观电子商务行业协会,其作为政府与电商企业之间的联结中介,能够为政企关系的协调提供桥梁纽带。一方面,代表企业利益与政府沟通对话,反映行业诉求,进而影响政策的制定;另一方面,将政府的监管要求及时向电商企业传达,对相关政策进行宣贯与解读,帮助电商企业降低合规难度。第二,专业性。电子商务行业协会由各电商企业共同组成,比政府部门更熟悉市场,也更了解本行业的具体情况,特别是在行业规则、技术标准的制定与修改、行业专门性认证、违规会员惩戒等方面表现出色。由此可见,与政府监管相比,行业自律的专业性无疑更强。第三,灵活性。面对不断变化的市场环境,规范性法律基于稳定性的需要,并不能频繁地进行修改,而行业规则的

---

[103] 张冉:《中国行业协会研究综述》,载《甘肃社会科学》2007 年第 5 期。

变更就容易得多。对于日新月异的电子商务行业而言，行业协会通过灵活调整行业规则，不仅能针对市场动向快速作出反应，也能将抑制创新的负面效果降至最低，这是政府规制所难以企及的。第四，公益性。行业协会通过组织引导成员企业制定并执行行规行约，在行业内部构建自治机制。这种自治机制建立在参与者协商一致的基础之上，不仅行业规则认同度高，执行起来也较为顺畅。[104] 同时，这些行规行约代表了大多数成员企业的意见和利益，因而能够使成员企业步调一致，有效调节同行企业之间的竞争秩序，避免恶性竞争局面的出现。此外，行业自律的实质是把原本政府承担的规制成本转移至行业协会，后者所需资源要少很多，从而可以减轻政府规制压力，也能避免政府干预可能带来的弊端。因此，行业协会理应成为电子商务公共治理体系的重要主体。

（二）行业协会参与治理的行为方式

综观各地电子商务治理实践，电子商务行业协会主要通过以下方式参与行业治理：

1. 制定行业规范。作为行业协会开展行业自律的重要措施，行业规范通过对业内成员的一定行为加以限制，建立起行业秩序。此秩序并非运用国家公权力所建构的正式规则，属于“私序”范畴，但对“公序”构成重要补充，在影响行业自律实施效果方面起着举足轻重的作用。《电子商务法》也鼓励电商行业组织建立健全行业规范。[105] 行业规范的表现形式多种多样，如行业协会制定的章程、公约、准则、管理办法、标准等。

2. 实施行业惩戒。当组织成员违反行业规范设定的义务时，行业协会可基于该规范对其进行惩戒。行业惩戒类型众多，其中以声誉罚为主。如《互联网搜索引擎服务自律公约》就规定，如果签署单位违反本公约并造成不良影响，经查证属实的，给予内部警告或在主流媒体公开

---

〔104〕 参见许玉镇：《网络治理中的行业自律机制嵌入价值与推进路径》，载《吉林大学社会科学学报》2018 年第 3 期。

〔105〕 参见《电子商务法》第 8 条。

谴责。[106] 资格罚也不鲜见。如《中国互联网金融协会自律惩戒管理办法》列举的7类惩戒措施中,就包括对违规会员暂停其会员权利以及取消其会员资格。[107] 《中国互联网行业自律公约》也有类似规定。[108] 此外,前述惩戒措施既可以单独实施,也可以合并实施。行业协会通过严格惩戒违规成员,提供行业规范服从激励,实现了行业自治机制的有效运转。

3. 处理投诉举报。行业协会通过受理投诉举报并对违规信息线索进行收集,能够协助配合政府相关执法,在网络信息安全保障方面发挥积极作用。例如,中国互联网协会受工业和信息化部委托,设立12321网络不良与垃圾信息举报受理中心,利用网站、QQ、微信等多方渠道受理网络举报,协助有关部门处置不良App和违法网站。仅2019年2月,12321举报中心就联合百家应用商店下架处置了恶意App共计77款。[109]

此外,电子商务行业协会还能通过设置多元纠纷解决机制、监督指导会员企业内部管理等方式参与电子商务行业治理。

## 四、消费者:个体行动与消协出动

随着现代规制国的形成,行政权的正当性来源历经从传统的"传送带模型"到"专业模型"再到"参与模型"的变迁。[110] 公共治理强调多元主体的共同参与,公民个体不再仅仅充当被动服从者,而更应以参与者身份与其他主体通力合作,共同推动规制决策的制定、承担规制决策的

---

[106] 参见《互联网搜索引擎服务自律公约》第15条。

[107] 参见《中国互联网金融协会自律惩戒管理办法》第5条。

[108] 参见《中国互联网行业自律公约》第23条。

[109] 参见12321举报中心:《12321举报中心2月下架处置恶意App 77款》,载12321网络不良与垃圾信息举报受理中心网站2019年4月3日,https://www.12321.cn/arc?aid=11939.html。

[110] 参见朱新力、魏小雨:《网络服务提供者的规制模式》,载《浙江大学学报(人文社会科学版)》2014年第6期。

后果。

在电子商务领域,公民个体主要以消费者的面目出现。作为基数最大、范围最广的治理主体,消费者直接使用网络服务,是网络动态最直接、最灵敏的感知者,由消费者进行监督管理不仅便捷高效,治理成本也相对较低。但是,网络消费者因其松散性,至今未能形成制度化的直接参与机制。在实践中,消费者主要是借助平台预设的信用服务评价机制,间接参与电子商务市场的监督和管理,尚未成为电子商务公共治理体系的重要主体。

不过,近年来,定位于保护消费者合法权益的社会团体——消费者协会,通过开展问卷调查、提起公益诉讼等多种形式的监督管理,推动了不少消费热点问题得到制度性解决。例如,北京市消协在2019年针对大数据“杀熟”问题进行了一项专门的问卷调查,间接推动了文化和旅游部《在线旅游经营服务管理暂行规定》中大数据“杀熟”治理条款的出台。[111] 再如,“共享单车公益诉讼第一案”由广东省消费者委员会提起并获得了胜诉,对于推动解决共享单车“押金退款难”问题起到了积极的示范作用。[112] 但消费者协会与其他行业协会相似,也存在组织独立性缺失、权威性不足等缺陷,考虑到在短时间内消费者群体难以作为一方主体参与治理的现状,应通过有效制度建设加强消费者在公共治理体系中的作用。

## 第四节 电商平台参与公共治理

本节拟分电商平台作为电子商务市场的缔造者与经营者,作为网络交易信息的聚合者与处理者,在电子商务公共治理体系中处于十分重要

[111] 《在线旅游经营服务管理暂行规定》第16条。
[112] 参见魏文彪:《小鸣单车被起诉 公益诉讼示范作用值得期待》,载中国经济网2017年12月19日,http://views.ce.cn/view/ent/201712/19/t20171219_27325189.shtml。

的节点,一端联结政府,另一端则联结市场和用户。无论是出于逐利动机,还是出于合规要求,电商平台都必须打造和维护一个稳定、持续、有活力的交易秩序。电商平台与传统集贸市场的最大不同就是因网络、数字技术的应用导致电子商务在时间、空间、和商业模式的容纳上具有几乎无限的延展性,其影响的人群数以亿万计。这就自然使电商平台在公共治理中——尤其是在经济领域的公共治理中——发挥着举足轻重的作用。下文将从平台为何参与公共治理、平台的治理义务与治理权力、平台参与公共治理存在的问题三个方面展开论述,为平台规则治理的研究提供理论与实践基础。

## 一、平台为何参与公共治理

### (一)平台的私营性与公共性

网络平台为生产者/经营者与消费者提供了虚拟的匹配与互动,促进了双方信息、商品与服务、金钱的交换,成为各方交易的渠道和场所。在此过程中,平台企业借助现代网络技术将各交易相关方链接在一起,打破了时间限制与空间障碍,实现了更大范围内的资源调动和要素掌控,让远距离、非见面式交易成为现实。

从形式上看,根据平台的功能差异,可将网络平台划分为三类:市场制造者(market - makers)[113]、受众制造者(audience - makers)和需求协调者(demand - coordinators)。[114] 根据平台供应产品或服务的差异,还可以将平台划分为电子商务、信息内容、社交、金融、服务交易、技术、其他7个领域。[115] 其中,按照买卖双方的性质,又可将电商平台进一步区

[113] 市场制造者通过吸引对某一类交易感兴趣的两个不同群体,通过降低搜索成本,提高了匹配可能性,电子商务平台即属于典型的市场制造者。

[114] See David S. Evans, *Some empirical aspects of Multi - sided platform industries*, Review of Network Economics, Vol. 1, p. 191 - 209(2003).

[115] 参见叶逸群:《互联网平台责任:从监管到治理》,载《财经法学》2018 年第5期。

分为 B2B、B2C、C2C、C2B 和 C2M 五类平台。[116]

可见,平台作为一种组织形式,兼具企业与市场双重属性。从市场的角度来看,不同于传统的实体交易市场,以数字技术为核心驱动的网络平台,[117]因其连接一切的特性及其突破物理空间制约后的无限延展性,能够超越区域小市场,面向全球大市场,从而产生了庞大的用户群。面对数量庞大的用户,平台企业不仅从事经营行为,而且需要对其进行管理。这种管理也被称为平台自治,在形式上类似政府管理,意味着平台企业正在逐渐承担原本应由行政机关肩负的义务和责任。[118] 由此,平台企业从政府手中接过了部分市场规则的制定权,在某种意义上具备了准政府性质。

尽管在平台形式上,学界尚能达成基本共识,但对于平台性质的理解却争议颇多。有观点认为,平台不过是传送信息的“单纯通道”,并不参与具体内容的生产,与传统邮政公司及电话公司并无二致,进而具有网络中立性。[119] 该观点忽视了平台功能的转变,在遥远的 Web 1.0 时代,彼时的平台主要作为信息媒介,为各类信息提供传播渠道,本身因不参与内容生成而得以保持中立;但及至当下的 Web 3.0 时代,网络平台不仅为商品和服务提供交易场所,而且通过制定平台内规则、维护交易秩序、推动和创造交易机会越来越深地介入平台内交易,中立性不复存在,平台的角色也从交易的撮合者、场所的提供者演进为交易的主导者。另有观点认为,平台类似于集贸市场、出租柜台的大商场等传统市场组

---

〔116〕 C2B/C2M 的典型特色是个性化定制,泛指“先有消费者需求,后有生产者供应”的一类商业模式。关于 B2B、B2C、C2C 在我国的发展历程,详见本章第一节部分的论述。

〔117〕 从此处开始,本节所指的“平台”、“网络平台”或者“平台企业”,皆为电子商务平台,亦即《电子商务法》第 9 条规定的 “电子商务平台经营者”,特此说明。

〔118〕 参见解志勇、修青华:《互联网治理视域中的平台责任研究》,载《国家行政学院学报》2017 年第 5 期。

〔119〕 参见解志勇、修青华:《互联网治理视域中的平台责任研究》,载《国家行政学院学报》2017 年第 5 期。

织。平台网站为买卖双方提供交易渠道类似于商场出租它的空间供商家使用。[120] 不容否认的是,平台追求商业利润,在性质上属于市场经营者,经营平台的行为首先属于商业行为。但是,平台是以互联网技术为依托的数字化组织体,其通过技术手段进行日常管理与运行,平台内用户的行为会受到平台技术的影响甚至支配,这明显有别于集贸市场等传统组织。由此可见,平台既非传统的线下市场经营者,也不是纯粹提供信息的居间服务者。此外,平台虽然同样由私人设立并运营,却日渐成为大众参与公共活动的重要场所,与公共利益密切相关。[121] 换言之,平台在事实上承担着维护平台市场秩序、保障平台用户权益的公共职能。故此,平台扮演着市场规制者角色。[122]

### (二)平台自治的逐利动机

作为一种具有特殊属性的市场主体,平台企业既是参与市场竞争的经营者,又是网络交易秩序的建构者和运营者。同其他商事主体一样,平台企业的基本出发点依然是营利,这也是企业的本质属性。尽管与一般企业相比,平台企业在获利手段、获利方式上更为多元,[123] 但究其实质,平台企业的营利能力依赖于规模效应,即平台上活跃用户数量越多,营利潜力也就越大。为了营利,平台企业不断创新其商业模式,以此吸引更多用户。新用户和老用户在使用平台过程中对自身用户体验十分关注,而用户体验会受到多个维度的影响。为此,平台企业采取各种方式来增强用户在自己平台上的体验感。其中之一就是为其创造的商业模式以及各种商业模式的稳定性、可持续性、变革性建章立制,同时形成相应的交易秩序。

---

〔120〕 参见吴仙桂:《网络交易平台的法律定位》,载《重庆邮电大学学报(社会科学版)》2008 年第 6 期。

〔121〕 参见高薇:《互联网时代的公共承运人规制》,载《政法论坛》2016 年第 4 期。

〔122〕 参见刘权:《网络平台的公共性及其实现——以电商平台的法律规制为视角》,载《法学研究》2020 年第 2 期。

〔123〕 例如可以利用分类排名、引流推荐等多种方式。

平台企业同样具有维护交易秩序的主观能动性。平台企业致力于通过管理实现平台持续良性运作,增加市场活力,提高平台交易额,最终获取更高收益,这就使得平台企业在主观上有意愿去监管平台中存在的各种机会主义行为。例如,在全国首例“职业吃货”案中,面对吃货者以恶意退款方式破坏购物生态环境的行为,淘宝网主动通过诉讼维权,获得了法院支持,维护了淘宝网平台的正常经营秩序。[124] 个案裁判中法院对平台经营者依据服务协议处罚商家行为的肯定与支持,[125]也进一步增强了其监管平台的动力。在被称为“平台打假第一案”的淘宝网诉姚某服务合同纠纷案中,淘宝网平台基于服务协议的约定,对电商经营者的售假行为提起10倍赔偿的侵权诉讼,并最终获得法院支持。[126]

(三)平台自治的合规动机

平台经营者对其平台的管理和治理并不完全出于逐利动机。合规是平台自治的另一重要动力来源。法律规范之所以要求平台承担相应治理义务,主要是出于以下三方面原因:

第一,政府难以通过直接介入的方式进行全面监管。如前所述,完全自由放任的网络市场会破坏市场秩序的良性运转,必须依靠政府力量的干预才能实现网络市场的平衡和发展。可过往实践已然表明,即使监管者拼尽全力,也难以对全部违法行为进行有效处罚。而电子商务交易量过大、交易金额通常较小的特性,又使得监管部门处罚幅度相对有限,震慑作用微乎其微。

第二,缺乏外部制约的平台自治又极易造成权力滥用。一方面,平台经营者是平台自治规则的主要制定者和实施者,其占据着技术信息等

[124] 参见杭州互联网法院民事判决书,(2018)浙0192民初10145号。

[125] 实践中多起电商平台起诉平台内经营者售假并要求赔偿的案件,都不同程度获得了法院的支持。参见浙江省宁波市北仑区人民法院民事调解书,(2018)浙0206民初5478号;浙江省义乌市人民法院民事判决书,(2018)浙0782民初9004号。

[126] 参见上海市奉贤区人民法院民事判决书,(2017)沪0120民初6274号。值得一提的是,该案获评了“2017年推动法治进程十大案件”,并入选了《2017年中国法治蓝皮书》。

优势、资源。平台经营者自身存在的私利性和非中立性,使得平台规则在拟定和适用上的平等性难以保证,规则内容的公平合理性也就无从谈起。另一方面,平台经营者能够利用平台规则、对违反规则的行为采取多种管控措施,对这种执行规则的权力缺乏约束,也使得其有可能沦为平台专断滥用自治权的工具。

第三,平台企业本身具有营利性,自治动力欠缺。但是平台所缔造网络交易市场及秩序对相关用户、行业的影响巨大,若完全听任平台根据自己营利目的去打造或重塑某种秩序并对此予以维系,可能会造成平台消费者、知识产权人以及其他相关产业的合法权益深陷不公平境遇。

鉴于此,法律规范对平台经营者的平台管理和治理活动提出一系列要求,以解决政府某种程度上存在的监管供给不足、平台自治滥用风险、平台自治动力欠缺这三大难题。从政府监管角度而言,政府监管与平台经营者有着保护平台参与者的合法权益、维护平台良好运行的共同主观意愿,具有形成合作的广泛前景。“政府管平台,平台管用户”的治理理念之合理性在于,政府直接监管的对象是数量有限的平台,以替代数量庞大的商户,这不仅能够有效解决线上商户过多导致的监管力量不足的问题,还能够节省监管成本。平台在控制违法行为方面所拥有的便利性,也能够促使其协助政府完成整治市场秩序的公共目标。对于平台经营者而言,其所掌握的得天独厚的技术、信息优势,本就有利于及早发现违法行为,在监管的成本收益上比执法机关更具优势。因此,将原本属于政府的监管权部分让渡于平台经营者,向平台经营者寻求合作以使有效监管得以实施,是一个更明智、更合理的选择。换言之,通过为平台经营者设定第三方义务的方式,[127]从反面划定平台治理的权限范围,并对平台自治失范行为予以明确以及设置相应法律后果,既能在防止平台滥

〔127〕 由“既不是所监督行为的主要实施者,也不是违法行为的受益者”的电商平台承担“必须将私人信息提供给行政机关或者由其本身采取阻止性措施防止有害行为发生(如拒绝提供服务或商品)的义务”,被称为“行政法上的第三方义务”。参见高秦伟:《论行政法上的第三方义务》,载《华东政法大学学报》2014年第1期。

用权力的同时有效发挥平台优势、补足其在某些方面动力欠缺的问题，也能缓解执法机关资源有限的困境。平台为达到这些合规的要求而加强和完善自治，就并非完全是出于自愿逐利的考虑了。

必须认识到，政府与平台合作治理的实质，是通过为电商平台创设大量义务的方式，[128]将原应由政府负担的部分规制或治理义务转移给了电商平台。但是，平台的能力也是有限的，如果在给平台施加监管义务时完全不考虑限度问题，其结果很可能引发寒蝉效应和逆向选择。故此，应确定平台经营者承担治理义务的限度，即以“政府必须介入监管但囿于资源、能力、效率等因素而必须由电商平台予以配合的情况”为限。[129]

## 二、平台的治理义务与治理权力

### （一）平台治理义务与平台治理权力的关系

平台经营者组织、协调、推动网络交易，符合“公共场所管理人或者群众性活动组织者”的特征，因此平台治理义务趋于强化在所难免。[130]应当注意到，尽管在现实层面，曾由公权力垄断的监督管理权部分地转移由作为私主体的平台予以行使已逐渐成为通行做法，但在现行法层面，更多的是以规定平台经营者的义务和责任的形式予以体现的，并未或很少提及平台经营者拥有哪些权力。

平台经营者切实履行治理义务的过程，便是自我赋予或法律授予治理权力的过程。一方面，越来越重的外部合规压力[131]“迫使”平台经营者“利用”其平台规则制定者的地位，通过搭建和改造平台规则规范交

---

[128] 《电子商务法》第27~46条。

[129] 参见叶逸群：《互联网平台责任：从监管到治理》，载《财经法学》2018年第5期。

[130] 参见周樨平：《电子商务平台的安全保障义务及其法律责任》，载《学术研究》2019年第6期。

[131] 以2020年为分水岭，针对平台经济发展中的种种问题，党中央、国务院相继召开多次会议，对平台企业提出合规经营要求、划定不得逾越的底线，对不合规做法限期整改。

易活动。另一方面,这些带有强制性的服务条款,使得平台经营者能够合法有效地在信息收集、规则制定、对违法行为的处罚等问题上具有更为广泛的管理权限,以便对平台参与者进行更为严格的审查,对消费者进行更为有效的保护。由此可见,平台治理权力与平台治理义务的关系,如同硬币那样“一体两面”。

(二)平台治理的主要内容

从内容上看,电商平台所需承担的治理义务,可分为基础义务和特殊义务两种类型。不同性质和类型的电商平台皆须承担基础义务,具体包括:

1. 用户真实身份信息或资质的核验义务。即对拟进入平台从事商品、服务交易的经营者身份进行审查,并要求其完成实名身份登记。根据《电子商务法》及《网络交易监督管理办法》的要求,[132]平台经营者应当对拟进入其平台销售商品或提供服务的用户,履行真实身份信息或资质的核验义务,并至少每6个月对前述用户提供的信息核验更新一次。

2. 一般审查监控义务。我国《电子商务法》《网络安全法》等法律法规中均对此有所规定,如果平台“发现”或“知道”经营者或用户发布的信息存在违法情形的,应当采取必要的处置措施。[133]

3. 交易信息的存储与报送义务。如前所述,网络交易的整个过程都以电子数据的形式留存于电商平台的服务器中。《电子商务法》要求电商平台存储特定交易信息,[134]能够起到证据固定的效果,对于解决交易纠纷具有重要价值。电商平台原则上应对存储的信息予以保密,但出于协助政府执法的考量,《电子商务法》同时规定了特定情况下的信息报送义务。[135]

4. 网络安全保障义务。目前,有些电商平台因其巨大的社会影响

---

〔132〕 参见《电子商务法》第27条、《网络交易监督管理办法》第24条第1款。
〔133〕 参见《电子商务法》第29条、《网络安全法》第47条。
〔134〕 参见《电子商务法》第31条。
〔135〕 参见《电子商务法》第28条。

力以及对普通民众日常生活安排和协调的基础性作用,已经成为一种具有公共属性的关键信息基础设施,理应承担起维护网络安全的公法义务。[136]《电子商务法》为此要求电子商务平台经营者,应采取技术措施和其他必要措施,确保其网络安全、稳定运行,并事先制定应急预案;一旦发生网络安全事件,应立即启动应急预案,采取相应补救措施,并向有关主管部门报告。[137]

5. 健全信用评价义务。信用评价机制是构建诚实守信网络交易秩序的关键。根据《电子商务法》的相关规定,[138]平台应建立信用评价机制,并确保相关的规则公平、合理;信用评价规则必须公示,以便消费者获取对平台内销售的商品或提供的服务进行评价的途径;平台不得删除消费者对平台内销售的商品或提供的服务的评价,以供其他消费者参考;对于平台内发生的各种炒作信用、扭曲信用、制造虚假信用的行为,平台必须严厉查处与制裁。

6. 处理投诉举报义务。电子商务经营者接受投诉、举报有助于及时化解电子商务争端。根据《电子商务法》的规定,电子商务经营者应当建立接受用户投诉、举报的机制。[139] 对于收到的投诉、举报,电子商务经营者应当在合理时间内进行处理,并将投诉、举报的处理结果及时告知投诉人、举报人,或为其提供相应的查询系统。

7. 执法协助义务。当监管部门发现电商平台上出现违法信息或违法行为并向平台通知时,其应对监管部门的执法活动予以积极配合。除前文述及的按照有权机关要求履行信息提供义务,电商平台也应为公安机关侦查犯罪活动提供技术支持和协助。[140]

---

[136] 参见薛军:《电子商务法平台责任的初步解读》,载《中国市场监管研究》2019 年第 1 期。

[137] 参见《电子商务法》第 30 条。

[138] 参见《电子商务法》第 17、39 条。

[139] 参见《电子商务法》第 59 条。

[140] 参见《网络安全法》第 28 条。

除了履行上述基础义务，根据平台类型以及对交易介入程度的不同，部分电商平台还须承担相关的特殊治理义务，如传统电商平台的知识产权保护义务等。总之，根据在网络交易活动中发挥的功能或定位的不同，电商平台承担的治理义务也不尽相同。

纵观电商平台从"单纯通道"到"网络市场缔造者"，再到"平台治理权力享有者"的身份变迁，其中反映出平台对于准公共权力从无到有的发展历程。通过在实践中"立改废"交易规则、监督执行交易规则和解决交易争端，电商平台已经初步形成三"权"分立的功能结构，并据此影响着网络交易秩序的变化。

（三）传统权力类型学视野下的平台治理权

根据传统理论，公共领域的统治权力可分为立法权、执法权和司法权。平台在逐利和合规的双重动机之下，对其广大用户的市场交易行为加强和完善管理、治理，其权力也展现出"准立法权""准执法权""准司法权"等属性，并在各参与主体之间形成完整的"权力"架构与运行体系。

1. 准立法权："立改废"平台规则

电商平台为保证良好的市场运营秩序，往往会制定大量平台交易规则，经营者用户与消费者用户在平台内进行活动时都必须遵守，违反相关规则就会面临相应惩戒。为确保交易规则充分适应其商业模式的发展，电商平台也会对交易规则进行及时修改，并将不合时宜条款甚至规则本身予以废止。通过对平台"立改废"其交易规则的具体过程进行梳理，我们可以发现：在类型方面，出于落实《电子商务法》的要求，平台会制定交易规则、评价规则、争议解决规则、知识产权保护规则等；在数量方面，大型平台如淘宝、京东等，往往会制定数十部甚至上百部平台规则，其规模堪比国家某些领域的法律体系；在内容方面，平台规则中义务性条款明显多于权利性条款，对用户权利施加了诸多限制。鉴于前述行为在内容和程序上都与"立法"逻辑存在相似之处，通过创制文本为平台内经营者和其他交易相对人设定权利、义务与责任，并为后续执行规则提供相应依据,故该行为可以被称为“准立法”。于此,平台经营者借助“准立法”为其限制用户在平台内的活动提供了正当性理据。

(1)平台规则的内容与形式

广义上的平台规则包括服务协议与交易规则。两者的主要区别在于:服务协议主要规范调整平台经营者与平台用户之间的法律关系;而交易规则主要是平台内经营者与交易相对人之间如何开展交易活动的规则。

出于提高交易效率目的,平台经营者会事先在服务协议与交易规则内,对参与交易各方之间的权利义务关系予以明确。当然,相关内容并非一成不变。根据平台自身需要,平台经营者也会对前述规则适时进行增补、修订与更新。伴随着交易规则覆盖范围的日益扩大,平台交易规则已经逐渐演化成为一个精巧复杂的规则体系(即所谓的“网规”);与此同时,用户规模不断膨胀,也让“服务协议 + 交易规则”的网规体系逐渐具备了普遍规则的属性。

平台规则暂时没有形成统一形式,不同平台呈现方式各异。多数平台以条文化的形式呈现;名称上与法律法规相类似,多为“规范”“规则”“细则”“标准”等。以诞生世界第一部成文网规的淘宝网为例,其制定大量约束性的平台规则,基本涵盖了从注册到交易完成涉及的全部问题,形成门类齐全、层次丰富的规则体系。

(2)通过代码“立法”

“代码即法律”的著名论断由哈佛大学教授莱斯格首次提出。他认为,互联网空间本身即为代码所塑造,平台规则是代码的表层呈现。代码执行的交易规则内化于交易活动之中,具有直接实施效力。由此,代码也是一种“法”,都是通过一定的规则和方法,起了规范个体在线行为的效果。[141] 这意味着谁控制代码,谁也就成为网络空间的“立法者”。

---

〔141〕 参见[美]劳伦斯·莱斯格:《代码:塑造网络空间的法律》,李旭等译,中信出版社2004年版,第6页。

在电子商务中,控制代码的人显然是平台经营者。如果说交易规则与服务协议因其制定过程包含着利益方的博弈,而或多或少受到一定的外部监督。那么平台经营者完全可以利用信息不对称(算法黑箱)而将掌握在其手中的"代码立法"彻底变成贯彻自身意志的专断行为。实践中,很多大型平台正致力于通过创建和运用代码这一工具,在其构建的封闭型生态中,获取并巩固其"立法者"的地位。这种立法者地位是必需的,但也是应当加以规范的,否则,就会造成规则制定的恣意和滥权。

(3)"准立法"的生成路径

平台经营者是一个庞大的组织体,虽然海量的平台网规均以其名义发布,但究其实质是凝结了集体智慧的结果。检视交易规则与服务协议的生成路径,可以发现有多个部门参与其中,彼此既相互独立又互相配合,凝聚了不同部门的共同意志。申言之,一部平台规则的诞生,首先是由平台企业的法务部门与相关业务部门牵头发起并占主导地位。此后一经立项,便由以企业名称命名的"法律/政策研究院"或"法律/政策研究中心"负责提供规范理论支撑,以保证规则内容的科学性。

规则文本形成以后,平台经营者会采取一定形式征求用户群体的意见,以确保规则内容的民主性。以淘宝平台为例,其专门设置了"规则众议院"这一栏目,以充分吸收平台内各方主体的看法和意见。在一部新的平台规则正式颁行之前,淘宝平台会择机在"规则众议院"内发布相关征求意见稿,并结合用户投票的支持率与反对率情况,决定是否需要修改以及延迟发布正式规则。〔142〕

尽管平台经营者出于竞争需要,可能会在创制服务协议与交易规则的过程中反映平台用户的部分利益诉求,但是,囿于平台经营者相对于平台内经营者和用户存在的结构性优势地位,同时修改服务协议与交易规则事实上并不存在外部制约。故此,平台经营者在占据一定市场份额

〔142〕 关于平台通过"立改废"平台规则行使"准立法权"的具体内容,详见本书第六章"平台规则的'立改废'"。

后，完全可能借助其优势地位单方面修改服务协议与交易规则，而平台用户对此无力抵抗——“要么接受要么离开”。为此，《电子商务法》在平台规则的制定与修改环节，引入了民主决议的机制，要求多方参与决策，以保证相关规则体系的公平与合理。[143] 换言之，平台经营者不再有权单方面决定服务协议和交易规则的内容，必须由相关主体参与其内容的形成与修改，以此确保其内容能够体现各方利益的保障。不过，《电子商务法》的相关规定过于原则，具体配套实施细则又暂付阙如，平台经营者能受到多大程度的约束，仍有待于实践检验。

2. 准行政权：事前、事中、事后的管控

平台经营者出于争夺消费者用户目的，一方面，会遵循一定标准限制平台市场的准入资格，以满足外部合规要求；[144] 另一方面，会制定诸多严厉规则和处罚措施，[145] 亦即赋予自身对平台内经营者的若干惩戒权力。此外，为了确保准入资格限制不致流于形式，也为了避免对无辜商家惩处失误，平台经营者还设计了能够覆盖绝大多数在架销售商品的全域商品抽检制度。平台采取的前述管理措施，通常也被视为规则在权力运行层面的具体化，即准行政权的表现。

（1）事前的市场准入管控

电商平台对网络交易主体预先设定资格限制，并将不符合准入条件的用户加以过滤，是确保网络交易安全和防范交易风险的重要前提。电商平台进行市场准入管理的规范依据源自《电子商务法》赋予的用户身份信息、资质核验义务。方式主要是身份与资质的认证或校验，至于某些特殊类型平台（如网约车平台），则会结合平台的不同属性，配置与之

[143] 参见《电子商务法》第 32、34 条。

[144] 例如，《淘宝平台服务协议》（版本生效日期：2019 年 8 月 19 日）在第 3 条专门规定了“账户注册与使用”的具体规则，包括用户资格、账户获得、使用、转让、实名认证、注册信息管理、账户安全规范等，都是监管规则在平台协议中的具体体现。

[145] 如淘宝平台就规定了包括搜索降权、搜索屏蔽、商品下架、店铺屏蔽等 10 余种管控措施。

相适应的方式,确保准入主体的安全性。

第一,身份认证与资质校验。根据《电子商务法》第27条的相关规定,平台经营者需要对拟进入其平台从事交易活动的用户进行身份信息的核验。一般来说,平台经营者主要是通过对接相关政府主管部门的数据库,完成用户身份的识别认证。而对于拟从事特许经营行业的商家,平台会要求此类商家事先上传相应的行政许可文件,以供其完成资质校验。此外,为了防止出现弄虚作假的情况,部分平台经营者还会要求商家上传手持身份证照片、绑定银行卡,进一步提升校验的真实性。基于前述信息化的准入审核制度,科层制管理与平台流动性之间的张力得以缓和,同时保持了平台活力。

第二,背景审查。在分享经济背景下,对服务提供者进行的背景调查,是合理管控安全风险的另一种常见措施。目前,根据《网络预约出租汽车经营服务管理暂行办法》的相关规定,[146]网约车平台公司须对申请从事网约车服务的驾驶员一律进行背景核查,包括无犯罪记录和安全驾驶记录调查,确保网约车驾驶员符合条件。

(2)事中的平台商品抽检

电子商务的虚拟性放大了交易过程中的消费者风险,消费者在传统线下交易中尚且能够通过触碰实体商品,对其品质优劣形成直观判断,但该手段在网络交易中不再奏效,“货不对板”现象时有出现。与此同时,平台经营者在事前准入方面的“宽进”政策,加剧了网络交易过程中的信用危机,“以假充真”“以次充好”等问题频频发生,不仅对消费者权益构成极大威胁,也影响了平台经济的健康有序发展。为了回应消费者用户的担忧与关切,平台抽检制度应运而生。通过梳理各电商平台现行的抽检制度,可将抽检流程概括为“确定抽检对象”“匿名购入样品”“样品移送检验”“惩处失格商家”4个步骤。此外,为了贯彻程序正义,对于检验结果不合格的样品,涉检商家仍可通过申诉方式要求进行复检。复

---

〔146〕 参见《网络预约出租汽车经营服务管理暂行办法》第18条。

检机制的存在，进一步增强了平台内经营者对于后续惩处措施的可接受性。

（3）事后的违规行为惩戒

如果用户在网络交易过程中出现违规的情形，平台经营者可基于服务协议与交易规则，对于违规行为予以惩戒。惩戒措施的作用方式多样，类比国家行政机关实施的行政处罚，从性质上也可分为声誉罚、财产罚、行为限制和资格罚四种类型：其一，声誉罚。声誉罚是指平台经营者通过对违规者名誉施加影响，使其受到"羞辱"。声誉罚主要适用于违规情节较轻的情形。常见的声誉罚包括警示、批评、"扣分"，以及对平台内经营者违规行为信息记录的公示等。其二，财产罚。最常见的财产罚是支付违约金。如《淘宝网市场管理与违规处理规范》规定，如果淘宝卖家有违背发货时间、交易价格、运送方式等承诺情形的，须向买家支付该商品实际成交金额的10%作为违约金。[147] 其三，行为限制。行为限制既包括对网络交易行为的限制，如店铺屏蔽、限制参加营销活动等，也包括对信息发布行为的限制，如限制发布商品、限制发布站内信等。值得注意的是，作为声誉性处罚的"扣分"行为，也是关涉平台内经营者行为能力的处罚措施的前奏。其四，资格罚。资格罚是指平台经营者剥夺违规者特定资格的惩戒形式，适用于违规情节较重的情形。常见的资格罚如关闭店铺、查封账户、永久性禁入等。鉴于平台经营者的惩戒模式本质是对行政处罚措施的变相替代，[148] 但有别于后者的是，平台经营者无须遵循必要的法定程序，仅通过技术性手段就得以完成，从而令被处罚人无法享有在行政处罚措施中本应享有的正当程序保护，故此，如果对于相关处罚结果不予认可，遭受惩处的平台内经营者仍可以向司法

---

〔147〕 参见《淘宝网市场管理与违规处理规范》第41条第1款，载淘宝网2019年5月6日，https://rule.taobao.com/detail-14.htm?spm=a2177.12575716.0.0.50c717ea2u3sex。

〔148〕 参见姚辉、阙梓冰：《电商平台中的自治与法治——兼议平台治理中的司法态度》，载《求是学刊》2020年第4期。

机关请求救济。

除上述管控措施以外,部分平台经营者还创设了“投诉—审查”“信用评级”“达标奖励”等一系列方案和机制,或从正面,或从反面,为形成有序的平台自治秩序提供制度供给。[149]

3. 准司法权:在线解决纠纷

电子商务规模空前,发生纠纷在所难免,尽管我国已经在多地设立了互联网法院,但通过诉讼方式定分止争明显不够经济,大量平台参与主体间的纠纷事实上并未进入法院。平台经营者因其中立、超然的地位,在解决在线争议方面优势得天独厚。也正因如此,《电子商务法》鼓励平台经营者建立争议在线解决机制,[150]为平台经营者提供了制度依循。据此,各大平台相继建立了在线纠纷解决机制,如淘宝平台建立的大众评审机制等,通过平台仲裁和用户参与相结合的机制,旨在将纠纷化解于平台之内。与此同时,由于担心声誉受损、害怕遭到报复等多种因素的综合影响,用户即使对平台作出的裁决结果不认可,也极少会提起诉讼,这导致平台经营者被赋予的纠纷裁决权,即便其本身有着非终局性的特征,但在事实上已经成为一种终局裁决权。

(1)争议解决的模式

第一,“单中心”裁决模式。在这种裁决模式中,平台工作人员取代了线下诉讼模式中的法官,成为争端解决的唯一中心。以淘宝平台为例,其创造性地发展出一整套独特的在线纠纷解决机制。淘宝平台借助于大数据和算法,通过综合分析已有案例,从形形色色的消费者维权场景中,梳理出数百类具体的“退款原因”,并根据消费者诉求不同分类导入不同类型对应的流程中,为其匹配最适当的解决方案。[151] 这一机制

---

[149] 关于平台通过执行平台规则行使“准行政权”的具体内容,详见本书第七章“平台规则的执行”。

[150] 参见《电子商务法》第63条。

[151] 参见申欣旺:《淘宝互联网纠纷解决机制——结构化维权及其司法价值》,载《法庭内外》2016年第3期。

通过对场景进行结构化分析,实现了类型化处理纠纷的目的。与传统的司法救济相比,淘宝创设的这套在线纠纷解决机制,既兼顾了专业性与灵活性,也节约了消费者的维权成本,从而显著提高了纠纷解决效率和用户满意度。

另一个典型的例子来自各平台通行的知识产权保护处理机制。虽然不同平台的具体规定之间存在些许差异,但其背后的制度原理都是"通知—删除"规则。这项规则最早源于美国《千禧年数字版权法》。我国首先在《信息网络传播权保护条例》中规定了"通知—删除"制度,随后分别在《侵权责任法》与《电子商务法》中引入了该制度。在该规则下,平台经营者被授权以司法者的身份先于法院介入,进行"审判"(判断是否侵权)并私人执行(采取必要措施)。考虑到平台出于免责动机往往倾向于作出移除的决策,《电子商务法》同时引入了反通知制度,并强化了错误通知的责任力度,[152]以期为平台经营者错误移除或权利人滥用移除制度的行为提供救济。

第二,"多中心"裁决模式。部分电商平台还遵循"自下而上"的思路,招募来自不同阶层和角色的志愿者组成陪审员,对纠纷进行多中心的分布式处理,如闲鱼平台建立的大众评审小法庭。该机制不仅有助于克服工作人员思维局限,也能增强纠纷主体对裁决结果的可接受性。随着裁决制度设计的日臻完善,不仅申诉、纠纷处理的效率会得到有效提升,纠纷处理的流程也会更加公正和透明,进而对平台规则的完善起了巨大推动作用。

(2)争议解决的方式与程序

作为对上述在线争议解决模式的具体化,平台经营者创设了客服调处与大众评审两种类型的争议解决方式。[153]在机制运行过程中,客服调处与大众评审具有相似性:一方面,在这两种争议解决方式中,均有独

---

〔152〕参见《电子商务法》第42~44条。

〔153〕同属于平台内置争议解决方式的协商和解,因其不符合"准司法"特有的居中裁决性质,故此处未纳入讨论范围。

立于争议双方的第三方主体存在，或是常设的平台工作人员，或是临时募集的大众评审员；另一方面，启动这两种争议解决方式，都需要事先取得当事人的授权。在此基础上，平台工作人员和大众评审员，都必须“以平台规则为准绳”，结合双方所提交证据，并按照普通人的认知标准，据此作出调处决定或评审结果。

但在运行程序方面，客服调处与大众评审存在一定差异。从启动主体上看，客服调处启动机制是单一向度的，即在纠纷发生后，原则上只有买家有权申请客服介入。[154] 大众评审则是双选机制，或者由买家依申请启动，即买家通过提交相关表单申请选择大众评审介入处理，或者由平台依职权启动，即平台经营者可视争议内容径行交由大众评审评判。从启动流程来看，考虑到客服资源具有稀缺性，故多数平台均将在线协商作为申请客服调处的前置程序，即只有双方协商不成时，买方才能申请人工客服介入处理；而大众评审机制则可在双方未协商的情况下，由买方或卖方直接申请启动。从裁决人员规模来看，客服调处机制一般采用“独任制”。以淘宝平台为例，在当事人举证期间届满后，淘宝平台会自动分配一名“客服小二”介入，对双方提交的凭证进行审核，并据此作出调处决定。大众评审机制则更类似“陪审团制”。淘宝平台会从在库评审员中随机选出31名大众评审员，在一人一票制基础上，遵循多数决原则得出评审结果。此外，为避免纠纷久拖不决，平台也会通过设置举证期、投票判定期、凭证审核期等时效限制，以此提高平台在线争议解决的效率。

（3）争议处理结果的救济

平台毕竟不是司法机关，在中立性、专业性方面均有所欠缺。倘若当事人认为通过平台在线争议解决机制未能获得充分救济，其仍可采取其他救济途径维护自身权益。一方面，当事人可以利用平台内设的专门申诉程序，申请平台在重新核查判责后向其反馈处置结果；另一方面，当

---

[154] 也有例外，如果是针对恶意评价等纠纷，卖家也可请求客服予以调处。

事人一方对平台调处结果不予认同,或者对复核处置结果仍有异议的,也可以将平台经营者单独作为被告,或者将其与对方当事人一起列为共同被告,向人民法院提起诉讼。

(四)平台治理权的特殊性质

以上是从功能主义角度对平台治理权进行了一种传统权力类型学意义上的划分和描述。除了这一传统面相,平台治理权还显现出某些新兴特性,从而型构了其相较于平台用户(包括平台内经营者与消费者)的优势地位,掌握了平台内的主导权、话语权和建制权,形成对平台用户的支配力和影响力。

1. 特殊的私权力

通过前文分析可以发现,平台治理权并不属于国家权力。从权力来源上看,平台对平台用户行为的规制,最初起源于"商事合意"而非"政治让渡"。申言之,为了追求健康、可持续的平台交易秩序,用户自愿选择同平台达成协议,让渡其一部分权利与自由,平台因之获得管理权,以防范平台内经营者之间过度竞争、恶性竞争、侵犯消费者和其他权利人权益等行为,进而维护市场稳定。

其实,平台治理权属于典型的私权力。马克斯·韦伯认为,权力就是"在一种社会关系里哪怕遇到反对也能贯彻自身意志的机会,不管这种机会的基础是什么"。[155] 故此,权力不必然指向国家权力,私主体同样可以行使权力,即私权力。其中,"私"意味着权力的主体仍是私主体,"权力"则表明其已经拥有了"哪怕遇到反对也能贯彻自己意志的机会"。同时,私权力"有着非常明显的手段上的压制性、侵入性、否定性和强制性",可被视为一种规训权。

反观平台治理权,从行为主体上看,平台并非国家权力组织以及经由法律授权以维护和促进公益为目的的其他公权力组织,而是出于追逐

---

[155] [德]马克斯·韦伯:《经济与社会》,阎克文译,上海人民出版社 2010 年版,第 147 页。

私利动机的私主体。从权力形式上看，平台通过行使"准立法权""准行政权""准司法权"，形成所谓有组织的"私人秩序"。[156] 从行为手段上看，平台治理具有明显的单方性与强制性，平台与用户之间是管理与被管理的关系。从行为功能上看，平台事实上发挥着维护庞大的网络市场秩序的公共职能。由此，平台治理权是一种有别于传统公权力、也有别于私权利的特殊私权力。

2. 赋权来源的复杂性

平台治理权作为一种私权力，有别于一般的公权力或者私权利，在权力来源上呈现出一定复杂性。从事实和规范两个维度看，平台治理权的权力来源实际上是由四种赋权交织形成的。

第一，技术赋权。平台经营者作为平台网络空间的建构者和管理者，势必与用户之间存在一定程度的技术代差，而这种代差既体现在相关知识储备上，更反映在技术能力层面。对于完全建立在技术与代码之上的网络空间而言，对技术和代码的掌控，便意味着对在该空间内活动用户的行为和内容的掌控。"对代码的控制就是权力"。[157]

第二，数据资源赋权。平台在应用过程中会产生海量数据资源，平台经营者基于其得天独厚的技术优势，能够轻易获取这些数据并对此加以利用。数据资源鸿沟的存在催生出巨大的网络效应，平台经营者因此得以具备左右用户选择的能力。平台经营者借助这种能力，又能够对平台内其他功能角色用户的利益产生切身影响，[158] 进而助其实现对平台内全域的掌握。

第三，法律法规赋权。《电子商务法》《网络交易监督管理办法》等

---

[156] 参见林建宗：《平台型电子商务中的私人秩序研究》，经济管理出版社 2019 年版，第 98 页。

[157] [美]劳伦斯·莱斯格：《代码 2.0：网络空间中的法律》，李旭、沈伟伟译，清华大学出版社 2009 年版，第 392 页。

[158] 例如，在"618""双 11"等购物大促期间，淘宝、京东等大型平台会利用其数据优势地位，"强制"其平台内经营者"二选一"。再如，阿里巴巴曾试图借此优势，"逼迫"顺丰速运公司向其开放用户数据接入端口，并由此在互联网引发了"论战"。

法律法规中关涉平台治理义务与责任的厘定与明确，如同前文所述，会诱使平台经营者将原应由其负担的“法定风险”部分转嫁于其他平台内用户，即通过自我赋予特定情形下采取强力措施的权力来满足外在合规的要求，从而为平台经营者对其他主体形成法律优势地位产生助力。

第四，契约赋权。在平台服务协议与交易规则的订立上，尽管平台经营者与平台内用户之间实际地位并不平等，但毕竟外披着一层平等法律主体的“外衣”。平台经营者在服务协议与交易规则订立上占据的明显优势，在其与平台用户订立服务协议的时刻并未充分展现出来。“点击同意”这一表征意思自治的缔约行为，不仅掩盖了这种明显优势，甚至赋予了正当性。

3. 权力结构的集中性

多方面的赋权效应同时造成了平台权力结构的特殊性，制造出了一位集多项“权力”于一身的“利维坦”。〔159〕 自平台诞生的那一刻起，平台经营者已然具备不可辩驳的技术优势，这种优势又在平台运行过程中转化为数据资源的持续累积，进而为其形成事实上的影响力。况且，平台经营者也有动力将这种事实上的影响力转化成平台规则中种种管制条款，为其披上合法外衣。与此同时，受“既然相关的网络交易空间为平台所建构，要求平台履行相应管理职能就是合理的”〔160〕规范逻辑驱使，原应对此过程形成合理制约的外部监管不见其形。“立改废”规则、解释规则、执行规则、解决纠纷等职能权限逐渐在平台经营者身上聚拢。

针对这种权力的集中，即便尝试从法律、契约等制度层面入手对平

〔159〕 “利维坦”的形象最早见端于托马斯·霍布斯所著的《利维坦》一书初版的封面。通过描绘出一个身体由无数的人民所构成，并且戴着王冠、一手持剑、一手持杖的巨大海怪形象，暗示着由个人让渡权利所组成的、能够迸发出巨大力量的国家政权。此处用“利维坦”来形容与国家政权类似、集合三“权”于一体的平台经营者十分贴切。

〔160〕 参见全国人大财经委员会电子商务法起草组编著：《中华人民共和国电子商务法条文释义》，法律出版社 2018 年版，第 100 页。

台治理权进行削减和约束,但多方面赋权效应的存在很可能使目的落空。毕竟,我们既不能剥夺平台经营者与生俱来的技术优势,也无法阻止其资源优势的不断累积强化,而这恰恰是平台治理权得以高度集中的根本所在。不仅如此,技术优势的稳固和资源优势的不断累积,又会反过来带动强化其他赋权效应,经年累月,潜移默化,平台经营者掌握对平台内用户的"生杀予夺"权力正逐渐成为现实,已经呈现出一副"头戴王冠、左手持剑、右手执杖"的"利维坦"俯视平台内众生的权力图景。

## 三、平台参与公共治理的问题

基于平台自治的电子商务公共治理是一把利弊共存的双刃剑。一方面,政府的部分监管义务向平台经营者的移转,有效解决了监管力量不足、监管成本高昂等政府监管的固有问题,使其能够聚焦于平台经营者在此过程中的失范行为,实现"管得少"又"管得好",一举两得。另一方面,因各种内外部制衡力量尚未形成合力,在平台自治过程中又暴露出"平台私利性与权力公共性存在张力""权力行使过度与不足并存""平台规则制定程序公正性缺失"等问题。这些问题的存在,对电商平台通过平台规则参与公共治理发挥其作用提出了巨大的挑战。

### (一)平台私利性与权力公共性的内在张力

作为企业,追求商业利益的目标,深深烙印在平台经营者的"血脉"中,其在自治过程中势必会受到利益追逐的驱动,进而很难区分平台实施的治理行为到底是为了净化平台环境还是为了排除其他对手竞争。与此同时,平台经营者行使治理权的过程,也是其"在事实上履行着重要的公共职能"的过程。[161] 必须认识到,当下并无任何用以专门规范平台治理权行使的法律法规,势必引发平台经营者行权过程中的权力滥用现象;而且,平台企业的私利性和治理权力的公共性之间本就有着内在张

〔161〕 参见刘权:《网络平台的公共性及其实现——以电商平台的法律规制为视角》,载《法学研究》2020 年第 2 期。

力,相关负面影响不止及于平台经营者自身,也会蔓延至平台内其他主体,从而导致平台内各方主体利益受损的问题频频发生。

### (二)权力行使过度与不足并存

尽管平台经营者行使治理权已经是无法忽视的客观事实,但其自身局限性及外部制约力量的缺失,致使其在行权过程中很可能过于恣意,从而使得权力行使过度与行使不足并存的局面出现。

一方面,为争取更多的消费者用户,也为了规避可能的法律风险,平台企业会对平台内经营者"层层加码",或者提出过高要求,或者设置严苛规则,或者采取强硬措施,以防止因未尽监管义务致其承担不利法律后果。另一方面,平台企业与平台内经营者之间,并非仅仅是管理与被管理的关系,两者间还存在着一层利益关系:平台内经营者的数量以及由其创造的交易量,直接关系着平台企业的盈利状况。倘若经营者用户动辄得咎,未必不会另寻他处。故此,受追求自身利益最大化的本能所驱使,平台企业又会对平台内的违法经营行为予以宽纵,有时甚至视而不见。

此外,法律规范原应发挥的制度约束功能也效果不彰,其对平台治理义务与责任不够具体的表述,为平台经营者预留了宽泛的自由裁量与解释空间,也相应造成了一定程度的问责困境。外部制约机制的形同虚设,致使平台经营者即便恣意行权也难以被有效约束,进而强化了平台企业对其用户的优势地位,加剧了双方地位的实质不平等。

### (三)平台规则创制程序公正性缺失

"平台越大,对平台的中立性、公平性、道德性要求就越高。"〔162〕但平台并非天然的中立性组织,如上所述,究其本质仍然是营利性机构,追求经济利益最大化贯穿其运行始终,也就难以保证其在创制规则过程中不裹挟私益。"阳光是最好的防腐剂",对平台经营者主导下的平台规则"立改废"过程予以全面公开,并吸纳利益相关主体参与其中表达观点,可以在相当程度上化解后者对平台规则公正性的担忧与质疑。

---

〔162〕 方军、程明霞、徐思彦:《平台时代》,机械工业出版社 2018 年版,第 16 页。

但是,在保证公开性与用户参与度方面,平台经营者做得并不尽如人意。实际上,从平台规则制定的初衷出发,平台规则之所以诞生,原本就是为了协调参与各方利益诉求,平衡不同价值取向,寻找价值追求的"最大公约数"。故而,制定平台规则的过程遵循一定的民主程序,既是反映各方利益诉求的客观需要,也是其规范意旨的应有之义。而现实情况却是,民主协商、信息公开等机制在平台规则"立改废"的过程中要么缺位、要么流于形式,进而削减了平台规则的正当性。

## 第五节　小　　结

本章是一个引子,期待读者理解为什么电商平台制定的规则值得高度关注。在引子中,我们并未直截了当地给出答案,而是将此问题置于更为广阔的"平台与公共治理"背景中,期冀通过此背景获得具有启示性的答案线索。

电子商务的发展已经几乎让每个人都有"数字化生存"的切身感受,我们的日常生活已经被电子商务深入浸透。数字经济作为经济领域的一个新成员,自然也会带来一系列需要治理的问题。若缺少有效治理,电商经营者(包括平台经营者与平台内经营者)的权益、消费者的权益、知识产权人的权益、国家的权益(如税收利益、网络安全)等都会受到不利之影响。面对诸多由网络化、数字化带来的新型治理问题,政府监管能力的不足已经充分暴露无遗。于是,一种把政府与经济主体、社会主体共同纳入治理体系之中、让其各自分工、各自合作又各自制衡的公共治理理论,具有了强大的吸引力。无论在学术场域,还是在主权国家的立法与政策场域,该理论都受到了欢迎,被寄予厚望。

公共治理理论应用于电子商务领域意味着,电子商务带来的治理问题绝非政府一家可以单独应对的,需要在政府之外加入平台经营者、行业组织、平台内经营者(即通常所谓的"卖家")组织、消费者及消费者权益组织等各种力量。当然，每一种治理力量都不是完美的，都是有其参与治理之长处、优势和短处、劣势的。但是，必须认识到，平台或平台经营者在这个多元主体参与的公共治理体系之中占据着相比行业组织、平台内经营者组织、消费者组织更加重要的地位，发挥着更加重要的作用。逐利和合规的双重动力，会使平台高度重视其在治理体系中的角色和地位。“政府管平台、平台管用户”的说法虽然过于简单、不能精准勾勒平台参与公共治理的角色，但也点出了其基本意涵。

电商平台参与公共治理本身当然还存在不少问题，这些问题会在根本上影响平台治理效果，且很难有完美的彻底解决方案。但是，不能彻底解决绝不意味着就此放弃应对的努力，绝不意味着只能听之任之。如何解决“平台私利性与权力公共性存在张力”“权力行使过度与不足并存”“平台规则制定程序公正性缺失”等问题，需要从不同角度、不同路径去考察。不过，在国家法体系之外，关注平台为公共治理而制定的大量规则，是其中一个不可或缺的角度和路径。因为这个对平台及其用户的行为更具直接规范性的庞大的规则体系，可以在更加细致的维度上——较之国家法——呈现平台治理权力的结构、运行。关注其发展和意义，关注其类型和效力，关注其“立改废”过程，关注其与国家法的关系，关注其在监管过程中的执行和在争端解决过程中的适用，从而以更为广义的法治主义原则，将平台规则纳入规范化的轨道，应该可以更好地促进平台参与公共治理的角色。

# 第二章　平台规则的发展和意义

## 第一节　平台规则演进的历史路径

“不论是现在还是其他任何时候，法律发展的重心不在立法、法学，也不在司法判决，而在社会本身。”[1]法存在于社会共同体的互动当中，是实践的产物。平台规则亦是在长期的电子商务交易过程中得以萌芽和生长。有学者将平台规则的产生和发展划分为四个阶段：第一阶段，产生期（2003～2008年），网络交易规则缺乏体系而自由生长；第二阶段，探索期（2009～2010年），网络交易规则经历了盛产和重构；第三阶段，进化期（2011～2013年），网络交易规则在内容和制定程序上日趋严谨；第四阶段，变革期（2014年至今），网络交易规则覆盖面扩大，社会化力量参与到了规范的建设当中。[2]

从2003年建立时的小微企业到如今全球领先的电子商务巨头，淘宝网始终扮演着中国乃至全球电子商务领域“拓荒者”的角色，淘宝规则体系与淘宝平台共同成长。有鉴于淘宝规则体系的创新性与完整性，本章将主要以淘宝规则体系为研究对象、辅之以其他电子商务平台规则，进而勾勒出平台规则发展的历史路径。本章在结合前人已有研究基础上，利用互联网档案馆“时光机”（Wayback Machine）网站收集了淘宝

---

〔1〕［奥］尤根·埃里希：《法律社会学基本原理》，叶名怡等译，九州出版社2007年版，第3页。

〔2〕杨立新：《网络交易规则研究》，载《甘肃社会科学》2016年第4期。

网自创立以来的部分规则材料，并查阅淘宝网“淘宝规则”(rule. taobao. com)专用频道所载历史记录，将平台规则的演进划分为四个阶段：第一阶段，基础规则自创阶段(2003～2008年)，自淘宝网第一部《淘宝网服务协议》问世开始，至淘宝规则部成立为止；第二阶段，规则的类型化和整理阶段(2009～2012年)，淘宝规则部进行了为期3年的“刘庄项目”，对现有规则整理和重述，并从单行规则系统转变为有分有合的规则系统；第三阶段，规则制定与执行的公共化阶段(2012～2015年)，平台规则的公共性逐渐得到体现，在规则的制定和纠纷解决方式上，平台逐渐加强了公众的参与；第四阶段，与国家法规则的互动阶段(2010年至今)，伴随国家对电子商务监管的强化，平台规则为适应国家成文法而作出调整，但同时已经成为行业习惯的平台规则又为国家法所吸收和借鉴。

## 一、基础规则自创阶段(2003～2008年)

我国电子商务交易发轫于2003年。淘宝网甫一创始，便制订了《淘宝网服务协议》，明确淘宝网与淘宝网用户双方的权利义务。用户接受淘宝网的服务，以点击确认此份协议为前提，一经同意，淘宝网与淘宝网用户之间便缔结了一份“具有合同效力”的文件以约束双方行为。最初的《淘宝网服务协议》仅包括了协议范围、定义、用户权利和义务、淘宝网的权利和义务、服务的中断和终止、责任范围。2006年9月修订后的版本则将隐私权政策、管辖两部分加入了平台服务协议当中。然而，即便如此，由于电子商务活动的多样性和多变性，区区一份服务协议显然无法规制电子商务参与者在平台上的所有行为。因此，《淘宝网服务协议》第1条便明确了所有淘宝网已经发布的或将来可能发布的各类规则都将被列入服务协议内容，用户在接受淘宝网提供的各项服务的同时，必须承诺接受并遵守淘宝网的各类规则。根据此项规定，淘宝网有权就平台服务协议的未尽事宜制定和修改规则，这成为此后构建以平台服务协议为核心的规则体系的法律基础。

与此同时,收购易趣网的 eBay 在 2004 年建立了最初的用户信用评价体系。为了鼓励开放和诚信的交易,完成交易的易趣用户可以作出他们对此项交易的评价,其中包含五项指标:(1)物品满意度;(2)联络质量;(3)包装质量;(4)邮寄速度;(5)礼貌周到。评分的规则是:每条好评 +1 分;每条中评 0 分;每条差评 -1 分。易趣网根据一段时间内用户的总体评分计算出卖家信用度,并在商铺页面予以展示。同时,易趣网保留对用户滥用信用评价权利所发布的恶意评价进行撤销的权利。

这一阶段的规则呈现出以下三个特点:第一,规则散乱而缺乏体系性,尽管平台服务协议的文本中依旧强调平台服务协议是其他规则的基础性文件,但"淘宝规则"栏目则将平台服务协议与其他规则并列,从形式上并未表现出明显的位阶色彩,这显然与平台服务协议的规则核心定位相冲突;第二,不同规则通常是由平台的各个业务团队主导而产生,团队根据不同的业务需求,往往采取线下组内讨论的形式,〔3〕平台整体并无统一的规则制定和审核部门,更无标准化的制定和审核程序,缺少统一规划和主观整合;第三,多采用非正式的网络语言,呈现方式多为问答或者表格,描述性的内容较多、限制性的内容较少,加之处于"帮助中心"栏目统辖,让这一阶段的"淘宝规则"显得更像操作指引。

## 二、规则的类型化和整理阶段(2009~2012 年)

平台规则的创制一般会经历一个"自发"到"自觉"的过程。最初,为了促成平台内市场的良性运转,针对电子商务实践中产生的问题,平台有针对性地予以回应。当市场发育到足够规模时,平台企业通过自觉地整理汇编先前规则、有机填补历史漏洞,以保障市场的可持续发展。2009 年淘宝规则部的成立,拉开了淘宝平台规则由"自发"到"自觉"转变的序幕。

淘宝规则部成立伊始,便着手对过去 7 年迅速扩张的淘宝规则进行

〔3〕 唐远雄:《淘宝平台规则的共生演化》,北京大学 2014 年博士学位论文,第 66 页。

一次全面梳理。2009年8月,淘宝网在首页公告《淘宝向全体会员征集淘规则》,并于当年10月正式上线《淘宝网用户行为管理规则(非商城)》。"淘规则"不仅是对过去7年淘宝网由网商和平台自发形成的诸多商业习惯、平台规则的一次筛选和汇总,更重要的是确立了一套"立法模式":此后的淘宝规则,都将经过征集建议、投票表决、全网公示、试用、实施5个阶段,即使在规则实施阶段,行业参与者也可以通过"我的淘宝我做主"论坛随时提出建议与意见,对已经不适应形势的规则进行动态调整。[4] 此后规则的整理工作继续完善,淘宝启动"刘庄项目"。以"刘庄"命名彰显出淘宝规则规范化的决心。[5] "刘庄项目"由《大淘宝宣言》《淘宝规则》《淘宝规则实施细则》三部分构成。

2010年4月,《大淘宝宣言》发布,该文件首次定义了消费者、经营者、合作伙伴和平台的概念,界定了电子商务各参与方的基本权利义务。《大淘宝宣言》明确了平台有权制定并执行交易规则,强调消费者、经营者、合作伙伴、政府及社会舆论在规则制定中的参与性。《大淘宝宣言》确定了淘宝规则体系的核心思想和基础原则,成为淘宝规则体系的纲领性文件。

2010年9月,《淘宝规则》发布,同年11月11日正式实施,这是中国电子商务领域第一部系统性的网络交易规范文本,具有划时代的意义。《淘宝规则》是淘宝规则体系中的基础规则,"是对淘宝网用户增加基本义务或限制基本权利的条款"。[6] 该规则共分为5章正文和1章附则,共69条,其结构如表2-1所示:

---

[4] 阿里巴巴集团研究中心、中国电子商务法律网:《新商业文明的治理规则——2010年网规发展研究报告》,载豆丁网2010年9月3日,https://www.docin.com/p-76737126.html。

[5] 施宇翔:《〈大淘宝宣言〉正式发布"刘庄项目"网规纲举目张》,载浙江在线网,http://zjnews.zjol.com.cn/system/2010/09/11/016922242.shtml。

[6] 《淘宝规则(2010年)》,载鱼摆摆网2010年11月11日,https://m.yubaibai.com.cn/article/1670.html。

**表 2－1　《淘宝规则(2010)》的篇章结构**

| 章名 | 节名 |
| --- | --- |
| 第一章　概述 | — |
| 第二章　定义 | — |
| 第三章　交易 | 第一节　注册 |
| | 第二节　经营 |
| | 第三节　承认类目 |
| | 第四节　超时规定 |
| | 第五节　评价 |
| 第四章　违规 | 第一节　违规处罚 |
| | 第二节　严重违规行为 |
| | 第三节　一般违规行为 |
| 第五章　执行 | 第一节　交易的执行 |
| | 第二节　违规的执行 |
| | 第三节　类目审核 |
| 附则 | — |

至此,淘宝规则体系的基本框架正式形成。《淘宝规则》为电子商务的各个参与方提供了基本的行为准则,具有以下三方面的鲜明特色:第一,制定程序标准化。借鉴了上一年"淘规则"的工作经验,此次的《淘宝规则》首先由规则委员会审议,统一公示后发布生效,确保规则制定的人性化、透明化、完善化和系统化。[7] 第二,规则内容调整。此次的《淘宝规则》以用户行为路径为主线,涵盖注册、交易、发货、评价等网络交易中必要步骤,并对信用炒作、假冒伪劣商品等实践中的突出问题

〔7〕《淘宝网公开征集"淘规则"》,载经济参考报网 2009 年 8 月 18 日,http://oa.tongshang.com:6650/main/index.aspx。

予以特别规定，强化了对上述违规行为的处罚力度。第三，规则展示方式变更。淘宝规则不再作为“帮助中心”下的子栏目，而是建立专门的交易规则频道，统一承载交易规则正文。

2011 年在基础规则已经确立的情况下，“刘庄项目”第三期“淘宝规则实施细则”启动。考虑到不同的客户特质、市场环境与商品特性，淘宝规则体系以基础规则《大淘宝宣言》《淘宝规则》为核心，满足不同场景下对规则的个性化需求。此时淘宝规则体系已有各类规范 100 多部，淘宝规则部对此作出下述分类：规则指向基础规则，是其他规则的基础，适用于平台整体；规范指向针对不同的商品类目和交易场景而制定的具体规则；标准指向针对不同商品类目的行业标准；公告指向平台为应对突发事件、政府监管颁布的临时性的治理措施；实施细则是规范的细化。具体名称详见表 2 – 2。[8]

**表 2 – 2　淘宝规则体系（2011）**

| 类型 | 名称 |
| --- | --- |
| 规则 | 《淘宝规则》《大淘宝宣言》等 |
| 规范 | 《淘宝禁售商品管理规范》《淘宝游戏平台管理规范》等 |
| 标准 | 《淘宝交互信息管理标准》《淘宝网运动户外行业标准》等 |
| 公告 | 《关于手表奢侈品牌商品整治的公告》《关于化妆品类目进行店铺整治的公告》等 |
| 实施细则 | 《淘宝游戏平台管理规范实施细则》《淘宝拍卖业务管理规范实施细则》等 |

2010 年以后，伴随着淘宝网业务的扩张，淘宝规则体系从单行规则系统向有分有合的规则系统过渡。2010 年促销类导购平台“一淘网”独立运营，2012 年基于 B2C 业务的“天猫网”正式上线。2012 年版的《淘

〔8〕 阿里研究院：《大数据时代的互联网治理——2013 年网规研究报告》。转引自唐远雄：《淘宝平台规则的共生演化》，北京大学 2014 年博士学位论文，第 46 页。

宝规则》第 5 条规定“淘宝,包括淘宝网,域名为 taobao. com;天猫,域名为 tmall. com;一淘网,域名为 etao. com”,此前的《淘宝规则》的部分章节相应地被分拆为《淘宝网分则》《tmall(天猫)分则》《一淘网分则》,而修订后的《淘宝规则》则作为上述三项分则的上位规则。从内容上看,淘宝规则体系大大增加了市场管理规范、违规行为处罚的篇幅,并结合假冒伪劣商品、虚假交易、刷单炒信等突出问题予以重点回应,实现了“准入+交易+营销+处罚”的全方位规范,全面覆盖了网络交易平台服务业务。

### 三、规则制定与执行的公共化阶段(2012~2015 年)

日益增长的电子商务交易量同时带来数量持续增加的纠纷。对此电子商务领域逐渐发展出了在线纠纷解决机制(Online Dispute Resolution,ODR),在获得电子商务活动相关主体事先同意的基础上,通过平台设定的机制和程序在内部消化相关争议。对于 ODR 的主体,电子商务平台有过不同的尝试。以淘宝网为例,传统上,争议解决的处理主体是淘宝网内部的较高等级的“小二”,小二类别一般以不同商品类目进行区分,招聘时要求有一定专业、学历背景,且具有阿里巴巴内部工作经验才可以胜任;而且小二相对固定地在某一类目下工作、不会轻易调整,以保证其对该类目的卖家情况、常见纠纷类型及解决办法等方面经验,能够不断积累和提升。

2012 年 12 月淘宝网发布《淘宝网大众评审公约(试行)》,2013 年 9 月该公约正式生效,同年 12 月,淘宝网正式推出为解决用户纠纷和处罚违规行为的平台——判定中心(pan. taobao. com)。这标志着淘宝网建立了一种“众包式”在线争议解决机制,即把本来由专职“小二”执行的任务转交给非特定的大众自愿完成。当买家和卖家发生纠纷相持不下时,除去申请平台介入进行调解,还可以申请由大众评审团进行仲裁,大众评审团由信誉良好的淘宝网用户组成。自 2012 年上线至今,主动加入大众评审队伍的热心互联网人士近 500 万人,累计完成上亿次的任务判定，切实维护了交易秩序和买卖双方的合法权益。[9]

在这一阶段，更广泛的社会化力量参与到了交易规则的制定进程当中。平台经营者所拟定的协议、交易规则的条件，于潜在用户而言已经具有准公共产品的特征，[10]这意味着交易规则的制定程序必须在一定程度上向公众公开，保证平台内经营者、消费者及其他利益相关者可以在制定程序中合理表达自身诉求、维护自身利益。

2015年淘宝众议院上线，淘宝网卖家、买家以及行业学者专家、公检法从业者等各类社会人士都可以在淘宝众议院平台上发布对新增和变更的规则投票并发表意见。众议院"议员"分为三种类型，由广大平台内经营者和消费者组成的"普通议员"，由平台内有较长期交易经验人员组成的"高级议员"，以及由具有专业知识背景的人士组成的"专家议员"。这样的规则制定程序设计，既利用现代互联网技术打破了传统投票难的问题，也为民众对网络规则的制定变更提供了阐述意见的渠道，保障规则的制定和实施能够充分听取和吸收各方利益，实现规则制定程序的民主化和制度化。[11]

### 四、与国家法规则的互动阶段（2010年至今）

在电子商务经历了自发、自觉、高速增长的过程以后，国家相关部门开始着手在法律法规层面积极完善电子商务监管体制。平台规则与国家法规则之间产生双向互动：一方面，伴随着国家对电子商务领域的监管加强，平台通过新增和修改规则对国家法律法规予以回应；另一方面，已经成为电子商务领域共识的部分平台规则被国家法规则所吸纳。

---

[9] 《阿里首创大众评审机制：6年解决1亿次纠纷，成互联网全行业通用规则》，载搜狐网2018年12月5日，https://www.sohu.com/a/279806352_118792。关于平台的争端解决，详见本书第八章"平台规则与争议解决"。

[10] 郭锋等编著：《〈中华人民共和国电子商务法〉法律适用与案例指引》，人民法院出版社2018年版，第218页。

[11] 关于平台规则的制定，详见本书第六章"平台规则的'立改废'"。

2010 年 6 月 1 日,原国家工商行政管理总局颁布《网络商品交易及有关服务行为管理暂行办法》(本节以下简称《暂行办法》),并于当年 7 月 1 日起正式实施,这是我国第一部规范网络商品交易及有关服务行为的部门规章。《暂行办法》首次明确,通过网络从事商品交易及有关服务行为的自然人,应当向提供网络交易平台服务的经营者提出申请,提交其姓名和地址等真实身份信息。结合自身的业务布局,同年 11 月上线的《淘宝规则》第 31 条要求,会员在发布商品之前,必须绑定"通过实名认证"的支付宝,在推广自身支付平台的同时,淘宝完成了《暂行办法》的合规要求。

2015 年 4 月 1 日起实施的《网络零售第三方平台交易规则制定程序规定(试行)》第 7 条确立了平台规则的"七天公示制度":"网络零售第三方平台经营者制定或修改的交易规则,应当在网站主页面醒目位置公开征求意见,并应采取合理措施确保交易规则的利益相关方及时、充分知晓并表达意见,通过合理方式公开收到的意见及答复处理意见,征求意见的时间不得少于七日。"前文所述的"淘宝众议院",正是在这一条文的实施背景下上线。

2019 年 1 月 1 日,《电子商务法》正式生效。为回应《电子商务法》对电子商务平台提出的更高层面的合规要求,2019 年 4 月,淘宝规则进行了梳理和化简,通过合并同类项、提炼优化结构等方式,规则文本的字数下降了约 70%,由原来的超过 20 万字精简到了 6 万多字。[12] 并且,淘宝还在首页显著位置专门设置了规则频道进行公示,这使得平台内经营者、消费者可以更加准确和便捷地把握自身权利义务,以切实保障用户的知情权。

在这一轮的变革中,淘宝规则体系上采用了总分结构。新增《淘宝平台规则总则》作为整个淘宝平台制定和修订规则的法律基础,适

---

〔12〕 李倩:《〈电子商务法〉实施与平台经营者的合规努力》,载微信公众号"电子商务法研究",2019 年 12 月 25 日,https://mp.weixin.qq.com/s/oAH0-zOU6vrfJEoJfXqriw。

用于淘宝网(域名为 taobao. com)、天猫(域名为 tmall. com)、聚划算(域名为 juhuasuan. com)、飞猪(域名为 alitrip. com、fliggy. com、feizhu. com)等网站及客户端。规则结构则从“基础规则、行业市场、营销活动、消费者保障”四大分类调整为“规则总则 + 七大分类”,如表 2 – 3 所示。[13]

**表 2 – 3　淘宝规则体系结构(2019)**

| 规则结构 | | 说明 |
|---|---|---|
| 《淘宝平台规则总则》 | | 明确规则基础原则,“规则总索引” |
| 规则分类 | 市场管理与违规处理 | 淘宝网市场管理与违规处理规范 |
| | 消保及争议处理 | 淘宝争议处理规则及“七天无理由退货”等规则 |
| | 信用及经营保障 | 淘信用及经营保障规范 |
| | 行业管理规范 | 淘宝网卖家在部分行业经营规范(如食品、出版物、农药等行业) |
| | 特色市场规范 | 淘宝网卖家在特色市场经营规范(如“淘宝 iFashion”“淘宝酷动城”等) |
| | 营销活动规范 | 淘宝网营销活动规范 |
| | 内容市场规则 | 内容创作者须遵守的相关规则,如阿里创作平台、淘宝直播平台规则等 |

2019 年以来,在维持原有总分结构的基础上,淘宝规则体系对具体的规则分类作出调整。调整后的规则分类更贴近平台内经营者及消费者的使用习惯,帮助平台内经营者及消费者更高效地寻找与学习具体商业场景下的规则。截至目前,淘宝规则体系如表 2 – 4 所示:

〔13〕《淘宝规则化简变更公示通知》,载淘宝网 2019 年 4 月 23 日,https://rule. taobao. com/detail – 10000105. htm? spm = a2177. 7231193. 0. 0. 23cc17eakuEQje&tag = self。

表 2-4 淘宝规则体系结构(2023)

| 规则结构 | | 说明 |
|---|---|---|
| 《大淘宝宣言》 | | 纲领性文件 |
| 《淘宝平台规则总则》 | | 明确规则基础原则,"规则总索引" |
| 规则分类 | 店铺管理 | 开店、退店、保证金、淘信用管理等规范 |
| | 行业市场 | 淘宝网卖家在部分行业经营规范(如食品、出版物、农药等行业) |
| | 商品管理 | 商品发布及品质规范 |
| | 营销推广 | 店铺营销及特定节庆活动规范 |
| | 内容推广 | 直播电商相关的创作者及机构规范 |
| | 交易管理 | 发货、服务保障、商品评价规范 |
| | 争议处理 | 争议处理基本规则及特殊商品、服务的争议处理规则 |
| | 违规处理 | 市场管理及违规处理规范 |
| | 生态角色 | 分销平台及线下新零售门店规范 |
| | 飞猪集市 | 飞猪旅行集市相关规范 |
| | 临时公告 | 针对特定时间、特定事件等的临时管理规范(如"双 11"发货时间调整公告、受疫情影响的发票开具管理规范等) |

资料来源:《规则辞典》,载淘宝网 2023 年 3 月 1 日,https://rule. taobao. com/#/rules。

除去前文所述的国家法对平台规则的塑造,国家法在创制过程中对平台规则的吸纳和借鉴同样值得关注。现下在电子商务领域广泛实施的"七天无理由退货""刷单炒信"处罚、平台信用评价、在线争议解决等制度和机制,首先都是在某个或某几个电子商务平台中得以创造和实践,继而发展成为电子商务领域通行的交易习惯,最终为国家成文法所承认并进一步完善。例如,从历史维度看,由淘宝网在 2008 年创始的"七天无理由退货"制度在 2014 年被吸纳进原国家工商行政管理总局出台的《网络交易管理办法》(已失效),其中第16条规定:"经网络商品经营者销售商品,消费者有权自收到商品之日起七日内退货。"同年,《消费者权益保护法》在修订中将其吸纳。《消费者权益保护法》第25条规定:"经营者采用网络、电视、电话、邮购等方式销售商品,消费者有权自收到商品之日起七日内退货,且无需说明理由。"

## 第二节　平台规则演变的推动者

平台规则受到了市场自治和国家规制双重力量的塑造。一方面,包括平台自身、消费者和平台内经营者等市场主体在内的平台经济各参与方,各自的利益诉求在反复的商业实践中得以表达,在斗争和妥协中达成合意,促成了自发性的平台经营规范的建构。另一方面,随着电子商务的发展,国家法律法规日渐完善,为电子商务平台各参与方的活动划定了边界,对各类违法违规行为给予强硬规制,也为平台规则的自我推陈出新搭建了框架、提供了动力。

### 一、平台企业

#### (一)追求利润

平台企业作为民商事主体,具有天然的逐利性。为了吸引更多的平台内经营者和消费者加入平台,平台通常会根据当时的市场需求、竞争环境和技术条件,对平台的管理架构进行调整,子平台和子平台规则也应运而生。淘宝网最初将C2C和B2C业务置于同一个平台下运营,但2008年淘宝B2C业务转型成为与淘宝集市共享会员的淘宝商城,2012年则转变成为独立运营的天猫网。这种平台内子平台的拆解,造就了平台规则内部的分化,因此在2012年相应地产生了《淘宝规则》的《天猫分则》。

支付手段是网络交易的重要技术环节。为了解决线下交易中"一手交钱一手交货”这一模式无法应用于线上交易场景的问题，阿里巴巴集团在2005年创立了“支付宝”。支付宝模式中，由支付宝为线上交易提供信用担保，买家首先将交易的价金存放于支付宝中，在收到货物核验无误之后通知支付宝向卖家支付相应的价金。2005年支付宝刚刚诞生时，阿里巴巴集团将《支付宝服务协议》作为淘宝规则体系的一部分，用户注册淘宝账户必须也点击确认同意《支付宝服务协议》。2014年支付宝与淘宝“解绑”。[14] 然而，在2015年更新后的《淘宝规则》中，“支付宝”一词仍然出现了23次，并要求其用户在注册成为淘宝会员时必须与其支付宝账户进行绑定。支付宝虽然是一种第三方支付工具，但在淘宝规则中如此高的出现频率，反映出企业的利润增长点。支付宝起源于淘宝平台的在线交易，但不仅于此，阿里巴巴集团始终将支付宝定位为集团内的“金融平台”，这是阿里巴巴集团除去电子商务外另一项重要的业务板块。因此，淘宝平台内的所有交易，都倾向于指向支付宝来完成，借此助力集团在金融板块的布局。与此相对应的是，京东平台的支付方式仅支持京东支付与其股东腾讯所建立的微信支付，原因不言自明。

（二）维持秩序

平台与用户的关系虽始发于平等民事关系，但基于双方交易模式等客观原因逐渐发展成为一定意义上的管理与被管理关系，从而不可避免地涉及一定公共职能的履行。[15] 电子商务平台具备规则制定、规则修改与解释、规则执行以及争议解决等功能，事实上集类似立法、执法和司法的三种权能于一身，[16]“当商业行为影响到一大批人时，公司将被视

---

〔14〕 晨曦：《全球最大独角兽“分拆”，万亿估值蚂蚁金服杭州往事》，载新浪科技网，https://tech.sina.com.cn/i/2019-08-04/doc-ihytcitm6766197.shtml。

〔15〕 沈岿、付宇程、刘权等：《电子商务监管导论》，法律出版社2015年版，第137页。

〔16〕 参见本书第一章。

为具有公共职能”。[17]

具备公共利益管理者性质的平台，只有维护平台内的交易秩序、平衡平台内各参与方的权益，才能实现平台自身的良性发展。因此，平台规则的制定和修改表面上看是平台企业单纯的内部决策，实际上却牵动着平台内所有用户的神经。

2011年的“淘宝围城”事件即说明了规则制定过程中平衡各方利益的重要性。2011年10月10日，淘宝网发布《2012年度淘宝商城商家招商续签及规则调整公告》，将网点保证金由1万元调整到1万～15万元、技术服务年费由6000元调整到3万～6万元，并要求续签的商户必须在2011年12月26日之前一次性缴纳完毕。这项规则调整，使得平台内众多的中小经营者经营成本大幅提升，甚至面临被清退出商城的风险。部分中小经营者表示强烈不满，继而成立了“反淘宝联盟”，通过集中下单、恶意评价、无理由退货并给予差评等方式对大卖家进行攻击，严重干扰平台正常的经营秩序。中小经营者的抗议试图迫使淘宝网改变此项规则。11月，抗议方式逐渐由线上发展到了线下，部分中小经营者先后两次前往杭州淘宝总部聚集，提出废除不合理霸王条款、重新调整商城收费标准等6条诉求，更有甚者前往香港进行“维权”活动。[18] 事件发生后，在商务部介入和后续各方协调之下，淘宝商城就招商规则进行了适当调整，事件也最终得到了平息。淘宝网此后也在2015年上线淘宝众议院，在制定和修改平台规则时更加慎重地听取大众意见，防止此类网络群体性事件再度发生。

平台规则中的争议解决条款则成为平台平衡各方利益的重要手段。淘宝网现行的《淘宝争议处理规范》于2012年开始施行，并于2019年进行了最新修订，是淘宝网争议处理的主要标准，其中既有程序性规范，也有实体性规范，甚至包括执行性规范，基本上囊括了争议处理的各个方

---

〔17〕［澳］皮特·凯恩：《法律与道德中的责任》，罗李华译，商务印书馆2008年版，第385页。

〔18〕马丽：《淘宝遭遇十月围城的N个真相》，载《法人》2011年第1期。

面。再如京东平台，根据《京东纠纷处理规则（买家版）》，对买卖双方自行协商未果的纠纷，京东平台同样有权介入进行处理。[19]

以淘宝网为例，当平台内经营者和消费者之间发生争端时，按照《淘宝平台争议处理规则》，一般有两种解决途径：一是申请淘宝平台内有权对买卖双方的纠纷作出对错判断的工作人员"店小二"介入；二是申请进入前文所述的大众评审程序。然而，店小二和大众评审员囿于专业水准，往往同情弱者，面对专业知识方面明显不对等的买卖双方，裁判者往往高概率支持买方。[20] 为防止卖家与平台的共生关系遭到破坏，在维持大概率支持买家的趋势不变的情况下，《淘宝网关于滥用会员权利实施细则》规定平台将对欠缺交易意愿、恶意利用退款流程的便利性非法牟利的买家采取限制措施并给予处罚。[21] 另外，这种有意制造的失衡提升了消费者的购物体验，保持和提升了平台的公信力，从而使更多的消费者对平台保持信心而在今后的交易中扩大购买量，通过"做大蛋糕"的方式为在争议解决中遭受损失的商户提供新客户流量从而完成利益弥补。

（三）企业竞争

在线业务的竞争实际上是一种为吸引访客注意力而展开的竞争，注意力竞争者常常面临来自新产品和新服务供应商的竞争，因为这些供应者会转移消费者的注意力。[22] 在这样的注意力经济模式下，平台通常通过招揽商业广告的方式将用户的注意力予以变现。对于平台而言，用户数量越多，平台的价值就体现得越充分，其吸引到的广告数量就越多。

---

〔19〕《京东纠纷处理规则（买家版）》，载京东网2017年11月20日，https://help.jd.com/user/issue/464-1501.html。

〔20〕周翔：《描述与解释：淘宝纠纷解决机制——ODR的中国经验观察》，载《上海交通大学学报（哲学社会科学版）》2021年第4期。

〔21〕《淘宝网关于滥用会员权利实施细则》，载淘宝网2019年5月6日，https://rule.taobao.com/detail-613.htm?spm=a2177.7231193.0.0.373017eaLwUs7r&tag=self。

〔22〕David S. Evans：《网络平台间的注意力竞争》，载《电子知识产权》2013年第9期。

因此，在市场机制的激励下，平台之间只有不断开辟出差异化的产品和服务，才能吸引更多消费者的关注。

在淘宝网兴起之前，美国电子商务巨头 eBay 一度占据了中国电子商务市场份额的 90% 以上。[23] 淘宝的免费模式则成功阻击了 eBay。淘宝网在《淘宝网服务协议》中明确指出所有注册与运营全部免费，平台并不依靠收取平台内经营者的租金而牟取利润。这种"免费模式"使得淘宝网在短短两年之内就夺取了超过 70% 的市场份额，最终迫使 eBay 退出中国市场。

面对京东在 B2C 业务和自营业务方面的崛起，淘宝在 2008～2012 年陆续完成了业务分拆，立足 B2C 业务的天猫网开始独立运营。如前所述，《天猫分则》在 2012 年单独上线。此后的制定和修改子平台规则须考虑竞争对手，稍有不慎即可能导致平台内经营者和消费者流向竞争对手。例如，2013 年，京东接连发布三套规则，规定"出售假冒商品且情节严重，每次扣 100 分"，商家不仅将交出 10 万元或全部违约金（两者取高），还有可能遭到清退；天猫亦对有多次售假行为的商家执行升级加重处理，有前科的商家若再次违规，将面临扣除 24 分的处罚，而扣满 48 分就将遭到封店。[24]

除此之外，前文提到的《淘宝网大众评审公约》，亦是参考了新浪微博社区公约等规则中申请社区委员会的经验。2012 年 5 月 28 日，《新浪微博社区公约（试行）》《新浪微博社区委员会制度（试行）》正式施行，此前招募的 5484 名社区委员也正式开始履职，共同维护新浪微博平台的秩序。其中，《新浪微博社区公约（试行）》第 26 条规定："对于可明显识别的违规行为，由站方直接处理；其他违规行为，由社区委员会判定后处理。"社区委员会又分两种类型：第一种为判定用户纠纷的普通委员会，

---

[23] 傅榆：《中国电子商务平台缘何超越国际巨头——C2C 双边市场的中国模式》，载《国际经贸探索》2012 年第 9 期。

[24] 《阿里京东相继发布"最严入驻规则"》，载中国连锁经营协会网 2013 年 9 月 4 日，http://www.ccfa.org.cn/portal/cn/view.jsp? id＝413234。

第二种为判定不实信息和专门处理复审举报的专家委员会。就裁判程序而言，社区委员会将在规定时限内以多数决的方式形成判定结果，微博平台将据此完成处理。[25]

平台间的互相竞争和学习不止于淘宝网，如前所述，淘宝网所开创的"七天无理由退货"制度、"信用评价制度"相继被京东、当当网、亚马逊等电子商务平台所吸收和改造，成为电子商务领域的通行规范。

## 二、平台内经营者

从2003年下半年开始，淘宝平台上部分平台内经营者开始聚集成为相对固定的群体，群体内的成员具有较强的组织关系与合作关系，这些群体被称为"商盟"，其中包括了地域性商盟和行业性商盟两种类型。这些商盟类似中世纪晚期商业革命时期的社区责任体系，[26]是具有章程、制度，可以自我服务、自我管理，为促进网上诚信交易而建立的商业联盟。[27]

商盟分别制定了商盟内部的治理规则。具体可以分为以下三大类：第一，商盟的准入制度。这一规则普遍位于各商盟章程的首篇，主要规定了入盟所需的交易信用和经验需求。例如，《上海商盟2009年章程》即规定申请入盟者的信用度必须在3星以上，而虚拟物品经营者的信用度必须在3钻以上，同时具备30个以上的商品、注册时间6个月以上或开店时间3个月以上。第二，集体信用保障制度。商盟在规则中加入了内部检查机制、激励与惩罚机制，通过商盟内部经营者之间的互相监督保障集体信用，及时发现并纠正个别经营者的违规行为，防止个体的违

[25] 《新浪微博社区公约（试行）》，载百度百科2012年5月8日，https://baike.baidu.com/item/新浪微博社区公约（试行）/1148949? fr = aladdin。

[26] 李维安、吴德胜、徐皓：《网上交易中的声誉机制：来自淘宝网的证据》，载《南开管理评论》2007年第5期。

[27] 胡润波、杨德礼、刁新军：《基于网络商盟的信任交易管理机制研究》，载《运筹与管理》2009年第5期。

法违规行为影响到商盟整体的信誉。例如,《珠三角商盟章程》对违反规定的盟员,罗列了警告、定期改造、降为预备成员、取消成员资格等制裁措施。第三,争议解决机制。大部分商盟章程并未专章规定争议解决机制,但个别商盟已经意识到了及时化解交易纠纷的重要性。例如,《西北商盟章程》中便规定了商盟内的诚信监督部应当接受本商盟内顾客投诉关于质量、诚信等问题的处理及调查处理售后纠纷服务,做买卖双方沟通的桥梁,协调好双方的关系,这一规定显然已经在一定程度上具备了在线争议解决机制的雏形。[28]

上述这些商盟规则一方面受到了《淘宝商盟章程》的约束,“本汇总中的各商盟帮派链接,是受淘宝官方认可的正规商盟,依然受淘宝商盟章程约束,所有的行为规范,依然受淘宝商盟管理组的管理及监督”;[29]另一方面,商盟规则是平台内各个经营者经过多次反复实践并从中总结出的经验,由于贴近实际而更易取得经营者信任、获得普遍遵守。平台在制定平台层面的规则时必然会充分考虑消化吸收经过商业实践检验的商盟规则,从而争取更广泛群体对平台的支持。

## 三、消费者

### (一)质量需求

消费者庞大的人口基数和差异化的需求会促使经营者不断扩大经营规模和更新商品类目。而如果想确保平台上的各家经营者都能合法合规经营、所有商品和服务都有质量保证,平台规则必须从“人”和“物”两个角度予以有针对性的规定。

平台根据平台内经营者的不同资质和业务,将整个平台划分为不同的行业进行分类管理。淘宝平台先后颁布了 40 个“行业管理规范”、涵

〔28〕 郑喆:《商盟规则的研究》,西南政法大学 2011 年硕士学位论文,第 8 页。

〔29〕 《淘宝各商盟帮派地址汇总》,载开淘网 2011 年 10 月 25 日,https://www.kaitao.cn/article/20111025114353.htm。

盖14个行业大类[30],为行业中的经营者设置了不同的准入门槛和退出机制,经营者如果想在各个行业内展开日常经营活动,就必须满足各行业管理规范中所列特定经营要求。而行业管理规范各自的修订、废除和实施细则的产生,均不会影响其他行业市场规范的运行。这种模块化的拆解,在满足平台消费者千差万别的消费需求的同时,也确保了各个行业市场内的经营者能够独立生存和发展。

平台规则构建了适用于不同电子商务产品的质量管理规则,明确各环节要求,在风险监测、动态管理、标准化体系构建方面予以重点关注。2016年,阿里巴巴联合苏宁易购成立"新兴商品产业标准联盟",将各自平台内的海量商品划分为11个商品类目,并在其下共设置了20项商品技术规范,表2-5所列就是其中一部分的商品技术规范。[31] 京东平台则颁布了130项商品品质抽检规范、53项商品抽检项目及对应处理明细表以及22项商品品质优选质量标准。[32]

**表2-5 阿里巴巴/苏宁新兴商品产业标准整理**

| 商品类目 | 商品质量标准 |
|---|---|
| 手机/数码/电脑办公 | 《数据线技术规范》《手机保护膜技术规范》《移动电源》《儿童智能手表》 |
| 汽车/配件/车品 | 《行车记录仪技术规范》 |
| 电动车/配件/交通工具 | 《电动平衡车通用技术规范》 |
| 母婴玩具 | 《儿童地垫技术规范》 |

〔30〕《淘宝网行业管理规范》,载淘宝网2019年5月6日,https://rule.taobao.com/detail-11000055.htm?spm=a2177.7231193.0.0.3df417ead1Ojrz&tag=self。

〔31〕《阿里巴巴苏宁新兴商品产业标准联盟章程》,载天猫网2016年12月20日,https://pages.tmall.com/wow/seller/act/lianmengbiaozhun。

〔32〕《特色业务规则》,载京东网2023年3月1日,https://rule.jd.com/rule/list.action?btype=6。

续表

| 商品类目 | 商品质量标准 |
|---|---|
| 成人计生 | 《成人玩具产品技术规范》 |
| 家装主材 | 《智能马桶》 |
| 大/小家电 | 《集成灶、集成电灶产品技术规范》 |
| 宠物食品 | 《宠物饲料技术规范》 |
| 医药保健 | 《即食燕窝技术规范》《可食用类产品违禁添加技术规范》 |
| 住宅家具 | 《儿童学习桌、椅》 |

### (二)信任需求

"法律体系有事后解决的作用,而信用体系却往往能达到事前预防。"[33]网络交易的非面对面、非即时清算、远程交易、多重身份等特征使得网络社会中人际关系具有了不确定性和脆弱性,人与人之间笼罩了一层浓重的不信任感。因此,平台必须建立一套独特的信用规则,解决交易参与方之间的信任困扰。现有的平台信用规则主要是由交易反馈规则和承诺保证规则两大系统构成。

交易反馈机制首先由 eBay 建立,现今已经为其他电子商务平台所模仿。[34]《淘宝网评价规范》第 3 条指出了交易反馈机制的范围:"淘宝网的评价包括'店铺评分'和'信用评价'。店铺评分(即店铺 DSR)由买家对卖家评出,如对商品或服务的质量、服务态度、物流等方面的评分指标。信用评价由买卖双方互评,包括'信用积分'和'评论内容'。"[35]《京东开放平台评价管理规则》第 2 条同样指出交易反馈机制包含文字

[33] 蒋志培、孔嘉、阿拉木斯主编:《网络与电子商务法》,法律出版社 2001 年版,第 485 页。

[34] 张源:《C2C 网站信用模式研究——以淘宝网为例》,载《情报探索》2010 年第 4 期。

[35] 《淘宝评价规范》,载淘宝网 2015 年 3 月 31 日,https://rule. taobao. com/detail-2352. htm? spm=a2177. 7231193. 0. 0. 213017eagaSdDl&tag=self。

评价和商铺评分两部分。[36]

交易反馈规则涵盖信用评价和店铺评分两项具体规则。信用评价一般由信用积分和文字评论两个部分构成。信用积分是平台统计经营者每次交易完成后所获得的好评、中评、差评,对每一类评价赋予一定分数并经过计算后得出的经营者的信用度。因此,信用积分是一个累积值,在一定程度上反映出经营者此前一段时间内交易中的总体表现。而文字评论则是消费者针对与经营者之间产生的某一次交易而给予的评论,有时消费者会配以图片或视频等辅助材料提高可信度,相对单纯用数字展现的信用积分,更直观地反映出特定场景、特定商品的实际状况。店铺评分规则规定,消费者在支付完成后,有权对本次交易的产品、卖家和物流进行评价,对商品与描述相符程度、卖家服务态度、卖家发货速度等方面进行五分制的评价,平台则会对每一项的店铺评分统计算数平均值并予以公示。店铺评分规则和信用评价规则成功地构筑起平台的交易反馈机制,极大地改变了网络空间经营者和消费者信息不对等状态,成为平台用户诚信状况的重要标记,帮助消费者在作出交易抉择时进行参考。

承诺保障规则包括了前文曾经提及过的第三方支付规则、商盟规则以及售后服务规则这三大支柱。第一,第三方支付规则为化解交易纠纷、保护消费者合法权益提供了客观条件。电商平台争议处理机制便是以电商平台自身对第三方支付平台上的交易款项的控制作为后盾,围绕第三方支付平台上的交易款项归属展开的。第三方支付平台虽然本质上仅仅是一个货款保管平台,并不具备裁决纠纷的功能。但由于第三方支付平台对于消费者支付的这笔价金具有暂时的管理权,交易纠纷一旦有结论,电商平台便有权按照处理结果通知第三方支付平台将交易款项和(或)保证金的全部或部分支付给买家和(或)卖家。这方便了电商平

[36] 《京东开放平台评价管理规则》,载京东网 2016 年 8 月 17 日,https://rule. jd. com/rule/ruleDetail. action? ruleId = 822014663419105280&type = 0&btype = 1。

台争议解决结果的执行。第二，商盟规则构筑起了商盟的集体信用。商盟章程从程序上提高了经营者的准入门槛，只有诚信度高的经营者才能进入商盟组织内部，共享商盟在信息和品牌上的优势。商盟将每个成员的信用进行打包，用集体信用来向消费者进行担保，消除网络环境中彼此的不信任感，也在源头上尽可能地促使经营者遵守诚实信用原则。第三，消费者保障规则具体规定了“七天无理由退货”、消保保证金、订单险、交易账期等售后服务措施，经营者违反上述消费者保障规则的，平台将根据个案的严重程度施加不同类型的处罚。[37] 消费者保障规则减少了平台内经营者的欺诈行为，增强了消费者进行网上交易的信心。

## 四、政府

早期流行的技术乌托邦论调——或称“互联网例外主义”（Internet Exceptionalism）——鼓吹互联网无法规制，其基本逻辑即所谓“互联网上没人知道你是一条狗”：如果网络空间中的行为人身份难以辨识、行为发生的物理位置难以确认、行为实现目的所借助的数据传输无法区分对待，那么对相关行为加以规制的确极为困难。[38] 然而，网络世界的运行离不开物理设施和人的支持，对于技术方案的选择也是人的选择和行为的产物，因此国家制定的法律法规对于平台的运行模式会起决定性的塑造作用。国家的法律法规是平台规则的上位规则，平台规则必须在国家法律法规允许的范围内活动。如果国家的法律环境发生变化，平台规则也必须相应作出调整。以下即平台规则应国家法律与政策变化而相应调整的几个事例：

1. 2004 年《电子签名法》颁布，该法明确了电子商务交易双方和认

---

〔37〕《淘宝网关于消费者保障管理实施细则》，载淘宝网 2019 年 5 月 6 日，https://rule.taobao.com/detail-4102.htm?spm=a2177.7231205.0.0.1cc517eaIGyhmZ&tag=self。

〔38〕戴昕：《犀利还是无力？——重读〈代码 2.0〉及其法律理论》，载《师大法学》2018 年第 1 期。

证机构在电子签名活动中的权利、义务和行为规范，如对电子合同中数据电文的发送和接收时间、数据电文的发送和接收地点、电子签名人向电子认证服务提供者申请电子签名认证证书的程序、电子认证服务提供者提供服务的原则、电子签名人或认证机构各自应承担的法律义务与责任等。至此，电子商务领域初步形成"《电子签名法》+《合同法》"的立法模式，解决了我国电子商务发展初期电子商务合同在法律上的不确定性，使电子商务发展走出了无法可依、盲目无序的状态。

2. 2014 年 3 月 15 日，原国家工商行政管理总局出台《网络交易管理办法》（已失效），其中第 24 条第 2 款规定："第三方交易平台经营者修改其与平台内经营者的协议、交易规则，应当遵循公开、连续、合理的原则，修改内容应当至少提前七日予以公示并通知相关经营者。平台内经营者不接受协议或者规则修改内容、申请退出平台的，第三方交易平台经营者应当允许其退出，并根据原协议或者交易规则承担相关责任。" 2015 年 4 月 1 日商务部出台的《网络零售第三方平台交易规则制定程序规定（试行）》正式实施，这是我国第一部有关平台规则制定程序的部门规章，意在对平台交易规则、修改流程进行规范，主要涉及制定规则前的公开征集问题、规则的备案问题、规则修改后的过渡问题和对于不法规则的监督举报问题。最初为回应《网络交易管理办法》（已失效）和《网络零售第三方平台交易规则制定程序规定（试行）》对平台规则"立改废"方面的要求，淘宝网在 2015 年上线了"淘宝众议院"，在完成内容公示、提交意见、投票决定等环节之后，新的平台规则才能够实施。京东则在 2017 年建立了"京东规则评审团"，只有当规则评审项目方案达到 60% 及以上规则评审员的同意，该评审项目评审才能通过，修订规则在公示期无异议即可生效。

3. 2017 年 6 月 1 日《网络安全法》正式实施。《网络安全法》第 41 条规定了个人信息收集环节的两大原则：第一，知情同意原则，网络运营者在收集个人信息时应当履行告知义务并获得个人信息主体的同意；第二，最少够用原则，网络运营者对个人信息的收集类型、频率和数量应在必要性的最低要求之内。《网络安全法》第 43 条赋予了个人以查询权、更正权和删除权,网络运营者应当为个人提供相应的信息查询、更正与删除的渠道。而就个人信息的公开转让,《网络安全法》第 44 条规定:"任何个人和组织不得窃取或者以其他非法方式获取个人信息,不得非法出售或者非法向他人提供个人信息。"作为"网络服务提供者"的电子商务平台自然受到了《网络安全法》的规制,2017 年 8 月,淘宝与京东先后更新了平台隐私政策。[39] 与旧版隐私条款相比,新版隐私政策有以下三方面的显著变化:其一,旧版隐私政策仅简单罗列用户享受平台服务所需收集和使用的个人信息,新版隐私政策明确指出了平台收集和使用个人信息的目的;其二,明确了用户查询、更正、删除个人信息的方式,京东甚至赋予了用户即时撤销授权和注销账户的权利,用户可以根据隐私政策中列明的操作指引自行管理个人信息;其三,在用户同意方式上,取消对隐私政策的默认勾选,而采用用户主动勾选、明示同意的方式。

4.《电子商务法》于 2018 年 8 月 31 日通过,并于 2019 年 1 月 1 日生效。《电子商务法》一方面加重了电子商务平台经营者的责任,另一方面指明了平台须加强对平台内经营者的管理以此实现"风险转移"。

主要表现在:第一,《电子商务法》要求采取"线上线下一致"的市场监管政策,第 10 条要求电子商务经营者应当依法办理市场主体登记,仅设置 3 种无须办理登记的例外。为了确保市场主体登记制度能够贯彻落实,第 28 条强调平台对平台内经营者具有审核与监督义务,要求平台向市场监督部门报送平台内经营者身份信息,并提示其进行登记,还要配合主管机关提供登记便利。2018 年 12 月,部分电子商务平台发布了《电子商务法》合规指引,帮助平台内经营者熟悉法规、完成登记。淘宝于 2019 年 1 月 3 日发布"《电子商务法》的操作指南",对商家有关营业

---

[39] 《支付宝等互联网产品隐私政策大调整!规范个人信息使用》,载搜狐网 2017 年 8 月 29 日,https://www.sohu.com/a/168170168_808029。

执照线下办理、线上升级问题进行解答[40];拼多多于2018年12月21日发布了"《电子商务法》相关事项的操作指引",并承诺平台会为平台内经营者提供链接,帮助其公示营业执照或者不需要办理市场主体登记的情形。[41]

第二,针对近年来严重影响行业健康发展的"刷单炒信"行为,《电子商务法》第17条规定:"电子商务经营者应当全面、真实、准确、及时地披露商品或者服务信息,保障消费者的知情权和选择权。电子商务经营者不得以虚构交易、编造用户评价等方式进行虚假或者引人误解的商业宣传,欺骗、误导消费者。"因此,淘宝于2018年12月31日修订了《淘宝网评价规范》,第11条指出平台将基于有限的技术手段,对骗取他人财物、虚假交易等不当使用评价工具发布与评价原则不符的行为作出处理,包括屏蔽评论内容、评分不累计等处理措施。[42] 而针对虚假交易行为,《淘宝网市场管理与违规处理规范》第38条调整为:"卖家进行虚假交易的,淘宝将对卖家的违规行为进行纠正,包括删除销量、屏蔽评论内容、店铺评分和信用积分不累计;情节严重的,淘宝还将下架卖家店铺内所有商品。"[43]

## 第三节 平台规则的发展特征

平台规则的演变和发展注定是比此处的描述更为复杂的,简单的勾

---

[40] 《淘宝官方〈电子商务法〉的操作指南(预告篇)》,载淘宝网2018年11月20日,https://rule.taobao.com/detail-9135.htm? spm=a2177.7231193.0.0.37cd17eafnzZoR&tag=self。

[41] 《拼多多商家:〈电子商务法〉相关操作指引与疑难解答》,载鱼爪电商网2021年4月3日,https://wz.yuzhua.com/goods/297370.html。

[42] 《淘宝网评价规范》,载淘宝网2015年3月31日,https://rule.taobao.com/detail-2352.htm? spm=a2177.7231193.0.0.2ece17eaZILzJa&tag=self。

[43] 《淘宝网市场管理与违规处理规范》,载淘宝网2019年5月6日,https://rule.taobao.com/detail-14.htm? spm=a2177.7231193.0.0.630d17ea1f0KQk&tag=self。

勒也只能窥全貌之一斑。不过,从以上可知,平台规则的发展过程具有建构性、协商性、创新性和缓冲性等特征。

## 一、建构性

建构性是平台规则发展中表现出的首要特征。每一次经济模式的创新都带来相应社会规范的更新和社会秩序的建构。以往的社会规范与秩序的变革,更多情况是诉诸自上而下的立法程序,社会公众对于秩序改良的呼声和需求,借由政党和议员进入立法机构,由立法机构对法律条文的审议、修正和废除,最终推动新规则的落地实施,"它是以现实的法律变革压力,来使其诉求得以法律化实现"[44]。立法程序也因此与生俱来地具有保守性、滞后性和稳定性。

然而,平台规则却是在现有的立法程序之外通过市场自治的方式革新了既有的社会规范。平台、平台内经营者和消费者是电子商务这种全新业态最直接的缔造者和参与者,电子商务冲击了传统现实空间的商业模式、交易方式和利益关系,大量新兴的权利义务关系生成,各参与方就权利义务产生了直接或间接的矛盾与冲突。平台经济的各参与方并未消极等待政府出台规定填补法律漏洞,而是在不断的互动博弈中形成一系列为平衡各方利益而诞生的私法性质的平台规则。平台多通过"确认—加入"的格式条款模式,使后续参与者必须遵从此前已经形成的条文,继而不断扩大平台规则的适用范围,最终使其成为业内的通行规范。

## 二、协商性

协商性是平台规则发展中的另一个重要特征。传统的国家法律体系具有较为强烈的强制性色彩,通常是由立法机关或准立法机关制定规则,强制社会公众予以遵守。立法者虽然给予了各市场主体一定的自治

---

〔44〕 马长山:《互联网时代的双向构建秩序》,载《政法论坛》2018 年第 1 期。

空间,但大多数情况下,都是借由代议制民主的程序发布立法意志。而立法者无论在法律草案形成之前还是在形成之后征求社会意见,都是占据主导地位,分散的组织或个体即便可以提供意见,往往也很难影响立法者意志的决定性力量。

而互联网时代的最大特点在于去中心化,互联网社会的权力不属于任何人,互联网空间的每一个主体都分享着治理权力,被有的学者称为“第五权力”主体。[45] 平台经济各参与方的利益主张和诉求都在平台规则逐渐形成的过程中得以博弈、磨合与妥协。一方面,虽然平台在平台规则的形成和发展中不可避免地占据了优势地位,但并不意味着平台具有绝对的规则创制权,尤其是在平台支配规则创制出现负面事例以后。为了扩大平台规模和稳定交易秩序,平台必须主动邀请平台内经营者、消费者以及社会其他群体进入平台规则的制定和修订过程中,经过协商确定行为尺度和权利边界。另一方面,面对实力数倍于自身的平台,相对弱势的平台内经营者则开始组成商业联盟,提高个体应对法律不确定性和占据支配地位的平台时可能引发的风险的能力,而通过协商程序产生的商盟规则又成为平台规则修订时的重要参考。

## 三、创新性

平台规则的创新性同样不能忽视。美国著名联邦法院法官伊斯特·布鲁克曾指出:“立法出现错误是常见的,但是,从来没有像今天技术飞速发展的时代这么多。我们不要试图用不完善的法律体系来生搬硬套我们尚不理解的、正处于演进中的世界。我们所应当做的就是,允许那些处于正在演进世界中的当事人去自主地作出他们自己的决定。那意味着三件事情:使规则清晰明确;在尚没有明确产权的地方创设产

---

〔45〕［美］格雷厄姆·达顿:《另一个地球:互联网 + 社会》,胡泳等译,电子工业出版社 2015 年版,第 231 ~ 244 页。

权；为人们组建各种讨价还价的机构提供便利。”[46]平台经济是近年来新出现的一种经济形态，不仅涉及新的信息技术的应用、新的商业模式的产生，也极大地改变了原有的社会关系，从而产生了新的社会矛盾。平台经济的各参与方拥有比外部更充分的内部知识和产业信息，更了解各类矛盾的形成原因和具体内容，因此能够有针对性地回应平台经济运行过程中产生的各类矛盾，继而成为解决方案的最初设计者和执行者。

在平台经济发展的最初阶段，平台规则呈现出较为明显的自发性、经验性，大都基于此前线下交易而产生出的管理经验、行业规律或者既有利益诉求而制定，主要扮演着经验守成的定型角色。而随着互联网技术的不断革新，越来越多的平台规则是基于新技术、新业态、新模式正常运行的迫切需要而创生出来的规矩和尺度，身份验证、数据管理和物理定位等规则被广泛采用。这些规则面对日新月异的业态发展具有很强的回应性和探索性，扮演着创新引领者的角色，成为后续国家法律创制时的有益借鉴。

## 四、缓冲性

缓冲性是平台规则发展过程中所隐含的另一特征。随着平台规则的日益规范化、体系化与全面化，平台与平台内经营者、消费者之间的平等关系被逐渐打破，横向的治理关系转变为纵向的管理关系。平台依据平台规则对平台内经营者和消费者的各类行为进行管理，与此同时政府机关则依据法律法规对平台经济的各参与方进行管理，由此形成平台与政府协作的双元管理模式。平台设置了信用评级机制、违规处罚机制与在线争议解决机制，保证了平台的监管效力；而政府则依靠市场监管部门与司法机关对违法违规者进行处罚。相较于后者，平台规则尽可能地使得多元利益甚至相冲突的利益在最大限度范围内得到公平协调，灵活

---

[46] Frank H. Easterbrook, *Cyberspace and the Law of the Horse*, University of Chicago legal forum, 1996, p. 207 – 208. 转引自周雪峰、李平主编：《网络平台治理与法律责任》，中国法律出版社 2018 年版，第 41 页。

地回应多元诉求，而不是简单地作出非此即彼的绝对判断。

通过不断完善的平台规则，平台强化市场监管、解决问题纠纷的权力变得有理有据、有章可循。平台因此成了迈向正式行政程序或司法程序前的一个缓冲地带，“争议预防、争议解决、执行机制以及其他各种交易治理机制在内的ODR的兴起，使得某些网络交易平台自发产生了能够有效替代法律制度的私人程序”，[47]用户的违规行为与矛盾纠纷能够通过平台规则规定的内部处理方式得以高效而便捷地化解，最大限度地防止矛盾的扩大。

## 第四节 平台规则的意义

平台规则从自生自发开始，不断地自我完善，又与国家法形成良性互动，并于近些年实现制定和执行的公众参与，不仅适时规范了网络交易秩序，弥补了国家立法的不足，改变了政府治理的方式，而且在一定程度上促进了网络民主自治的探索。由于平台经济已经具备的多样性和规模性，可以预见各种样态、各种规模的平台经济会层出不穷，平台规则的治理俨然会成为未来重要的“法秩序”。

### 一、适时规范网络交易秩序

电子商务平台并非网络交易的当事人，而是为电子商务中交易双方或者多方提供网络经营场所、交易撮合、信息发布等服务。因此，由平台主导制定的平台规则具有相当的中立性和客观性。在与平台内经营者、消费者的法律关系中，平台的地位是相对中立的。尽管在特殊情况下，电子商务平台会凭借自身超然于平台内经营者和消费者的管理地位，制

〔47〕 高巍：《互联网争议解决的制度分析——两种路径及社会嵌入问题》，载《中外法学》2014年第6期。

定部分倾向于自身的规则条文，但总体而言，由于不介入具体的商品或服务的交易之中，平台通常扮演着居间平衡的角色。平台规则能够及时协调平台内经营者和消费者的利益，防止显失公平的现象发生。

在社会环境转型时期，人们原有的社会准则和行为规范失去约束力，“法律因其守成的取向、其形式结构中所固有的刚性因素以及与控制功能相关的限度方面的缺陷，将可能会导致严重的操作困难”[48]。源于对稳定性的追求，法律无法快速直接地反映时代变化，电子商务方面的立法与技术发展、交易需求存在一定的错位和脱节。平台规则制定、修改程序上的便捷性与灵活性，使得平台规则能够及时回应交易产生的实际需求以及平台上出现的新现象，继而提高平台经济各参与方的交易信息与交易频率。平台为电子商务交易的双方提供了交易场所，平台内经营者和消费者的一切操作都必须在这个交易场所中进行，离开了交易场所的规范指引、技术支持以及居中协调，电子商务的便利性与安全性将大打折扣。平台本身即交易场所这一重要基础设施的创造者与管理者，对于平台上发生的任何交易，特别是网络交易品种、类型和方式的变化，都会在第一时间反馈到平台。平台必须及时提供新的交易规则与行为规范给平台经济的其他参与方，以此保障不同的交易都能够顺利进行，防止因为规则障碍而阻碍交易进行。

由于与生俱来的协商性和参与性，平台规则制定和修改的过程相当程度上是平台经济各参与方达成共识的过程，平台规则较高的认可度和执行度构筑了一个各方均自觉维护平台秩序的商业共同体。尽管平台是平台规则的主导者、执行者和监督者，然而，平台能够吸引更多用户加入平台所依靠的差异化商品、服务与文化，并非依靠平台单独塑造，平台内经营者和消费者在其中扮演的角色举足轻重。在这样的营利模式下，平台、平台内经营者和消费者的利益被紧紧捆绑在一起；平台必须“一碗

---

〔48〕［美］博登海默：《法理学：法律哲学与法律方法》，邓正来译，中国政法大学出版社2004年版，第402～406页。

水端平”,制定具有广泛协商性的平台规则,以此平衡各方利益,营造一种有利于创造优质信息内容的网络环境;平台内经营者和消费者则必须严格遵守平台规则,防止因为违法违规行为而侵害自身信誉,导致交易无法实现。而一旦平台规则构筑起的交易秩序被破坏,不同参与方可能会因为利益失衡爆发激烈冲突,继而致使这一商业共同体稳定性的瓦解,各参与方此前在该平台上的投入都将付诸东流。

## 二、国家立法的有益准备或补充

平台规则对国家法的制定拥有反向塑造的能力。平台经济的参与方不再是既有规则的维护者与社会秩序的补充者而成为规则的试验者、生产者。平台成为先于政府的网络交易秩序探索者和引领者,平台规则的创新“倒逼”政府确认或顺应此类革新。

西奥多·盖格尔认为“实质性的”规范向“成文规范”的转化一般分为三种途径:第一,“司法的选择”,即通过法官的认可变为法律规定;第二,“立法的选择”,即通过国家立法吸收社会规范;第三,“立法的授权(legislatorische Authorisation)”,即立法者指引准法律习惯。[49] 我国作为一个大陆法系国家,完成社会规范向国家成文法的转化,一般采取第二种途径。

从平台规则到国家立法的转化不是一蹴而就的,存在着试点与成型、地方与中央、平台与国家交织的路径。其中,“七天无理由退货”制度是非常典型的事例。

在电子商务发迹之前,我国的部分地方性法规即对消费者的无理由退货权利进行了规定。1995 年实施的《沈阳市保护消费者合法权益规定》规定“消费者购买商品后七日内,对花色品种规格不满意提出退货时,只要商品保持原样,经营者应当退还全部货款,不得收取任何费用”,

---

〔49〕 [德]托马斯·莱赛尔:《法社会学导论》,高旭军等译,上海人民出版社 2014 年版,第 133 页。

与今日的“七天无理由退货”制度已经十分接近。类似地，同年实施的《安徽省保护消费者合法权益条例》规定“消费者购买商品后认为不合适当场要求退货的，经营者不得拒绝和收取费用”，1996年实施的《江苏省实施〈中华人民共和国消费者权益保护法〉办法》规定“不得拒绝消费者当场提出的合理的退货要求”。

在电子商务领域，2002年，原北京市工商管理局发布《电子商务监督管理暂行办法》，规定了“非因质量问题且尚未使用过的商品”可以适用“七天无理由退货”制度，只是有6种经营者可以免除无条件退货责任的情形，即“（一）商品价格因市场因素而下降，且不能为经营者所控制；（二）易于复制的有形商品；（三）应消费者特殊需求而特定制作的商品；（四）报纸和期刊；（五）鲜活商品；（六）数字化商品（有严重错误或含有计算机病毒等破坏性程序的除外）”。从发文主体来看，该办法既不是法律、行政法规、地方性法规，也不是部门规章、地方政府规章，仅仅是一个行政规范性文件。在没有上位法依据的情况下，赋予消费者如此权利，对电子商务经营者提出如此责任要求，其合法性与效力不免存疑。

2008年出台的《山东省消费者权益保护条例》首次将“七天退货”写入了地方性法规当中。其中的第27条第2款明确了经网上销售的商品，如果与事先说明和承诺不一致或者存在质量问题，消费者可以在收到商品之日起7日内退货。但是，这显然是“有理由退货”，而不是无理由退货。

同年，淘宝网发起了“七天无理由退货”制度，作为“消费者保障计划”的一部分。当时，淘宝让平台内的商户自主选择是否参加。后续的实践表明，消费者倾向于选择参与了“七天无理由退货”的店铺，这项制度因此被其他电子商务平台模仿，成为行业共识。然而，由于缺少国家层面的强制性规定，这项制度在实践中出现变质，部分商家肆意提高退货标准，增加退货手续，使制度沦为一纸空文，而平台对违规经营者也只能处以平台内部的惩戒。

2013年，新修正的《消费者权益保护法》第25条从国家法律的高度承认了“七天无理由退货”制度,并对运费支付作出规定,通常情况下,由买家承担,如卖家和买家另有约定的则从约定。2014年,原国家工商行政管理总局出台的《网络交易管理办法》(已失效)第16条规定:“网络商品经营者销售商品,消费者有权自收到商品之日起七日内退货,且无需说明理由,但下列商品除外:(一)消费者定作的;(二)鲜活易腐的;(三)在线下载或者消费者拆封的音像制品、计算机软件等数字化商品;(四)交付的报纸、期刊。除前款所列商品外,其他根据商品性质并经消费者在购买时确认不宜退货的商品,不适用无理由退货。消费者退货的商品应当完好。网络商品经营者应当自收到退回商品之日起七日内返还消费者支付的商品价款。退回商品的运费由消费者承担;网络商品经营者和消费者另有约定的,按照约定。”前述规定即按照《消费者权益保护法》的要求,正式将“七天无理由退货”制度纳入国家部委规章内。针对该制度在实际运行过程中暴露出的缺乏具体操作指引、商品完好标准不一、七天的起止日期等问题,2017年,原国家工商行政管理总局又出台了《网络购买商品七日无理由退货暂行办法》,对退货方式、退货流程、具体标准作出了全方位的细化。该办法已经由国家市场监督管理总局于2020年加以修订。

除了“七天无理由退货”制度,“刷单炒信”的处罚、平台信用评价、平台规则的“立改废”程序、在线争议解决等机制,也都经历了类似的从平台规则向国家立法的转化。[50] 这样的转化具有明显的阶段性——一项电子商务领域的制度由部分电子商务平台最先创制,而后为其他电子商务平台所接受,成为电子商务领域通行的交易习惯;随着电子商务在部分地区的繁荣,发展程度较高的地区先后颁布了地方性法规和/或地方政府规章,充当在国家尚未制定统一立法时的地方规范指引;而待全国市场环境和立法条件相对成熟时,国家则出台部委规章和/或法律统一规范,之后又往往通过部委规章或其他规范性文件的形式对法律实施

〔50〕 关于平台规则向国家法转化的更为详细的论述,参见本书第四章第四节。

过程中出现的具体问题予以细化规定,保证法律的有序执行。

## 三、加快传统治理方式的转变

传统上的国家管理模式以"命令—服从"为特征,依靠国家强制力保障其效力实现。[51] 这是由于政府是大部分公共产品的所有者和提供者,因而具有信息优势和资源优势,能够对行政相对人加以管控。在长期的管理实践中,政府形成单中心、单向度的管理思维,对社会力量和公众参与不信任,甚至排斥。企业、公民和社会组织的自由选择权和意见表达权被很大程度剥夺,他们只有臣服于强大的国家制度。近些年来,行政管理和行政法律制度的改革,促使政府开始重视公众参与、重视公私合作,但在许多领域、在许多基层政府的管理过程中,传统模式的特点仍然根深蒂固。

电子商务平台的出现,对原有的管理模式构成了挑战。电子商务平台具有以下四方面的特征:第一,平台经济的各参与方具有高度的平等性,社会成员之间的地位差距被无限缩小,个体不再满足于在"国家剧场"之外排着长队去领政府分配好的权益、制定完的规则和作出了的公共决定。[52] 第二,平台经济的各参与方具有高度的主动性,电子商务的高效和便捷,使得越来越多的个体能够参与到网络空间的沟通与传播当中,个体面临的选择也日趋多样化,而不单依赖固定的某一方提供自身所需要的商品或服务。第三,平台作为一种新类型的行政相对人进入了政府治理的范畴。平台经济诞生前的交易场所往往受制于空间,场所内的经营者都是屈指可数的,政府的规制和监督可以直接及于经营者,交易场所本身无须特殊的、庞大的管理需求。而平台不仅与传统的交易场所一样将买卖双方聚集在一起,更重要的是其通过无限的网络空间形成的巨大容量,数以亿万计的交易者在其中发生着数以亿万计的交易。这

〔51〕 罗豪才、宋功德:《行政法的治理逻辑》,载《中国法学》2011 年第 2 期。
〔52〕 罗豪才、宋功德:《行政法的治理逻辑》,载《中国法学》2011 年第 2 期。

不仅使得政府的规制和监督难以直接到达交易者,而平台自身就有了强大的秩序管理的诉求。第四,平台经济具有"蝴蝶效应"。例如,前文曾经提到过的淘宝因修改商家入驻规则而引发的"淘宝围城"事件。平台上一件微小的事情即可能引发各式各样的外溢现象,犹如一粒石子坠入湖水,由此溅起的涟漪可以层层传导到整个电子商务平台甚至扩散到现实世界。

面对这样的新形势,传统的管理模式显得捉襟见肘。2015 年年初,原国家工商行政管理总局发表的《2014 年下半年网络交易商品定向监测结果》显示,淘宝平台上售卖商品的正品率仅为 37.25%。2015 年 1 月 27 日,淘宝网官方微博发表公开信,表明不认同淘宝网上销售产品的正品率仅37.25%的报告结果,认为抽检报告存在三个重大瑕疵:一是样本过少,淘宝网日均在线商品总量超过 10 亿件,但抽样商品只有 57 件;二是扩大解释"非正品"概念,将"非授权渠道"商品等同于非正品;三是违规抽检,没有根据相关规章的要求,保证被抽样人的复检申诉权利。[53]

这一"淘宝'大战'国家工商总局"事件凸显了传统管理模式的问题。首先,政府维持单一经济规制的成本巨大。传统管理模式下,政府垄断了几乎一切的公共权力和公共权威,市场和社会行为的规范必须出自国家律令,但国家立法的稳定性又导致国家立法长期徘徊不前、无法适应新技术、新业态的要求。其次,政府的规制手段滞后。对于传统的线下经济,一般由政府对实体店铺进行直接规制。按照地域管辖与级别管辖的规则,尽管一个地方的实体店面很多,但数量也是很有限的,所以当地政府的直接规制具有可行性。但是,在互联网线上经济中,一个平台往往就有成千上万甚至上亿的卖家,由于政府人力与物力成本的有限性、信息获取的有限性、技术的落后性等因素的掣肘,由政府对这些平台

---

〔53〕 季冰:《淘宝大战工商总局:阿里市值一日蒸发 110 亿美元》,载大公资讯网 2015 年 1 月 29 日,http://news.takungpao.com/mainland/topnews/2015-01/2905872.html。

卖家进行直接规制可以说是天方夜谭。

因此,平台成为政府力不从心的市场规制的有效替代。在电子商务实践中形成的各类平台规则具有效率优势与技术优势。在“淘宝‘大战’国家工商总局”事件当中,围绕假货问题,平台规则已然制定了充分显示管理效率的内容,《淘宝规则》《天猫规则》的消费者保障服务条款中均约定了先行赔付、假一赔三、七天无理由退货等制度;而淘宝官方微博此后发布的《淘宝设300人“打假特战营”》一文则细数阿里打击假货的技术手段,包括大数据打假模式、2000人的“知识产权保护专业团队”、5400多人的“打假志愿者队伍”等。[54]

互联网的发展要求一种政府与市场、社会沟通互动、协作共建的秩序,要求实现政府、市场、社会的建设性合作。[55]“淘宝‘大战’国家工商总局”事件最终以平台与政府的和解告终,原国家工商行政管理总局局长会见马云,承诺创新网络监管方式、建立沟通和互动机制,双方决定探索出网络市场管理新模式。在平台经济中,政府不再高高在上,企业也不再唯唯诺诺,电子商务的治理迈向了新模式——合作治理。政府必须承认平台规则对于网络空间治理的巨大意义,允许更多的社会力量实践“立法”,政府与市场、与社会的关系也由统治与被统治向建设性的合作转变。政府应当尊重平台的自我规制,严格控制行政权的角色与限度,只有在市场无法解决失灵问题、平台规则无法实现有效治理时,政府才应作为外部的监管主体介入。[56]

当然,国家应当仅在其特定范围内发挥作用并不意味着国家没有能力或者不能介入平台规则的制定和执行过程。尽管平台规则往往代表了新业态、新技术的要求,但并不等于所有的平台规则都是尽善尽美的。平台企业掌握着平台规则制定和修改的话语权,设定有利于自己的规则

---

〔54〕 李文瑶:《淘宝设300人“打假特战营” 协助各部委线下打假》,载环球网2015年1月28日,https://tech.huanqiu.com/article/9CaKrnJHd4k。

〔55〕 罗豪才、周强:《法治政府建设中的软法治理》,载《江海学刊》2016年第1期。

〔56〕 关于平台与公共治理,详见本书第一章。

在所难免。如果没有顶层的设计和指导，平台企业容易过度追求私人利益而损害公共利益，这时就会发生动荡和冲突。“淘宝围城”事件即是对平台企业滥用自我规制权的最好例证。面对平台企业引发的负外部性，政府应当立足公共利益，认真对待平台规则的创设和生产，建立完善平台规则矫正机制，对各类平台规则予以积极甄别和理性规制。

### 四、网络民主自治的有益探索

“在中国历史上，国家—社会关系模式一直是强国家—弱社会形态。在中国传统权力体系中，不存在社会独立于国家之外，并获得不受国家干预的自主权利的观念和理论。”[57]在强国家—弱社会的模式之下，国家垄断了几乎各个领域的控制权。然而，按照哈耶克的观点，社会秩序虽然有内部规则和外部规则之分，但由于人类理性的有限，以国家法为代表的外部秩序事实上无法完全按照理性来全面安排社会生活。在市场经济这种高度自由的经济形态中，单独依靠外部规则进行调节是不够的，它需要市场本身酝酿的内部规则的配合才能实现有序发展。而网络经济、平台经济的兴起，更是为网络自治、民主自治提供了良好契机。

传统的市场、社会管理模式是一元的、单向的、集权的，政府作为唯一的管理机构具有绝对的权威，权力色彩、部门保护主义和地方保护主义色彩有时较为严重。同时，国家立法更多地着眼于发展方向的确定、大政方针的指引，政府组成人员也更多地着眼于行政管理和政策执行。而平台经济的各参与方则涵盖了不同层次、不同领域的人士，基于互联网去中心分布的特点，他们以大致平等的身份参与到平台规则的建构当中，自发形成若干自我约束、自我发展的规范。首先，平台企业、平台内经营者和消费者则是电子商务的直接参与者，具备超出政府官员的技术优势、专业优势和实践经验，在通过平台规则进行网络自治方面具有无

---

〔57〕 陶鹤山：《市民群体与制度创新——对中国现代化主体的研究》，南京大学出版社2001年版，第194页。

可比拟的优势。其次,平台企业之间激烈的市场竞争导致平台规则的创新与优化,网络自治的质量和效率大为提高,有效化解了政府单一管理模式下管理手段经常停滞不前的难题。

平台规则的实践过程不仅仅是一个市场经济、网络经济的自我规制,在网络自治的过程中还有助于公民不断积累民主经验、培养民主技能。“没有民间自治规则的发展,没有社会软法的完善,就不可能有公民社会的兴起,就不可能有现代民主法治。”[58]平台经济的各个参与方因为不同的利益诉求而聚集在平台规则的制定和执行进程里:当规则制定和修改时,各成员必须积极发声,合理表达自身的利益主张;当规则定型并付诸实施时,各成员则必须增强对规则的了解,熟练掌握规则所赋予自身的维护合法权益的方式。每个成员在这一进程当中都能够切实进行利益竞争、公共辩论、投票表决,在自由与责任、权利与义务、个体价值与公共利益的张力中,必须理性考量、合理评判、慎重选择,才能化解各方冲突、维持平台秩序。民主和法治不再是一种单纯的理念,平台经济的各个参与方在规则实践中可以更多感受到自由原则、平等原则以及少数服从多数原则,民主和法治成为平台经济各参与方的一种日常生活方式。平台企业、平台内经营者和消费者依托平台规则这一载体践行民主生活方式,民主参与的意识逐渐觉醒,民主行动的能力得到提升。

平台规则还可以增进理性自律的公民精神。从平台规则的内部运行过程看,平台经济的各个参与方共同参与了平台规则的制定与执行。在平台规则的运行过程中,各个成员都会表达自身的利益主张,通过多方博弈形成一种基于广泛共识下的制度安排。竞争与妥协意味着各个成员必须充分抑制自身的利己主义,同时防止个人权利的滥用,从而培养出宽容、团结、理性、合作的公民文化和价值观念。而当新成员基于种种原因选择加入平台时,为了享受平台对其利益的保护,就必须自觉地遵守已有的平台规则,有时为了利益的协调甚至放弃个人的某些差异化

---

〔58〕 姜明安:《软法的兴起与软法之治》,载《中国法学》2006年第2期。

追求。在这一过程中,孤立的、不稳定的思想得到遏制和克服,规则意识和责任意识得到培养。

从外部效应来看,一方面,平台规则将原子化、分散化的个体凝聚在一起。平台经济的各个参与方都在平台规则的构建中积极建言献策,使本群体的主张变成平台经济运行中不可忽视的问题。在平台规则向国家立法的转化中,原子化、分散化的个体的利益诉求就已经通过平台规则形成组织化的利益主张。另一方面,公众的利益诉求往往具有不确定性和极端化倾向,然而,由于平台规则的缓冲性,平台规则在为平台经济的各参与方搭建起意见表达框架的同时,也会在规则的实施过程中发现非理性或不合时宜的内容,并进行及时的修改,引导平台内的公众意见,这就为平台规则向国家法律法规的转化节省了经验摸索和积累的成本。

平台规则并非尽善尽美,在其反复生成、生效的过程中,也会有这样那样的问题,也不可避免地会出现集体行动的困扰,如参与者不积极、搭便车、组织化程度不高、意见的影响力度不一等,但其在当下和未来的"法秩序"中的角色必将越来越重要。

## 第五节　小　　结

本章意在从历史维度回顾平台规则的发展,试图在更为细致的历史事件中发现和发掘平台规则演进的动力、特性及其意义所在。平台规则发展经历基础规则自创阶段、规则的类型化和整理阶段、规则制定与执行的公共化阶段以及与国家法规则的互动阶段,只是一种分阶段论。一个如流水般的历史进程,对其进行时间维度上的人为分割,总会出现不同的划分方法。本章在此的划分是以平台规则制定过程中外部力量介入或影响的程度作为基准,旨在从中揭示平台规则公共性的加强。当然,流水般的历史进程其实是绵延、传承、持续的,阶段划分并不意味着每个阶段的主要因素或特色丝毫不会在其他阶段出现。平台规则的公共性有一个递增的过程,包括平台、经营者、消费者、政府等在内的各方主体,自平台规则滥觞起即参与到这个过程之中,推动平台规则的发展。只是,除平台以外的主体的参与力度在时间轴上有着不断渐进加强的轨迹。

平台规则在生成、生长之中所呈现的建构性、协商性、创新性、缓冲性等特征,使其成为经济交往——以及本书较少涉及的社会交往——活动网络化、平台化时代的“法秩序”之不可或缺且日显重要的部分。平台规则对网络交易秩序的适时规范、对国家立法的准备或补充、对政府治理方式转变的促进以及对网络民主自治的探索,都是其价值和意义所在。对待这些已经有所展现且有潜力进一步展现的价值和意义,我们当然必须持谨慎的、适度的立场,不能盲目乐观地认为平台规则或者经过规范化的平台规则,一定会充分显现这些价值和意义。但毫无疑问,作为现代的乃至未来的“法秩序”之重要部分,平台规则值得我们认真对待。

# 第三章　平台规则的类型和谱系

## 第一节　平台规则的内涵与表现形式

### 一、平台规则和平台用户协议

平台是由不同的平台经营者在网络空间上搭建的不同的市场。而这个市场运行离不开硬件和软件的支持，其中硬件是组成平台的各种程序代码以及相应的服务器设施，而软件就是由服务协议和规则等所构建起来的平台规则体系。平台规则平台交易规则是指电子商务平台依法制定的，以提供规范化的网络交易服务为目的的，关于如何开展交易活动的各项规章制度。就好比法律体系的建设情况是一个国家治理良好与否的标志，规则体系的完备程度也是一个平台成熟度的重要体现，也能够反映出一个平台的发展前景。

讨论平台规则，需要特别关注平台用户协议。用户协议是用户与平台之间权利和义务的基础，在接受用户协议后，用户才能获得充分利用平台资源的权利，同时意味着用户将接受平台规则的约束，要遵守平台的规范。那么，用户协议是否属于平台规则，在平台规则体系内具有何种地位？

在一般法理上，契约与规则是不同的。契约（contract）是双方或多方当事人之间就设立、变更或终止权利义务关系而达成一致的意思表示，其最重要的特点是合意；而规则（rule）通常是指具有控制力或影响力的主体行使权力或权威单方面制定的行为规范,其与契约的最大区别在于单方意志性。就此而言,在网络平台上的用户服务协议,形成的是用户与平台之间的合同关系,并不属于当然的具有单方规范性质的平台规则范畴。

不过,契约与规则的上述区别,并非在所有场合都是泾渭分明、截然两分的,尤其是在规则制定权来自一种实际存在的初始契约——而不是社会契约说假定存在的契约——的情形。在这些情形中,规则制定者单方面发布约束行为主体的规范的权力,依据的是行为主体与规则制定者最初形成的合意契约,初始合意契约中含有行为主体遵守规则制定者已经或未来制定的所有规范的承诺。于是,规则与契约就不是彼此毫不相干的规范,规则往往被视为初始契约的附属契约或补充契约。比较典型的情形有:劳动者与企业签订劳动合同,承诺对企业规章制度的遵守,企业规章制度被认为是劳动合同的附随和补充,是劳动者与企业之间劳动合同的组成部分。类似地,平台规则也被认为是用户与平台之间的补充协议。例如,《淘宝平台服务协议》(2022 年 12 月 31 日更新)就把"协议范围"扩展到"补充协议",明确约定"由于互联网高速发展,您与淘宝签署的本协议列明的条款并不能完整罗列并覆盖您与淘宝所有权利与义务,现有的约定也不能保证完全符合未来发展的需求。因此,淘宝平台法律声明及隐私政策、淘宝平台规则均为本协议的补充协议,与本协议不可分割且具有同等法律效力。如您使用淘宝平台服务,视为您同意上述补充协议"。[1]

按此认识,平台规则甚至属于广义的平台服务协议。在实践中,多数平台将自己制定的规章制度作为交易规则的一部分,而在服务协议中,又将接受交易规则作为服务协议的一部分内容,或者说,将交易规则作为了服务协议的附录。然而,平台规则毕竟不同于狭义的、通过点击

〔1〕《淘宝平台服务协议》,载淘宝网 2022 年 12 月 31 日,https://terms.alicdn.com/legal-agreement/terms/TD/TD201609301342_19559.html。

“同意”来订立的用户服务协议。每次平台规则的制定、变更或终止，都不再需要一一与用户协商，不再需要用户明确表示同意即可适用于用户。用户对平台规则的同意，就如同劳动者对企业规章制度的同意一样，是“录用时的概括性同意”。即便将平台规则视为补充协议，平台规则也有相当的支配性、强制性。一方面，原理上用户如果不认可平台的协议，可以选择“用脚投票”离开平台。但是实际上，用户，特别是商家用户为了在平台驻足，前期往往会进行大量的投入，如果选择离开就必须考虑这部分沉没成本。因此，实际上“用脚投票”并不现实，用户只能被动地接受平台的规则。另一方面，平台规则也不仅仅是服务协议的补充。平台经营者所拟定的协议、交易规则的条件，于潜在用户而言已经具有准公共产品的特征，[2] 另外根据“国家网络安全管理”相关法律法规，电商平台有可能会被纳入国家关键信息基础设施的范围。[3] 所以，因为平台的准公共产品性质，需要国家的介入管理，不少规则实际上也体现的是国家意志、公共意志。因此，本书对“用户服务协议”和“平台规则”两个词语的运用，往往是在强调它们之间差别的基础上进行的。

当然，由于用户服务协议和平台规则都起着规范平台和用户行为的作用，两者不仅都有契约属性，更是相互之间紧密关联，故在本章讨论平台规则的类型和谱系时，也会将用户服务协议及其相关条款纳入探讨的范围。

---

〔2〕 郭锋等编著：《〈中华人民共和国电子商务法〉法律适用与案例指引》，人民法院出版社 2018 年版，第 218 页。

〔3〕 国家互联网信息办公室于 2017 年 7 月 12 日发布的《关键信息基础设施安全保护条例(征求意见稿)》第 18 条第 3 款：“下列单位……应当纳入关键信息基础设施保护范围：电信网、广播电视网、互联网等信息网络，以及提供云计算、大数据和其他大型公共信息网络服务的单位。”2016 年 6 月中央网信办网络安全协调局制定的《国家网络安全检查操作指南》规定：“对于平台类，规定注册用户超过 1000 万、活跃用户超过 100 万或者日交易额超过 1000 万的，就可认定为 C2(即关键信息基础设施)。”

## 二、平台规则的表现形式

在我国国家法体系中，法律渊源主要是成文法，包括宪法、法律、法规、规章、司法解释，以及大量存在的依法制定的其他规范性文件，最近几年以来，最高人民法院力推的指导案例、公报案例、典型案例等，虽然没有判例法的地位，但也有相当的法规范效应，即为广大法院在裁判类似案件时所遵循。平台规则的表现形式与法律渊源既有相似，又有不同。

第一，与国家法类似，平台规则主要表现为成文规则。比较有代表性的成文规则有《淘宝网市场管理与违规处理规范》《京东开放平台关联店铺管理规则》《淘宝平台争议处理规则》《京东开放平台交易纠纷处理总则》《淘宝网营销活动规范》《京东开放平台营销活动规则》《淘信用与经营保障服务规范》《京东开放平台商家京信用管理规则》《淘宝网“中国质造”市场管理规范》《京东开放平台商品材质管理规范》等。除此之外，在成文规则的内容上同样采取了“章条”结构，同样规定了生效时间，同样以公开发布为生效条件。例如，《淘宝平台规则总则》，[4]该规则发布于2019年5月6日，全篇共分为6章31条，并在第六章附则中规定了生效时间为2019年5月6日，并于2021年3月17日最新修订。其他的淘宝网规则也采取了相同的结构。京东的规则与此相同，也是“章条”结构，并在文本中规定生效日期。

第二，相比较国家法，平台规则较少纵向的上下位法等级关系，而更多是横向的不同问题的应对规则，或者是规则的具体实施细则，规则之间并不像国家法设置有位阶，规则之间除总则和服务协议以外没有明确的效力层级。这是因为平台不具有划分位阶的基础。

法律位阶是指在统一的法律体系内，确定不同类别规范性法律文件

---

〔4〕《淘宝平台规则总则》，载淘宝网2022年5月31日，https://rulechannel.taobao.com/#/rules?cId=719。

之间的效力等级与适用顺序的制度。这一制度的确立,有利于明确不同类型的法律渊源之间在调整事项上的权限范围,从而保证法律体系内部的和谐与统一。[5] 法律位阶制度的诞生和现代立法制度发展有密切的关系。现代国家的立法是建立在分权的理论基础上,然而立法、行政和司法之间的关系从来没有泾渭分明地分开过,特别是行政权的急速扩张,行政机关的立法逐渐成为推行政务的重要手段。为解决这一问题而对立法机关和行政机关所颁布的法律进行效力上的划分。在我国,确定法律位阶的依据主要有权力的等级性、事项的包容性和权力的同质性。[6] 相比之下,平台不具备划分位阶的基础。首先,平台内部不存在权力的等级性。国家内部的权力划分有人民权力与国家机关权力、立法权与其他国家权力、中央权力与地方权力,但是平台作为一个企业没有必要划分过多的权力层级,不然可能降低效率。其次,平台要处理的事项比较集中,大多数都是围绕保障交易秩序展开的,规则设置也是围绕交易相关的事项分别设置版块,在加上内部运行的权力比较统一,所以在包容性方面并不存在很大的冲突。此外,因为平台是一个单一的主体,不像国家内部会有两个或两个以上权力主体拥有同一类型的权力,所以也不存在权力同质性的问题。综上所述,平台不具有划分规则等级的基础。

第三,相比较国家法,平台会有更多的不成文规则,即以问答形式出现的对规则的解释和说明。这些解释和说明既包括操作指南类,也有一部分是对规则适用情形的详细说明。比如,"问:淘宝账号可以过户吗?答:亲,如果您之前有过一个淘宝账号,不论后续是否继续使用,之前的交易记录、信用等级、VIP 账户、淘金币、阿里旺旺好友等信息都是不支持转移到新账号上的哦~您可以同时拥有多个淘宝账号,但是不同的账

[5] 胡玉鸿:《试论法律位阶划分的标准——兼及行政法规与地方性法规之间的位阶问题》,载《中国法学》2004 年第 3 期。
[6] 胡玉鸿:《试论法律位阶划分的标准——兼及行政法规与地方性法规之间的位阶问题》,载《中国法学》2004 年第 3 期。

号的信息都是独立的,是不能合并为一个账户的,这些都是出于交易安全的考虑哦~”。

另外,服务于消费者的这部分规则很少有系统化的文本,其形式基本上是一问一答式的不成文规则。[7] 在两大平台上,这种规则表现形式的应用十分广泛。比如淘宝网也专设了卖家服务中心,[8]将常见的规则适用问题通过问答的形式展示出来,便于商家的理解适用。另外,淘宝也专设了消费者服务中心[9],将规则中与消费者权益密切相关的问题同样用问答的形式展示出来。京东的规则体系则和淘宝网比较接近。京东的规则体系分布于两个版块,两大版块相对独立,分别构成两个子体系。一个版块是规则中心(POP规则),[10]其主要服务对象是平台内经营者。这里的规则主要以规范性文件的形式所展示出来,其内容表述和结构同淘宝的规则基本相同,但是相比于淘宝网的纯文字规则,京东在其很多规则中附加了贴图说明,有助于使用者更好地理解规则。除此外,规则中心还有专门用来解读规则的案例,这些案例将规则放入具体的情境中以帮助用户更好认识规则的适用条件。而另一版块则是京东帮助中心,[11]这一版块的服务对象是消费者。这一版块中也有成文规则,但是更多的是通过问答或者说明形式表现出的单行规范,如“付款以后可以当场验收商品吗?您付款签收后,可以当场验收商品,如商品本身有问题请您在‘我的京东’中提交退换货申请,将有专业售后人员为您解决”以及京东交易条款特别提示等。而帮助中心中的成文规则

---

[7] 淘宝网服务中心(消费者版),https://consumerservice. taobao. com/self - help#page = issue - detail&knowledgeId = 6685703。

[8] 淘宝网服务中心(商家版),https://helpcenter. taobao. com/learn/knowledge? version = old&id = 5814547& referer = https% 3A% 2F% 2Fwww. taobao. com% 2Fmarket% 2Fxiaobao% 2Fxbintro2. php。

[9] 淘宝网服务中心(消费者版),https://consumerservice. taobao. com/self - help#page = issue - detail&knowledgeId = 5575086。

[10] 京东平台规则,https://rule. jd. com/rule/list. action? id = 389。

[11] 京东帮助中心,https://help. jd. com/user/issue/list - 173 - 228. html。

在体系结构上也比较简单,比如《京东交易条款》中只有 7 条规则。[12] 帮助中心的规则效力等同于规则中心的成文规则,只是在适用的对象上有所不同。

综上所述,两大平台在规则的表现形式上具有相似性:与商家有关的规则平台经营者倾向于采用成文的形式予以规定,并以问答和图文的形式帮助商家理解;而与消费者有关的规则,平台经营者则倾向于用问答的形式帮助消费者理解适用。两相比较不难发现,平台对于消费者自身权益相关的规则更容易阅读和被广大消费者所理解,表现出比较明显的消费者友好倾向。这种现象的成因可能因为买卖双方均存在进入一个或者多个平台进行交易的可能性,在市场竞争的环境下,平台企业倾向于与其用户签订排他性契约,但是平台对于买方排他的难度要远大于对卖方排他的难度,所以平台经营者在竞争中倾向于将重点放在争夺买方用户,提升其归属感,进而扩大市场占有率。[13] 而对于消费者来说,其关心的主要问题也比较集中,比如什么时候发货,什么时候付款,产生争议如何退货等。问答式的规则能够非常直接地回应消费者的需求,提高消费者的用户体验,也更有利于消费者留在这个平台。

第四,相比较国家法,平台很少提供相关案例。最高人民法院于 2010 年 11 月 26 日,发布了《最高人民法院关于案例指导工作的规定》,对法院系统的案例指导工作作了具体的规定。2011 年 12 月 20 日,最高人民法院发布了第一批 4 个指导性案例。它们是一些对全国法院审判、执行工作具有指导作用的案例,[14] 具有典型性、真实性、公正性和权威性的特点。[15] 这一制度运行至今,在回应"同案同判"之司法公正的需

---

〔12〕 参见《京东交易条款》,载京东帮助中心 2018 年 6 月 13 日,https://help. jd. com/user/issue/32 – 11. html。

〔13〕 参见兰海莹:《网络零售第三方交易平台规则的研究——以淘宝规则为例》,北京大学 2018 年硕士学位论文,第 19 ~ 20 页。

〔14〕 王利明:《我国案例指导制度若干问题研究》,载《法学》2012 年第 1 期。

〔15〕 牟绿叶:《论指导性案例的效力》,载《当代法学》2014 年第 1 期。

求、规范法官自由裁量权的行使，以及“接近正义、寻求和谐”等方面发挥了极其重要的作用。[16] 然而平台却没有这方面的功能和需求，也就不会发布在解决交易纠纷等方面的一些具有指导性意义的案例。但是，平台也会提供一些案例用来辅助解释规则，让用户对规则的应用场景有更加直观的认识。比如京东在规则网页中设有“规则解读”专栏，在其中针对常见的纠纷情形进行模拟场景并给出解决方案。这些场景包括“七天无理由退货”的运费承担、商家应信守承诺、营销工具优惠门槛计算、质量问题纠纷、运费问题纠纷、售后问题纠纷、签收问题纠纷、描述不符问题纠纷、服务问题纠纷、发票问题纠纷、发货问题纠纷等情形。这些案例相比指导性案例，其突出的特点是举例子，其实用性强但理论性不足。这种特点也和平台的商业性有密切关系。平台开展经营活动是以效率优先的，这种实操性强的例子可以快速指引纠纷双方处理问题以及时进行其他交易。

## 第二节　平台规则的类型

前文提到，借用法律的形式分类的概念，平台规则体系的形式总体上表现出“成文”和“不成文”的形式特征。在其类型划分上，就像国家法律的“宪法—法律”这样的总分式结构一样，平台规则也表现出总分式的特征——制定总的规则，然后根据业务或者交易流程制定具体的“部门规则”，在“部门规则”之下则是一些临时性的公告。[17] 而在“部

〔16〕 参见雷磊：《指导性案例法源地位再反思》，载《中国法学》2015 年第 1 期。

〔17〕 《淘宝平台规则总则》第 5 条第 1 款规定了规则体系：“淘宝平台规则体系及效力级别如下：（一）【规则体系】淘宝平台规则是以下规则的统称：1.《淘宝平台规则总则》（以下简称‘《总则》’）；2. 针对淘宝平台会员市场管理与违规处理、行业市场管理、营销活动和其他必要事项，所制定的有关具体规则规范，包含对具体规则规范进一步细化制定的相应实施细则（以下简称‘规则规范’）；3. 根据淘宝平台临时性管理需求所发布的临时公告。”

门规则”中,对于普通的交易有一般性规则,对于特定的交易类型则还要受到特别规则的规范。这种关系就像基础法和派生法一样。

两大平台的规则类型在其规则中心网页上均有明确的展示。[18] 对于这些“部门规则”进行进一步的集成梳理,可以发现电商平台上的交易是以传统线下买卖商品的交易形式为基础,所以可以类比线下市场交易所涉及的规则的类型对平台规则进行分类。下文将对平台规则的类型进行介绍,以便对于平台规则的整体面貌有一个较为明晰的把握。

## 一、规则总则

淘宝和京东两大平台的总则在适用范围上存在一定差异。根据《淘宝平台规则总则》的第 1 条,该总则的适用范围包括了淘宝、天猫、飞猪、聚划算等网站和客户端;而《京东总则》第 1 条则表明,该总则仅适用于京东开放平台(即京东的第三方平台),不适用于京东自营业务。[19] 对于《淘宝平台规则总则》需要说明的是,虽然总则没有对供销平台用户、淘小铺平台用户、服务市场用户、阿里拍卖平台用户、闲鱼用户、阿里创作平台用户和其他用户作出规定,而是在第四章内规定这些“其他角色”要遵守各自平台的管理规范,但是这并不意味着总则不适用于这些平台。这些淘宝相关平台有其业务上的特殊性,因此需要专门的规则以规范市场,但是总则所涉及的通用性内容也适用于这些平台。

这种适用上的区别可能与两个平台各自的发展模式有关系。淘宝平台成立之初就是瞄准了 C2C 电子商务市场,因此可以说 C2C 是淘宝的核心业务,[20] 而后才在这个基础上衍生出天猫商城等其他业务。因此,淘宝的总则适用于所有以淘宝为基础的业务平台也是可以理解的。

---

[18] 淘宝平台规则(https://rule.taobao.com);京东平台规则(https://rule.jd.com)。

[19] 自营严格意义上不属于平台业务,自营方作为卖家是直接与消费者进行交易的。因此本书不对自营的规则进行讨论,仅针对京东作为第三方平台的规则进行研究。

[20] 参见海华:《马云教典——成就阿里巴巴帝国的 36 个法则》,华中科技大学出版社 2009 年 7 月,第 212 ~ 214 页。

而京东在2004年创办之初是一个在线零售商，至今也是以在线零售为主要业务。[21] 因此，对于自营和开放平台采用不同的规则总则也是情理之中的。

两个平台的总则内容具有一定相似性。下文首先介绍分析《淘宝总则》的变动，再对比两大平台的规则总则，从而得出规则总则的一般内容。

在2019年5月6日以前，在淘宝平台上并没有《淘宝总则》这样的纲领性的规则，起到淘宝总则作用的主要是《淘宝平台服务协议》。在淘宝规则网站的"历史规则"板块能够找到的很多规则，其第1条中都会明确表示《淘宝平台服务协议》是制订该规则的基础。另外，《大淘宝宣言》也在一定程度上起到纲领性规则的作用。比如2019年5月6日之前的《淘宝网市场管理与违规处理规范》第1条规定："为促进开放、透明、分享、责任的新商业文明，保障淘宝用户合法权益，维护淘宝正常经营秩序，根据《大淘宝宣言》及《淘宝平台服务协议》、《天猫服务协议》，制定本规则。"《淘宝总则》的出台并不意味着《淘宝平台服务协议》不再具有纲领性规则的效力。一方面，服务协议是用户与淘宝平台之间一切权利和义务的基础，用户能够受到《淘宝总则》约束的前提也是用户接受了服务协议，《淘宝总则》的第2条明确表示《淘宝平台服务协议》是该规则的规范基础；另一方面，根据《淘宝总则》第1条，其制订目的主要是改善用户体验，优化平台环境，并不具有相应的赋权和课以义务的功能。从这两个角度来看，《淘宝平台服务协议》具有高于《淘宝总则》的效力。

现行的《淘宝总则》的由6章构成：第一章是概述，主要内容是规则目的、基础、原则、适用对象、体系和效力、程序以及溯及力等；第二章是会员一般规定，主要涉及通用原则、注册、认证、信息发布、交易和评价等内容；第三章是卖家规定，主要对淘宝网卖家和其他淘宝平台卖家的资质、行为准则以及具体的适用细则等分别作出规定；第四章是其他角色

---

[21] 参见马文彦：《数字经济2.0——发现传统业态和新兴业态的新机遇》，民主与建设出版社2017年版，第90～105页。

规定,主要规定了供销平台用户、淘小铺平台用户、服务市场用户、阿里拍卖平台用户、闲鱼用户、阿里创作平台和淘宝直播平台用户以及其他用户所需要遵守的特别规则;第五章是市场管理与违规处理规定,其内容只有“淘宝网会员的风险行为及违规行为根据《淘宝网市场管理与违规处理规范》处理,其他淘宝平台会员根据其平台相关规则处理”这一条;第六章是附则,规定了生效和修订时间、“以上”和“以下”是否包含本数以及“天”的内涵等。除此以外,总则还有附录的内容,对于用户、会员、买家、卖家、其他相关者、淘宝以及知识产权权利人的定义作出规定。总则中对于会员一般规定和卖家的相关内容有相对具体的规定,同时对于更具体的问题则用指引性规范加以解决。其中比较重要的规则有《淘宝平台争议处理规则》《淘宝平台价格管理规则》《淘宝网商品品牌管理规范》《淘宝网市场管理与违规处理规范》等。

而现行的《京东总则》主要是围绕商家入驻平台和平台管理展开的,详细程度要明显高于《淘宝总则》,对卖家的规定也更为具体。其具体内容分为 7 章:第一章是概述,主要对规则适用范围、基础等作出规定;第二章是入驻,主要规定了第三方商家入驻的条件;第三章是经营,对商家开设的店铺、贩售的商品、营销推广、物流和售后评价等所需要满足的条件作出规定;第四章是终止合作,规定了终止合作的情形,主要包括商家主动终止和京东清退违规商家两种类型;第五章是市场管理,规定了市场管理措施、市场管理情形、违规处理和违规申诉 4 个方面的内容;第六章是特殊市场,主要内容是海囤全球、优创店业务、拼购业务、拍卖业务和拍拍二手业务等需要遵守的特别规则;第七章是附则,规定了溯及力、调整方式、生效日期等内容。《京东总则》在开放平台的规则体系中具有纲领性的地位。[22]

这两大平台的规则总则都具有这些特点:首先,具有完备且统一的

---

〔22〕《京东开放平台总则》第 1 章第 2 条:“1.2 为促进平等、开放、透明的平台生态的搭建,根据《京东用户注册协议》《“京东 JD. COM”开放平台服务协议》等服务/合作协议,制定本规则。”

形式，即是以规范性文本的形式呈现出来的。其次，文本中会讲到平台的业务范围、规则的制定依据以及制定目的和规则原则等。其中，从内容上看，虽然在规则制定目的上以及内容编排上有所不同，但是对于卖家的规定是重点——一方面，从目的上看，京东明确表明总则"是对京东商家增加基本义务或规范商家行使基本权利的条款"；另一方面，不论京东还是淘宝都有对于卖家的专项规定。作为对比，在总则中很少对消费者的相关事项作出规定。〔23〕这一特点和电商平台的双边市场属性是密切相关的。所谓双边市场是指买卖双方不直接接触，而是通过平台经营者完成交易。从目前的交易状况来看，买卖双方均存在进入一个或者多个平台进行交易的可能，而平台为了留住商家用户和消费者用户，会倾向于签订排他性的协议和相应奖励。"平台对买方进行排他的难度较大，因此平台往往对卖方进行排他。"〔24〕在这种思路下，平台往往倾向于对消费者用户进行让利，以期待留住这批用户。相反，平台自然也就倾向于对卖家进行诸多限制。这一理论在平台规则上的表现就是大篇幅的对于卖家进行限制的条款。同时为了保障消费者用户的使用体验，平台会不断更新规则，对卖家的行为进行规范。

## 二、用户账户相关规则

关于"用户"一词，淘宝和京东的定义是不一样的。根据《淘宝总则》的附则第 1 条，"用户，指淘宝平台各项服务的使用者。用户无需注册，即可浏览淘宝平台相关信息"。而经过注册的用户则称为"会员"。"会员"是指"与淘宝签订服务协议并完成注册流程的用户，包括平等民事主体的自然人、法人和非法人组织"。从会员的内涵来看，会员是包括卖家和买家在内的。而根据京东的用户协议的内容，用户仅指消费者用

---

〔23〕 并不意味着没有规定。《淘宝总则》中第二章"会员的一般规定"其内容对于非卖家会员一样适用。但是《京东总则》明确规定只对卖家有效。

〔24〕 丁宏、梁鸿基：《互联网平台企业的竞争发展战略——基于双边市场理论》，载《世界经济与政治论坛》2014 年第 4 期。

户，并不包括商家。鉴于两个平台对于“用户”一词的定义并不相同，所以此处对用词进行统一：下文研究的用户指在平台上进行注册并使用平台相关服务的用户（即淘宝所称的会员），进行区分时前面将加上“商家”或者“消费者”字样。

用户账户相关规则主要包括以下几大部分：

（一）用户注册规则

从淘宝和京东的服务协议来看，用户注册部分一般都有以下内容：

1. 用户资质相关规定。推定注册者具有相应的民事行为能力。在《淘宝服务协议》第三章第一条前半款中以加粗的黑体字以及《淘宝隐私权政策》第八部分均明示用户需要有与行为相适应的民事行为能力，否则由此产生的一切后果需要由用户及监护人承担。而根据民法的相关规定，无民事行为能力人显然被排除在用户的范畴之外，而限制民事行为能力人的行为需要监护人的追认。对于在虚拟空间中瞬间完成交易的电子商务来说，获得追认一来效率低下，其次也不容易实现。但是，在互联网时代将限制行为能力人排除在用户群体之外显然与时代格格不入，而在这方面京东的用户注册协议具有一定的灵活性。在京东的用户注册协议第三章第一条约定，未满 18 周岁的用户需要在监护人的监护参与下才能注册使用，并且之后的下单也视为有监护人的参与。换言之，京东并不仅仅推定注册者具有相应的民事行为能力，而是将之与推定追认结合，为自己拓宽了用户群体。

2. 商家的资质。平台商家的资质包括两部分内容，即满足平台一般要求的资质和满足特定行业经营者要求的资质。淘宝商家的一般资质相对较低。根据《淘宝总则》和《淘宝网开店与退出实施细则》，对于自然人来说，只要满足以下条件，用户便可以成立商铺：(1)提供店铺负责人真实有效的信息，通过淘宝网身份认证；(2)符合淘宝网对店铺负责人的年龄要求；(3)将其淘宝网账户与已通过实名认证、信息完善的支付宝账户绑定；(4)经淘宝网排查认定，该账户实际控制人的其他阿里平台账户未被阿里平台处以特定严重违规行为处罚或发生过严重危及交易安全的情形。值得一提的是,个人店铺的负责人年龄须满 16 周岁;企业店铺的负责人年龄须满 18 周岁。这一年龄上的差别实际上来自民法的规定:“18 周岁以上的公民是成年人,具有完全民事行为能力,可以独立进行民事活动,是完全民事行为能力人。16 周岁以上不满 18 周岁的公民,以自己的劳动收入为主要生活来源的,视为完全民事行为能力人。”淘宝网开店可理解属于“以自己的劳动收入为主要生活来源”的范畴,故自然人开店要求满足 16 周岁及以上。企业店铺要求必须持有效企业类型的营业执照,依据工商注册营业执照的年龄要求下限是 18 周岁,故企业店铺负责人要求 18 周岁及以上。淘宝的这一规定体现了对于法律的精确理解。

和淘宝相比,京东商家的一般资质则较为严格。根据京东的总则,用户若要成为商家,必须满足以下条件:(1)商家应符合《京东开放平台招商标准》;(2)商家及其销售的商品或提供的服务应符合《京东开放平台招商基础资质标准》并符合京东开放平台对商品质量的相关要求;(3)商家有效签署《“京东 JD. COM”开放平台服务协议》并承诺遵守平台全部规则要求;(4)商家须开通京东钱包,并以京东钱包账户作为唯一结算账户(经京东开放平台确认的特殊类型商家除外);(5)商家需按照开通类目的资费标准缴纳各项费用,具体标准详见《京东开放平台各类目资费一览表》;(6)商家满足京东开放平台要求的其他条件。

根据招商标准,京东暂不接受个体工商户的入驻申请,商家须为正式注册企业,亦暂时不接受非中国大陆注册企业的入驻申请(特殊业务模式除外,包括但不限于拼购、优创店业务等情况)。在注册的商店中仅允许旗舰店、专卖店和专营店作为第三方商家入驻平台。旗舰店是指商家以自有品牌(商标为 R 或 TM 状态),或由权利人出具的在京东开放平台开设品牌旗舰店的独占性授权文件(授权文件中应明确独占性、不可撤销性),入驻京东开放平台开设的店铺;专卖店指商家持非自有品牌(商标为 R 或 TM 状态)授权文件在京东开放平台开设的店铺;专营店指经营京东开放平台相同一级类目下两个及以上非自有或自有品牌(商标为R或TM状态)商品的店铺。

在满足平台基本资质后,商家还需要满足特定行业经营者的资质。这既包括国家的资质,也包括平台自身对于类目商品的资质要求。

3. 实名制。我国实行的是网络注册实名制,这一点在电子商务平台上也得到了体现。实名制可以说是用户账户开设的前提和存在的基础。《淘宝总则》第9条以及《淘宝平台会员认证实施细则》要求,会员应当根据淘宝平台的认证要求,提供会员本人(含自然人、法人及其负责人、非法人组织及其负责人等,下同)真实有效的信息。淘宝有权利对提交的文件进行复核并且决定是否通过认证。而淘宝服务协议第三章第二节中约定,当未绑定通过实名认证的支付宝账户时,淘宝有权回收用户账户。

而京东的规则与此类似,在用户协议第5条第2款中约定,京东将根据国家法律法规相关要求,进行基于移动电话号码的真实身份信息认证。若用户提供的信息不真实、不完整,则无法使用本网站或在使用过程中受到限制,同时,由此产生的不利后果将由用户自行承担。

### (二)用户账户的权利

#### 1. 使用权

用户在平台上注册后,对自己的账号拥有的是使用权而非所有权。平台不会干预用户对于账户的正常使用行为,但是根据服务协议,特定情形下平台可以回收账户。根据《淘宝总则》和淘宝服务协议,当账户未实名或者6个月内不活跃,淘宝有权回收账户。另外值得注意的是,这种使用权具有外延性,与账户有关的权利事实上用户享有的也是使用权。根据淘宝服务协议,淘宝会员名不得违反国家法律法规及淘宝平台相关规则关于会员名的管理规定,否则淘宝可回收该淘宝会员名。京东注册协议第九章第七条提到,本网站所刊登的资料信息(诸如文字、图表、标识、按钮图标、图像、声音文件片段、数字下载、数据编辑和软件),均是京东或其内容提供者的财产。而用户账户本身是由各种资料构成,这意味着京东对于用户账户拥有所有权,用户同意该协议仅仅是从京东处获得了该账户的使用权限。

2. 账户转让

鉴于用户对于账户拥有的是使用权，账户转让会受到平台诸多的限制。一般来说，转让需要获得平台的许可，如淘宝账户仅能在法律明文规定、司法裁定或经淘宝同意三种情形下转让。京东的注册协议中未载明转让事由，但是，在《淘宝平台服务协议》第十章最后一条中载明“本协议未明示授权的其他权利仍由京东保留，您在行使这些权利时须另外取得京东的书面许可”。通过该条不难解释出京东平台上的账户转让需要经京东同意。

3. 账户注销

用户享有注销的权利，但是注销也需要满足一定的条件。根据平台的相关规则，一般包括：(1)账户仍处于有效期；(2)未开设过店铺或发布过商品消息，也没有正在进行的交易；(3)没有不良记录；(4)没有其他该集团旗下的关联业务。

注销的当然结果是用户不能享受平台的服务，但是并不会影响注销前账户行为和相关责任。淘宝网在这方面规定更为细致，注销后淘宝仍继续保存用户留存于淘宝平台的本协议第 5 条所列的各类信息，[25] 而且对于用户及第三方没有披露此类信息的义务。

4. 账户安全

在账户安全方面，淘宝的服务协议有较详细的内容，其主要约定除

---

〔25〕《淘宝平台服务协议》第 5 条第 2 款：“【授权使用】对于您提供、发布及在使用淘宝平台服务中形成的除个人信息外的文字、图片、视频、音频等非个人信息，均不会因上传、发布等行为发生知识产权、肖像权等权利的转移。除非我们另行说明，在法律允许的范围内，您免费授予淘宝及其关联公司、支付宝公司非排他的、无地域限制的许可使用（包括存储、使用、复制、修订、编辑、发布、展示、翻译、分发上述信息或制作派生作品，以已知或日后开发的形式、媒体或技术将上述信息纳入其他作品内等）及可再许可第三方使用的权利，以及可以自身名义对第三方侵权行为取证及提起诉讼的权利。为方便您使用阿里平台、支付宝等其他相关服务，您授权淘宝将您在账户注册和使用淘宝平台服务过程中提供、形成的信息传递给阿里平台、支付宝等其他相关服务提供者，或从阿里平台、支付宝等其他相关服务提供者获取您在注册、使用相关服务期间提供、形成的信息。”

非淘宝有过错，其他后果均由用户承担；在用户请求保护时，除非有法定过错，否则淘宝不承担责任。在京东注册协议中并没有相应的条款。而是在帮助中心为用户提供了操作指南以提高账户安全等级和解决账户异常等流程。〔26〕

## 三、隐私权政策

两个平台在隐私权政策的条文结构和内容上表现出比较高的一致性，基本将2021年8月20日通过的《个人信息保护法》中规定的个人信息定义、原则以及相关权利予以了落实。

1. 定义

两大平台均对个人信息和个人敏感信息进行了定义和区分。淘宝平台对个人信息的定义是指以电子或者其他方式记录的能够单独或者与其他信息结合识别特定自然人身份或者反映特定自然人活动情况的各种信息；个人敏感信息则指包括身份证件号码、个人生物识别信息、银行账号、财产信息、行踪轨迹、交易信息、14岁以下(含)儿童信息等的个人信息。京东则直接将《个人信息保护法》中的个人信息和个人敏感信息定义予以引用。

2. 基本原则

两大平台的隐私权政策均落实了《个人信息保护法》要求的目的明确原则，知情同意原则，限制利用原则，安全原则，可追溯、可异议、可纠错原则，未成年人信息保护原则等内容。其中比较能够反映企业特点的集中在目的明确原则、安全原则及未成年人信息保护原则。

(1)目的明确原则

两大平台的相关内容可以概括为收集使用目的明确和共享转让、公开目的明确两部分。主要特点体现在收集使用目的明确部分，即个人信

---

〔26〕《账户安全与账户信息》，载京东规则中心，https://help. jd. com/user/issue/list – 149. html。

息的收集使用目的主要有实现网上购物所必需的功能和保障交易安全所必需的功能，比如提供基础会员服务、提供收藏加购关注分享功能、帮助完成支付、争议处理、提供安全保障等。

(2)安全原则

两大平台均承诺建立完善的信息保护机制，如京东承诺采取的数据保护技术措施、建立数据分类分级制度、数据安全管理规范、数据安全开发规范、与信息接触者达成保密协议、搭建监控和审计机制、设立数据安全委员会并下设信息保护专职部门、数据安全应急响应组织、提供安全认证和服务、为员工举办安全和隐私保护培训课程。同时，均严格落实了境内存储的要求。

另外，京东在配送方面专门设置了“微笑面单”，避免用户个人信息在配送环节的暴露。

(3)未成年人个人信息保护

淘宝专门制定了针对14岁以下未成年人的《淘宝网儿童个人信息保护规则及监护人须知》。该规则的内容基本与淘宝的隐私权政策相同，其主要区别在于信息共享、安全保护以及信息删除方面。[27]

京东未成年人信息保护相关内容位于其隐私权政策第六部分，针对

---

〔27〕《淘宝网儿童个人信息保护规则及监护人须知》主要内容有：1. 信息共享给第三方时，除隐私权政策中的基本要求外，淘宝会采取以下额外措施：(1)评估该第三方收集儿童个人信息的合法性、正当性、必要性。(2)禁止第三方将这些儿童个人信息用于未经儿童及其监护人授权的用途，并要求受托公司依法履行以下义务：①按照法律、行政法规的规定和淘宝的要求处理儿童个人信息；②协助淘宝回应儿童监护人提出的申请；③采取措施保障信息安全，并在发生儿童个人信息泄露安全事件时，及时向淘宝反馈；④委托关系解除时及时删除儿童个人信息；⑤不得转委托；⑥其他依法应当履行的儿童个人信息保护义务。2. 安全保护方面：严格控制访问权限，制定儿童信息安全事件应急预案。3. 监护人可要求删除儿童信息的条件：(1)淘宝违反法律、行政法规的规定或者双方的约定收集、存储、使用、对外提供儿童个人信息的；(2)淘宝超出目的范围或者必要期限收集、存储、使用、对外提供儿童个人信息的；(3)用户的监护人撤回同意的；(4)用户或者用户的监护人通过注销等方式终止使用产品或者服务的。

的是18周岁以下的未成年人。主要规定有:①未成年人用户注册需要监护人同意。如果有事实证明未成年人并未取得监护人同意的情况下注册使用了京东的产品与/或服务,京东会与相关监护人协商,并设法尽快删除相关个人信息。②京东不会主动直接向未成年人收集其个人信息。对于经监护人同意而收集未成年人个人信息的情况,京东只会在受到法律允许、监护人同意或者保护未成年人所必要的情况下使用、共享、转让或披露此信息。③针对14周岁以下的未成年人,京东有特别的保护规则。[28]

3. 个人信息权利

两大平台的用户的信息权利主要包括信息决定权、信息保密权、信息访问权和更正权、信息删除权、被遗忘权,分别体现在知情同意原则,安全原则,可更正、可纠错原则中。其中值得注意的是信息删除权,用户有权删除自己的部分个人信息,主要包括个人资料、账户与安全及收货地址等信息,但是当出现平台处理个人信息的行为违反法律法规;收集、使用用户的个人信息,却未征得用户的明确同意;处理个人信息的行为

---

〔28〕 特别保护规则内容:“(1)对于收集到的儿童个人信息,我们除遵守本隐私政策关于用户个人信息的约定外,还会秉持正当必要、知情同意、目的明确、安全保障、依法利用的原则,严格遵循《儿童个人信息网络保护规定》等法律法规的要求进行存储、使用、披露,且不会超过实现收集、使用目的所必须的期限,到期后我们会对儿童个人信息进行删除或匿名化处理。我们会指定专人负责儿童个人信息保护事宜,并设立了儿童个人信息保护的专门邮箱 childprivacy@ jd. com。我们还会制定儿童个人信息保护的内部专门制度。(2)当您作为监护人为被监护的儿童选择使用京东相关服务时,我们可能需要向您收集被监护的儿童个人信息,用于向您履行相关服务之必要。在具体服务中需要向您收集儿童个人信息的,我们会事先取得您的授权同意,并告知您收集的目的和用途。如果您不提供前述信息,您将无法享受我们提供的相关服务。此外,您在使用晒单、评价及问答功能分享商品相关信息时可能会主动向我们提供儿童个人信息,请您明确知悉并谨慎选择。您作为监护人应当正确履行监护职责,保护儿童个人信息安全。若儿童本人需要注册或使用我们的产品与/或服务,您应正确引导并予以监护。(3)儿童或其监护人有权随时访问和更正儿童个人信息,还可以向我们提出更正和删除的请求。如您对儿童个人信息相关事宜有任何意见、建议或投诉、举报,请联系我们。我们会随时为您提供帮助。”

严重违反了与用户的约定;用户主动注销账户(京东比淘宝多一条“终止服务及运营”)等情形时,用户有权请求平台删除自己的个人信息。即除了用户销户,只有当平台出现严重违约行为,用户才能请求删除个人信息。相比较隐私权政策其他内容大多属于落实国家法律法规的要求的公共意志性,这部分内容体现了较强的私人合意性。

## 四、交易相关规则

### (一)平台营销规则

关于营销规则,两个平台的规定在详略程度上存在很大区别。京东平台分为了四个栏目,其基本框架如图3-1所示:

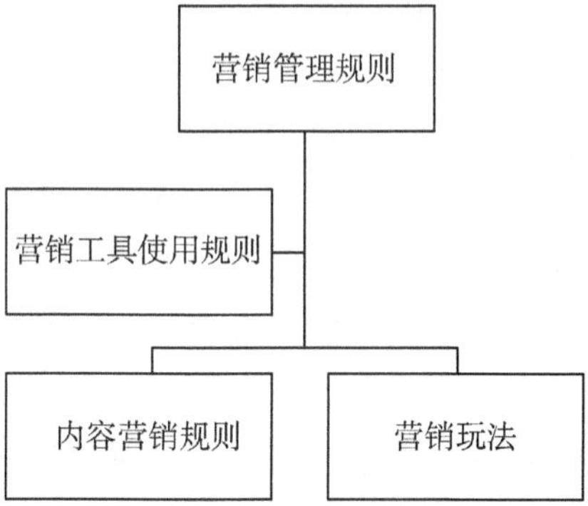


**图3-1　京东平台营销规则基本框架**

营销管理规则是起总领作用的规则,分为平台主导营销的规则和商家联合营销的活动规则,其中主要是规定了参加营销的商家资质、[29]违反规则的处罚等;营销工具使用规则是平台为营销活动提供的服务,比如京豆费用、优惠门槛设置等;而内容营销和营销玩法是营销活动的分

〔29〕概括来说通过商家的店铺分数和之前的违规类型确定资质,以这两个标准综合评价后不符合条件的商家将在一定期限内不得参与。参见《淘宝营销活动规范》。

类标准,前者是以某一主题展开的,比如京东美妆、京东男装等,而营销玩法主要指“双十一”、“双十二”、秒杀和抢购等营销的规则。淘宝的营销规则内容分为基础营销规范、活动专区和特色营销规则。[30] 比较有特色的是,淘宝会在每次开展专项营销活动前出台专门的规则,并在《活动专区》一栏进行公示,如《2021 年淘宝 11.11 招商规则》等。

### (二)电子合同的订立

关于电商交易合同的订立,《电子商务法》第 48 条规定:“电子商务经营者发布的商品或者服务信息符合要约条件的,用户选择该商品或者服务并提交订单成功,合同成立。当事人另有约定的,从其约定。电子商务经营者不得以格式条款等方式约定消费者支付价款后合同不成立;格式条款等含有该内容的,其内容无效。”

但是,淘宝网的《市场管理与违规处理规范》的《附录二:定义》的第 9 条规定:“成交,指买家在淘宝平台上拍下商品并成功付款(交易状态为‘买家已付款,等待卖家发货’)。货到付款交易中买家拍下商品即视为成交。”可见,淘宝并没有完全按照《电子商务法》第 48 条的规定确立本平台的合同成立时间,而是采用“提交订单 + 付款”和“提交订单”相结合的约定。

在这个问题上,京东和自己的会员也有另外的约定。在京东用户注册协议的第 3 条第 3 款约定,销售商展示的商品和价格等信息仅仅是要约邀请,用户提交订单时仅仅是合同要约,只有在销售商将订单中订购的商品从仓库实际直接发出时方视为合同成立。

## 五、市场管理规则

市场管理规则主要包括秩序管理、商业费用、交易安全保障、商品质量和行业管理、物流服务、电子支付以及知识产权保护规则等。

---

〔30〕《营销推广》,载淘宝网,https://rulechannel.taobao.com/?spm=a1zaa.8161610.0.0.67794593Tyqee6#/rules?cId=1142。

（一）秩序管理规则

秩序管理规则指的是对于平台市场的管理规则和违规处理规则。这部分内容将在第七章有详细的说明。故本部分仅对秩序管理规则部分内容进行介绍。

淘宝的秩序管理规则主要有违规处理规则（目前包括《淘宝平台交互风险信息管理规则》《淘宝网市场管理与违规处理规范》《淘宝平台违禁信息管理规则》三部规则）、店铺管理规则、行业市场管理规则、商品管理规则、交易管理规则等。

京东的秩序管理规则主要有违规管理规则、招商规则、店铺管理规则、商品/类目管理规则、商品质量、交易管理规则等。

（二）商业费用规则

除淘宝平台明示的收费业务外，淘宝网提供的服务目前是免费的。[31] 京东的商家则需要缴纳使用京东开放平台各项服务的固定技术服务费用，即平台使用费。费用的标准按照经营类目的不同而变动。

除此之外，两大平台都规定了保证金条款。用途一般是当商家与消费者发生纠纷时以保证金进行先行赔付。

（三）知识产权规则

1. 用户账户相关知识产权归属

用户在使用账户的过程中提供、上传、创作、发布的文字、图片、评论等信息内容的知识产权应当归属于用户还是平台，在这一问题上，淘宝网、京东两个平台的标准并不统一。

2020 年 5 月 16 日生效的《京东用户注册协议》第 9 条第 1 款约定："您一旦接受本协议，对于您提供、上传、创作、发布在本网站的文字、评论、图片、照片、视频、音频等任何形式的信息内容（包括但不限于客户评价、客户咨询、各类话题文章等），您免费授予京东及其关联公司至保护

〔31〕《淘宝平台服务协议》4.6 费用部分，载淘宝网 2022 年 12 月 31 日，https://terms.alicdn.com/legal-agreement/terms/TD/TD201609301342_19559.html。。

期终止为止、不可撤销的、全球范围的、排他的许可使用著作权（包括并不限于：复制权、发行权、出租权、展览权、表演权、放映权、广播权、信息网络传播权、摄制权、改编权、翻译权、汇编权以及应当由著作权人享有的其他可许可使用的权利）、肖像权、用户ID名称等相关的全部合法权利权益，就京东具有诉讼主体资格的权利、权益，京东有权以自身名义对第三方侵权行为取证及提起诉讼。京东及其关联公司有权存储、使用、复制、修订、编辑、发布、展示、翻译、分发、推广、出版、发行、信息网络传播用户以上信息内容，有权改编制作派生作品，并以已知或日后开发的形式、媒体或技术将上述信息纳入其他作品内。"同时京东也有权利将这些权利再许可给第三方。[32]

淘宝与京东的规定有较大差异。2019年8月19日版本的《淘宝平台服务协议》在第五部分"非个人信息的保护与授权"中约定，"对于您提供、发布及在使用淘宝平台服务中形成的除个人信息外的文字、图片、视频、音频等非个人信息，均不会因上传、发布等行为发生知识产权、肖像权等权利的转移"。同时，"除非我们另行说明，在法律允许的范围内，您免费授予淘宝及其关联公司、支付宝公司非排他的、无地域限制的许可使用（包括存储、使用、复制、修订、编辑、发布、展示、翻译、分发上述信息或制作派生作品，以已知或日后开发的形式、媒体或技术将上述信息纳入其他作品内等）及可再许可第三方使用的权利，以及可以自身名义对第三方侵权行为取证及提起诉讼的权利"[33]。两者最大差异在于这些非个人信息的授权方式：京东享有的是排他的许可使用，淘宝的则是非排他的许可使用。

2. 知识产权保护规则

（1）阿里巴巴集团建立了一套详细的知识产权保护制度。在淘宝

---

〔32〕《京东用户服务协议》，载京东网2020年5月19日，https://in.m.jd.com/help/app/register_info.html。

〔33〕《淘宝平台服务协议》，载淘宝网2022年12月31日，https://terms.alicdn.com/legal-agreement/terms/TD/TD201609301342_19559.html。

平台上的商家不仅受到淘宝知识产权保护规则的规制，还受到阿里巴巴集团通用的知识产权规则的约束。

根据阿里巴巴集团的规则，知识产权侵权分为不当使用他人权利[34]和出售假冒商品。[35] 其中，后者被定性为严重侵权行为。同时，阿里巴巴将视情形给商家提供自检自查的机会，并视情节严重程度可采取下架商品、删除商品及信息、限制发布商品、限制使用账户、查封账户、清退店铺等措施。另外，淘宝平台自身也有相应的知识产权保护规则。根据《淘宝网关于不当使用他人权利实施细则》，除了扣分，淘宝可以视情况采取下架商品、删除商品、删除店铺相关信息、限制发布商品、监管账户、查封账户等措施。[36]

（2）京东关于知识产权保护的规则散见于《京东开放平台商家违规积分管理规则》[37]之中。京东的违规行为共分为三类，分别是"一般违规""严重违规""极其严重违规"。其中，出售假冒商品[38]属于"极其严重违规"，不当使用他人权利[39]属于"严重违规"。

对于侵犯知识产权的违规行为，京东将进行以下处罚：对于出售假冒商品的，京东有权视违规程度采取包括但不限于扣分、下架违规商品、

---

[34] 不当使用他人权利，是指商家发布的商品或信息涉嫌不当使用他人商标权、著作权、专利权、肖像权等权利，或构成不正当竞争的行为。具体包括：（1）商家发布的信息（包括商品信息、店铺信息等）涉嫌不当使用他人权利的；（2）商家出售商品涉嫌不当使用他人权利的。

[35] 出售假冒商品，是指卖家出售假冒注册商标或盗版商品的行为。

[36] 《淘宝网关于不当使用他人权利实施细则》，载淘宝网 2023 年 2 月 7 日，https://rulechannel. taobao. com/? type = detail&ruleId = 620&cId = 89#/rule/detail? ruleId = 620&cId = 89。

[37] 《京东开放平台商家违规积分管理规则》，载京东 2022 年 12 月 28 日，https://rule. jd. com/rule/ruleDetail. action? ruleId = 2754&type = 0&btype = 1。

[38] 假冒商品具体包括：（1）商家被平台认定出售假冒商品；（2）商家涉嫌出售假冒商品；（3）商家所售卖的商品未通过平台商品一致性抽检；（4）商家的商品未通过三方机构在京东鉴定仓的鉴定/鉴别；（5）商家疑似出售假冒商品。

[39] 指商家发布的商品或信息涉嫌不当使用他人商标权、著作权、专利权以及其他不当使用他人权利的行为。

店铺屏蔽、店铺清退等处理措施。对于认定出售假冒商品的情形的，京东有权扣100分并执行店铺清退，商家承担100万元人民币或该店铺累计销售金额10倍的违约金（以高者为准）。对于不当使用他人权利的，京东有权视违规程度采取包括但不限于扣分、下架违规商品、删除违规商品、限制创建商品、禁止上架待售商品、限制通过接口批量操作商品、店铺商品搜索及推荐降权、降低店铺在售商品阈值、限制提报营销活动、店铺屏蔽、商品屏蔽、品牌停用等处理措施。

## 六、争端解决规则

虽然没有明确的规则要求，但是发生争议后，平台的争议解决机制通常是优先于司法手段适用的。除个别事由外，[40]平台原则上也会受理所有的争议。

在规则形式方面，两大平台均有完整文本，内容涵盖实体与程序；在处理机制方面，京东包括自主协商和客服介入两种，淘宝相比京东，多了一种大众评审的方式；发起条件方面，淘宝平台有一方申请客服可以介入，如果卖家店铺因自身系统、管理、人力、仓储等原因出现异常大量维权或舆情事件，且卖家不具备及时处理能力的，为保障买卖双方交易安全，淘宝可主动介入处理；买家可以选择或者淘宝有权决定启动大众评审。京东上双方均可以申请客服介入；判断标准上，两大平台均以普通人认知水平为标准。

---

〔40〕《淘宝平台争议处理规则》第6条："淘宝受理买卖双方在淘宝平台上产生的交易争议处理申请，但出现以下情形的，淘宝可不予受理，买卖任一方有权自行通过司法机关等途径向相对方主张权利：（一）买家未在本规则规定的受理期限内发起维权；（二）交易订单显示的商品或服务与买卖双方约定的实际交易商品或服务不一致，导致交易事实无法查清；（三）买卖双方经自行协商达成退款或退货退款协议并履行完毕，一方或双方反悔产生争议；（四）买卖双方进行虚假交易或利用信用卡、花呗等实施套现且交易成功；（五）交易做退款处理后，因卖家需要取回商品产生争议；（六）除淘宝平台规则规定的情形外，买家主张交易引发的额外损失或法定赔偿事宜。"

这两大平台的争端解决规则有以下共同点:(1)平台争端解决的程序和实体标准一般都会公示,当事人能够对争议处理结果有一定合理预期。(2)平台一般声明自己作为独立第三方,经当事人授权,以普通人的认知判断处理争议。(3)平台争议受理一般设置时效等限制条件,以促进及时维权,降低平台负担。

具体来看,两个平台的争议解决流程如下:淘宝主要的第三方纠纷解决机制是淘宝小二介入。在时效期限内买家因商品问题提交服务申请单,之后和卖家进行协商;若经过协商双方达成一致,则程序终结;若卖家拒绝协商,此时可以申请由淘宝小二介入,之后买卖双方依据淘宝举证责任分配规则提交凭证,由小二审核后出具裁判意见。具体流程见图 3－2。

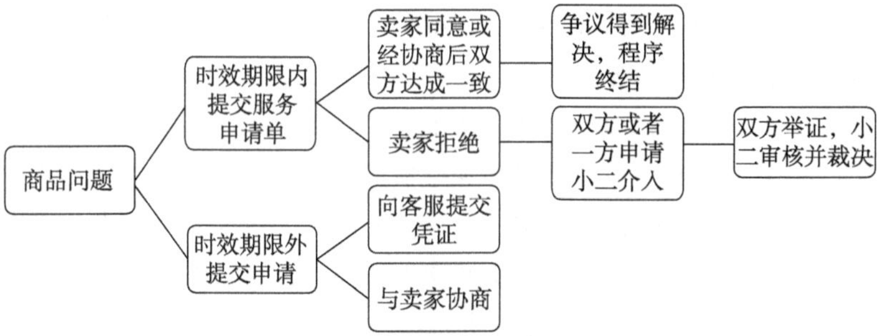


**图 3－2　淘宝争议解决具体流程**

除此之外,淘宝在 2012 年还上线了大众评审。其业务内容包括:(1)交易维权;(2)规则众评;(3)处罚申诉;(4)商品净化:清除不良商品信息滥发、清退问题商品;(5)恶评鉴定:胁迫、辱骂评价鉴定,清退恶意消费者。大众评审实际上已经不仅限于争端解决,因其承担了规则众评业务,所以还具有准立法机制的色彩。大众评审所解决的争议并不是具体的商品交易问题,而是识别不合理评价、鉴定商家违背承诺、鉴定违规商品信息、识别高质量买家秀、鉴定山寨商品等任务,即主要集中在负面评价、信息一类。这些任务具有性质简单、易于判断,适合众评形式等特点。另外，值得一提的是其规则众评业务，这项业务以听证会的形式举行，主要就规则或管理方式进行听证，一般采取直播的形式，由主持人 + 店铺负责人、运营经理陈述、讨论，评审员在网页上进行评论。论证会公开进行，评审员意见不会直接影响结果但可能作为参考。

京东的介入规则基本和淘宝一致，但是额外强调了消费者申请介入的条件，即消费者购买的商品须为在京东平台上通过第三方支付机构、货到付款方式（该货到付款方式须符合京东平台相应规则及流程要求）或京东平台认可的其他支付方式购买的商家商品。

## 七、临时性告示规则

临时性告示规则是为了应对临时性管理需求所发布的公告中所包含的规则。这些规则具有执行力，能够对用户的权利和义务产生实质上的影响，同时在出台时并不需要严格遵守平台的规则出台程序。出台这些规则的原因可能是为了应对客观情况，比如为了应对新冠疫情，淘宝发布了《淘宝网新型冠状病毒肺炎疫情期间交易流程调整公告》，其中对特定时间段内的交易流程进行了较大的调整；还可能是为了落实国家政策，比如淘宝为了落实公安部、中央网信办、国家市场监督管理总局工作部署而发布的《关于开展水弹枪及相关商品专项治理行动的公告》，要求用户于 2020 年 10 月 9 日前下架所有水弹枪产品；此外，还可能是平台为了维护平台秩序进行专项治理活动，比如京东为整治服饰内衣、箱包皮具、母婴、鞋靴、珠宝首饰等类目店铺涉及的虚假交易，发布了《2021 年服饰内衣、箱包皮具、母婴、鞋靴、珠宝首饰等类目店铺虚假交易管控公告》。

## 八、其他商业模式规则

电子商务平台有很多自己独有的商业模式，比如直播、众筹、内容创作以及社交电商等形式。平台对每一种商业模式都有相应的管理规范。比如，淘宝的直播管理规则，京东对于拼购型社交电商进行管理的“京喜”相关规则等。这部分内容与平台自身业务经营方向有关，规则的种类也有所不同，可比较性不强。加之，这类规则涉及面广，类型复杂。2019 年，淘宝的规则版块中还保留有其他业务的相关规则，但是在 2021 年相关版块已经有所变更，仅保留了飞猪的规则，这部分规则主要内容和结构与淘宝相差无几。京东平台的“京喜”业务以及特色业务规则也单列出去，没有放在京东开放平台规则中。故对于其他商业模式规则不再进行详细介绍。

## 第三节　平台规则的谱系

### 一、平台的主体性质

平台是具有营利性和公共性的企业。首先，作为盈利导向的企业，平台主要角色是市场主体。《电子商务法》第 9 条明确了平台的电子商务经营者地位，而且该条中规定的电子商务平台的特征具有明显的市场性；平台与平台用户之间是平等的民事主体关系。目前平台企业虽然根据一些法律法规承担部分监管职能，但《电子商务法》等相关法律仍将平台企业作为以营利为导向的民事主体。其次，平台明显不同于传统网络服务提供者。这主要表现在用户与平台之间有更高的依存度，平台也更依赖用户的粘性。平台对于用户，尤其是商家有了一定的支配地位。从这个角度来看，平台已经具有了公共性，这种公共性一方面表现为平台自身的公共性，另一方面表现为平台产品的公共性。

平台自身的公共性主要体现在平台经营者有极高的支配地位，特别是对于卖家拥有处罚权，比如淘宝和京东都有权关停卖家店铺，也对于买卖双方的争议具有裁判权。对于平台内的用户而言，无论是买家还是卖家事实上对平台的依赖程度也都非常高，在平台的选择上并没有什么余地。另外，基于对网店经营者的支配地位和国家法律的要求，平台承担了部分的监管职能，如平台内的知识产权保护、违禁信息发布的查处等,履行着一种第三方义务。因此,平台需要比一般的经营者承担更多的义务和责任。

平台产品的公共性主要表现在平台经营者在各自的领域有着绝对市场优势和影响力。互联网时代,商业的网络化是时代所向。人们可以通过网络获得几乎所有原先线下提供的商品或服务。在这个背景下,平台为广大自然人和法人、非法人组织在互联网上开展商业活动提供了技术支持和交易保障,满足了社会的公共需求,这与公共产品的特征相吻合。但传统的公共产品由政府提供的,是非竞争性和非排他性的。但我们很难判定平台上每开设一家新店是否对现有的店铺构成竞争。因此,对平台提供的这种公共服务可以用"准公共产品"予以概括。对于消费者和卖家来说,进入平台的门槛几乎没有或者较低,排他性不显著,而商家的竞争仅局限于与自己经营范围类似的店铺,而且平台往往会推出营销活动,增强了所有商家的价格竞争力,其实竞争激烈程度是被大大稀释的。

综上所述,平台具有市场主体和公共主体的双重属性,但是这双重属性并非泾渭分明的,而是同时存在的。其公共性并不来自法律法规的授权,而是基于法律要求和作为营利主体的义务。另外,平台与用户虽同为平等主体,并建立民事契约关系,但是由于事实上地位的不平等,平台和用户之间有一定的管理与被管理的关系。因平台主体性质的混合性,平台规则的意志属性也较为复杂。

## 二、平台规则:从私人合意性到国家意志性

### (一)平台规则的三种意志性

平台自身兼具市场主体和公共主体的双重属性,这一属性在规则上有着明显的体现:有的规则是典型的合同条款,而有一些则具备法律的特征,也有兼具两者特征的规则。在此基础上,平台规则可以划分出"私人意志性—混合意志性—国家意志性"的谱系。

私人意志性规则是指体现典型合同特征的规则。这类规则具有以

下特点：第一，是由平台作为市场主体起草的协议；第二，用户享有缔约自由，比如消费者可以在一个平台上浏览商品信息而不接受服务协议成为该平台用户；第三，效力范围只局限于平台和用户个人。这类规则最典型的就是用户服务协议。

公共意志性规则即主要把国家意志转化为平台意志的，或者平台纯粹出于公共交易秩序考虑出台的。换言之，平台作为私人市场主体，如果没有国家法律的要求或者维护公共交易秩序的考虑，其可能并没有动力去制定的规则。首先，平台是市场的主体，受到相关法律的约束，并且通过平台规则的形式落实法律，这种做法既是法律的要求，又能够督促用户合法经营、合法消费；其次，作为具有公共特性的企业，平台经营者需要采取必要的技术措施和管理措施，确保平台的正常运行，提供可靠的交易环节，保障电子商务交易安全。知识产权保护规则便是比较典型的公共意志性规则。

混合意志性规则即既有平台与用户之间合意的动力，又有平台从公共交易平台的秩序或平台合规性考虑主动出台的动力。如今的平台具有“虚拟社区”的属性，平台经营者扮演着社会性场所管理人、群众性活动组织者的角色。〔41〕这种角色就决定了部分平台规则体现的是平台和用户的合意与公共秩序维护的需要。隐私权政策就有混合意志的属性。

### （二）不同类型规则的谱系归属

需要明确的是，在每种类型规则中，这三种属性不是泾渭分明的，都会有不同程度的体现，但是会有一种占主导地位的意志属性。这三种意志的属性可以用合意程度进行区分，即从私人合意性到公共意志性的变化过程中，双方合意的程度逐渐降低，用户的意见表达和规则的公共意志属性逐渐增强。用以衡量的标准包括制定程序、适用对象、处理后果等。第一，制定程序，私人合意性的规则制定不可以由一方单独决定，应

---

〔41〕王依超：《电子商务平台的安全保障义务》，华东政法大学 2019 年硕士学位论文，第 21 页。转引自［美］霍华德 · 瑞恩高德：《虚拟社区：在一个电脑化的世界里寻找联系》。转引自李晓晔主编：《新媒体时代》，中国发展出版社 2015 年版，第 32 页。

当有双方协商的过程,即使是格式合同这种由一方提前拟定内容的情形,另一方也有选择接受与否的权利;而公共意志性的规则是一方单独作出,另一方选择接受,其动机可以是平台主动管理秩序,也可以是为了合规而主动作出;混合意志性在制定过程中则体现了群策群力,用户可以高度参与规制的制订修改,比如淘宝专门设置了规则众议院,用户可以对规则和平台单方承诺的修改以投票的方式发表意见,投票结果也会得到及时的公示。第二,在适用对象方面,私人合意性规则仅约束当事人。即使是内容一致的格式合同,但是本质上仍旧是多个彼此独立、不互相影响的合同,仅对平台和签订这个合同的用户产生约束力。举例来说,当A用户违反服务协议时,平台不能以其与B用户订立的格式合同作为依据追究A用户的违约责任;而公共意志性具有管理的成分,所以针对的是不特定的对象。第三,在处理方式上,私人意志性的规则可以通过双方和解或者通过第三方介入的方式进行处理(包括但不限于调解、仲裁、ODR或者诉讼);公共意志性的规则主要是由一方作出处理决定,被处理一方可以通过申诉等方式纠正不恰当的决定,维护自身正当权利。

结合三种意志的内涵以及具体的衡量标准,可以对于各大类型的规则所体现的意志属性进行归类。

1. 规则总则

平台规则总则体现的是公共意志。第一,规则总则的制定目的有两个,一是改进用户体验,二是优化平台生态治理,可见平台经营者是出于规范秩序的目的制定了总则。第二,规则总则的效力是及于平台内不特定的所有用户的。第三,总则对其他规则的有纲领性的作用,体现着公共意志。

2. 用户账户相关规则

用户账号相关规则体现的是私人合意性。此类规则的核心问题是用户是否愿意接受平台的条件成为该平台用户,体现的是用户个人和平台的双方的意志,因此原则上与此有关的规则应当是合同。比如说京东平台为入驻的商家设置了相应的资格,商家可以根据自身条件和意愿选择成为专营店或者专卖店。再比如关于账号的权利,平台基于协议向用户提供账号服务,在经过平台允许后账号也得以转让。种种此类均反映出账户相关规则的双方合意性。但是实名制规定属于公共意志性的规则。网络用户实名制是《网络安全法》的要求,平台作出此项规定也是出于合规的目的。除此之外,电子商务法还要求了平台内经营者进行工商登记。京东平台内经营者都是企业,无须再次强调;而淘宝也已经出台了登记规定,并且在店铺信息中设置了查询该店铺登记信息的入口。此项规定的出台一方面是方便进行税收监管,另一方面是出于保护消费者的目的,方便消费者在出现交易纠纷后快速追查到店家。这两项规定都体现了公共利益保护,表现出很强的公共意志性。如果完全由平台进行管理,平台可能没有动力去推动实名制的落实。

3. 隐私权政策

从法律要求和文本内容来看,隐私权政策属于混合意志性的规则。一方面,《网络安全法》第 22 条和《电子商务法》第 32 条等法律都明确要求网络服务提供者遵守法律和行政法规中关于个人信息保护的规定,平台出台隐私权政策具有明显的合规导向性。另一方面,两大平台的隐私权政策中出现了大量用户同意的字眼,比如“经得您的同意,我们将收集您的以下个人信息”等。随着广大用户越发重视自身信息的保护,平台也顺应了这一市场变化,出台日益完善的隐私权保护政策,这也体现了平台对于用户的承诺。所以,此类规则既是国家意志的体现,也是双方合意的结果,具有双重属性。

4. 交易相关规则

本书认为,交易相关规则属于公共意志性规则。平台提供的服务本质上是为交易双方在网络上搭建了交易的市场,而平台不参与到交易中,因此平台出台的关于交易的规则并不能够视为交易合同的条款,而是作为第三方的市场管理者对于交易秩序的确立和保护,具有公共利益性。

5. 市场管理规则

市场管理规则大多数都属于公共意志性的规则。平台提供了虚拟市场服务,也承担着管理市场的职责。此类规则就是平台进行规范化管理的基础和依据,而用户也能够从这些规则中受益,比如免于购买到假货、买卖纠纷发生后可以通过保证金获得现行赔付、方便又快捷地了解交易相对方的信誉等。这些规则都表现出了很强的公共利益性。不过,其中也有个别属于混合意志性的规则。

(1)管理规则中涉及用户因违反规则而受罚的规则体现了混合意志。一方面,用户签订的服务协议中均有禁止性条款,这相当于用户对自己的行为范围作出了承诺,违背承诺后平台的处罚本质上是追究用户的违约责任;另一方面,禁止性行为造成的后果可能是造成不特定人的利益受损,所以这些条款实际上也是公共意志的体现,平台实际上是代表平台内的公众对违反规则的用户进行处罚。

(2)关于服务费用方面的规则是私人合意。前文提到,平台提供的是市场服务,其要求使用服务的商家提供费用符合一般的民事交易习惯,体现的是双方意志。

(3)在知识产权规则中,关于用户账户相关知识产权的归属应当具有私人合意性。从内容上看,这部分内容位于服务协议中,其表述也是视为用户许可平台使用相关的知识产权权利,是平台通过格式合同获得了用户的同意,从本质上看这是一个合意的过程。

6. 争议解决规则

争议解决规则属于公共意志性的规则。一方面,从平台自身的角色来看,在纠纷解决中平台一般是以第三方裁决者的身份出现,并不存在双方协商达成合意的过程,而平台的裁决简单快速,符合双方的需求。另一方面,平台内生的争议解决规则实际上也体现在国家的意志上。自2002 年起,我国的非诉讼争议解决机制开始逐步与国际接轨,2004 年最高人民法院公布《人民法院第二个五年改革纲要》中,决定对“多元化纠纷解决机制”进行改革。近年来最高人民法院也多次发布完善多元化纠纷解决机制的意见,比如2014年发布的《最高人民法院关于依法平等保护非公有制经济促进非公有制经济健康发展的意见》中提到了“建立适合于非公有制经济特点的多元纠纷解决机制”。由此可见,平台的争议解决规则也响应了国家政策。

7. 临时性告示规则

临时性告示规则属于公共意志性规则。从发布目的来看,临时告示多是为了适应管理的需要,比如在2019年11月,在有关部门下发关于电子烟的监管要求后,淘宝网就及时地出台了关于电子烟商品的管制公告,对于电子烟产品采取下架、信息删除等措施。从发布过程来看,此类规则的出台不像其他规则一样经过协商或者民主的意见表决,带有一定的强制性。从公告内容来看,此类规则一般涉及调整或者规范经营行为,如治理商品品牌不一致、整顿游戏市场和类目商品专项整治等,其内容具有很强的公共利益性和公共意志性。

## 第四节 小 结

从属性上看,平台规则可以被视为广义上的用户服务协议,两者均起了规范平台和用户行为的作用。两者的主要区别在于平台规则具有相当的支配性、强制性。

平台规则在表现形式上与国家法有一定相似之处,主要表现为成文规则,内容上同样采取了“章条”结构,同样规定了生效时间,同样以公开发布为生效条件。和国家法的不同之处在于,平台规则较少纵向的上下位法等级关系,而更多是横向的不同问题的应对规则,或者规则的具体实施细则会有更多的不成文规则,即以问答形式出现的对规则的解释和说明。

从类型上看,平台规则主要有规则总则、用户账户相关规则、隐私权政策、交易相关规则、市场管理规则、争端解决规则、临时性告示规则和其他商业模式规则等。

平台同时具有市场主体和公共主体的双重属性,在规则上有着明显的体现:有的规则是典型的合同条款,而有一些则具备法律的特征,也有兼具两者特征的规则。在此基础上,平台规则可以划分出“私人意志性—混合意志性—国家意志性”的谱系。

结合三种意志的内涵以及具体的衡量标准,可以对于各大类型的规则所体现的意志属性进行归类。平台规则总则体现的是公共意志。用户账号相关规则体现的是私人合意性。隐私权政策属于混合意志性的规则。交易相关规则属于公共意志性规则。市场管理规则大多数都属于公共意志性的规则。不过,其中也有个别属于混合意志性的规则。争议解决规则属于公共意志性的规则。此类规则属于公共意志性规则。

# 第四章　平台规则与国家法

电子商务平台规则是电商平台经大量实践经验而制定出的网络市场治理规范。国家法[1]在制定、变更等程序上相对严格且周期较长，因此，国家法自身天然具有滞后性。平台规则基于大量实际交易而产生，且依托于电子商务平台制定、执行，具有较强的可操作性、针对性，相较国家法而言，具有更强的实践性、灵活性与针对性。平台规则在规范网络市场交易、维护网络市场环境中起到举足轻重的作用。这不仅表现为平台规则在国家法已有规定的基础上更为细致、全面，成为执行国家法任务的重要工具，且表现为在电子商务规范的许多方面"走在国家法的前面"，填补了国家法的空白，之后又逐步由商业规范演变为行业规范，并部分地向国家法方向发展。

本章研究的重点为平台规则与国家法如何相互衔接，以及二者之间的相互作用关系。为厘清平台规则与国家法之间的关系，本章将从两个层面进行分析：首先，当国家法的规定极为笼统甚至尚未有国家法规定时，平台规则起到填补国家法空白的作用，有的得到立法机关与司法机关的认可，有的则在历史上转化成为国家法的相关规定。其次，在已有明确国家法规定的领域，如消费者权益保护、个人信息保护、知识产权保护等，重点关注平台规则如何执行国家法的相关任务。本章具体分为以

---

[1] 本章中，"国家法"是一个较为广义的概念，不仅限定于《立法法》确认的有法律渊源地位的法律、法规和规章，而且包含由各级司法机关作出的有关平台规则的判例。当然，在立法层面对国家法的讨论集中于法律、法规和规章。

下四个部分:平台规则的国家法认可、执行国家法任务的平台规则、填补国家法空白的平台规则、平台规则向国家法的转化。

## 第一节　平台规则的国家法认可

### 一、立法层面的认可

平台规则是电子商务平台保证网络交易正常运转的重要制度,其制定、修改、废止均由电子商务平台通过一定的程序进行。平台上的用户通过在线点击的方式与平台签署格式条款合同,从而达到电子商务平台管控商品和服务质量、规范用户行为、保证交易秩序的目的。这种格式条款的效力由《民法典》第496条、第497条,予以认可。此外,《网络交易监督管理办法》第21条及《网络交易平台合同格式条款规范指引》第9、10、11、12条均对平台格式条款的效力进行了相关规定。根据上述相关法律、规章、规范性文件及司法解释,提供格式条款的一方只要遵循公平原则确定权利义务,采取合理方式提请对方注意免除或者限制责任的条款,且条款并未免除其责任、加重对方责任、排除对方主要权利,那么格式条款即为有效条款。以最新版本的淘宝平台服务协议为例,协议内容以提示条款的"审慎阅读"和"签约动作"为开篇,有关免除或者限制责任的条款均以粗体下划线标识提醒用户重点阅读,并明确指出"阅读本协议的过程中,若您不同意本协议或其中任何条款约定,您应立即停止注册程序"。[2] 具体条款也未出现免除己方责任、加重他方责任或排除他方权利的情形。因此,其作为平台规则的效力应得到国家法的认可。关于电子商务当事人的民事行为能力,根据我国《电子商务法》第47条、第48条的规定,电子商务合同的订立和履行适用我国《民法典》

---

〔2〕《淘宝平台服务协议》,载淘宝网2022年12月31日,https://terms.alicdn.com/legal-agreement/terms/TD/TD201609301342_19559.html。

《电子签名法》等法律的规定。电子商务当事人使用自动信息系统订立或履行合同的行为对使用该系统的当事人具有法律效力并除有相反证据足以推翻外,在电子商务中推定当事人具有相应的民事行为能力。平台协议对用户资格的规定,在确认用户具有相应民事能力的基础上,强调不具备与行为相适应的民事行为能力的情形下,其监护人应该按照法律规定承担相应后果,符合法律要求,同样应当得到国家法认可。

除基础性的平台规则效力及用户资格外,在电子商务的具体领域,我国《电子商务法》及其他单行法律均有条款肯定电子商务平台协议在维护电子商务交易市场健康运转中发挥的作用。例如,根据《电子商务法》第 32 条的规定,电子商务平台经营者应当依照其制定的服务协议和交易规则,以保障商品和服务质量、消费者权益与个人信息。《消费者权益保护法》第 44 条明确指出,消费者通过网络交易平台购买商品或接受服务的,若网络交易平台提供者作出更有利于消费者的承诺的,应当履行承诺。电子商务平台规定的“假一赔十”,相比较《消费者权益保护法》规定的“假一赔三”,就是平台规则作出的比国家法更有利于消费者的承诺。而“假一赔十”条款的有效性,也得到了法院裁判的认可——国家法对平台规则认可的另一种方式。

## 二、法院裁判对平台规则的认可

随着第三方平台的迅猛发展,电子商务交易数量激增的同时,电子商务交易所产生的争议也呈几何式增长。虽然各电子商务平台纷纷制定和完善平台内部争议解决规则以减轻司法负担,但出于对电子商务平台争议解决方式及规则的质疑等因素,仍有许多案件诉诸法院。通过在“北大法宝”上搜索有关电子商务交易的案例,其中众多案件涉及消费者权益保护。因此,下文将针对电子商务平台制定的“消费者赔付金”规则及法院对“刷单炒信”的相关司法裁判予以梳理,以期探求法院裁判对平台规则的认可过程及理由。

### (一)法院对“消费者赔付金”的司法认定

电子商务平台为维护市场秩序、管控商品及服务质量、保护消费者权益所制定的平台规则多体现了“对用户负责”的宗旨。以售卖假冒产品为例,淘宝平台通过商品品质抽检规范对平台所售商品的质量、品牌及版权进行抽检并对抽检结果为假冒或盗版的商品视情节轻重按照假冒商品规则分别处理。[3] 拼多多平台更是通过设定“假一赔十”的高额赔偿标准和平台严密的打假流程,将售假商家的店铺资金作为“消费者赔付金”直接赔付消费者。由于拼多多网站设定的“假一赔十”的标准远远高于我国《消费者权益保护法》第55条“三倍赔偿”的规定,该条平台规则的效力成为众多司法案例中争议的焦点。上海寻梦信息技术有限公司作为拼多多网站的运营方,自2016年起就“假一赔十”规则的有效性成为众多案件的被告。随着拼多多主动打假并依照平台规则进行“假一罚十”处理的案件数量不断增加,以上海市长宁区人民法院为代表,法院不仅认可“假一罚十”的平台规则,并且逐步发展出一套有利于消费者的“消费者赔付金”制度。

1. 我国首例“消费者赔付金”案件——“成都希言公司案”

“成都希言自然贸易有限公司诉上海寻梦信息技术有限公司其他合同、无因管理、不当得利纠纷案”[4] 为首例“消费者赔付金”案件。上海市长宁区人民法院在该案判决书中主要针对三方面的效力进行分析。首先,格式条款的效力,法院指出案涉格式条款虽系格式条款但仅就双方的违约责任进行约定,并未排除原告一方的主要权利亦未加重其义务,且在协议首部以合理方式提醒原告签订协议时认真阅读、充分理解,因此该条款符合我国《合同法》及最高人民法院《关于适用合同法若干

---

[3] 《淘宝网关于出售假冒商品实施细则》,载淘宝网2019年5月6日,https://rule.taobao.com/detail-506.htm?spm=a2177.7231205.0.0.180f17eamvuX7E&tag=self。

[4] 成都希言自然贸易有限公司诉上海寻梦信息技术有限公司案,上海市长宁区人民法院(2017)沪0105民初3792号民事判决书。

问题的解释(二)》相关规定,其效力得到法院的肯定。其次,针对拼多多平台主动打假流程的有效性,法院认为平台规则就打假流程和售假金额的判定作出明确规定,并不存在法定无效的情形。且从证据优势的角度来看,拼多多平台通过“神秘买家”向原告下订单随机购买商品,收货后将该商品交由商标权利人鉴定真伪,全程录制视频,能够形成完整的证据链,其结果有高度盖然性。因此,平台的打假流程和赔付方式合法有效。最后,针对“假一赔十”标准的有效性,因“假一赔十”的违约金额远远高于我国合同法的违约赔偿金额,网络服务合同能否突破合同法规定而制定更高标准的违约金成为争议焦点。对此,法院认为《平台合作协议》是双方真实意思表示,拼多多平台已就违约责任条款提示原告认真阅读、充分理解,且卖家若遵守诚实信用原则,该条款不会对原告的权利义务产生影响。因此,法院认为双方签订的《平台合作协议》是依法成立的合同,受法律保护。本案中原告自愿选择并使用寻梦公司提供的“拼多多”网站交易平台,双方形成合法有效的合同关系,原告应遵循网站制定的交易规则。而根据《平台合作协议》,在卖家售假成立的情况下,寻梦公司有权依照协议约定以原告账户内的销售额抵扣违约金。〔5〕该案作为网络服务合同纠纷与消费者保护的典型案例,明确了平台自治规则的有效性,从而建立了“消费者赔付金”制度。

2. 消费者赔付金相关案件

上海市长宁区人民法院针对拼多多平台主动打假并处十倍赔偿金所作出的相关判决,自“成都希言案”起至今已有一百多件。截至2024年3月在“北大法宝”进行检索,2017年以来我国关于“消费者赔付金”案件共220件(见图4－1),其中177件由基层人民法院作出,38件由中级人民法院作出,3件由高级人民法院作出,另有2件分别由北京互联网法院和广州互联网法院作出。(见图4－2)

---

〔5〕 崔某某诉上海寻梦信息技术有限公司其他合同纠纷案,上海市长宁区(2016)沪0105民初17270号民事判决书。相似判决可见李某某诉上海寻梦信息技术有限公司其他合同纠纷案,上海市长宁区(2017)沪0105民初9308号民事裁定书。

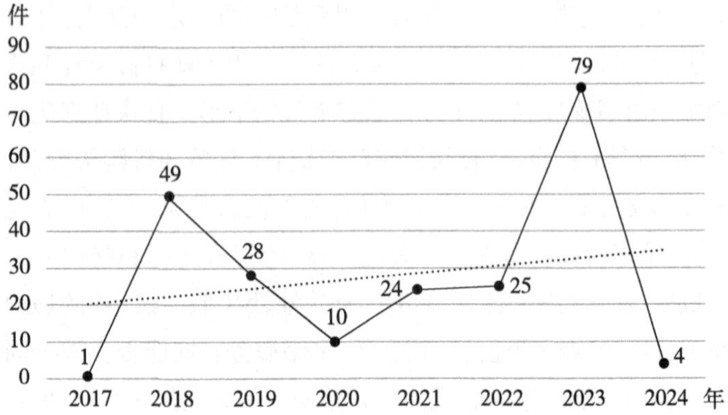


**图 4－1　涉“消费者赔付金”裁判数量**

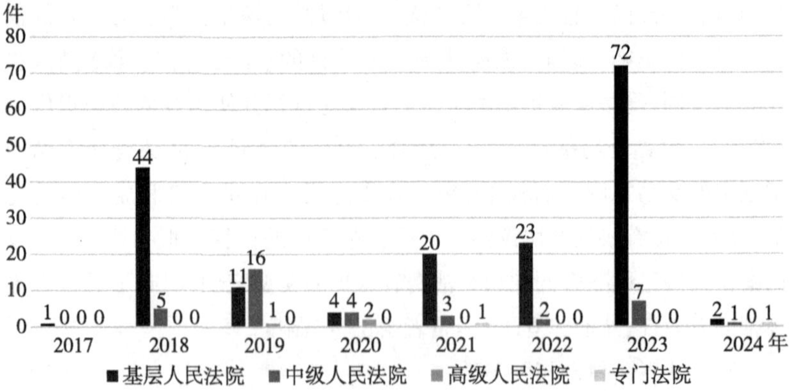


**图 4－2　涉“消费者赔付金”裁判的各级法院分布**

事实上，对于消费者是否可以得到 10 倍货款的赔偿金，早在 2016 年广东省中山市第一人民法院就曾作出判决。在“苏幸诉上海寻梦信息技术有限公司、缙云县诺诺贸易有限公司买卖合同纠纷案”中，[6] 原告苏幸在拼多多平台上的网络交易店铺 KYO 旗舰店购买一台价值 1999 元的小米手机，购买时商家承诺假一赔十。后原告因该手机没有进网许可证和“CCC”认证标识而主张 10 倍赔偿款。虽然该案中，广东省中山

〔6〕 广东省中山市第一人民法院民事判决书，(2016)粤 2071 民初 12890 号。

市人民法院并未将10倍赔偿款作为消费者赔付金而作出判决，但法院认为按照《合同法》第60条规定，当事人应当按照约定全面履行自己的义务。KYO旗舰店销售页面“假一赔十”的承诺是诺诺公司的单方允诺，系意思表示真实且自愿作出，这种承诺不需要买受人的特定表示即对诺诺公司具有约束力，因此支持原告苏幸的10倍赔偿款的诉讼请求。

3. 消费者赔付金的法理分析

曾有多位学者围绕“消费者赔付金”这项新兴制度的法理基础、法律定性展开专题研讨。华东政法大学高富平教授指出，这种“消费者赔付金”目的在于增强消费者的信心，早在2000年电子商务刚刚兴起时，就有易趣网络平台提出“交易风险补偿金”作为增强消费者信心的服务。起初交易风险补偿金适用于买卖双方，后逐渐演变为保护买方权益的制度。上海市高级人民法院研究室主任顾全则认为，多起拼多多主动打假案件表明网络自治作为社会自治的一部分现已发挥巨大作用。虽然商家和消费者是第一权责主体，但平台也有可能与商家一起承担连带责任。电商平台这种主动打假模式就是通过条款设计将平台被动上的追偿地位转化为提前主动监管的权利，而这种权利的创设则须立法、司法解释的支撑以及平台规则的完善。中国社会科学院大学刘晓春老师进一步指出，这种“假一赔十”的约定是网络交易发展到一定阶段而由市场竞争和商业规则创新发展出的平台规则，虽然现在传统观念上仍将消费者赔付金单纯视为合同条款，但随着这种平台规则在各商家主页上的“醒目公示”，已经突破了平台与商家之间的合同约定而使不特定的消费者产生信赖利益。因此，如何在立法、司法方面对平台自治规则既留出足够的创新空间又有适度的审查，是当前亟待解决的问题。[7] 我们可从以下三个层面分析“假一罚十”的消费者赔付金制度：

首先，电子商务平台制定“假一罚十”的条款符合相关法律要求。

---

〔7〕 参见余东明：《消费者赔付金制度的建立和完善》，载《法制日报》2018年7月25日，第12版。

根据我国《电子商务法》第58条规定，电子商务平台经营者有权建立有利于消费者权益保护的机制，并可对消费者权益保证金的管理、使用等作出明确规定。此外，《消费者权益保护法》第44条也规定当消费者合法权益受到损害时，可向销售者或服务者要求赔偿。因此，当平台经营者依法律既有权制定符合消费者利益的平台规则，又对消费者的合法损失承担责任时，消费者赔付金作为平台经营者突破"被动追偿"而进行"主动打假"的制度也就应运而生。这种平台自治规则对消费者的保护和市场秩序的维持发挥着巨大作用，是电商平台在互联网时代进行自我治理的积极创新，通过对消费者的适当倾斜保护，增强了消费者的信心、净化了网络购物环境。

其次，"假一罚十"条款的性质。有学者认为该条款应属于附条件的单方法律行为，〔8〕还有学者认为应当看作附条件的单方合同要约。〔9〕虽然当前对此问题并没有定论，但我们须认识到，正如"成都希言案"裁判文书所说，这种赔付安排有别于《消费者权益保护法》和《食品安全法》上规定的法定惩罚性赔偿。电子商务平台与商家之间签订的格式合同条款，在商家加入平台之时就意味着商家同意接受该条款的约束，此时商家与消费者在电子商务平台规则下形成的权责关系可类比于国家法之下商家与消费者的权责关系。售假商家依照电子商务平台规则有义务向购买了假货的消费者赔付10倍货款的赔偿金。电子商务平台直接介入消费者与商家之间，对消费者权益予以保护，维护电子商务市场交易秩序。

最后，关于电子商务平台的连带责任问题，在张君岩案〔10〕、邢雨昕

---

〔8〕参见李东、张盼：《"假一罚十"的法律效力及其适用》，载《沈阳大学学报（社会科学版）》2019年第2期。

〔9〕参见牛晓艳：《"假一罚十"的属性及运用的法理分析》，载《理论导刊》2000年第10期。

〔10〕武汉市东湖区人民法院民事判决书，（2017）鄂0112民初4032号等13个案件。

案〔11〕、陈勇萍案〔12〕等诸多案件中，原告纷纷主张平台作为网络交易平台提供者，应对商家的债务向原告承担连带责任。法院则认为依照《消费者权益保护法》第 44 条规定，寻梦公司已向原告提供卖家的真实名称、联系方式等并对涉案商品进行了相应处理，已经履行了相关法律义务，因此不应承担连带责任。

与此同时，须注意，虽前文提及的 56 个案例中法院均支持“假一赔十”的赔付金额，但上述案件均为拼多多平台的主动打假案件，法院对上述案件的判决并不意味着对“假一罚十”条款予以一味地简单适用。反之，法院会综合考量消费者的目的、诚实信用原则等因素，针对具体的案情作出不同的判决。如前文提及的张君岩案、邢雨昕案、陈勇萍案等案件中，法院认为原告虽具有消费者的身份，但是其短期内购买明显超出生活需要数量的产品并提出多起诉讼的行为，具有索取高额赔偿的故意。与电商平台“假一罚十”规则设立的初衷相违背，该种索取高额赔偿的行为有悖于民事行为的诚实信用原则，故仅支持商品价款的 3 倍赔偿。从上述这些案件中，我们不难看出法院对平台规则的认可在实践中存在一定的张力，即在平台规则和现有国家法之间进行利益权衡。“苏幸案”〔13〕因原告没有寻求 10 倍高额赔偿金的故意，而支持其 10 倍赔偿金的诉讼请求。反之张君岩案、邢雨昕案、陈勇萍案等案中，因原告利用平台规则对商家索取高额赔偿的主观故意较为明显，法院仅支持《消费者权益保护法》中规定的 3 倍货款的赔偿金。

司法机关可在平台规则以及国家法之间进行权衡选择，在保证消费者合法权益的同时，也维护了卖家的相应权益。但电子商务平台本身是否有权因消费者的“主观故意”寻求 10 倍赔偿金，购买远超出日常需要的商品而裁定商家仅赔偿 3 倍货款的赔偿金，是需要我们思考的问题。

---

〔11〕 江西省上饶市（地区）中级人民法院民事判决书，（2018）赣 11 民终 386 号等 11 个案件。

〔12〕 浙江省杭州市中级人民法院民事判决书，（2018）浙 01 民终 2776 号等 97 个案件。

〔13〕 广东省中山市第一人民法院民事判决书，（2016）粤 2071 民初 12890 号。

我们在相关案例的研究中试图寻找此类案件,但此类争议多基于平台自身的争议解决方式进行而欠缺相关案例的公开,因而也就无从得知。但是,可以认为,既然法院裁判把"假一赔十"的平台自治规则的适用性建立在当事人行为是否符合诚信原则基础上,那么,平台也可以同理适用其规则,平台可根据特定消费者针对特定经营者是否存在多次购买商品以获得高价赔偿的情形予以判断,从而平衡卖家与买家之间的利益。

(二)法院对"刷单炒信"行为的司法认定

"刷单炒信"是指商家利用电子商务平台的评价规则通过虚假交易、虚拟好评或者恶意评价的方式欺骗、误导消费者以谋取利益的行为。"刷单炒信"行为不仅侵犯了消费者的知情权与选择权,还破坏了电子商务平台的诚信交易环境,并对平台信誉造成不利影响。因此,为营造公平、透明、诚信的购物环境,各电子商务平台针对电子商务交易过程中出现的虚构交易、编造用户评价等刷单炒信现象通过平台规则予以规制。如《淘宝网评价规范》[14]、《淘宝市场管理与违规处理规范》[15]、《淘宝网关于虚假交易实施细则》、《京东开放平台商家违规积分管理规则》[16]、《虚假交易细则》等均对刷单炒信等侵犯消费者知情权与选择权的行为予以下架商品、搜索降权商品、取消虚拟交易、信用降级等处罚。[17]

通过在北大法宝对"刷单炒信"案件检索发现,江苏省南京市中级人民法院早在2016年12月就曾以《刑法》第276条所规定的"破坏生产经营罪"对通过"反向炒信"导致竞争对手淘宝店铺被淘宝网实施处罚,

---

〔14〕《淘宝评价规范》,载淘宝网2015年3月31日,https://rule.taobao.com/detail-2352.htm?spm=a2177.7231193.0.0.13e617eax9yuMR&tag=self。

〔15〕《淘宝市场管理与违规处理规范》,载淘宝网2019年5月6日,https://rule.taobao.com/detail-14.htm?spm=a2177.7231205.0.0.388e17eaz1FCas&tag=sel。

〔16〕《京东开放平台商家违规积分管理规则》,载京东网2022年12月21日,https://rule.jd.com/rule/ruleDetail.action?ruleId=2754。

〔17〕关于刷单炒信的平台规则,详见本章第二节"执行国家法任务的平台规则"。

造成其生产经营受到严重影响、遭受重大损失的董某、谢某作出判决。[18] 法院认为，浙江淘宝网络有限公司为保障用户合法权益，有权通过《淘宝规则》对涉嫌通过不正当方式获得商品销量等妨碍买家权益的虚假交易的商品，给予相应的市场管理措施。董某等出于报复及从中获利的目的，多次以同一账号恶意大量购买智齿科技南京公司淘宝店铺的商品，致使淘宝公司认定智齿公司存在从事虚假交易的行为，从而对其作出商品搜索降权的市场管理措施。虽后经智齿公司的线下申诉恢复了其店铺商品的搜索排名，但店铺的正常生产经营已遭到破坏，并造成经济损失 10 万余元。董某等在主观上具有报复和从中获利的目的，客观上实施了破坏被害单位生产经营的行为，使被害单位遭受 10 万元以上的损失且行为与损失之间存在因果关系，故构成破坏生产经营罪。

"反向刷单炒信"可能构成破坏"生产经营罪"，"正向刷单炒信"的行为则有可能构成《刑法》第 225 条规定的"非法经营罪"。在"李某某非法经营案"中，李某某通过建立"零距网商联盟"网站为炒信双方搭建联系渠道，组织淘宝卖家通过该平台发布、传播炒信信息，引导部分淘宝卖家在淘宝网对商品及服务进行虚假宣传，并通过收取会员费、平台管理维护费及销售任务点的方式牟利。法院认为，李某某的行为在主观上具有发布虚假信息的故意且为犯意的提出、引发者，客观上由平台会员实施完成发布虚假信息，违反了《中华人民共和国刑法》《全国人民代表大会常务委员会关于维护互联网安全的决定》等规定，构成非法经营罪。[19]

刷单炒信行为损害的并不仅仅是同业竞争者的利益，也会损害电子商务平台的声誉和市场竞争力。在"浙江淘宝网络有限公司等诉杭州简世网络科技有限公司不正当竞争纠纷案"中，[20] 浙江淘宝网络有限公

---

〔18〕 董志超、谢文浩破坏生产经营案，江苏省南京市中级人民法院(2016)苏 01 刑终 33 号刑事判决书。

〔19〕 李某某非法经营案，杭州市余杭区人民法院(2016)浙 0110 刑初 726 号刑事判决书。

〔20〕 浙江淘宝网络有限公司等诉杭州简世网络科技有限公司不正当竞争纠纷案，杭州市西湖区人民法院(2016)浙 0106 民初 11140 号民事判决书。

司、浙江天猫网络有限公司以杭州简世网络科技有限公司通过设立平台组织炒信，严重危害市场竞争秩序，构成不正当竞争为由，向杭州市西湖区人民法院提起诉讼。法院经审理认为，首先，虽然简世公司与原告两平台并非直接同业竞争者，但若将竞争关系限定为同业竞争者无疑会使其他受到侵害的市场参与者合法权益无法得到相应保障，有悖于《反不正当竞争法》的立法本义。因此，根据《反不正当竞争法》第2条的竞争原则，也可认定两原告与被告之间存在竞争关系。其次，淘宝评价体系是两原告平台通过长时间交易积累而形成的，在消费者网络购物决策中具有巨大的引导作用。被告简世公司违背两原告制定的《淘宝规则》《天猫规则》，通过组织刷单炒信行为使淘宝网和天猫网的数据受到大量污染，对消费者产生严重误导并直接影响和破坏了两原告平台的信用评价体系。该炒信行为使其他在淘宝和天猫平台诚信经营的商家受到影响，从整体上降低了两原告的市场竞争力，同时被告从该行为中直接获取利益，因此认定被告涉案行为对原告构成不正当竞争。

值得注意的是，上述案件均发生在《电子商务法》生效之前。《电子商务法》生效后，通过在北大法宝进行检索，裁判书全文中提及《电子商务法》第17条的案例共6个，其中直接涉及“刷单炒信”行为的案件1例，[21]另有4起案件法院援引《电子商务法》第17条，并结合《价格法》《广告法》《侵害消费者权益行为处罚办法》等法律法规判断商家是否存在虚假宣传、是否作出全面准确及时披露信息等行为。[22]由此可见，当

---

[21] 江门市维硕商贸有限公司与江门市微动力网络科技有限公司技术服务合同纠纷案，江门市蓬江区人民法院(2019)粤0703民初1417号民事判决书。

[22] 参见谢丹净与北京趣拿信息技术有限公司服务合同纠纷案，北京市海淀区人民法院(2018)京0108民初35883号民事判决书；王柱诉三只松鼠股份有限公司等网络购物合同纠纷案，北京市互联网法院(2019)京0491民初2139号民事判决书；张凯强与北京趣拿信息技术有限公司合同纠纷案，北京市第一中级人民法院(2019)京01民终2730号民事判决书；孙艳娟与上海斐赛克斯通信设备有限公司、北京京东叁佰陆拾度电子商务有限公司买卖合同纠纷案，天津市津南区人民法院(2019)津0112民初868号民事判决书。

前在司法实践中,我国法院在运用我国《电子商务法》第 17 条时,多结合《消费者权益保护法》《广告法》《价格法》等法律法规中有关电子商务消费者知情权与选择权条款,以在个案中具体判断电子商务经营者是否存在侵犯消费者的知情权与选择权的行为。因此,《电子商务法》第 17 条的规定应为概括性条款,需要同其他相关法律结合适用。

有关“刷单炒信”行为的平台规则具有以下三个特点:首先,平台规则在符合《电子商务法》《消费者权益保护法》《反不正当竞争法》《刑法》等多部法律的同时,通过对“刷单炒信”行为的列举使其概念更加明晰,并相应地针对不同程度的刷单炒信行为作出不同处罚,较之分散多部法律之中的规定更加详细且成体系化。平台规则对商家的“刷单炒信”常见手段予以列举,并对“刷单炒信”行为的处罚依照情节轻重而分别采取影响商家信誉评价的不同处罚措施。其次,“刷单炒信”的平台规则成为国家法的一种填充,即对于那些并未达到法律规制程度的、情节较轻的刷单炒信行为,通过平台规则予以处罚,在保证同业竞争者合法权益不受侵害的同时,净化了电子商务市场交易环境、维护了平台信誉。最后,从司法实践来看,因《电子商务法》第 17 条的规定相对原则,法院往往与其他法律中有关消费者知情权与选择权、正当经营的条款相结合,但当前案例中还未出现法院对平台刷单炒信规则的借鉴。日后平台规则中关于刷单炒信行为的列举是否可以得到司法机关的认可,甚至吸纳到法律之中,或将有待观望。

### 三、国家法对平台规则认可之意义

电子商务存在于无形的虚拟网络空间,因此电子商务交易的每一个环节都基于虚拟的网络技术媒介而进行。但是,交易在虚拟空间运营的同时,又现实发生在真实的商家、消费者、平台经营者之间。各电子商务平台基于自身实践经验而制定的平台规则是电子商务交易的规则架构,将虚拟的网络空间建造为符合人类活动规范和秩序的空间。在此种规则架构下,平台提供者、消费者、卖家之间的权利、义务关系以及平台本身的职能和责任早已突破了传统法律的规则体系。从调整对象来看，电子商务领域的法律规范集中于电子商务平台与平台使用者（其中既包含消费者，也包含商家）。网络空间的支撑主体是众多的互联网服务提供商或者中间平台，[23]而电子商务领域的支撑主体就是电子商务平台。从调整规范来看，电子商务规范不仅包含传统民商等法律规范，也包含电子商务平台的自治性规范，即公法属性的、含有监督和管制内容的强制性规范与私法属性的自治性规范并存。[24]这些特质使得电子商务的虚拟空间与现实空间交织并存，因此对电子商务交易的监管难度较之传统交易更具艰巨性与复杂性。立法和司法层面对平台规则的认可，无论是在理论上还是在实践中都具有重要意义。

首先，国家法对平台规则的认可将解决我国当前相关法律空白及滞后性问题。网络发展瞬息万变，而法律本身的滞后性在该领域越发凸显，这就导致众多电子商务争议根本无法在法律法规及规章等层面找到相应依据。法院在具体案件中若无其他情况，往往将法律直接适用或类推适用于互联网上。[25]但是这种简单地将现行法律规范适用于互联网的行为，不仅可能阻碍新生事物的发展，更有可能使电商平台自治管理面临合法性挑战。[26]立法层面与司法层面对电子商务平台规则的认可，利用平台规则的灵活性和实践性，弥补了国家法相对滞后的缺点。同时，在立法中对平台规则认可，不仅成为平台规则的合法性依据，也赋予电子商务平台自治管理模式的合法性。

其次，得到国家法认可的平台规则可逐步由商业规则向法律规范进行转变，最终成为国家法的渊源。我国目前以立法机关为中心法律体系在运作中存在两个问题：对立法在法律体系形成的作用上期许过高；对

---

〔23〕 参见周汉华：《论互联网法》，载《中国法学》2015年第3期。

〔24〕 参见来小鹏：《论作为独立法律部门的网络法》，载《法学杂志》2019年第11期。

〔25〕 See Mark A. Lemlei, *Place and Cyberspace*, California Law Review, Vol. 91, p. 521(2003).

〔26〕 参见周汉华：《论互联网法》，载《中国法学》2015年第3期。

其他社会生活主体在法律体系构建中的作用缺乏必要认识。[27] 电子商务领域单纯依赖立法机关对法律体系的建设，显然无法应对网络交易中的各类新兴问题。此时，电子商务平台主体在电商领域的规则构建中发挥了不可或缺的作用。如淘宝规则中的消保金制度、经营者审查验证、信用评价等多项制度在2018年《电子商务法》和2021年《网络交易监督管理办法》中均有所体现。我国电子商务平台规则的发展路径正如现代商法的演变模式一样：在商业活动中形成的商业习惯被严格遵守并固定下来时即演变为社会规范，随后又由社会规范向法规范方向发展。法院对平台规则的认可有助于立法对平台规则的吸纳，平台规则由此可以成为我国国家法规则的来源之一。

再次，在司法实践层面，法院对平台规则的认可有助于促进裁判统一，并通过同类型的一系列判决形成电子商务领域全新制度。如前文提及的"消费者赔付金"制度，法院在相关几十个案件中均作出相同判决，通过认可拼多多平台"假一赔十"的平台规则而形成更有利于消费者的承诺赔付金制度。虽然当时法院的裁判理由仍是基于《合同法》相关规定，但我们不难看出法院倾向于将该条款看作平台自治性规则体系的一部分，对这种通过意思自治和平台自治形成的交易规则采取更为谨慎宽容的态度，为平台规则的创新预留出发展空间。同时，法院对平台规则的认可还实现了平台规则的司法化衔接，即在需要将平台规则转化为更有效的社会规则过程中，离不开司法机制的支持与认可。"一个成熟的商事法律制度本身就源自市场自发的发展变化最终所确立的符合经济规律的规则和秩序，私法的职责就在于当这种自然秩序最大限度地为社会公众所认可所否认之际，给予相应的恰当的司法评判"。[28]

最后，国家法与得到国家法认可的平台规则共同作用于电子商务领域，有利于我国电子商务的健康发展。在立法层面相关规定暂为缺失的

---

〔27〕 参见张志铭：《转型中国的法律体系建构》，载《中国法学》2009年第2期。

〔28〕 潘云波：《论司法应对金融创新所应扮演的角色及其理性》，载上海市第二中级人民法院网，http://www.shezfy.com/view.html? id=11450。

情况下,电子商务平台规则作为法律的补充,可对交易各环节行为作出详细规范;司法实践中裁判的统一赋予了平台规则的合法性和平台自治管理功能的合法性。这就形成我国“以电子商务平台自治为主,以政府与法院的事中及事后监管为辅”的电子商务发展模式。通过政府、法院和电子商务平台的协同作用,在严格遵守国家法相关规定的同时强调平台的自治管理功能,为电子商务发展创造良好的交易环境,将有助于我国电子商务的发展。

## 第二节 执行国家法任务的平台规则

电子商务平台从自身发展实际出发,为营造一个良好的交易环境、吸引和维持相当数量平台用户,必然会制定和实施平台规则进行自我治理。这种自我治理起初更多由平台自发进行,学者们对平台规则的属性有不同的见解。[29] 如今,依照《电子商务法》第5条的规定,电子商务经营者须履行消费者权益保护、环境保护、知识产权保护、网络安全与个人信息保护等方面的义务。因此,平台治理不再是平台为营造良好交易环境而纯粹自发的行为,而是电子商务经营者依照法律规定所必须履行的义务。

当前,《电子商务法》等法律法规多强调了平台对用户、对其他利益有关方及对政府的责任而未从正面规定平台治理权,但拥有上千万的商家及几亿消费者的大型电子商务平台事实上行使相当大的“准司法权”、“准执法权”和“准立法权”。[30] 电子商务平台的这种准公共性管

---

〔29〕 有关平台规则属性主要有管理制度或管理规则说、交易习惯说、授权说、格式条款说、章程说、自治规则说等。参见杨立新:《网络交易规则研究》,载《甘肃社会科学》2016年第4期。

〔30〕 相关观点可参见薛军:《电子商务法平台责任的初步解读》,载《中国市场监管研究》2019年第1期;薛虹:《论电子商务第三方交易平台——权力、责任和问责三重奏》,载《上海师范大学学报(哲学社会科学版)》第5期。

理功能,在《电子商务法》第5条、第7条和第32条中均有所体现。此外,《消费者权益保护法》《广告法》《网络安全法》《侵权责任法》《民法典》等多部法律分别从不同的部门法领域对电子商务平台经营者的义务和责任作出规定。从这个角度看,掌握海量交易数据和交易双方信息的电子商务平台在各项法律法规的规定下,成为国家治理网络交易的工具,承担了执行国家法的功能。电子商务平台成为国家治理网络交易工具的正当性应另辟一文予以论述,须强调,本章更多着眼于现实中电商平台规则对国家法的执行情况。因此,为在庞杂的法律体系中更为系统地总结归纳执行各部门法任务的平台规则,下文将以我国起步最早、规模较大的电子商务平台淘宝平台规则总则为分析模板,对执行国家法任务的平台规则予以分析。

淘宝平台规则总则分为概述、会员一般规定、卖家规定、其他角色规定、市场管理与违规处理、附则六个部分。[31] 因篇幅限制,下文将选取知识产权保护、消费者权益保护这两个方面重点分析。

## 一、知识产权保护——"通知—删除"规则

依法打击售假行为、维护知识产权权益人品牌和收益一直以来都是电子商务发展中的重要问题之一。根据《2020阿里巴巴知识产权保护年度报告》,阿里巴巴集团在2020年,消费者举报删除的疑似侵权链接量比前一年下降33%;98%的知识产权侵权投诉在24小时内被处理;权利人入驻量同比增长40%。[32] 虽然电子商务平台通过互联网大数据、人工智能和区块链等新技术进行快速打假已取得成效,但在现实中仍存在大量问题,尤其存在大量的假冒伪劣、恶意投诉等。当前我国法律对

〔31〕 参见《淘宝平台规则总则》,载淘宝网2019年5月6日,https://rule.taobao.com/?type=detail&ruleId=10000210&cId=719#/rule/detail?ruleId=10000210&cId=719。

〔32〕 《阿里发布2020知产保护年报:打扶并行用创新技术保护知识产权》,载阿里巴巴集团知识产权保护平台2021年3月26日,https://ipp.alibabagroup.com/infoContent.htm?skyWindowUrl=news-cn。

电子商务中的知产侵权行为采用"通知—删除"规则,但在现实中如何合理地理解与适用"通知—删除"规则是理论界与实务界关注的焦点。

(一)"通知—删除"规则概述

我国法律对通知—删除规则的参考首先出现在我国《信息网络传播权保护条例》,[33]后在我国《侵权责任法》[34]及我国《电子商务法》[35]中也分别予以借鉴。但与美国DCMA和欧洲《电子商务法令》平台免责条款的立法本义不同,[36]我国法律及其他规范中的通知—删除规则,实务界和学术界的通行观点认为应将其看作建立在帮助侵权基础上的网络服务提供者的间接侵权责任规则,[37]更有学者认为,当前我国实际已脱离帮助侵权的基本原理而演变为不作为侵权责任。[38] 概言之,我国的通知—删除规则已突破美国和欧洲免除赔偿责任的本义,赋予平台更多的责任及义务。

(二)法律层面对电子商务平台知识产权保护的规定

《电子商务法》中对电子商务平台有关知识产权的规定可具体分为保护规则、治理措施和侵权责任三大方面。[39] 其中,第42条至第44条

---

〔33〕 参见《信息网络传播权保护条例》第14~17条。

〔34〕 参见《侵权责任法》第36条。《民法典》颁布实施以后,《侵权责任法》已经废止失效,该法第36条内容已经为《民法典》第1195条所吸收。

〔35〕 参见《电子商务法》第38条、第41~45条。

〔36〕 Miquel Peguera, *The DMCA Safe Harbors and Their European Counterparts: A Comparative Analysis of Some Common Problems*, Columbia Journal of Law & the Arts, Vol. 32: 4, p. 482(2009). 转引自万勇:《人工智能时代的版权法通知—移除制度》,载《中外法学》2019年第5期。

〔37〕 参见《最高人民法院关于审理侵权信息网络传播权民事纠纷案件适用法律若干问题的规定》;吴汉东:《论网络服务提供者的著作权侵权责任》,载《中国法学》2011年第2期;朱东:《网络交易平台商标侵权中避风港规则的适用及其限制》,载《知识产权》2016年第7期。

〔38〕 参见朱东:《网络服务提供者间接侵权责任的移植与变异》,载《中外法学》2019年第5期;万勇:《人工智能时代的版权法通知—删除制度》,载《中外法学》2019年第5期。

〔39〕 详见《电子商务法》第41~45条。

对“通知—删除”规则和治理措施进行了较为详细的规定。简言之，首先由知识产权人向平台发出侵权通知，电商平台接到通知后采取两种措施：其一是删除；其二是把通知转达给被投诉的经营者。若经营者接到通知后认为通知有误可向电商平台发出反通知。电商平台接到经营者的反通知后，首先将其转达给知识产权人，若知识产权人15日以内没有向行政机关进行投诉或向法院起诉，电子商务平台将恢复被删除的内容。《电子商务法》对侵权责任的规定为若平台应当删除但并未删除，则就损害的扩大部分承担连带责任；若因知识产权人的通知而导致错误删除，则由知识产权人承担赔偿责任且若因恶意通知造成经营者损失的，须加倍承担赔偿责任。《电子商务法》中规定的“通知—删除”规则形成一个闭环。电子商务平台、知识产权人、平台经营者都可依照相关规则维护自身合法利益。电子商务平台作为媒介，将知识产权人和平台经营者的通知与反通知传达给对方，并通过“删除”和“恢复”的行为保障知识产权人和经营者的合法权益。电子商务平台在及时删除的情况下，不承担侵权法律责任。因此，仅从法律文本上进行分析，《电子商务法》中“通知—删除”规则倾向于鼓励电商平台删除涉嫌侵权的商品，从而免除电商平台的侵权责任。

### （三）平台规则对知识产权保护的规定

知识产权保护规则是各电商平台规则的重要组成部分。以淘宝网为例，淘宝网对知识产权保护的平台规则主要集中在《淘宝网市场管理与违规处理规范》第24条。[40] 同时《淘宝网关于出售假冒商品实施细则》对第24条进行了规则解读。根据上述规则，假冒商品分为假冒注册商标商品和盗版商品两大类。淘宝网可根据情节轻重，采取下架商品、监管商品、删除商品、删除店铺相关信息、搜索降权商品等处理措施。“卖家出售假冒、盗版商品”行为可通过司法、行政机关认定，抑或由卖

---

〔40〕 参见《淘宝网市场管理与违规处理规范》，载淘宝网2019年5月6日，https://rule.taobao.com/detail-14.htm?spm=a2177.7231193.0.0.6c7217eamr6ww8&tag=self。

家自认或经权利人鉴定为假冒、盗版商品等方式予以认定。若卖家认为淘宝网对其出售假冒、盗版商品的判定有误，可在规定期限内进行申诉，通过提供合理凭证如授权证明材料、合法进货凭证、商场购物小票等方式证明卖家出售的商品为正品。此外，若被权利人投诉并因“出售假冒商品”被扣分，卖家亦有权在“卖家中心”提交反通知及相关能够证明卖家出售的商品为正品的证明资料进行申诉。整个“出售假冒商品”的行为认定、处理方式与《电子商务法》相关条款一致，并根据平台商品性质及情节轻重设计了罚扣违约金及标准等。[41]（见表4－1）

**表4－1　淘宝平台处理假冒商品规则**

| 当年出售假冒商品违规振次 | 是否需违约金 | 违约金金额 | 是否罚扣违约金 | 罚扣标准 |
|---|---|---|---|---|
| 第一次—情节一般 | 否 | — | — | — |
| 第一次—情节严重/特别严重 | 是 | 2000元 | 是 | 2000元 |
| 第二次 | 是 | 2000元 | 是 | 2000元 |
| 第三次 | 是 | 6000元 | 是 | 6000元 |

通过淘宝网的规则设计可以看出，假冒商品的范围涵盖知识产权中的著作权、商标权两大方面，但并未将专利权纳入其中。“售假行为”的处理流程为：经司法或行政机关认定、卖家自认、经权利人鉴定、通过信息层面判断、经品牌及版权抽检等方式认定卖家出售假冒、盗版商品后，平台将视情节严重程度采取一定的措施，其中包含下架商品、删除店铺信息、限制解冻账号、支付违约金等。若卖家对淘宝网判定意见有异议，可经淘宝网内部平台在指定期限内提供可证明其出售商品为正品的凭证进行申诉和反通知。

〔41〕参见《淘宝网关于出售假冒商品实施细则》，载淘宝网2019年5月6日，https://rule.taobao.com/detail-506.htm?spm=a2177.7231205.0.0.7ec717ealFrIyn&tag=self。

京东平台对出售假冒商品的相关规则体现在《京东开放平台商家违规积分管理规则》(以下简称《违规积分细则》)第三章“违规类型”第10条。[42] 出售假冒商品包括但不限于以下情形:(1)商家被平台认定出售假冒商品;(2)商家涉嫌出售假冒商品;(3)商家所售卖的商品未通过平台商品一致性抽检;(4)商家的商品未通过三方机构在京东鉴定仓的鉴定/鉴别;(5)商家疑似出售假冒商品。出现以上情形,京东平台有权视违规程度采取包括但不限于扣分、下架违规商品、店铺屏蔽、店铺清退等处理措施。对于认定出售假冒商品的情形的,京东平台有权扣100分并执行店铺清退,商家承担100万元人民币或该店铺累计销售金额10倍的违约金(以高者为准)。出售假冒商品被定义为“极其严重违规”行为。同时,京东平台亦赋予商家申诉的权利,若商家因出售假冒商品,可根据合法进货凭证,购物发票或合法品牌授权等材料进行申诉。[43] (见表4-2)

**表4-2 京东平台处理假冒商品规则**

| 违规类型 | 违规场景 | 违规情形 | 申诉材料参考 |
| --- | --- | --- | --- |
| 严重违规 | 出售假冒商品 | 出售假冒、盗版商品 | 1. 合法进货凭证,购物发票、电子订单、采购合同、生产厂家订/出货单、报关单等齐全的进货链路;<br>2. 合法品牌授权,包括但不限于商标注册证、商标受理通知书、生产厂家委托/授权销售凭证、授权链体系凭证,授权链应当可追溯至权利人(品牌方) |

(四)“通知—删除”规则呈现出的问题

“通知—删除”规则在我国法律中的应用较之其他国家更为激进。

[42] 《京东开放平台商家违规积分管理规则》,载京东网2012年12月21日,https://rule.jd.com/rule/ruleDetail.action?ruleId=2754。

[43] 参见《违规申诉材料一览表》,载京东网2022年4月1日,https://rule.jd.com/rule/ruleDetail.action?ruleId=2618。

"通知—删除"规则在美国《新千年数字版权法案》中的目的是解决因侵权人的匿名性及侵权行为的广泛性而导致权利人权利受损,无法确定侵权人身份而只能通过平台来维权这一问题。但在我国,该规则被直接应用于电子商务领域,导致其在实践中呈现出以下几个问题:

首先,误删情况严重。随着数字侦测技术的广泛应用,网络平台多通过自动化的方式进行知识产权的保护,这也大大增加了误删情况出现的可能。例如,《广告法》第9条第3款规定,广告不得使用"国家级""最高级""最佳"等用语。然而,限于当时平台自我甄别技术的智能化,当当网曾出现将图书等商品介绍信息中的"最高人民法院"屏蔽为"某某人民法院"的情况。[44] 由此可见,数字技术的运用在简化侵权行为判定的同时,因其自身固有缺陷存在极大的不确定性,需要经过多次技术矫正及人工甄别方能实现保护知识产权的最终目标。

其次,"通知—删除"规则的滥用。我国法律中对平台责任的规定多为平台发现侵权或收到通知后及时删除则不承担相应责任,因此从这个角度来看,国家法律倾向于鼓励平台删除相关链接信息。但也正因法律的这种倾向性规定,导致该规则在实践中存在大量滥用的情况。平台为避免承担相应责任,收到通知后往往先行删除,再依据侵权人的申诉决定是否予以恢复。虽然"侵权人"是否存在侵权行为可以在平台内部进行申诉,但是这中间存在一个时间差。部分商家利用通知平台恢复数据的时间差,在销售高峰期到来前先对竞争者的相关商品向平台发出侵权通知,以达到自己在销售高峰期排斥其他竞争者的目的。[45] 此时,本应成为规范竞争的"通知—删除"规则反而成为商家不正当竞争的手段。

最后,平台判断侵权的困难。根据我国法律及各电商平台规则中的

---

〔44〕 参见徐书婷:《新广告法施行后 某电商网站上的"最高法"没了》,载观察者网2015年9月2日,https://www.guancha.cn/life/2015_09_02_332816.shtml。

〔45〕 参见李超光、林秀芹:《〈电子商务法〉下"恶意错误通知"认定标准研究》,载《大连理工大学学报(社会科学版)》2020年第3期。

"通知—删除"规则,若平台经营者认为自身经营行为并不存在侵犯知识产权的情形,可向电子商务平台提交包括但不限于合法进货凭证、购物发票、电子订单等材料进行申诉。电子商务平台依据商家提供的材料判断该商家是否存在侵犯知识产权的行为并作出判定,此时电子商务平台承担了相当大的判定义务。尤其是知识产权领域中的商标侵权及专利侵权,其判定极具专业性与复杂性。此类案件即便诉诸法院也需要花费相当长的时间进行审理,因此难以想象电子商务平台仅作为第三方交易平台便能够在较短的时间内对权利人的通知作出合理回应。

(五)解决路径

"通知—删除"规则在电子商务领域面临最大的问题就是滥用及判定侵权的困难,为解决上述问题,我们可以从法律解释和司法实践两个角度进行思考。

首先,从法律解释的角度来看,《电子商务法》第42条规定,电子商务平台经营者接到知识产权权利人通知后,应采取删除、屏蔽、断开连接、终止交易和服务等必要措施。但如何理解"等必要措施"中的"等"字,的确存在解释的空间。"等必要措施"应否局限于文本中所列举的与删除相关的措施,抑或可进一步理解为电子商务平台在判定是否存在侵权行为具有较大困难时,或客观上存在滥发通知的情形时,可以选择将通知转达平台内经营者而不是机械地直接将相关信息进行删除。若将"等必要措施"解释为不限于与删除相关的措施,电子商务平台针对明显的知识产权侵权行为可以采取删除的措施,而针对不明显的侵权行为则可以将通知转发给平台内经营者,从而在一定程度上解决通知的滥用及侵权判断困难等问题。

其次,从司法实践的角度来看,在指导案例83号"威海嘉易烤生活家电有限公司诉永康市金仕德工贸有限公司、浙江天猫网络有限公司侵害发明专利权纠纷案"中,法院认为《侵权责任法》第36条第2款所规定的网络服务提供者接到通知后应采取的必要措施包括但不限于删除、屏蔽、断开链接而应遵循审慎、合理的原则,根据所侵害权利的性质、侵权的具体情形和技术条件等加以综合确定。[46] 基于平台经营者对发明专利侵权判断的主观能力、侵权投诉胜诉概率及利益平衡等因素的考量，并不必要要求其在接到投诉后立即采取删除和屏蔽措施。但为避免电子商务网络服务平台成为投诉信息的黑洞，其应当保证有限投诉信息传递的顺畅。被投诉人对于其生产、销售的商品是否侵权以及是否应主动停止被投诉行为自会作出相应判断及应对。

因此，基于我国电子商务领域的独特性，有学者提出可将“通知—删除”规则转变为“通知—行动”规则，即电子商务平台接到知识产权人的通知后，针对极为明显的侵权行为采取直接删除链接的方式；针对难以判断是否存在侵权情形或同一权利人作出较大数量的通知时，则采取先通知侵权行为人的方式，在保护知识产权人合法权益的同时，最大限度避免通知滥用及不正当竞争的发生。[47]

## 二、消费者知情权与选择权——以“刷单炒信”为例

在电子商务平台规则产生初期，消费者权益保护便成为电子商务规则体系中的重要组成部分。消费者作为电子商务的直接参与一方，会以“用脚投票”的方式敦促各电子商务平台制定更加合理、全面的消费者权益保护条款。因而在电子商务时代，消费者的合法权益能否得到充分保护关系到一个电子商务平台的兴亡。为营造公平、透明、诚信的购物环境，各电子商务平台在成立之初纷纷设立内部评价体系，供消费者每次购物后对商品及服务进行评价。消费者可通过浏览商品详情页面公布的交易记录及其他消费者在线购物体验的评价内容等，从而在众多商品中选择最为优质的商品和服务。因评价体系需要经过一定时间的累积，部分商家为在短期内提升商品搜索排名，以达到吸引消费者的目的，

---

〔46〕 威海嘉易烤生活家电有限公司诉永康市金仕德工贸有限公司、浙江天猫网络有限公司侵害发明专利权纠纷案，最高人民法院指导案例83号（2017年）。

〔47〕 参见王杰：《〈电子商务法〉中通知—删除规则的适用》，载微信公众号“电子商务法研究”2019年1月18日。

采取各种虚拟交易的方式虚构成交记录和虚拟好评。甚至还有部分商家在竞争者店铺大量恶意购买商品并给予不符合实际的差评,利用平台对虚拟交易的监管打击同业竞争者。这些行为均被称为"刷单炒信"。刷单炒信通过虚拟交易和不实评价欺骗、误导消费者,对消费者的知情权与选择权造成严重侵害。下文将以法律和平台规则对"刷单炒信"行为的规制为例,分析平台规则中对该部分内容法律的执行情况。

### (一)法律层面对电子商务消费者知情权与选择权的规定

我国法律对消费者知情权与选择权规定分散体现在《消费者权益保护法》《反不正当竞争法》《产品质量法》《刑法》《电子商务法》《侵害消费者权益行为处罚办法》多部法律法规之中。《网络交易管理办法》率先针对刷单炒信等不正当竞争行为作出规定。[48] 2018 年发布的《电子商务法》结合我国电子商务实际,在第 17 条对电子商务消费者的知情权与选择权作出规定:"电子商务经营者应当全面、真实、准确、及时地披露商品或者服务信息,保障消费者的知情权和选择权。电子商务经营者不得以虚构交易、编造用户评价等方式进行虚假或者引人误解的商业宣传,欺骗、误导消费者。"虽如前文所述,消费者的知情权与选择权在《消费者权益保护法》《反不正当竞争法》等相关法律中已有规定,但《电子商务法》对消费者知情权范围的界定不仅仅局限于"消费者有权知悉购买、使用的商品或者接受的服务的真实情况",还在结合电子商务特性的基础上进一步拓展到消费者对交易规则、电子合同等内容的知情权。此外,消费者的选择权,既包括消费者有权自主选择交易的商品或者服务,也包括消费者有权自主选择平台内经营者和电子商务平台,以及电子商务经营者不得利用技术手段或者其他方式对消费者自主选择权进行干扰或者限制。

---

〔48〕《网络交易管理办法》现已废止失效,相关内容已被《网络交易监督管理办法》第 14 条所吸收。

对比分析《电子商务法》与《消费者权益保护法》对消费者权益的保护条款可以看出,《电子商务法》第 17 条第 1 款对电子商务经营者的信息披露义务的规定在《消费者权益保护法》第 20 条所规定的“真实、全面”的基础上增加了“准确”“及时”的要求,迎合了电子商务交易信息不对称问题更为突出的特点;第 17 条第 2 款则针对电子商务领域特有的刷单炒信行为予以禁止性规定,此规定在一定程度上弥补了《消费者权益保护法》第 20 条并未明文列举交易量和用户评价属于消费者知情权范围的缺憾。

根据我国电子商务交易实践,《电子商务法》第 17 条所规定的“虚拟交易”多指电子商务经营者雇请刷单方假扮顾客,用虚假买卖的方式,提高网店的排名和销售量以吸引顾客,由网店向刷单方支付费用的行为;该条“编造用户评价”的行为是指没有交易事实或者违背交易事实而作出用户评价,其中既包含为增加销量而编造的正向评价,即“刷好评”行为,也包含为打击竞争者而编造的负面评价,即“恶意差评”行为。《电子商务法》第 17 条对电子商务经营者的该类禁止性行为规定应属开放性规定,除上述“虚拟交易”“编造用户评价”等侵犯消费者知情权与选择权的行为外,还包括其他构成虚假或引人误解的商业宣传、欺骗、误导消费者等伴随着网络经济飞速发展而产生的新生行为。概言之,第 17 条主要规范对象为电子商务领域中“刷单炒信”行为。

（二）平台规则对电子商务消费者知情权与选择权的保护

“刷单炒信”行为误导、欺骗消费者,破坏电子商务平台的公平竞争环境,一直以来都是平台打击违规行为的重点。以阿里巴巴集团为例,旗下各平台通过系统核查、人工排查、全网举报等一系列措施对网络卖家炒信的行为实施严厉打击。一旦发现炒信行为,平台将清除所有炒信记录和用户评价,针对炒信的店铺和商品视情节轻重给予扣分、搜索降权甚至关闭店铺的处理。《淘宝市场管理与违规处理规范》第 38 条淘宝网将视情节严重程度采取销量不累计、屏蔽评论内容、评分不累计、限制违规/异常交易的评价工具使用、限制买家行为等措施。[49]《淘宝网关于虚假交易实施细则》对《淘宝网市场管理与违规处理规范》第38条中的“虚假交易”的常见方式进行列举,并对相应违规纠正等问题进行了详细说明。

（三）“刷单炒信”平台规则对国家法的执行意义

国家法对“刷单炒信”行为的规制在《电子商务法》《消费者权益保护法》《反不正当竞争法》《网络交易监督管理办法》等多部法律法规之中均有体现但较为分散。如《反不正当竞争法》针对“反向刷单炒信”进行规制,而《消费者权益保护法》则对“正向刷单炒信”予以规制。从法律文本来看,国家法的规定均较为原则。电子商务平台规则较之国家法则更加详备完善,并根据电子商务交易特点对“刷单炒信”的定义、处罚方式等予以规定。具体表现为:第一,平台规则对“刷单炒信”行为的概念进行了较为详细的列举,如《淘宝网评价规范》、《淘宝市场管理与违规处理规范》、京东《虚假交易细则》相关条款对商家的“刷单炒信”常见手段予以列举,形成体系化的判断标准。第二,电子商务平台对“刷单炒信”行为的处罚依照情节轻重而分别采取不同的措施,并且该处罚措施与平台内部的评价体系紧密相关,商家若出现“刷单炒信”等虚假交易行为,其商品搜索权限及店铺信用积分均会受到不同程度的影响。

电子商务平台规则对“刷单炒信”行为的规定不仅执行了国家法保护消费者知情权与选择权的任务,且在电子商务实践中具有以下特点:

第一,程序上的便捷性。电子商务平台对商家的处罚程序与方式显然较国家法而言更加便捷、简单。相较权益受损商家或电子商务平台向法院起诉“刷单炒信”商家的不法行为所经历繁复且冗杂的起诉程序,通过电子商务平台监测或平台内投诉机制处理商家“刷单炒信”的行为,可立即依照相关平台规则予以惩处,无疑在程序上更为简单、便捷。

---

〔49〕 参见《淘宝市场管理与违规处理规范》,载淘宝网2019年5月6日,https://rulechannel.taobao.com/?type=detail&ruleId=533&cId=15#/rule/detail?ruleId=533&cId=15。

第二,时间上的高效性。时间上的高效性与程序上的便捷性是相辅相成的,正因电子商务平台依照平台规则处罚商家在程序上较之法院诉讼更加便捷,其在处罚商家、惩戒违规行为的时间上就更短更为高效,也因此能够更快处理商家的违规行为,从而有效降低遭受"反向刷单炒信"商家的损失、净化电子交易环境。

第三,结果上兼顾公平性。电子商务平台规则的任务归根结底还是要实现对相关国家法的执行。国家法打击利用电子商务平台评价机制而进行的"刷单炒信"等不法行为,各电子商务平台根据其不同特点制定相应的平台规则,并依照"刷单炒信"行为的情节轻重予以不同程度的处罚,在结果上与国家法具有一致性,有效平衡电子商务平台买卖双方之间、各商家之间的利益平衡,最终达到构建诚信、公平、安全的电子商务交易环境的目的。

## 第三节　填补国家法空白的平台规则

法律天然的滞后性和电子商务的即时性与多变性是电子商务法律规制中最突出的矛盾。随着2019年《电子商务法》的生效,之前如平台的权利义务、电子合同电子票据法律效力、跨境电商等在法律上为"真空"状态的问题,均已有章可循。但我们不能否认的是,电子商务发展过程中各类新型问题层出不穷,立法的复杂性、保守性、滞后性必然导致单靠法律法规难以提供电子商务发展所需要的"规范化"环境。当法律不能对电子商务中出现的各类新型问题及时予以规制时,电子商务平台制定的平台规则就起到填补"法律空白"、规范电子商务行为、维护电子商务秩序的作用。须强调,"法律空白"的概念在此语境中有两层含义:第一,完全真空状态,即法律完全没有作出相关领域的规定,而需要完全依靠相关平台规则;第二,实操层面真空状态,即法律已作出原则性规定,但较为模糊或极为宽泛,此时需要相关平台规则在该原则性法律规范之下,更有针对性地对相关领域进行调整。

通过梳理各电子商务平台规则及电子商务领域法律的历史发展脉络,我们不难发现,以阿里巴巴为代表的网络交易平台所制定的涵盖网络交易方方面面的交易规则曾在很长一段时间内针对电子商务领域国家法完全真空的状态,通过对私人权益及交易关系进行明晰和规制,构建起新的制度和秩序。[50] 这也正是前文所说的平台规则不再仅仅承担传统对国家法的填补性功能,而是在国家法不能及时回应、不能有效规制、不能明辨正当性的条件下,对私人权益及交易关系进行明晰和规制,并最终实现由平台规则向法律转化。[51] 当前,通过对我国电子商务领域有关法律法规的梳理,可以说自《电子商务法》生效后,电子商务领域中法律的"完全真空状态"已几乎不存在,但"原则真空状态"的现象仍难以避免。下文选取信用评价不可删除性为例,阐释平台规则对法律填补空白的作用。

## 一、电子商务平台有关信用评价不可删除的规则及分析

"信用评价体系"最初源自电子商务平台的设计,并成功实现由平台规则向法律的"转化"。[52] 《电子商务法》第 39 条规定,电子商务平台经营者不得删除消费者对其平台内销售的商品或者提供的服务的评价。淘宝、京东等电子商务平台均在其信用评价体系中对"信用评价"的概念作出详细说明。如《淘宝网评价规范》中规定,淘宝网的评价包括"店铺评分"和"信用评价"两部分,其中店铺评分(即店铺DSR)由买家对卖家评出,如对商品或服务的质量、服务态度、物流等

---

〔50〕 参见马长山:《互联网+时代"软法之治"的问题与对策》,载《现代法学》2016 年第 5 期。

〔51〕 相关平台规则向国家法转化的内容将在本章第四节详细列举阐述。

〔52〕 除信用评价体系外,"七天无理由退货"、经营者审查验照、消保金、禁止刷单炒信、在线争议解决、平台规则的"立改废"释等均首先通过平台规则确定,后被法律所吸收,实现了从平台规则向国家法的转化。本章第四节对各规则的转化历程进行了梳理。

方面的评分指标。信用评价由买卖双方互评,包括“信用积分”和“评论内容”。[53]《京东开放平台评价管理规则》对评价界定为:“消费者在订单交易完成后,可以对交易的订单进行公正、客观、真实的评价,为其他消费者购物决策和商家经营决策提供参考;评价包括消费者对交易订单中的商品评价、服务评价、买家印象和消费者(或商家)的回复内容。”[54]

各电商平台在其各自的信用评价体系中也对“不得删除”作出相关规定,可具体分为以下三个层面:

首先,平台用户有合理使用评价工具的义务。如淘宝网在《淘宝平台规则总则》和《淘宝平台服务协议》中规定会员应合理使用淘宝平台评价工具、遵守相关规则规定。《淘宝网评价规范》规定被评价人可在评价人作出评论内容或追评内容之时起的30天内作出解释。同时规定评价人可在作出中、差评后的30天内,对信用评价进行一次修改或删除。京东在其《京东开放平台总则》中规定,京东开放平台为了提升消费者的购物体验、维持市场正常运营秩序,有权按照本规则删除商品的部分或全部销量及评价。[55]

其次,评价双方可针对不合理评价进行投诉。淘宝网《违规处理实施细则》规定,当双方已互评且被投诉方作出评价30天内,投诉方可以针对不当或恶意使用淘宝评价工具的行为发起相关投诉。[56]《京东开放平台评价管理规则》规定,若商家认为消费者存在恶意评价时,可在评

---

[53] 参见《淘宝网评价规范》第3条“评价组成”,载淘宝网2015年3月31日,https://rulechannel.taobao.com/?spm=a2177.7231193.0.0.47f617eabn9Ew0&type=detail&ruleId=2352&cId=1151#/rule/detail?ruleId=2352&cId=1151。

[54] 参见《京东开放平台评价管理规则》,载京东网2016年8月17日,https://rule.jd.com/rule/ruleDetail.action?ruleId=822014663419105280&type=0&btype=1。

[55] 参见《京东开放平台总则》,载京东网2013年9月1日,https://rule.jd.com/rule/ruleDetail.action?ruleId=2368。

[56] 参见《违规处理实施细则》,载淘宝网2015年3月24日,https://rule.taobao.com/detail-2364.htm?spm=a2177.7231193.0.0.477217eaxE8Ftu&tag=self。

价产生之日起30天内仅可针对店铺订单产生的评价向京东提出申诉处理。针对同一个评价内容,商家仅能发起一次申请,如证据不全或无法证明为恶意评价的,京东将驳回该申请,且不支持再次发起申请。[57]

最后,平台可对不实的信用评价作出删除等处理,如《淘宝网评价规范》规定淘宝网有权对不当评价进行屏蔽、评分不累计等措施。《京东开放平台评价管理规则》规定京东会对消费者评价、商家回复等内容不定期抽查审核,针对不合理评价或异常交易产生的评价,京东可视情形对违规消费者账号采取包括但不限于用户禁言、封停等管控措施,封停时间由违规次数和违规严重程度决定;对商家采取包括但不限于屏蔽相应关键词、账号限权等管理措施。

## 二、信用评价不可删除规则的历史演变

当然,在填补国家法空白的同时,有关信用评价的平台规则也存在一种演变的过程。《电子商务法》出台前,电子商务平台针对不实、恶意的评价内容可采取包括删除在内的手段进行处理,而《电子商务法》生效后,为避免平台规则与法律之间的冲突,各平台修改了有关恶意评价的平台规则,在语言上避免使用"删除"的字眼,而用"屏蔽评论内容"的方式进行表述。从结果来看,"删除"抑或"屏蔽"不实、恶意评价均会导致该评价无法查看,但仅屏蔽评价并不直接影响信用积分和店铺正常累计,即消费者虽看不到被屏蔽的评价但该评分在店铺和信用中均将有所反映;只有当屏蔽评论且评分不累计时,才会出现既无法查看评价,又不会对店铺及信用造成不利影响。通过各电商平台有关信用评价规则,我们不难看出,电子商务平台的信用评价体系较为完整,不仅明确其定义,且有一套切实可行的申诉、处理流程。这也满足了《电子商务法》第39条第1款对平台经营者搭建信用评价系统的要求。但值得注意的是,该

[57] 参见《京东开放平台评价管理规则》,载京东网2016年8月17日,https://rule.jd.com/rule/ruleDetail.action?ruleId=822014663419105280&type=0&btype=1。

条第2款有关信用评价的“删除”，在不同电商平台规则中略有区分。根据淘宝和京东的平台规则，在存在“恶意”时，经当事人申诉，平台可以进行“屏蔽”或“折叠”的处理方式。至于此种“屏蔽、折叠”的方式是否应属于《电子商务法》第39条第2款中“删除”的范畴，我们可以从法院的司法裁判中略窥一二。

## 三、司法实践中的信用评价不可删除

在“浙江淘宝网络有限公司、隆昌思雨食品有限公司名誉权纠纷案”[58]中，被告梁某文在淘宝网上购买原告隆昌思雨食品有限公司加工生产的豆制品，并因对其产品不甚满意而在评价中质疑其产品质量。后二者经多次沟通，梁某文向思雨公司出具道歉信并删除其在追评中所附图片。但是，对于是否可以删除“好评”中梁某文所作评价，思雨公司多次与淘宝客服交涉，淘宝客服均以“依照《淘宝评价规则》，不属于恶意评价无法提起申诉处理”为由拒绝。因此，原告思雨公司以侵害名誉权为由将梁某文、淘宝公司告上法庭。一审法院经审理认为，欲判断买家对卖家的不当评论是否构成原《民法通则》第101条规定的侵犯名誉权，首先应当看电子商务平台设置评论功能的目的，而卖家不能苛责每位买家都给予好评或好的评价，否则将失去设置评论功能的初衷，不利于潜在消费者。该案中，梁某文虽然客观一定程度上对思雨公司信誉造成不利影响，但其表述基于自己的测试结果，没有恶意中伤、侮辱性言论，且主观上没有故意，事后也积极道歉并删除之前评论的图片，因此梁某文的行为不构成对思雨公司名誉权的侵害。淘宝公司在买卖双方均同意删除不实评论的情况下，依然以其不符合《淘宝评价规则》为由拒绝删除该评论，该行为不符合《侵权责任法》第36条的法律精神。淘宝公司在上诉时提出，既然一审已经认定梁某文的评论不构成侵权，那么认定淘宝公司应该对梁某文的侵权行为采取删除、屏蔽、断开链接的措施明

---

〔58〕　四川省内江市中级人民法院民事判决书，(2019)川10民终222号。

显存在矛盾性。而且,若评价双方只要达成删除的一致意见就可要求网络平台者删除不利评价,那么将导致只有好评没有差评的结果,有违设置评论功能的初衷。二审法院认为,梁某文已在给思雨公司的道歉信中写明其在网上购买的检测剂可能不具备正式检测资质或正式机构的公信力,故一审法院认定涉案评论为不实评论并无不妥,且《淘宝评价规则》第 10 条规定评价人可在作出中、差评 30 天内对信用评价进行一次修改或删除。根据常识,梁某文所作评价实质上并不属于通常意义的"好评",因此思雨公司在本案中向淘宝公司主张删除梁某文所作不实评价具有事实依据,应予以支持。

该案中,二审法院的审理思路与一审法院是一致的。一审法院(四川省隆昌市人民法院)与二审法院(四川省内江市中级人民法院)均认为,依照我国《侵权责任法》相关条款,梁某文的行为并未构成侵害思雨公司名誉权,但同时不可否认的是,若梁某文的不实评价继续出现在该店评价中,将影响思雨公司的销量和信誉。且《淘宝网评价规则》第 10 条"评价人可在作出中、差评后的 30 天内,对信用评价进行一次修改或删除"亦表明,评价双方所作评价并不是完全不可修改的,而是在一定程度上享有修改或删除的权利。具体到本案而言,梁某文所作评价,亦不属于一般意义上的"好评",虽本案中 30 天的可修改或删除期限已过,但鉴于评价双方应享有的修改、删除权及该不实评价对商家的信用不利影响,在交易双方均认可的情况下,应支持思雨公司要求淘宝网删除该评价的诉求。

《电子商务法》第 39 条关于电子商务平台经营者不得删除消费者对其平台内销售的商品或者提供的服务的评价的规定并未对例外情况予以说明,因此,在电子商务交易过程中难免有因过于绝对而不合实际的情形出现。电子商务平台规则为避免与《电子商务法》第 39 条相冲突,特意修改了平台规则有关恶意、不实等评价内容条款,对恶意、不实的中、差评采用"折叠""屏蔽"等表述方式,并允许评价人在一定期限内享有修改、删除中、差评的权利。这些平台规则在一定程度上达到了与《电子商务法》第39条相衔接的目的，但是仍未解决如"浙江淘宝网络有限公司、隆昌思雨食品有限公司名誉权纠纷"中出现的买家采用"好评"的方式发布不利于商家的不实评价之困境。而该案中法院的司法意见将《电子商务法》第39条的"不得删除"规则作出了限制解释，即不实评价（即便是不实的好评）依照平台规则可以被修改、删除以消除对商家的不利影响，从而搭建起《电子商务法》第39条与平台规则之间衔接的桥梁。

## 第四节　平台规则向国家法的转化

在平台规则与国家法之间的关系上，两者之间的互动尤其是平台规则向国家法的转化是不可或缺的一个方面。电子商务平台为提高其核心竞争力，势必要对消费者的权益提供适合网络交易特点的保护。但是，在没有法律明文规定的情况下，很多平台规则均为行业或企业的自律行为，且解释权归属电子商务平台，规则的真正落实存在一定困难。这种情况不仅损害了消费者的利益，也影响电子商务平台的信誉。在这种背景下，以《电子商务法》《网络交易监督管理办法》为代表的一系列电子商务领域的法律法规均有部分内容直接吸纳了相关平台规则，此外，《消费者权益保护法》也吸纳了部分率先由电子商务平台提出的消费者保障规则。从时间轴来看，2014年1月26日由原国家工商行政管理总局公布的、自2014年3月15日施行的《网络交易管理办法》在对网络交易概念、适用范围、网络交易经营者权利责任义务、监督管理等方面较多吸收了平台规则的内容。[59] 后其中部分内容又被法律位阶较高的各项单行法所吸收。下文将逐一对被国家法吸纳的平台规则进行梳理。

---

〔59〕《网络交易管理办法》现已失效，文述相关条款已被《网络交易监督管理办法》所吸纳。

## 一、“七天无理由退货”

2008年3月12日，淘宝网宣布将推出“七天无理由退换货”服务，作为其推行的“消费者保障计划”的第二阶段。“消费者保障计划”是淘宝网为提升买家消费满意度而推出的一系列服务，包括先行赔付、信用评价体系、第三方支付工具等。淘宝网的“七天无理由退换货”是指，消费者使用支付宝购买了支持“七天无理由退换货”的商品后，在签收货物7天之内，若买家因主观原因不愿意完成本次交易，且在买家直接与卖家协商退换货未果的情况下，买家有权按照淘宝网的相关规则在保障商品之功能、外观及相关附件良好无破损的情况下发起“七天无理由退换货”赔付申请。若淘宝网根据相关规则判定“七天无理由退换货”申请成立，则会从卖家的支付宝账户里的保证金扣除相应的金额赔付给买家，大幅缩短了消费者退换货的周期。

“七天无理由退货”被由原国家工商行政管理总局发布的《网络交易管理办法》(已失效)所吸纳。同日实施的修正后的《消费者权益保护法》第25条亦规定了消费者有七日无理由退货的权利，并且规定，定作的、鲜活易腐的、数字化产品、交付的报纸、期刊这四类商品不适用七日无理由退货。2017年3月15日开始施行的《网络购买商品七日无理由退货暂行办法》第7条规定，部分性质的商品经消费者在购买时确认，可以不适用七日无理由退货规定。

各电子商务平台关于“七天无理由退货”的规则通过列举的方式明确其适用范围。如《淘宝网七天无理由退货规范》将平台上商品分为不支持适用、可选择适用与必须适用三大类，并对每一类商品予以列举。[60] 京东平台《“7天无理由退货”细则》除了将平台所售商品分为“支持7天无理由退货”与“不适用7天无理由退货”两大类之外，还进一步细化“支持7

---

〔60〕 参见《淘宝网七天无理由退货规范》，载淘宝网2017年3月22日，https://rulechannel.taobao.com/?type=detail&ruleId=5507&cId=1150&spm=a2177.7231193.0.0.50fb17eaFCQqWc#/rule/。

天无理由退货”的类别，具体分为拆封后不支持、安装后不支持、激活后不支持、使用后不支持四大类。

在司法实践中，法院一般也认为在网络交易活动中消费者在一定程度上享有“七天无理由退货”的权利，[61]但这并不意味着所有通过网络销售的商品均适用“七天无理由退货”。例如，在“刘朝国与北京红马传媒文化发展有限公司合同纠纷上诉案”中，法院认为，通过网络方式销售的门票不同于一般通过网络销售的商品，普通商品或许难以判断商品是否与网络描述一致，但门票已明确记载演出名称、时间、地点等信息，消费者本身已对门票有充分认知，因此不适用《消费者权益保护法》中的“七天无理由退货”条款。[62] 在“董德荣与乐山产权交易中心有限公司等拍卖合同纠纷上诉案”中，法院特别说明，虽然《网络交易管理办法》（已失效）[63]规定消费者有权自收到商品之日起七天内退货，但是该办法调整对象是经营者、网络交易平台与消费者之间的关系，而通过网络进行竞买的活动不受《网络交易管理办法》的调整，因此该案原告竞买涉案标的不适用“七天无理由退货”的规定。[64] 在“杭州互联网法院成立两周年十大影响力案件”之一的“陈某诉浙江某通信科技有限公司网络购物合同纠纷案”中，[65]法院对“七天无理由退货”制度的适用进行了详细分析阐述。该案原告陈某在浙江某通信公司经营的网站购买用于挖掘“比特币”的“挖矿机”，并对发货时间和配送方式予以约定。原告交付预付款后得知各类代币发行融资活动已被中国人民银行、中央网信办、工业和信息化部等多部门联合发布的《关于防范代币发行融资风

[61] 参见郭彬与孙军网络买卖合同纠纷上诉案，河南省平顶山市中级人民法院（2017）豫04民终1393号民事判决书；何柳萍与解克成产品责任纠纷上诉案，广东省佛山市中级人民法院（2017）粤06民终297号民事判决书等。

[62] 北京市第二中级人民法院民事判决书，（2018）京02民终662号。

[63] 本案裁判时，《网络交易监督管理办法》尚未颁布实施，故仍以《网络交易管理办法》为依据予以讨论。

[64] 四川省乐山市中级人民法院民事判决书，（2017）川11民终1031号。

[65] 浙江省杭州市中级人民法院民事判决书，（2018）浙01民终10053号。

险的公告》(以下简称《公告》)所禁止,因此,原告陈某认为案涉机器已无使用价值且涉嫌违法,故要求退款但遭到被告拒绝。原告主张双方通过网站购物因此其享有“七天无理由退货”,符合法律规定。被告则认为,《公告》禁止的是比特币的发行融资而非比特币的持有和市场自由买卖,“挖矿机”作为比特币的运算设备,没有被任何法律或行政法规所禁止,且被告已在原告支付货款后依照合同履行完毕,案涉标的不适用《消费者权益保护法》《网络交易管理办法》(已失效)[66]中关于“七天无理由退货”的规定。法院认为,《消费者权益保护法》第25条规定的“七天无理由制度”是为了解决消费者在特定交易领域由于信息不对称而导致的意思表示不真实的问题。网络交易中消费者可能会因商家对商品的细腻描述及商品精美图片而对其内容和质量产生更高的期待,且消费者在受领标的物之前无法通过普通方法对标的物进行一般性检查,这种情况将导致产品的实际状态与主观期待有所出入的情况。设计“七天无理由退货”制度的初衷,是为了保护消费者的知情权、选择权和公平交易权。而本案原告陈某提出解除合同,并不是因质量问题或不符合自身期待,而是基于研究金融监管政策而使得自身购买意向发生了改变,其主张明显不符合七天内无理由退货制度建立的最初目的。基于此,杭州互联网法院驳回原告诉讼请求。

法院关于“七天无理由退货”适用范围的判断,作为国家法的一种表现,事实上与电子商务平台规则具有一致性。如“董德荣与乐山产权交易中心有限公司等拍卖合同纠纷上诉案”中法院认为通过网络竞买的商品不受《网络交易管理办法》[67]的调整,这与《淘宝网七天无理由退货规范》中不支持“七天无理由退货”类别中的“二手、竞拍”一致。此外,在“陈某诉浙江某通信科技有限公司网络购物合同纠纷案”中,杭州互联网法院驳回原告诉讼请求的理由在于案涉标的不适用《消费者权益

---

〔66〕 本案裁判时,《网络交易管理办法》仍有效,故以此为裁判依据。

〔67〕 本案裁判时,《网络交易管理办法》仍有效,故以此为裁判依据。

保护法》中关于“七天无理由退货”的规定,而案涉标的“挖矿机”作为一种电子运算设备,应属于《淘宝网七天无理由退货规范》“不支持七天无理由退货”中“数字化产品”。值得注意的是,“七天无理由退货”制度在保障消费者权益的同时,也对传统的民法理论造成了一定的冲击,即在合同订立、交付履行完毕后,消费者基于此条款仍对合同拥有法定解除权。七天无理由设计的初衷,是为了解决网络购物时因信息不对称导致消费者知情权、选择权和公平交易权的损害问题,国家法与电子商务平台规则通过对“七天无理由退货”适用范围的排除性规定,在保护消费者合法权益的同时,尽量避免造成经营者的过重负担,以维护电子商务交易的稳定与公平。法院对相关案件的裁判也立足于诚实信用原则对消费者合法权益予以适当保护,在稳定经济社会秩序的同时,避免了“后悔权”的滥用,平衡了经营者与消费者之间的权益。国家法与电子商务平台规则,从出发点、方式及结果等多个方面均有高度的一致性。

## 二、经营者审查验照

经营者审查验照,是指商家入驻电子商务平台时,须提交其身份、地址、联系方式等真实信息进行核验、登记并定期核验更新。这项规则最初也是由电子商务平台制定并实施,目的在于方便平台的日常管理及运营,增强消费者信心,提升平台竞争力。《网络商品交易及有关服务行为管理暂行办法》于 2010 年 7 月 1 日起实施,根据办法规定,通过网络从事商品交易及有关服务行为的自然人须向提供网络交易平台服务的经营者提出申请、提交姓名和地址等真实身份信息。[68] 这意味着网上开店正式开始进入“实名制”时代。

然而,事实上,淘宝平台早就采取了“三方实名认证”体系,不仅要求卖家提供身份证信息,还须上传银行卡信息,并提交到网银和公安

〔68〕 需指出,《网络商品交易及有关服务行为管理暂行办法》已失效,目前《电子商务法》《网络交易监督管理办法》均有相应条款要求网络经营者实名制。参见《电子商务法》第 27 条、《网络交易监督管理办法》第 24 条。

部的系统予以验证。在《网络商品交易及有关服务行为管理暂行办法》施行前，淘宝网上全部卖家已经过实名认证，并将证明个人身份信息真实合法的标记加载在网上页面。当前，我国各大电商平台对身份信息的审核内容及方式基本一致，即要求个人经营的经营者本人或其他经营的责任人上传身份证正反面图片，另有平台亦要求本人手持身份证拍照。

经营者审查验照后被《网络交易管理办法》（已失效）所吸纳，其中第 7 条规定，从事网络商品交易的自然人应向第三方平台提供姓名、地址、有效身份证明、有效联系方式等信息；第 23 条规定，第三方交易平台经营者有对入驻平台的法人、个体工商户等进行身份审查和登记的义务，并须定期核实更新。2019 年 1 月 1 日生效的《电子商务法》也规定平台应当对入驻的经营者身份信息等进行核验、登记并定期核验更新。以上这些实际上就是平台规则向国家法转化的体现。

## 三、消保金

淘宝网于 2007 年 3 月 8 日在全球开创性地提出“消费者保障计划”，第一期集中在规范化程度较好的淘宝商城以及手机、数码、网游三个类目。后经过 5 个月的一期实验反馈，淘宝网决定全面开放类目，允许绝大部分类目加入“消费者保障计划”，并对“消费者保障计划”的规则进行了调整，在加大监管力度的前提下，略微下调门槛。同时考虑到不同类目保证金的使用情况，淘宝网将原本的固定保证金变为“固定保证金 + 浮动交易保证金”，降低原固定保证金额度，并根据卖家的交易量冻结一定比例的交易额作为浮动保证金，将保证金与成交挂钩，以减少中小卖家的资金压力。之后，淘宝于 2011 年 1 月 1 日正式推出“全网消费者保障服务”，所有卖家都必须签署消保协议，加入消费者保障基础服务，缴纳保障金，否则将无法上架、发布商品。目前，淘宝网的“消费者保障计划”是指消费者若付款后未收到商品，或收到的商品出现质量问题或与网上描述不符，可根据淘宝规则发起维权，经判定维权成功的，淘宝网将扣划卖家保证金进行赔付，以保障消费者的权益。[69]

平台创立的消保金制度，也被国家法所吸收，尽管国家法只是“鼓励”而非“强制”。《电子商务法》第58条鼓励电子商务平台经营者建立如消费者权益保证金等有利于消费者的担保机制。

## 四、信用评价体系

淘宝网自2003年年初为保障电子商务交易安全、净化电子交易环境建立了信用评价体系。该体系为我国电子商务领域第一套评价体系。根据淘宝网信用评价体系，买卖双方在完成交易后，可对交易相对方的行为作出包括“信用积分”和“评论内容”两个方面的评价。除“信用评价”外，买家还可对卖家的商品或服务质量、服务态度、物流等方面进行评分，以此计算卖家的“店铺评分”。在淘宝信用评价体系中，评价人若给予好评，则被评价人信用积分加1分；若给予差评，则减1分；若给予中评或15天内双方均未评价，则信用积分不变。若评价人给予好评而对方未在15天内给其评价，则评价人信用积分加1分。相同买、卖家任意14天内就同一商品多笔交易产生的多个好评只加1分、多个差评只减1分。每个自然月，相同买、卖家之间交易，双方增加的信用积分均不超过6分。店铺评分为动态指标，系此前连续6个月内所有评分的平均值且店铺评分一旦作出，则无法修改。

“信用评价体系”在由平台规则向国家法转化的过程中经历了不同的阶段。首先，《网络交易管理办法》第32条鼓励第三方交易平台建立信用评价体系，为当事人提供公平、公正的信用评价服务。此时国家法仍秉持鼓励、建议的态度，鼓励第三方电子商务平台建立信用评价体系、信用披露制度。后在《电子商务法》中，建立健全信用评价制度已成为电子商务平台经营者的一项义务。如《电子商务法》第39条法律明确规

---

〔69〕《消费者保障计划》，载淘宝网 https://www.taobao.com/market/global/xfzbzbzzx.php? spm = a215z.1507174.0.0.7e1d5e8dQBGy69。

定，电子商务平台经营者应当建立健全信用评价制度，公示信用评价规则，为消费者提供进行相应商品或服务的评价途径。

## 五、禁止刷单炒信

刷单炒信行为是电子商务中独具特色的一种行为，利用电子商务平台内部评价体系达到吸引消费者、打击竞争者的目的。因评价体系需要经过一定时间的累积，部分商家为在短期内提升商品搜索排名，以达到吸引消费者的目的，采取各种虚拟交易的方式虚构成交记录和虚拟好评。甚至还有部分商家在竞争者店铺大量恶意购买商品并给予不符合实际的差评，利用平台对虚拟交易的监管打击同业竞争者。前文已分析论述法律对"刷单炒信"行为的规制以保障消费者的知情权与选择权，在此便不予赘述。

由于刷单炒信行为基于电子商务平台的评价体系而产生，该种行为最初也通过平台规则进行规制。《淘宝网评价规范》将"不当使用评价工具"的行为列为违规行为，并采取如屏蔽评论内容、评分不累计等处理措施。淘宝网《违规处理细则》进一步解释涉及使用淘宝评价工具进行的恶性行为：如与同行交易后给出的中评、差评、负面评论；买家利用中评、差评、负面评论等方式，且拒绝与卖家协商解决问题，对卖家进行威胁或提出不合理要求；以给予中评、差评、负面评论等方式谋取额外财务或其他不当利益。信用评价是买卖双方相互评价的，因此，除了卖家假借买家身份刷单炒信、为自己谋取不正当利益，平台规则对买家利用评价体系进行不当行为也进行了规定，尽管这并不属于刷单炒信的范畴。

自 2016 年起，有关部门就开始加大协作力度、打击刷单炒信行为。2016 年 10 月 25 日，在国家发改委、中国人民银行、中央网信办、商务部和原国家质检总局等多部门见证下，反炒信联盟成立。阿里巴巴、京东、腾讯、滴滴出行等 8 家公司成为首批成员并签署《反"炒信"信息共享协议书》。2016 年 11 月 10 日，国家发改委、人民银行、中央网信办、质检总局和中国消费者协会联合签署印发《关于对电子商务及分享经济领域炒信行为相关失信主体实施联合惩戒的行动计划》，利用大数据加强监测监控、规范网络交易行为、维护信用秩序、净化市场环境。2016 年 12 月，国家发改委、人民银行等九部门联合印发《关于全面加强电子商务领域诚信建设的指导意见》，进一步要求严厉打击通过恶意刷单、空包裹代发邮寄等方式伪造交易记录和物流信息的违法失信行为。2017 年 10 月 31 日，反炒信联盟又有美团大众点评、唯品会等 7 家企业加入。2018 年 5 月，国家发改委、工信部等八部门联合发文加大对电子商务领域失信问题专项治理力度，成立跨地区的反炒信联盟和联合惩戒。

## 六、在线争议解决〔70〕

在电子商务领域，伴随着巨大交易量而来的，是庞大数量的小额争议和纠纷。为低成本、便捷地处理大量小额交易纠纷，淘宝网制定了《淘宝争议处理规范》，并经多次修改于 2012 年 7 月 15 日生效执行。整部规范共分为七章，参照一般的法律法规的内部结构模式，除第一章总则、第七章附则外，核心部分按照淘宝交易流程，分别设计售中争议处理规范、售后争议处理规范、特殊交易争议处理规范、举证责任、争议处理程序等内容。整个规范涉及全部交易流程，包括发货、退货、物流、运费、代购服务、当面交易、定制交易、举证、处理程序中止、处理结果执行等。现《淘宝平台争议处理规则》在之前的基础上，补充完善了争议受理期限、范围、淘宝平台特殊商品交易争议处理规则等内容。淘宝平台争议处理程序可由争议任何一方在淘宝上启动，整个程序均在网络上展开，并借助即时通信工具进行沟通，双方当事人可向淘宝网提供证据。处理结果作出后，淘宝网通知支付宝配合强制履行。处理程序进行可能会因当事人选择司法途径而中止且不能对抗司法机构的处理结果。这种内部的争议处理方式以低成本、便捷、程序灵活的特点在电子商务争议处理中发挥巨大作用。

在线争议解决平台规则国家法化的体现就是：《电子商务法》第 63

〔70〕 对在线争议解决相关平台规则的讨论，详见本书第八章。

条对电子商务平台经营者解决交易纠纷的正当性作出肯定，但须遵循自愿、公平、公开的原则进行调处。

## 七、平台规则的“立改废”程序〔71〕

2009年8月17日，淘宝网宣布公开征集适合中国文化与经济背景的淘宝规范——“淘规则”，并在其首页公告《淘宝向全体会员征集淘规则》中，提出“淘规则”的方向是人性化、透明化、完善化、系统化。“淘规则”的公开征集突破了原有立法部门制定或垄断企业制定行业规范的模式，立足于维护消费者与行业参与者的利益，试图建立适合我国电子商务的“网络立法模式”。

同时，淘宝网专门成立“淘规则委员会”负责组织类似“人民代表大会”形式的“全民立法”。“淘规则”的建立不仅仅是一次“网络立法”的尝试，更为重要的在于确立了“网络立法模式”，即“征集建议、投票表决、全网公示、试用、实施”的规则制定程序。2015年6月23日，淘宝网发布公告称淘宝规则众议院已正式上线，淘宝卖家和买家均可在该众议院中对淘宝新规投票并发布意见。淘宝规则众议院也因此成为淘宝规则发布前对外公开征集意见的场所，成为规则议员后即可对规则中新增或变更要点发表意见。

针对平台规则的修改与制定程序过程中大众如何发表意见这个问题，《电子商务法》的第34条和《网络零售第三方平台交易规则制定程序规定（试行）》（商务部2014年第7号）的第7条吸收了淘宝规则中“意见征集”等部分的内容，以保障平台规则制定、修改过程中大众的充分参与权。

---

〔71〕 关于平台规则的“立改废”，详见本书第六章。

## 第五节　小　　结

电子商务的健康有序发展依赖于电商领域法律体系的完善。本章通过对电子商务平台规则与国家法之间关系的研究,认为我国电子商务法律是在平台规则的基础上发展而来的。国家法吸收了大量合理、有效的平台规则,并针对电商领域的实际问题不断予以修改、完善。当然,没有任何一项制度是完美无瑕的。电子商务领域的国家法也存在立法本义与实践效果相互龃龉的现象。此时,我国司法机关在遵循立法本义的原则下,试图在电子商务平台规则与国家法之间寻找合理的出路,以解决实定法未尽之事宜。可以说,我国电子平台规则与国家法之间存在高度双向互动,既有平台规则执行国家法规定,并对国家法予以细化,也有平台规则向国家法的转化。

# 第五章　平台规则的效力

国家与社会、政府与市场的关系随着社会矛盾和公私利益的复杂化处于不断调整和变动中。在这种背景下，进入公法语境中的“规范”不再局限于国家法的形式，而是呈现出硬法软法并行、社会规范井喷的多元体系和格局。[1] 随着电子商务的快速发展应运而生的电子商务平台服务协议和交易规则（以下简称平台规则）不仅丰富着社会规范的表现形式，而且进一步推动法学理论的发展。在《电子商务法》颁布实施后，制定平台规则不再仅仅是电商平台经营者的权利，在相当程度上还成了电商平台经营者的法定义务。自此，会有越来越多的平台规则，承担起更多的维护和保障交易秩序和网络秩序的功能。随之产生的一种现象引人关注，即一些同许可、处罚、强制、产品质量监督检查等传统上政府职能相近或相似的职能，进入平台规则当中，逐渐成为网络平台熟稔的规制工具。这种基本上由平台单方制定的、影响用户权利义务的规范性条款不是严格形式意义上的国家法，那其究竟是什么？其效力究竟源自何处？

鉴于成熟的平台治理主要是依规则治理，因此平台规则的法律地位和性质成为法学关注平台治理时所要优先解决的问题。既有研究先后

---

[1] 除国家法外，在社会和市场中还存在着大量习惯、道德规范、宗教规范、自治规范等。详见刘作翔：《当代中国的规范体系：理论与制度结构》，载《中国社会科学》2019年第7期。

提出“合同说”[2]、“习惯说”[3]、“软法说”[4]等解释方案,这些方案是从不同角度和侧面进行的抽象和提炼,但不存在非此即彼的关系。相反,在这些方案的背后,隐含着某种共性、某个共同指向的对象。不论持哪种主张,其实都是在描述平台规则对使用平台服务的不特定主体产生的约束力,只是来源不同,即源于合意约定、交易惯例或自律管理。因此,在“依规则治理”业已成为网络空间中普遍存在的客观事实的当下,有关地位和性质的各种归纳、演绎和类型化都与平台规则的效力问题产生了密切关联。

平台规则是否有效、为何有效、如何生效,归根结底是一个法效力的问题。法律的效力问题在法理学中占据着举足轻重的地位。回顾西方法律史,它曾经是法哲学史上的中心议题,也是分析实证主义法学与自然法学的争议焦点。如同法效力之于法理学的地位,可以认为,平台规则的效力,构成了平台治理的基础问题。对平台治理的研究离不开对规则的关注,对平台规则的研究也离不开对其效力的关注。如果说平台规则与国家法的关系是从外部视角界定平台规则的功能和范围,那么平台规则的效力则致力于从内部视角实现平台治理的逻辑自洽。现有文献对这个问题着墨不多。

本章关注平台规则的效力。首先,回顾分析实证主义法学有关法律效力的论述,探寻平台规则的效力来源。其次,以主体、目的、形式为要

---

[2] 持“合同说”的研究,如杨立新:《网络交易法律关系构造》,载《中国社会科学》2016年第2期;甘晓晨:《互联网企业自治规则研究——以支付宝规则为例》,载苏力主编:《法律与社会科学》(第6卷),法律出版社2010年版,第57页;聂东明:《谈网规的法律性质及其与法律的关系》,载《网规研究通讯》2011年第1期。

[3] 持“习惯说”的研究,如杨立新:《网络交易规则研究》,载《甘肃社会科学》2016年第4期;姜世波:《网络习惯法:网络社会自治的法律规则体系》,载谢晖、陈金钊主编:《民间法》(第13卷),厦门大学出版社2014年版,第411页。

[4] 持“软法说”的研究,如沈岿:《互联网经济的政府监管原则和方式创新》,载《国家行政学院学报》2016年第2期;马长山:《互联网+时代“软法之治”的问题与对策》,载《现代法学》2016年第5期;姚志伟:《软法视域下的网规治理》,北京大学“国家治理的现代化与软法”国际研讨会论文,2014年7月9日于北京。

素,归纳平台规则的生效要件。再次,从现行有效的平台规则入手,讨论平台规则效力层次的必要性和判断标准,并进行体系化建构。最后,围绕时间、空间维度划定平台规则的效力范围。鉴于淘宝平台的规则相较于其他平台更为成熟和体系化,本章将以淘宝平台规则为主要研究对象,尝试作出进一步阐释。

## 第一节　平台规则的效力来源

### 一、法律效力的本源

对法律效力的关注,源于对法律概念及法哲学范畴的不同认识。在"法律是什么"的设问下,分析实证主义法学与自然法学就法律与道德关系的问题始终存在着对立。选择了哪种概念,在某种程度上就意味着选择了哪种效力理论。在法实证主义阵营中,尽管存在不同方向和多种变化,但一个重要共性是主张法律的概念要以不包含道德要素的方式来定义;法律的效力并非来自道德,而是法律自身。考虑到分析实证主义法学对实定法的重要意义,以下对凯尔森和哈特两位不同时期代表人物有关法律效力及其来源的论述进行梳理。

凯尔森对法律效力的理解以"动态体系"和"基础规范"为依托,这集中体现了纯粹法理论的精髓。他驳斥了奥斯丁将法律视为主权者命令的观点,认为一个命令之所以有约束力,并不是因为命令人在权力上有实际优势,而是因为他"被授权"或"被赋权"发出有约束力的命令。〔5〕这种"应当"以一定方式行为而非真正"要"那样行为的效果和作用力,表示了一种法律是"规范"的事实,从而排除主观上的、心理化的因素。规范之所以是有效力的法律规范,是因为其已根据特定的规则

〔5〕［奥］凯尔森:《法与国家的一般理论》,沈宗灵译,商务印书馆2013年版,第67页。

而被创造出来。[6] 低级规范由高级规范的调整而被创造，共同构成动态的规范体系。这解决了绝大部分规范的效力问题。但这种追根溯源并不是无止境的。凯尔森将无法从一个更高规范中得来自己效力的规范称之为基础规范。至于基础规范的效力，他认为，法律秩序的基础规范就是一个被假设的最终规则，它之所以有效力，是因为它是被预定为有效力的。[7]

哈特有关法律效力的论述建基于“承认规则”和“内部观点”之上，是围绕着整个法体系展开的。他将法律视作初级规则和次级规则的结合。初级规则科以义务，规范人们具体行为或变动；次级规则授予权力，规定了初级规则被确定、引进、废止、变动的方式，以及违规事实被决定性确认的方式。[8] 次级规则引入承认规则，后者成为鉴别初级规则的决定性规则。他主张：“说某个既存的规则是有效的，就是肯定它已通过所有承认规则所提供的判准，并成为法体系规则中的一员。”[9] 因此，在他看来，法律的效力来源于法体系内的一个具有终极性的承认规则和最高判准。[10] 而对于这项终局规则和最高判准本身的效力，哈特认为其并非由更高级的规则确定，而是一项内部陈述的事实。他将观察法体系的视角区分为内部陈述和外部陈述。其中，前者是由那些接受承认规则，而不多加说明便加以适用于确认法体系内有效规则的人所使用；后者是由自身不接受该规则，而仅仅说出他人接受该规则的事实的外部观察者使用。[11] 哈特认为，承认规则是不同于法体系内其他规则的，既非有效也非无效。主张承认规则存在（有效）的说法，只能是一种外部的事实陈述。[12] 而从内部视角观察，要完整描述一个法体系的存在，一方

---

〔6〕［奥］凯尔森：《法与国家的一般理论》，沈宗灵译，商务印书馆2013年版，第178页。
〔7〕［奥］凯尔森：《法与国家的一般理论》，沈宗灵译，商务印书馆2013年版，第182页。
〔8〕［英］哈特：《法律的概念》，许家馨、李冠宜译，法律出版社2018年版，第137、152页。
〔9〕［英］哈特：《法律的概念》，许家馨、李冠宜译，法律出版社2018年版，第162页。
〔10〕［英］哈特：《法律的概念》，许家馨、李冠宜译，法律出版社2018年版，第165页。
〔11〕［英］哈特：《法律的概念》，许家馨、李冠宜译，法律出版社2018年版，第161页。
〔12〕［英］哈特：《法律的概念》，许家馨、李冠宜译，法律出版社2018年版，第170页。

面是受到人民的普遍服从,另一方面是得到官员共同接受包含法体系效力之判准的承认规则。[13]

由此可见,不同时代的分析实证主义法学家对于法效力的理解尽管不尽相同,但似乎都是分别从法规范和法体系入手,提炼并完成理论体系的建构。具体来说,对于法规范的效力本源,凯尔森认为是基础规范,哈特认为是承认规则;对于法体系的效力本源,凯尔森认为是动态体系,哈特认为是内部观点。有关法规范效力本源的讨论,旨在解释一个法域内绝大多数实定法的正当性;而有关法体系效力本源的讨论,则力图解决具有最高位阶的、赋予其他法规范以效力的法规范(宪法或宪制性规范)之正当性。这种类型化,将有助于对平台规则的效力及其来源进行分类把握。

## 二、平台规则的效力来源

互联网所创造的虚拟世界与真实世界之间存在着若隐若现的隔阂。在真实世界中,一个法律规则之所以能够被制定并执行,离不开在特定地理边界内形成的权力(power)、效力(effects)、合法性(legitimacy)和告知(notice)四项要素。[14] 但在虚拟世界中,客观实在的领土边界是不存在的,物理位置与这些因素之间的必然联系被打破。虚拟世界中的平台规则由于不受到领土边界的约束,故其效力并不基于任何一个特定国家的法律体系,也并不基于任何一个特定的主权者。但是,世界上任何以领土边界为基础的国家法体系,都在民法上承认意思自治原则,并赋予基于意思自治形成的契约以法律效力。例如,我国《民法典》第5条规定:"民事主体从事民事活动,应当遵循自愿原则,按照自己的意思设立、变更、终止民事法律关系。"第134条规定:"民事法律行为可以基于双方或者多方的意思表示一致成立,也可以基于单方的意思表示成立。"

---

〔13〕［英］哈特:《法律的概念》,许家馨、李冠宜译,法律出版社2018年版,第176页。

〔14〕See David R. Johnson & David Post, *Law and Borders—The Rise of Law in Cyberspace*, Stanford Law Review, Vol. 48:5, p. 1369 - 1370(1996).

于是,平台的服务协议首先得以以契约的名义,获得了类似于平台内基础规范或承认规则的地位,并在国家法上得到了效力认可。具体到我国,“先发展、后管理、在发展中逐步规范”的监管思路和原则,为诞生于世纪之交的电子商务市场营造了相对宽松的发展环境。市场规模小、法律关系简单、网络技术新使得政府在初期既无必要也无能力对电子商务市场进行调节和监管。初创时期的平台是一个全面且充分实施自我规制的场域。在自由生长的局面下,包括平台在内的互联网公司借鉴当时全球领先的 Yahoo、eBay、Amazon 等互联网公司的经营模式,将合同作为一项重要的治理工具,制定并公布用户协议(User Agreement)、隐私政策(Privacy Policy)和法律声明,形成了平台规则体系的雏形。

在中国,经历“野蛮生长”后,至迟从 1996 年起,互联网进入了政府的监管范围。2004 年颁布的《电子签名法》,标志着规范意义上的国家法正式将电子商务——尽管只是很小的一个环节——纳入调整范围。自此,平台规则开始面临外部监管的压力,通过频繁的“立改废”释体现监管者的意志,国家的角色由规则制定者(rule maker)转变为规则接受者(rule taker)和促进者(rule facilitator)。美国学者劳伦斯·莱斯格(Lawrence Lessig)曾有过形象的比喻:“东海岸代码统治西海岸代码的权力增大了。……在西海岸代码越来越商业化时,东海岸对西海岸的规制权就越来越大了。”[15] 在政府看来,将规则制定的职能赋予对复杂情况最为了解且能够确保共享经济发展的平台自身是一项明智的选择。对此,我国电商平台的认识是十分明确的。例如,《淘宝总则》第 2 条第 1 项规定:“国家法律法规及相关规范性文件……是淘宝平台规则制定、修订的法律基础。”[16]

在历经电子商务崛起、高速发展、转型和升级几个阶段后,平台企业

---

〔15〕 [美]劳伦斯·莱斯格:《代码 2.0:网络空间中的法律(修订版)》,李旭、沈伟伟译,清华大学出版社 2018 年版,第 80 页。

〔16〕 《淘宝平台规则总则》(2019 年 5 月 6 日版),载淘宝网 2019 年 5 月 6 日,https://zhongyiyuan.alitrip.com/detail-10000210.htm? tag=self。

一方面以当时有限的民事法规范调整平台内市场秩序，另一方面通过“点击生效协议”获得“一揽子”授权，发布了大量富有实效且影响用户权利义务的平台规则，实现了平台规则的体系化。有澳大利亚学者指出：“权利正在被越来越多的私人间契约式协议而非公共规制所决定……合同再一次地‘吞噬’了大量原本被认为已被‘吐出’的标的。”〔17〕合同被赋予的实质性功能越来越多，早已超越了买与卖、租与借的基本范畴。对于私主体而言，如果其欲在特定的公共空间内运用特定手段维持稳定的秩序，只能通过与各方同时达成合意获得正当性。不难看出，服务协议作为一种“一揽子”授权的格式条款，赋予了平台企业单方面制定服务协议以外的其他平台规则的“权力”，剥夺了用户进行磋商的可能，具有规范性质，获得了与法律规范类似的法律地位，〔18〕在效力上构成了其他平台规则的基础规范或承认规则。

总的来说，平台规则在平台治理中大量存在，且即便经过某种程度的民主程序，仍然以单方面制定为基本特点。那么，运用传统私法上的合同或格式条款原理解释其效力，虽可成立，但不免牵强，甚至与合同的平等自治精神相悖。换言之，将市场体系下的法律和规则绝对地归属于私的属性，已然无法契合电商平台作为公共治理主体的身份。因此，本章提出以意思自治奠定服务协议的效力，以服务协议作为平台内的基础规范或承认规则，奠定其他平台规则的效力。如此，平台规则在与国家法的交织中，构成了类似于国家法但又不同于国家法的虚拟空间的规范效力体系。

## 第二节　平台规则的生效要件

效力来源回答了平台规则的正当性问题，但远不足以判断平台规则

---

〔17〕 Brendan Edgeworth, *Law, Modernity, Postmodernity: Legal Change in the Contracting State*, Ashgate Publishing Group, 2003, p. 150.

〔18〕 参见朱岩：《格式条款的基本特征》，载《法学杂志》2005 年第 6 期。

何以生效。平台规则与其他社会规范和交易规范一样,只有在满足一定的构成要件时,才是有效力的。从法的制定环节来看,国家法之所以生效,是因为其具有适格的立法主体(包括立法权限)和严格的立法程序;从合同的订立角度来看,合同之所以生效,是因为当事人具有相应的缔约能力(民事权利能力和民事行为能力)和真实的意思表示。国家法与合同从价值和内容上为平台规则提供效力来源,当然也从构成要件上为平台规则提供丰富资源。以下结合国家法和合同的生效要件,归纳平台规则的生效要件。

## 一、主体要件:拥有平台治理权

平台规则生效的首要前提,是平台治理权的存在,即电商平台基于服务协议或国家法的要求而具备管理平台内公共事务的能力。所谓平台内公共事务,是指涉及不特定多数人的市场秩序和公共秩序的事务。成熟的平台治理主要是依规则治理,因此在一定程度上,平台规则是平台治理权的集中体现。但平台治理权不是一个新问题,有论者或借助经济法框架,将其认定为市场内部规制手段,[19] 或遵循传统的行政法教义学框架,将其归纳为公法上的义务,[20] 或创造性地将其类型化为私权力。[21] 不论这些观点的论据如何,大体上都承认平台所拥有的这种事实状态。本章无意评价其利弊,而是希望在既有事实基础上,梳理

---

〔19〕 参见王永强:《网络平台:市场规制主体新成员——以淘宝网电商平台为例的阐述》,载漆多俊主编:《经济法论丛》第27卷,法律出版社2014年版,第53~66页。

〔20〕 参见柳雁军等:《平台时代反思:互联网平台行政义务之缘起、流变及四大问题》,载"腾讯研究院"微信公众号,2016年10月20日;参见王静:《互联网平台的公法义务》,载"腾讯研究院"微信公众号,2017年8月17日;高秦伟:《论行政法上的第三方义务》,载《华东政法大学学报》2014年第1期。

〔21〕 参见周辉:《变革与选择:私权力视角下的网络治理》,北京大学出版社2016年版,第15~18页;参见刘权:《网络平台的公共性及其实现——以电商平台的法律规制为视角》,载《法学研究》2020年第2期。相似的观点,如薛虹:《论电子商务第三方交易平台——权力、责任和问责三重奏》,载《上海师范大学学报(哲学社会科学版)》2014年第5期。

拥有治理权的平台所具备的特征。

(一)平台的规模性

平台的治理权不是与生俱来的,而是平台规模扩张的结果。平台企业在创业初期的经营模式单一、市场规模较小,很难对市场、经营者和消费者施加有效的影响和控制,其在交易中扮演的角色多为纯粹的通道(conduit)、撮合者(matchmakers)或网络中介(Internet intermediaries),仅对源自第三方客户的信息进行传输,对信息的内容既不支配也不储存,[22]从而"促进不同类型客户间的直接互动"[23]。受经济利益的驱使,电商平台纷纷追求商业链的闭环,尝试跨平台、多平台经营,形成规模效应。当这种规模达到一定程度时,平台就在事实上获得了治理权。原因在于,平台为了阻止用户在初创时期"用脚投票"、使用竞争者提供的产品和服务,会投入大量技术和资源加强自身粘性,从而与用户形成持续的、牢固的使用关系。[24] 这种网络粘性会对用户产生保留、吸引作用,影响其交易偏好。[25] 在达到相对稳定的市场规模后,平台作为经营者与用户作为消费者之间的结构性不平等进一步显现,前者开始大量运用预先制定、单方提出而未经磋商的规则调整与后者的法律关系,进而对平台内的市场秩序和公共秩序产生规范性的影响。概言之,平台在发展早期调动的是传统经济组织无法有效利用的闲置资源,而成熟后就有能力根据更充分的信息重新组织生产链条,完成上下游产业的整合,实现对在线生产和交易的控制和管理。[26]

---

[22] Gavin Sutter, *Don't Shoot the Messenger? The UK and Online Intermediary Liability*, International Review of Law, Computers and Technology, Vol. 17:1, p. 77(2003).

[23] See David S. Evans & Richard Schmalensee, *Matchmakers: The New Economics of Multi-sided Platforms*, Harvard Business Review Press, 2016, p. 15.

[24] See Dahui Li, Glenn J. Browne & James C. Wetherbe, *Why Do Internet Users Stick with A Specific Web Site? A Relationship Perspective*, International Journal of Electronic Commerce, Vol. 10:4, p. 105(2006).

[25] "*Prospectus of Alibaba Group Holding Limited Global Offering*", HKEX news(Nov. 15, 2019), p. 15.

[26] 胡凌:《从开放资源到基础服务:平台监管的新视角》,载《学术月刊》2019年第2期。

那么,据以认定平台治理权形成的规模要素是否存在一个判断标准?实际上,现有理论主张以用户数定义规模,进而为立法者对平台企业课以公法义务提供依据。例如,于2017年10月1日起生效的《德国网络执行法》第1条规定,社交网络服务提供者是否履行该法规定的报告义务和投诉处理义务,以其网络平台在德国境内的注册用户数量是否达到200万个为标准。亦有论者认为,活跃用户数量达到10亿级的超级网络平台,具有强大的动员能力与产业支配地位,“在很大程度上代理了原本应由国家承担的网络社会的公共服务和公共政策,正在参与传统政府的社会管理职能”。[27] 总之,应当认识到,互联网市场中的平台企业(如我国《电子商务法》规定的“电子商务平台经营者”)在体量和质量上参差不齐,更何况部分中小型平台依附于大型平台而存在(如租用服务器等),不可能让处于“温饱”水平的中小型平台承担与大型平台同样的治理权限和责任。我们认为,应当引入“关键信息基础设施”作为判断我国电商平台规模大小的标准。一方面,“关键信息基础设施”具有规范基础。根据我国《网络安全法》第31条第1款规定,国家对一旦遭到破坏、丧失功能或者数据泄露,可能严重危害国家安全、国计民生、公共利益的关键信息基础设施,在网络安全等级保护制度的基础上,实行重点保护。另一方面,“关键信息基础设施”具有可操作性。中央网信办网络安全协调局编写的《国家网络安全检查操作指南》将满足条件的网上购物等网络服务平台纳入了关键信息基础设施范畴,具体表述为:

> B. 平台类
>
> 符合以下条件之一的,可认定为关键信息基础设施:
>
> 1. 注册用户数超过1000万个,或活跃用户(每日至少登录一次)数超过100万个。
>
> 2. 日均成交订单额或交易额超过1000万元。

---

〔27〕 方兴东、严峰:《浅析超级网络平台的演进及其治理困境与相关政策建议——如何破解网络时代第一治理难题》,载《汕头大学学报(人文社会科学版)》2017年第7期。

3. 一旦发生网络安全事故，可能造成以下影响之一的：

（1）造成1000万元以上的直接经济损失；

（2）直接影响超过1000万人工作、生活；

（3）造成超过100万人个人信息泄露；

（4）造成大量机构、企业敏感信息泄露；

（5）造成大量地理、人口、资源等国家基础数据泄露；

（6）严重损害社会和经济秩序，或危害国家安全。

在主管部门看来，依据上述条件被认定为关键信息基础设施的电商平台，对公共秩序和公共利益的潜在影响是显著的。而且，这一判断标准采用了商业利益与公共利益相结合的方法，从正反两方面进行相对全面的界定。因此，如果平台在规模上已经落入关键信息基础设施的范围当中，就可以认为其具备了影响和控制公共空间的能力，从而承认其治理权。

（二）平台的中立性

平台若要顺利、有效地行使治理权，除达到一定规模外，还应具备中立性身份。但这种中立性不同于网络中立（Network Neutrality），而是要求作为治理主体的平台与作为治理对象的平台内经营者之间不能存在市场竞争关系。换言之，如将平台理解为通道、撮合者或者网络中介，其相对于平台内的市场活动是中立的，只提供交易场所和技术支持，不参与具体的、特定的交易，也不参与原始信息的创造，从而在身份和地位上具备治理的正当性。

受经济利益驱使，复合型商业模式愈加受到青睐，横跨B2B与B2C、C2C与B2C的平台已不鲜见，实践中还出现了兼营C2B和O2O的情形。但混合商业模式下的平台既是“运动员”又是“裁判员”，在行使治理权时难以保持公正、合理和谦抑，为避免平台滥用治理权侵害用户合法权益，其权力应当受到限制。具体而言，一方面，当平台直接经营（即自营）特定商品或服务时，如果仍由其承担治理的职责，无疑诱使其利用自身特殊地位对平台内其他经营者的经营行为进行支配和限制，有违市场经济的公平竞争原则。鉴于此，《电子商务法》第35条明确，平台不得利用服务协议、交易规则以及技术等手段，对平台内经营者在平台内的交易、交易价格以及与其他经营者的交易等进行不合理限制或者附加不合理条件。另一方面，在传统行政法上，与规制理论相近的授权委托理论要求被授权和被委托主体不以营利为目的，从而保证后者同被授权委托行使的行政事项之间无利害关系。平台治理权既然体现了单方性和不平等性，就应当受到公法价值的约束。因此，B2C 等纯粹竞争性的平台，既是平台企业，又是平台内自营产品和增值服务的经营者，与平台内其他经营者之间存在直接的竞争关系，应当在确保其中立性的前提下，有限度地承认其治理权的存在。

（三）平台的控制性

平台的控制性是指平台实现了对架构的控制。如前所述，在虚拟世界中，不存在客观实在的领土边界，物理位置与这些因素之间的必然联系被打破。即便如此，劳伦斯·莱斯格仍然断言："利用代码来诠释的法律将比现实世界的法律更为高效。"〔28〕原因在于，一旦平台规则被确定下来，程序员就可以编制出应用该规则的程序架构。正如季卫东所指出的："算法的最大优势是把承认规则导入计算机信息处理系统当中。"〔29〕换言之，在网络空间中，平台规则以架构的形式发挥效力。其不仅不需要以行为人最低限度的主观性作为保证，而且可以通过自动执行属性对处于同一架构中的用户产生约束力。〔30〕而任何形式、任何程度的约束都是一事物对他事物形成控制的表达。根据控制论的观点，机器和生物/有机体的目的都是控制它们的环境。〔31〕法律就是对若干危险情况

〔28〕［美］劳伦斯·莱斯格：《代码 2.0：网络空间中的法律（修订版）》，李旭、沈伟伟译，清华大学出版社 2018 年版，第 123 页。

〔29〕季卫东：《软法与智能网络社会的治理》，载"法意读书"微信公众号，2019 年 11 月 25 日。

〔30〕参见［美］劳伦斯·莱斯格：《代码 2.0：网络空间中的法律（修订版）》，李旭、沈伟伟译，清华大学出版社 2018 年版，第 362～365 页。

〔31〕［德］托马斯·瑞德：《机器崛起——遗失的控制论历史》，王晓、郑心湖、王飞跃译，机械工业出版社 2017 年版，第 37 页。

进行有秩序的和可重复的控制。[32] 架构是人为建造的,是人对网络空间形成控制的体现。具体来说,在互联网基础设施架构中,域名系统(Domain Name System,DNS)处于根本性地位,承担着网络通信的基础性功能。任何用户访问互联网都必须获得 IP 地址(Internet Protocol Address),如果成为网站服务器还要获得域名地址(Domain Name Server)。因此,在一定程度上可以认为,网络空间就是由众多域名组成的;域名是互联网具象化后的产物。一个网站服务器所包含的所有域名地址的集合具有一定的封闭性,与其他网站服务器之间处于相对独立的状态。管理多少台服务器,就意味着对多少个平台实现了控制。因此,架构所指向的平台治理权形成于平台对特定网络空间的控制。

## 二、目的要件:维护交易秩序和公共秩序

在国家法层面,公权力机关作为具有普遍约束力的规范性文件的制定者,其存在的目的就是维护公共利益。在理论上,维护公共利益是立法行为和行政行为的应有之义。然而,不论是法律法规的生效要件还是行政行为的构成要件,都未将维护公共利益当作一项独立的条件。与此不同的是,平台由企业经营,以营利为目的;当维护市场公平竞争的公共利益与其自身追求利润最大化的私人利益发生冲突时,平台很容易适用双重标准,利用制定平台规则的优势减损用户权益或者为用户附加过重的义务。于是,有必要将维护交易秩序和公共秩序明确为平台规则的一项生效要件。

当然,平台为适应新的商业模式而制定规则,难免有自身利益驱动的因素,但只要立规的主要目的是维护交易秩序和公共秩序,哪怕该规则服务于新模式、新产品,目的要件仍然可以满足。因此,判断某一平台规则是否具有维护交易秩序和公共秩序的目的,不必探求交易秩序和公

---

〔32〕 [美]维纳:《人有人的用处——控制论与社会》,陈步译,北京大学出版社 2010 年版,第 97 页。

共秩序在网络中的特定含义,而是应当去考量平台规则的目的和内容是否符合法律法规,是否符合公序良俗。也就是说,平台规则只有符合法律法规才是有效的。理由在于:第一,这是国家法的要求。根据《网络零售第三方平台交易规则制定程序规定(试行)》(本章以下简称《平台规则制定程序规定》)第 4 条和第 19 条的规定,平台规则的制定、修改、实施,应当遵守法律、行政法规,尊重社会公德,不得扰乱社会经济秩序,损害社会公共利益;构成犯罪的,依法追究刑事责任。第二,这是民事法律行为生效的前提。不违反法律、行政法规的强制性规定,本来就是合同生效的一般要件。根据《民法典》第 143 条第 3 项和第 153 条第 1 款的规定,违反法律、行政法规的强制性规定的,合同无效。在平台与用户订立的服务合同中,平台规则可视为补充条款,是合同的一部分,自然要符合法律法规的强制性规定。

另外,现行的平台规则备案制度还设计了平台规则违反法律法规强制性规定的处理机制。首先是政府商务部门的处罚权——《平台规则制定程序规定》第 18 条规定,平台未按规定制定、修改、实施交易规则的,由属地省级商务主管部门责令限期改正,拒不改正的,处以警告,并向社会公布;其次是行业组织的建议权——《平台规则制定程序规定》第 16 条规定,行业组织开展自律管理,对已备案的平台规则提出意见;最后是市场主体的举报权——《平台规则制定程序规定》第 15 条第 1 款规定,任何单位和个人可通过平台规则备案系统向属地省级商务主管部门举报,避免将无效平台规则对用户权益的不利影响延伸到事后。

### 三、形式要件:按照程序制定和修改

法规范在公布施行前,一般要经历立法规划(亦称立法计划、立项等)、起草、征求意见、审议等环节。然而,在制定程序的监督上,平台规则与国家法规范存在不同。平台内多数消费者和经营者将目光聚焦在提供产品和服务本身,关注折扣或利润而轻视事后责任,导致各方参与平台治理的积极性较低,并且部分条款的制定和修改以大数据为支撑,

通常涉及商业秘密,因此,在实践中平台并未公开其制定平台规则的程序规则,往往选择“关门立法”,缺少有效监督。

目前的平台立规模式在某些方面类似于国家法制定过程中的“部门立法”现象。具体来说,服务协议和重要的交易规则由法务部门起草,而普通的交易规则由不同的业务部门起草。根据《行政法规制定程序条例》第 18 条的规定,制定行政法规,应由国务院法制机构对送审稿进行审查。然而,在平台立规的场景中,由于业务部门起草的交易规则数量繁多、篇幅较大,无法交由平台法务部门一一审核,往往只是经意见征求和公示后便直接发布。值得注意的是,平台制定和修改规则主要源自三个方面的动因:一是为了适应平台新的商业模式或业态之发展,或者适应平台临时的交易政策;二是为了依照《平台规则制定程序规定》第 8 条的规定,使其平台规则与法律法规和监管要求保持一致;[33] 三是为了回应用户的投诉和意见。前一种情形下,平台制定规则是主动的;后两种情形下平台都是被动地启动立规程序,平台规则的制定和修改呈现出明显的问题导向性特征,即为了及时回应用户诉求或者解决平台治理中产生的实际问题。从这一角度来看,被动立规模式在一定程度上减少了“部门立法”中出现的部门利益驱动“关门立法”的可能。

在组成制定和修改程序的诸多环节中,立法对平台立规程序设计上的要求显然是围绕征求意见这个环节展开的,且没有作出过于细致的要求。如《电子商务法》第 34 条第 1 款规定:“电子商务平台经营者修改平台服务协议和交易规则,应当在其首页显著位置公开征求意见……。”又如,《平台规则制定程序规定》第 7 条规定:“网络零售第三方平台经营者制定或修改的交易规则,应当在网站主页面醒目位置公开征求意见,……征求意见的时间不得少于七日。”《电子商务信息公示管理办法(征求意见稿)》第 16 条第 1 款则规定:“电子商务平台经营者修改平台

---

[33] 《平台规则制定程序规定》第 8 条:“符合下列情形之一的交易规则,可以不公开征求意见:(一)为符合法律法规要求修改的交易规则;(二)根据省级人民政府有关部门要求,为保护消费者权益,需紧急采取措施的交易规则。”

服务协议和交易规则的草案，应当在其首页显著位置公开征求意见……。”因此，在立法者看来，平台规则因具有普遍规则的属性而必须引入民主讨论，促进利益相关方的参与，使平台通过意见收集和反馈完善规则内容和理由依据。[34] 此外，从平台的角度来看，征求意见程序还蕴涵了表决的法理，汇集了用户的意志。根据《立法法》第 27 条和第 44 条的规定，法律草案由人民代表大会全体代表或常务委员会全体组成人员的过半数通过。而在“淘宝规则众议院”中，平台会将处于征求意见程序的规则标示为“投票中”，用户点击进入后，系统会提醒用户就该规则草案表明意见：选择“支持”意味着用户同意草案；选择“可再评估”意味着用户反对草案；如果直接关闭页面，则意味着用户弃权。同意或反对都可以附上具体意见。平台会在整理意见后公布《公开征求意见结果反馈》，并说明：“根据收到的有效反馈，多数用户支持此次规则调整。本次投票‘可再评估’的意见反馈中，无有效意见反馈。”这样就意味着，待 7 日公示之后，该规则便会生效。

可见，平台将用户的选择视作投票，从而将国家法所要求的征求意见程序进行量化，增强规则的合法性。下一步的完善方向可以是公开计票结果，接受用户监督。总之，从现有的程序要求来看，只要平台就规则草案开展了至少 7 天的征求意见工作，其制定和修改过程就是合规的，满足平台规则生效的形式要件。

## 第三节　平台规则的效力层次

国家法和合同作为规范，即使满足生效要件，也不是以全有或全无的形式彰显其效力，而是在适用上存在先后顺序。具体来说，国家法中

---

[34]　参见全国人大财经委员会电子商务法起草组编著：《中华人民共和国电子商务法条文释义》，法律出版社 2018 年版，第 109 页。

有“上位法优于下位法”“特别法优于一般法”“新法优于旧法”的效力位阶，合同则区分生效、效力待定、可撤销可变更、绝对无效等效力类型。相应地，平台规则是否存在类似的效力层次、是否应当存在效力层次，成了值得讨论的问题。

## 一、效力层次存在的必要性

### （一）平台规则体系化的需要

法律是一套由规则组成的体系，这一判断在法学领域几乎获得了公理的地位。随着法律体系理论的形成和发展，“体系化”成了一项影响其他社会规范和规则形成过程的标准。可以说，一套成熟的规则应当是体系化的，否则就只是机械的规则堆砌。从横向对比的角度来看，规则体系化表现为规则间的分工，划定社会关系的不同适用领域，如国家与社会、政府与市场，公共安全秩序与消费者权益保护，就属于不同的社会关系，受不同的法律部门调整；从纵向对比的角度来看，规则体系化则表现为规则间的分层，划分同一社会关系领域内规则的不同等级。平台规则只有同时具备明确的分工和清晰的分层，才能被认为是体系化的。

自平台规则初步形成规模以来，国家、平台企业和学者就展开了对平台规则的体系化的尝试。代表性的方案如表5－1所示：

**表5－1　不同主体对平台规则的分类方案**

| 序号 | 主体 | 方案 | 年份 |
|---|---|---|---|
| 立法者的观点 | | | |
| 1 | 全国人大[①] | 进入和退出平台、商品和服务质量保障、消费者权益保护、个人信息保护 | 2018 |
| 2 | 商务部[②] | 基本规则、责任及风险分担规则、知识产权保护规则、信用评价规则、消费者权益保护规则、信息披露规则、防范和制止违法信息规则、交易纠纷解决规则、交易规则适用和修改的规定 | 2014 |

续表

| 序号 | 主体 | 方案 | 年份 |
|---|---|---|---|
| 平台企业的观点 | | | |
| 3 | 阿里巴巴[③] | 基础规则、行业规则、特色规则、营销规则 | 2016 |
| 4 | 淘宝 | 总则、市场管理与违规处理、行业管理规范、营销活动规范、消保及争议处理、信用及经营保障、特色市场规范、内容市场规则、临时公告 | 2019 |
| 5 | 京东 | 总则、招商合作、店铺商品管理、商品质量、营销推广、售后管理、争议处理、奖励违规、专项市场 | 2019 |
| 学者的观点 | | | |
| 6 | 薛虹[④] | 形式:服务条款(ToS)、使用条款(ToU)、公开声明和终端用户协议 | 2014 |
| | | 内容:交易安全保障措施、责任与风险的规定、知识产权条款和措施、信用评价机制、消费者权益保障和数据管理保护措施、信息内容管理措施、用户处罚和争端解决、规则适用对象范围和期限、规则修改的程序和规定 | |
| 7 | 杨立新[⑤] | 准入规则、交易规则、营销规则、处罚规则 | 2016 |
| 8 | 罗英[⑥] | “作为社会规范”的自治规则和“作为规制辅助工具”的自治规则,前者细分为“集体契约性质”“团体规范性质”“技术规范性质”的自治规则 | 2018 |

①《电子商务法》第32条。

②《平台规则制定程序规定》第6条。

③戴昕、申欣旺:《规范如何“落地”——法律实施的未来与互联网平台治理的现实》,载《中国法律评论》2016年第4期。

④薛虹:《论电子商务第三方交易平台——权力、责任和问责三重奏》,载《上海师范大学学报(哲学社会科学版)》2014年第5期。

⑤杨立新:《网络交易规则研究》,载《甘肃社会科学》2016年第4期。

⑥罗英:《电商平台自治规则的类型化思考——兼评〈电子商务法〉平台规则义务条款》,中国行为法学会软法研究分会“新时代的软法与行政诉讼”学术研讨会论文,2018年12月15日于北京。

不难看出，既有的体系化工作聚焦于规则的横向分工，基本上围绕相关的法律部门和现有的政府职责对平台规则进行建构，鲜见对规则效力的纵向分层。因此，建构平台规则的效力层次对平台规则体系化是十分必要的。

（二）确定规则适用的先后顺序

平台内经营者与消费者的交易是民事法律行为，实行意思自治，在约定先于法定的原则下，其法律关系主要受合同的调整。特别是平台内经营者提供产品和服务必须以遵守平台规则为前提。法律成为平台治理的次要选项，这意味着平台规则要在特定的网络空间中发挥法的功能和作用，当然也要按照法的特点进行建构。在日益繁多、种类庞杂、更迭频仍的情况下，明确平台规则适用的先后次序，有利于实现平台治理的确定性和可预期性。正如哈特所言：为了解决不同判准间的冲突，都会有明文规定判准适用的先后顺序。〔35〕

大型平台自 2019 年起，已经陆续在其规则体系中拟制了规则适用的原则。如《淘宝总则》第 5 条规定，淘宝平台规则体系由《淘宝总则》、规则规范和临时公告构成；《淘宝总则》已有规定的，从其规定；规则规范或临时公告有特别规定的，从特别规定，从而大致确定了“《淘宝平台服务协议》—《淘宝总则》—规范”的效力层次。

此外，规则适用顺序的确定，还能在规则失效时发挥保障交易稳定性的作用。〔36〕实践中，有案例显示，当事人之间对平台规则的无效或瑕疵产生争议，法院认定不予适用。例如，就曾有法院认定平台规则中的管辖条款无效。〔37〕在这种情况下，就要判断平台规则的哪些部分无效、哪些部分有效。如果能够通过效力层次区分平台规则的适用次序，就可

---

〔35〕［英］哈特：《法律的概念》，许家馨、李冠宜译，法律出版社 2018 年版，第 159 页。

〔36〕参见《民法典》第 510 条，亦可参见《淘宝平台服务协议》第 10 条。

〔37〕参见《根据民诉法新司法解释 天猫管辖协议被认定无效》，载《人民法院报》2015 年 3 月 19 日，第 3 版；《网站指定管辖法院首次被判侵犯消费者权益 网民打官司 网站不能自定》，载《北京晨报》2008 年 11 月 18 日，第 A6 版。

以最大限度地确保交易的有效性，将服务合同和交易规则无效的损失最小化，从而实现《民法典》所倡导的鼓励交易的原则。

## 二、判断效力层次的标准

若要提炼一个规则体系的效力层次，就有必要优先确定据以判断效力层次的标准。判断平台规则效力层次的标准，可以从国家法和合同效力理论中现有的标准中获得一定的启发。为此，有必要在平台规则与国家法、合同之间进行充分的比较。但在参考和借鉴时也须留意，国家法和合同的效力理论无法为平台规则效力层级的判断提供现成的答案。

从国家法的角度来看，法律体系中形成的“宪法—法律—行政法规—地方性法规—规章”效力层次，是以制定主体为标准、依据宪法规定的国家机构间层级关系确定的，体现了行使公权力的机关之间不同程度的民主正当性。相反，平台规则均是由平台企业的法务部门或业务部门制定，适用于平台企业本身，各制定部门之间不存在像国家机构间那样清晰的层级关系，难以套用国家法的效力层次。从合同的角度来看，其效力类型与行政行为的效力类似，都是以法律行为的后果为标准进行类型化，在生效合同当中，没有层次上的区分，也无法直接用来进行平台规则效力层次的判断。鉴于此，以下将分别提炼判断国家法效力层级的“权限标准”和判断合同效力层级的“公意标准”，并探讨是否可能借用这些标准及其原理，判断平台规则的效力层级。

### （一）权限标准

从国家法角度阐发的“权限标准”，这一标准源于立法机关立法、行政立法和行政规范性文件的区分。由平台企业的法务部门或业务部门分别起草、制定的平台规则，在某些方面类似于由政府法制机构或内设机构起草的部门规章。根据《立法法》第 91 条规定，部门规章之间具有同等效力，在各自的权限范围内施行。而在平台治理实践中，除服务协议和总则以外的平台规则，不论是由法务部门还是业务部门起草，都未被刻意区分效力层次。

除部门规章之外,前述具有规章制定权的行政机关,还会制定大量行政规范性文件。就部门规章与规范性文件的关系,国务院办公厅曾明确:“制定机关负责合法性审核的部门要对文件的制定主体、程序、有关内容等是否符合法律、法规和规章的规定,及时进行合法性审核。”〔38〕可见,行政规范性文件应当符合规章的规定,即同一机关制定的部门规章在效力上要高于行政规范性文件。如此处理的理由在于:从法律适用的角度来看,二者虽都是广义的规范性文件,但规章属立法性文件,行政规范性文件属非立法性文件。〔39〕是否具备立法性特征,从形式上反映出二者制定程序的不同,从实质上则揭示了权限分配的差异。根据法律的法规创造力原则,凡含有法规(法律事项)者,均由法律创造。〔40〕换言之,只有法律才拥有对国家和个人的普遍约束力,内容上具有普遍性和抽象性但未获得法律授权的规范,不具备法规效力。〔41〕实定法对这一问题的立场是十分清晰的:《立法法》的调整范围止于规章,并不包括行政规范性文件。最高人民法院的行政诉讼法司法解释也曾明确,规范性文件与法律、法规、规章相抵触的,“规范性文件不合法”,不作为认定行政行为合法的依据。〔42〕因此,可以认为,规章获得了法律授权,而行政规范性文件没有获得法律授权,在效力上低于规章,应当严格遵循包括规章在内的上位法规定。

同理,在平台规则体系中,除各行业领域的具体规则外,还存在着许多非正式的实施细则(或称规则解读)和临时公告,它们不仅可能在程

---

〔38〕《国务院办公厅关于加强行政规范性文件制定和监督管理工作的通知》(国办发〔2018〕37号),2018年5月31日发布。

〔39〕参见最高人民法院行政审判庭编著:《中华人民共和国行政诉讼法及司法解释条文理解与适用》,人民法院出版社2015年版,第337页;最高人民法院行政审判庭编著:《最高人民法院行政诉讼法司法解释理解与适用(上)》,人民法院出版社2018年版,第468页。

〔40〕参见王贵松:《论法律的法规创造力》,载《中国法学》2017年第1期。

〔41〕参见黄宇骁:《也论法律的法规创造力》,载《中外法学》2017年第5期。

〔42〕参见《最高人民法院关于适用〈中华人民共和国行政诉讼法〉的解释》(法释〔2018〕1号)第148条第2款第2项。

序层面没有遵循《电子商务法》第 34 条的规定,还可能在实体层面对用户权益造成了限制。这类规则无权突破服务协议和正式规则划定的边界,不当扩张非正式规则的调整范围。

(二)公意标准

从合同角度阐发的“公意标准”,源于政治哲学中的契约理论。有论者指出,与现代国家主权的理论来源相似,作为数据主权者的平台同样通过契约获得治理的合法性,只不过这种契约不是政治契约(社会契约),或者不单单是政治契约,而是商业契约或者二者的耦合。[43] 社会契约的经典表述为:“我们每个人都以其自身及其全部的力量共同置于公意的最高指导之下,并且我们在共同体中接纳每一个成员作为全体之不可分割的一部分。”[44] 在有着自由主义传统的早期思想家看来,契约有助于解释为什么宪法对于由虚构自治个体组成的社会而言是正当的。[45] 美国学者汤姆·金斯伯格(Tom Ginsburg)进一步认为,宪法设计所运用的现代契约理论是在私人契约而非社会契约的语境下发展起来的。前者相比后者,在面对许多国家的实际宪法设计时,提供了一套极富价值的理解工具,具有更强的解释力。[46] 按照苏力的观点,这其实不难理解:“(资本主义上升时期)大量增加的契约现象不仅是可供构建新型社会关系和社会组织借用的理论资源,而且为人们普遍认同以契约

---

〔43〕 参见胡凌:《互联网与公共领域:财产与劳动的视角》,载张平主编:《网络法律评论》(第 17 卷),北京大学出版社 2015 年版,第 67 页;胡凌:《什么是数据主权?》,载观察者网,http://www.guancha.cn/local/2016_09_03_373298.shtml。

〔44〕 [法]卢梭:《社会契约论》,何兆武译,商务印书馆 2003 年版,第 20 页。

〔45〕 Tom Ginsburg, *Constitutions as Contracts*, *Constitutions as Charters*, in Denis J. Galligan & Mila Versteeg (eds.), Social and Political Foundations of Constitutions, Cambridge University Press, 2013, p. 182.

〔46〕 Tom Ginsburg, *Constitutions as Contracts*, *Constitutions as Charters*, in Denis J. Galligan & Mila Versteeg (eds.), Social and Political Foundations of Constitutions, Cambridge University Press, 2013, p. 182 – 192.

来解说各种关系——其中包括国家——创造了一个社会接受条件。"[47]

具有社会和市场双重属性的平台，通过与用户订立体现私人契约特征的服务协议，彰显出了社会契约的理念和价值。换言之，服务协议就是特定网络空间中的社会契约。网络公共领域的出现为社会契约理论提供了"从商业契约来、又回到商业契约去"的实践机遇。通过"点击即生效""使用即同意"的服务协议，用户让渡了部分隐私权和个人信息权益，享受了平台企业提供的信息网络服务所带来的生活便利。与此同时，随着服务协议的订立，平台也据此获得了维护平台内网络秩序和交易秩序的权限，获得了平台治理的合法性，有权制定平台规则。《电子商务法》第48条认可了这种形式。这种通过自动化信息系统订立的、以全有或全无方式存在的服务协议，甚至在一定程度上克服了社会契约理论广受诟病的局限性，即一部宪法或者一种政治秩序难以获得所有人普遍的、一致的、相互的同意和接受，[48]因为服务协议至少在形式上得到了所有用户的同意。可以认为，这种共同意志构成了公意。

平台在公意下，根据服务协议制定各类交易规则。但这种公意并不是一以贯之的，它随着平台意志单方性、自主性的增强而减弱。也就是说，某一类平台规则越是在制定和修改程序上缺乏用户参与和明示同意，就越不能反映全体用户的意志，那么，就应在效力上给予该类根据服务协议制定的平台规则低于服务协议的评价，使其在内容上不违反公意；反之，若某一平台规则得到了用户充分的参与和明示同意，就意味着充分地反映了全体用户的意志，也应在效力上给予该类根据服务协议制定的平台规则高于其他平台规则的评价，从而保护平台内用户的合法权

---

[47] 苏力：《从契约理论到社会契约理论——一种国家学说的知识考古学》，载《中国社会科学》1996年第3期。

[48] 有关该局限性的阐释，参见[英]休谟：《论原始契约》，载休谟：《休谟政治论文选》，张若衡译，商务印书馆2010年版，第119～138页。See Russell Hardin, *Why a Constitution?*, in Denis J. Galligan & Mila Versteeg (eds.), Social and Political Foundations of Constitutions, Cambridge University Press, 2013, p. 54.

益。如果平台规则之间的公意性相同（如都要求得到所有用户“点击即生效”“使用即同意”的操作），则需要搭配权限标准得出效力层次判断的结论。

## 三、效力层次的建构

基于前文的分析，以下将结合“公意标准”和“权限标准”，建构平台规则的效力层次。

### （一）服务协议优于其他平台规则

《淘宝平台服务协议》第2条第2款规定：“……淘宝平台规则均为本协议的补充协议，与本协议不可分割且具有同等法律效力。如您使用淘宝平台服务，视为您同意上述补充协议。”可见，在平台企业看来，除服务协议以外、包括总则在内的所有平台规则在性质上都是补充协议。但是，我们认为，其他平台规则在性质上不能构成规范意义上的补充协议，仅仅在内容上构成了对服务协议的补充。理由在于：一方面，平台规则具有单方性和不平等性，难以满足作为合同的补充协议所应当具备的合意这一基本要求；根据前文有关平台规则生效要件的提炼，平台规则的理论基础也并非完全系于合同法的意思自治原则，而是在很大程度上与民主原则相契合，反映的是程序正义的逻辑。因此，平台规则在法律性质上更接近于民法上的决议行为，而非合同行为。〔49〕另一方面，如果认定其他平台规则具有补充协议的性质，当补充协议与服务协议不一致或抵触时，就要以补充协议为准。那么，对于平台治理和平台规则体系而言，补充协议的优先适用将会使平台企业利用此规则突破服务协议的种种限制，给平台内用户的合法权益带来损害风险。在此，服务协议恰恰

〔49〕有关民法决议行为的研究，详见王雷：《论我国民法典中决议行为与合同行为的区分》，载《法商研究》2018年第5期；王雷：《论民法中的决议行为——从农民集体决议、业主管理规约到公司决议》，载《中外法学》2015年第1期；王雷：《〈民法总则〉中决议行为法律制度的力量与弱点》，载《当代法学》2018年第5期；陈醇：《论单方法律行为、合同和决议之间的区别——以意思互动为视角》，载《环球法律评论》2010年第1期。

起了确保平台规则体系合规的功能。

此外,对规则适用的判断,还要接受公法价值的输入。如果将一个平台的全部规则视为一个规范体系,则这一体系表现为一个以合意和公意为起点、以单方意志为终点的正当性链条:处于这一体系中的平台规则,越是能反映用户的意思表示,就越接近合意和公意,就应当赋予更高的效力层次;越是能反映平台的单方意志,就越有可能出现恣意的情形,就应当赋予更低的效力层次。具体来说,服务协议是用户在注册账户时被平台强制接受的,通过“点击即生效”的代码设定,获得了所有用户明示而直接的同意。它是用户在面对所有平台行使自主选择权后“用脚投票”的结果,能够反映用户的意思表示。例如,《淘宝平台服务协议》以加粗和下划线的方式提请用户注意:“阅读本协议的过程中,如果您不同意本协议或其中任何条款约定,您应立即停止注册程序。”而其他平台规则只是通过征求意见程序中部分用户的投票以及“使用即同意”的代码设定,获得了用户默示而间接的同意,缺乏参与度和真实自主合意性,难以完全还原用户的意思表示。因此,结合“公意标准”,服务协议优于其他平台规则。这种安排使得服务协议在平台规则体系中处于最高地位。其他平台规则的制定应当以服务协议为依据,并严格按照服务协议规定的平台权利义务范围进行细化和补充。当服务协议与其他平台规则的条款冲突时,应当优先适用服务协议,也可以由平台及时修改服务协议,肯定其他平台规则的变更。

(二)平台规则的正式规则优于平台非正式规则

根据《淘宝总则》第5条第2项中段的规定,客观上构成了类似“特别法优于一般法”的原则,在大部分情形下成为平台规则实际适用的唯一原则。如果特别规则始终处于优先适用的地位,那么只有严格控制和执行特别规则的制定程序,才能避免其超越服务协议的授权范围,损害用户的合法权益。《电子商务法》和《平台规则制定程序规定》均将征求意见作为立规程序的核心。基于此,参照国家法中立法性文件和非立法性文件的区分,以是否经过征求意见程序为标准,将平台规则分为正式规则和非正式规则。其中,经过征求意见程序后发布的平台规则称为正式规则,未经征求意见程序而发布的平台规则称为非正式规则。

平台在实践中制定了大量的非正式规则,如临时公告、实施细则等——前者是应政府监管要求和平台整治需要发布的,具有临时性;后者是对如何理解和适用既有平台规则中特定条款的说明,具有解释性。此类非正式规则在程序上没有像正式规则一样得到用户的授权,却在结果上达到了影响用户权益的效果。既然按照程序制定与修改是平台规则的生效要件之一,那么即使未满足程序要求的平台规则发挥了实效,其在效力上也是存在瑕疵的。换言之,未完成征求意见程序的规则,不具有正式规则的地位,不能以"特别法优于一般法"为由得到优先适用。因此,平台的非正式规则应当以正式规则为依据;当两者冲突时,应当优先适用正式规则。

(三)平台规则的总则优于平台其他正式规则

《淘宝总则》第5条第2项前段规定:"《淘宝总则》中已有规定的,从其规定。"将《淘宝总则》的效力层次定位在服务协议与其他平台规则之间,本文对此没有异议。但问题是,如何评价《淘宝总则》中空白授权条款的效力?空白授权条款指向的具体规则,在与其他正式规则产生冲突时,究竟应被视作总则的一部分,进而适用"上位法优于下位法"的原则,还是被应认定不属于总则的一部分,进而适用"特别法优于一般法"呢?

具体来说,在平台规则中,各大平台承担总则功能的规则呈现出目录化、务虚化倾向,即不以实体问题为主要内容,而是反复在空白条款中进行授权,指向作出具体规定的规则和规范的名称。例如,《淘宝总则》没有明确列举有关经营者发布商品或服务信息的规定,而是要求应符合《淘宝平台价格管理规则》和《淘宝网商品品牌管理规范》。这种对规则体系的设计,一方面达到了规范化、体系化的效果,让平台治理权更加直观,避免了《淘宝总则》与其他平台规则产生冲突;另一方面使《淘宝总则》失去了本应具备的功能,成为平台规则的"总目录"。这种编排设计使平台有意识地将一些发挥结构性、框架性作用的规则明确列举在总则当中，赋予它们“基本规则”的地位。与此同时，这些基本规则也在不同领域承担着总则的功能。表5－2梳理了《淘宝总则》中呈列的基本规则。

**表5－2　《淘宝总则》列举的基本规则**

| 序号 | 平台规则类别 | 《淘宝总则》列举的基本规则名称 |
| --- | --- | --- |
| 1 | 市场管理与违规处理 | 《淘宝平台违禁信息管理规则》 |
| 2 | | 《淘宝网市场管理与违规处理规范》 |
| 3 | | 《淘宝网评价规范》 |
| 4 | | 《淘宝平台价格管理规则》 |
| 5 | | 《淘宝网商品品牌管理规范》 |
| 6 | | 《淘宝网商品品质抽检规范》 |
| 7 | 消保与争议处理 | 《淘宝平台争议处理规则》 |
| 8 | | 《淘宝网七天无理由退货规范》 |
| 9 | 行业管理规范 | 《淘宝网行业管理规范》 |
| 10 | 特色市场规范 | 《淘宝网特色市场管理规范》① |
| 11 | 营销活动规范 | 《淘宝网营销活动规范》 |

①《淘宝总则》同时列举了部分特殊市场的管理规范。这些管理规范明确以《淘宝网特色市场管理规范》为制定依据，所以不属于基本规则。

合同法的宗旨是鼓励交易，它承认了交易和交易规则的多元化和多样性。考虑到基本规则覆盖了平台治理的方方面面，如果把基本规则视为总则的一部分，将导致“上位法”的范围大幅扩大，影响平台对基本规则所涉及的交易情境和场域进行变通和调整，甚至会抑制平台经济，限制电商交易。因此，适用“总则优于其他正式规则”，应当限于总则中规定实体内容的条款，而不包括空白授权条款。

（四）其他正式规则的特别规定优于一般规定

1. 基本规则与非基本规则之间发生冲突的，特别规定优于一般规定。既然基本规则不属于总则，那么其效力是否高于非基本规则？与之类似,国家法上存在基本法律与非基本法律的区分,但尚不能直接得出“基本法律的效力高于非基本法律”的结论。我们认为,基本规则与非基本规则遵循相同的立规程序,这一特征使两者的区分同服务协议与其他平台规则之间的区分、正式规则与非正式规则之间的区分存在明显差异。故而,基本规则与非基本规则具有相同的效力层次,它们并非上位法与下位法的关系,而是一般法与特别法的关系,即非基本规则主要是对基本规则调整对象的特别规定。例如,《淘宝平台争议处理规则》与《淘宝平台特殊商品/交易争议处理规则》之间的关系,以及《淘宝网行业管理规范》与各具体行业规范之间的关系。因此,当两者冲突时,应优先适用特别规定。

2. 基本规则之间、非基本规则之间发生冲突的,特别规定优于一般规定。如果基本规则之间或非基本规则之间发生冲突的,要判断争议条款中,何者为一般规定,何者为特殊规定,并适用特别规定。例如,在“陈某、浙江天猫网络有限公司网络服务合同纠纷案”中,杭州中院认为:“被上诉人(天猫公司)根据《淘宝网七天无理由退货规范》并基于普通人的认知判定海尔公司因大家电本身的属性以及运输风险提供上门取货并承担运费的退货政策优于《淘宝平台争议处理规则》第 37 条规定的退货政策,并无不当。”〔50〕《淘宝平台争议处理规则》和《淘宝网七天无理由退货规范》同为《淘宝总则》列举的基本规则,但就退货条款而言,前者是一般规定,后者是特别规定,故适用《淘宝网七天无理由退货规范》。

综上所述,我们认为应遵循“服务协议优于其他平台规则”“平台规则的正式规则优于非正式规则”“平台规则的总则优于其他正式规则”“其他正式规则的特别规定优于一般规定”的判断标准,进而形成“服务协议—总则—正式规则—非正式规则”的效力层次,通过上位规则对下位规则的约束和控制,维护平台内用户的合法权益;同时,将

〔50〕 浙江省杭州市中级人民法院民事判决书,(2019)浙 01 民终 5490 号。

《淘宝总则》第5条第2项的适用范围限缩在正式规则以内,保证平台治理的灵活性。

## 第四节 平台规则的效力范围

### 一、平台规则的时间效力

在国家法中,法的时间效力包括生效、终止生效和溯及力等三个方面。在这三个方面,平台规则与国家法基本相同。除此以外,平台规则的时间效力还要关注一个特殊的生效情形,即临时公告的多次生效机制,该机制主要应用于市场管理与违规处理领域。所谓多次生效,是指部分临时公告对违规行为的处理在时间上分为不同阶段,并在不同阶段设置包含不同监管措施的规则,处理强度从无到有、从轻到重。截至目前,多次生效机制的发展经历了两个阶段:

第一个阶段,临时公告的实施分为整改期和执行期。整改期内不进行商品删除、扣分处理,执行期内进行商品删除、扣分等处理。例如,2013年8月,淘宝网为应对部分经营者通过使用含有外部网站信息的二维码图片逃避平台监管的情形,发布了《关于加强发布广告信息(二维码形式)管理的公告》。[51] 该临时公告的主要内容整理见表5-3:

**表5-3 《关于加强发布广告信息(二维码形式)管理的公告》主要内容**

| 公告效力阶段 | 期限 | 违规处理机制 |
|---|---|---|
| 发布期 | 2013年8月9日起 | 新发含有外链二维码的图片无法使用 |
| 整改期 | 2013年8月9日~2013年9月9日 | 对已发含有外链二维码的图片进行冻结 |

[51] 《关于加强发布广告信息(二维码形式)管理的公告》(已失效),载淘宝网2013年8月9日,https://rule.taobao.com/?type=detail&ruleId=57346&cId=-1#/rule/detail?ruleId=57346&cId=-1。

续表

| 公告效力阶段 | 期限 | 违规处理机制 |
|---|---|---|
| 执行期 | 2013 年 9 月 10 日起 | 商品:滥发信息 0.2 分/件,3 天不超过 7 分;店铺等其他页面:滥发信息 4 分/次 ① |

①根据《淘宝网市场管理与违规处理规范》第 12 条规定,违规行为成立后,淘宝网对会员进行扣分,违规行为的扣分在每个自然年度内累计。当扣分达到节点时,淘宝网对会员采取相应的节点处理措施。被执行节点处理的会员,当其全部违规行为被纠正、节点处理措施执行完毕且节点处理措施期限届满后,方可恢复正常状态。《淘宝网市场管理与违规处理规范》,载淘宝网 2023 年 12 月 25 日,https://rulechannel.taobao.com/?type=detail&ruleId=14&cId=1157&spm=a2177.7231193.0.0.ff1f287CDWrEp#/rule/detail?ruleId=14&cId=1157&spm=a2177.7231193.0.0.ff1f287CDWrEp。

再如,2015 年 2 月公布的《手机类商品高危问题治理公告》规定,对乱用品牌属性的违规行为,淘宝平台将推行第一次警告、第二次下架、第三次下架扣分、第四次删除宝贝的处罚。[52]

第二个阶段,临时公告的实施分为自检自查期和违规处罚期,为经营者增加了自检自查程序。对于用户首次或非故意实施的违规行为,平台给予其自检自查的机会;对于用户的重复违规,平台会作出加重处理。例如,2019 年 7 月,淘宝网发布的《关于毒品、药品及医疗器械类违规商品或信息管理公告》[53]。部分规定摘录见表 5-4:

---

[52] 《手机类商品高危问题治理公告》(已失效),载淘宝网 2015 年 2 月 10 日,https://rule.taobao.com/?type=detail&ruleId=57318&cId=-1#/rule/detail?ruleId=57318&cId=-1。

[53] 《关于毒品、药品及医疗器械类违规商品或信息管理公告》,载淘宝网 2019 年 7 月 18 日,https://rule.taobao.com/detail-11000519.htm?spm=a2177.7231193.0.0.7dd017eagUzUh3&tag=self。类似的临时公告,如《关于金融及侵犯个人隐私类违规商品或信息管理公告》,载淘宝网 2019 年 8 月 15 日,https://rule.taobao.com/detail-11000655.htm?spm=a2177.7231193.0.0.74e617eaafslCS&tag=self。

表 5－4　淘宝网毒品类违规商品或信息管理规定

| 违规场景 | 违规扣分 | 自检自查机会 | 多次违规处罚升级 |
| --- | --- | --- | --- |
| 毒品、制毒原料、制毒化学品及致瘾性药物 | 每次扣 B 类 48 分 | 无<br>(严重违规行为,每次扣 48 分的均无自检自查) | — |
| 毒品吸食工具及配件 | 每次扣 B 类 6 分;情节严重的,每次扣 B 类 12 分;情节特别严重的,每次扣 B 类 48 分 | 第一次自检自查不扣分 | 第二次至第四次,每次扣 6 分;第五次及以上的,视为情节严重情形,每次扣 12 分<br>(通过任何方式刻意规避大量发布、造成严重的人身伤害或其他极其恶劣的,视为情节特别严重的情形通过任何方式刻意规避大量发布、造成严重的人身伤害或其他极其恶劣的,视为情节特别严重的情形) |

临时公告的多次生效机制,形式上属于民法上的附条件合同或附期限合同,实质上为附加不同生效条件或生效时间的规则。《民法典》第 158 条规定:“民事法律行为可以附条件,……附生效条件的民事法律行为,自条件成就时生效。”前述临时公告中涉及多次生效的条款,其实是平台与经营者就特定情形下违规处理的生效时间或条件进行的约定。即便这些临时公告表明了固定的生效时间,但依合同法的原理,只有用户行为真正触发违规处理的条件或期限时,才能认为这些临时公告产生了效力。

## 二、平台规则的空间效力

在国家法中,法的空间效力包括了域内效力和域外效力。其中,一国主权管辖全部领域的域内效力是空间效力的主要成分,具有绝对性;域外效力只在少数条件下适用。在互联网中,大型平台企业顺其自然地突破地理疆界成为跨国公司,依附于平台的消费者和经营者遍布世界各地。德国学者托依布纳将此类超国家机构视作新的社会宪治主体。〔54〕无独有偶,美国学者朱莉·E. 科恩(Julie E. Cohen)认为:"处于支配地位的平台在国际法律秩序中的作用愈加类似于主权国家。……其领土由使用协议(using protocol)、数据流和算法所定义。"〔55〕另有论者指出:"这一新边界所定义的独特网络空间需要并且能够创造出自己的法律和法律制度。……领土之间的边界则划定了适用不同法律规则体系的区域。"〔56〕平台既然具备了类似于国家的要素,其规则体系同样存在一个生效的独特的"疆域"范围。

### (一)平台规则的物理空间效力

受合同相对性的制约,平台规则的物理空间效力具有相对性。从域内效力的角度来看,一方面,平台规则不受服务协议各方经常居所地法律的限制。例如,位于浙江义乌的经营者通过淘宝平台向远在休斯敦的消费者销售商品时,其无须纠结该交易是否符合中国法律还是得克萨斯州法律,而是要优先符合淘宝规则的合规要求。即便淘宝公司的登记地和主营业地在中国,也不能认为中国法律的域内效力等同于平台规则的域内效力。另一方面,平台规则是否产生像国家法一样的域内效力,取决于用户 IP 地址所在的地理位置。只有当平台企业的登记地或主营业地与用户 IP 地址所在地处于同一法域时,平台规则的域内效力才是成立的。换言之,平台规则的空间效力和对象效力(属人效力)是等同的。可可西里无人区和南海诸岛都是中国领土,应当适用中国法律,却可能由于缺少淘宝用户而无法适用淘宝规则。

---

〔54〕 参见[德]贡塔·托依布纳:《宪法的碎片:全球社会宪治》,陆宇峰译,中央编译出版社 2016 年版,第 86 页。

〔55〕 Julie E. Cohen, *Law for the Platform Economy*, U. C. Davis Law Review, Vol. 51:1, p. 200(2017).

〔56〕 See David R. Johnson & David Post, *Law and Borders—The Rise of Law in Cyberspace*, Stanford Law Review, Vol. 48:5, p. 1367 – 1368(1996).

从域外效力的角度来看,如果以国内法为参照系,似乎无人否认平台规则具有域外效力。换言之,只要淘宝用户的 IP 地址位于中国领土以外,就可以认为淘宝平台规则产生了域外效力。比如,IP 地址位于新加坡、慕尼黑的用户在淘宝平台购买商品或服务,自然要受到淘宝规则的约束。相较而言,国家法的域外效力范围极其有限,必须具备明确的依据。如《证券法》第 2 条第 4 款规定:“在中华人民共和国境外的证券发行和交易活动,扰乱中华人民共和国境内市场秩序,损害境内投资者合法权益的,依照本法有关规定处理并追究法律责任。”《刑法》第 8 条规定:“外国人在中华人民共和国领域外对中华人民共和国国家或者公民犯罪,而按本法规定的最低刑为三年以上有期徒刑的,可以适用本法,但是按照犯罪地的法律不受处罚的除外。”因此,鉴于平台规则在物理空间效力上的灵活性,应当将目光从物理空间转向网络空间,聚焦平台在网络空间中的治理边界。

(二)平台规则的网络空间效力

因服务协议的叠加,平台规则对平台内所有用户生效,其网络空间效力具有绝对性。《淘宝平台服务协议》中起序言作用的提示条款明确:“欢迎您与各淘宝平台经营者共同签署本《淘宝平台服务协议》并使用淘宝平台服务!”如果说“有平台则有规则,有规则则有效力”,那么对平台规则在网络空间效力范围的判断,其实就是对平台范围的判断。也就是说,只要确定了平台的范围,平台规则的网络空间效力就是确定的。实践中,各平台服务协议对平台范围有着明确描述,整理如表 5－5 所示:

**表 5－5　部分平台对平台范围的规定**

| 序号 | 平台名称 | 平台范围的规定 |
| --- | --- | --- |
| 1 | 淘宝 | 《淘宝平台服务协议》:淘宝平台,包括淘宝网(域名为 taobao. com)、天猫(域名为 tmall. com)、飞猪(域名为 alitrip. com、fliggy. com、feizhu. com)等网站及客户端 |

续表

| 序号 | 平台名称 | 平台范围的规定 |
|---|---|---|
| 2 | 阿里巴巴中国站 | 《阿里巴巴服务条款》:本协议阐述之条款和条件适用于您使用阿里巴巴中国站(所涉域名为:Alibaba. com. cn、alibaba. cn、1688. com),所提供的在全球企业间(B－TO－B)电子市场中进行贸易和交流的各种工具和服务 |
| 3 | 京东 | 《京东用户注册协议》:京东网站(指 jd. com 及其移动客户端软件、应用程序,以下称本网站)各项电子服务 |
| 4 | 拼多多 | 《拼多多用户服务协议》:拼多多平台:是指上海寻梦信息技术有限公司经营的电商平台,包括但不限于拼多多网站(www. pinduoduo. com)、拼多多客户端及拼多多微信商城 |

上述服务协议中,平台企业都对各自运营的平台网站域名进行了明示。那么,该域名以及该域名下全部子域名(subdomain)所构成的网络空间即为该平台的范围,也就是该平台规则在网络空间的效力范围。因此,平台规则的网络空间效力应当及于平台服务协议所列举的平台网站域名及其全部子域名。

## 第五节　小　　结

成熟的平台治理表现为依规则治理,因此平台规则成为平台治理优先关注的问题。平台规则是否有效、为何有效、如何生效,归根结底是一个法效力的问题。本章经过论证,主张在平台规则的效力来源上,意思自治奠定服务协议的效力,服务协议作为平台内的基础规范或承认规则,奠定其他平台规则的效力,赋予平台规则以正当性。在平台规则的生效要件上,主体要件要求拥有平台治理权,目的要件要求维护交易秩序和公共秩序,形式要件要求按照程序制定和修改。在平台规则的效力层次上,确立"服务协议优于其他平台规则""平台规则的正式规则优于非正式规则""平台规则的总则优于其他正式规则"的判断标准,进而形成“服务协议—总则—正式规则—非正式规则”的效力层次。在平台规则的效力范围上，其时间效力存在特殊的多次生效机制，其物理空间效力同时覆盖域内和域外，其网络空间效力及于平台服务协议所列举的平台网站域名及其全部子域名。

# 第六章　平台规则的"立改废"

在传统的国家法层面,《立法法》被称为"管法的法",并认为其对规范立法活动、完善法律体系、推进社会法治建设发挥着极其重要的作用。[1] 的确,一个法律在制定、修改、废除程序上的合法性和正当性直接保证着法律进一步实施的可能性和法益保护的全面性。这也正是哈特提出"法律规则"理论并着重强调"第二性规则"和其中的"改变规则"之重要性的原因。[2]

在电子商务领域,随着电商平台与用户之间争议纠纷案件的不断增多,越来越多的人逐渐意识到了由电商平台内部制定的、任由其自行修改并对争议纠纷处理发挥着重要影响力的电商平台规则正在不断扩大着平台自身的管控权。这种管控权的不断扩大无疑会不利于平台内部用户正当权益的实现,从而进一步影响平台交易市场的良性发展。因此,本章将从电商平台规则"立改废"的制度现状出发,探寻现有平台规

---

〔1〕 参见乔晓阳主编:《〈中华人民共和国立法法〉导读与释义》,中国民主法制出版社 2015 年版,第 38 页。

〔2〕 英国法理学家哈特在《法律的概念》一书中提出了"法律规则理论",其认为法律规则不应当仅仅包括"设定义务、要求人们做或不做某种行为且无论被设定者是否愿意"的第一性规则,还应当包括"授予权力"的第二性规则。具体而言,哈特认为"承认规则"、"改变规则"和"审判规则"这三种"第二性规则"是"法律规则"中的重要组成部分,其中哈特认为"改变规则",即授予群体或个人引入新法并废除旧法的规则,是使得法律规则适应社会生活变化、调整不断进步的社会生产关系的重要依据。参见[英]哈特:《法律的概念》,许家馨、李冠宜译,法律出版社 2018 年版,第 137、152 页。

则“立改废”机制的局限性并提出完善方向，以期在保证该机制合法合理的基础之上实现平台规则应有的平台治理效果。

## 第一节　平台规则“立改废”的现行国家法

我国现行国家法中规定电商平台规则制定、修改、废除制度的法律、法规有《电子商务法》、《网络零售第三方平台交易规则制定程序规定（试行）》（本章以下简称为《平台规则制定程序规定》）及《网络交易平台合同格式条款规范指引》（本章以下简称为《平台格式条款指引》）。平台规则在当前的理论和实践中多被认为具有“民事合同”的法律属性，因此《民法典》中有关“格式条款”制定的规定，也可适用于平台规则的“立改废”程序。

《电子商务法》于2019年1月1日开始实施，其中涉及平台规则“立改废”的规定主要集中于第32条的“规则制定原则”、第34条以及第81条的“公示制度”等条文中。《平台规则制定程序规定》由商务部于2014年12月颁布并于2015年4月开始实施，其中涉及平台规则“立改废”的规定主要体现在第4条的“制定原则”、第5条的“备案制度”、第7条的“七天公示制度”和第16条的“推进规则模板化和规范化”等条文中。原国家工商行政管理总局于2014年7月30日发布的《平台格式条款指引》也有类似的条文规定，例如其第6条的“合同制定原则”、第7条和第9条的“合同公示制度”及第15条的“违法合同举报制度”等。以上法律和规章相关内容是目前电商平台在从事平台规则“立改废”工作时的主要依据，也是判断电商平台规则“立改废”程序是否合法、合规的重要指标。此外，《民法典》第496条第2款也对合同中格式条款的订立提出了规范性要求。

### 一、公开、公平、公正原则

《电子商务法》和《平台规则制定程序规定》中均对平台规则的制定

原则作出了规定。《电子商务法》第32条规定:“电子商务平台经营者应当遵循公开、公平、公正的原则,制定平台服务协议和交易规则,明确进入和退出平台、商品和服务质量保障、消费者权益保护、个人信息保护等方面的权利和义务。”《平台规则制定程序规定》第4条规定:“网络零售第三方平台交易规则的制定、修改、实施应当遵循公开、公平、公正的原则,遵守法律、行政法规,尊重社会公德,不得扰乱社会经济秩序,损害社会公共利益。”

诚然,电商平台作为平台的建立者和管理者对于其平台规则的制定、修改等拥有很大的自由空间,但这样的自由并不是毫无节制、没有边界的,其在制定、修改相关交易规则时必须遵循“公开、公平、公正”原则,这是法律法规的强制性要求,也是保障平台内用户正当权益不受侵犯的重要前提。

### (一)公开原则

“公开原则”可以从两个层面进行理解。一个层面是电商平台规则本身应当公开,即平台需要做到将规则“公之于众”。这样的规定实际上是保护平台用户和潜在用户的知情权和选择权。《电子商务法》第33条规定:“电子商务平台经营者应当在其首页位置持续公示平台服务协议和交易规则信息或者上述信息的链接标识,并保证经营者和消费者能够便利、完整地阅览和下载。”的确,经营者和消费者只有在完全了解服务协议与交易规则的全部内容并选择同意后,其对于平台发出的“要约”而作出的“承诺”行为才具有实际意义,用户才能够在之后的交易过程中精准地对自己在平台内交易行为的合规性作出正确预判并有效降低被处罚的风险。

当然,《电子商务法》第32条的规定实际上更加着重于强调另一个层面的“公开”,即规则的制定修改程序的公开化。随着电子商务平台规模的普遍扩大,越来越多的平台规则中或多或少会设置一些不合理的条款。例如,多数大型电商平台在其服务协议中写明“平台内发生的任何争议和纠纷，管辖法院均为被告住所地人民法院”〔3〕，甚至有些电商平台在其服务协议中直接约定管辖法院为平台公司所在地人民法院〔4〕。之所以称其为不合理，是因为虽然《民事诉讼法》(2021)第35条规定合同当事人可以共同约定管辖人民法院，平台规则如此约定并不违反法律要求，但是，对于散布在全国各地的平台用户而言，该条款毕竟是极为不方便的。更为重要的，与此处讨论的公开原则相关的是，这些规定往往以嵌套于没有尽到完全“提醒注意义务”的“格式条款”的方式展现给平台用户，大大增加了平台用户发现并识别该规则的难度，从而进一步增加了平台用户起诉的时间成本和金钱成本，增加了平台用户作为原告时的诉讼负担，其无可争议地被认为是“免除己方责任、加重对方责任、排除对方主要权利”的无效条款。〔5〕但大多数电商平台在应诉时，均以“用户已点击同意按钮”为由成功抗辩并将案件移送至了“约定”法院管辖。〔6〕

事实上，随着互联网技术和电商交易市场的普及，平台经营者所拟定的协议、交易规则的条件，于潜在用户而言已经具有准公共产品的特征，〔7〕用户很难以“用脚投票”的方式直接选择退出平台交易。所以，平台在制定交易规则时，便不能够如同制定简单的“格式合同”一般“垄断”交易规则的制定权和修改权，不能滥用自己在平台管理中的优势地位对交易规则具体内容的设置“独断专行”。交易规则的制定程序必须要在一定程度上向公众公开，使得平台内的每位经营者和消费者均可以在制定过程中发表自己的意见和看法，以直接或间接的方式参与到规则

---

〔3〕 例如，《淘宝平台服务协议(2022年12月版)》第10条。

〔4〕 例如，《京东用户注册协议》(2020年5月版)第10.1条、《携程旅行网服务协议》第19条。

〔5〕 《民法典》第497条。

〔6〕 吉林省延吉市人民法院民事裁定书，(2017)吉2401民初1985号；吉林省洮南市人民法院民事裁定书，(2017)吉0881民初904号等。

〔7〕 郭锋等编著：《〈中华人民共和国电子商务法〉法律适用与案例指引》，人民法院出版社2018年版，第218页。

的制定过程中来。唯有如此,才能够保证平台相关部门在撰写交易规则时能够得到充分的公众信息反馈,才能够进一步保证未来可能实施的交易规则在用户权利义务设置等方面的合理性和正当性。

(二)公平原则

“公平原则”是指电商平台交易规则中所确定的双方权利、义务关系应是对等的,[8]其各项条款必须实现双方利益的均衡化。“公平原则”一方面体现在电商平台与平台内用户之间。例如,近几年被热议的“二选一条款”便是部分电商平台为了追求自身平台信息流量、交易数量的最大化而制定的不合理、不公平政策。“二选一”简单来说,是指电商平台企业要求合作的商家只能入驻一家网络销售平台,不能同时入驻其他竞争对手的平台进行交易和促销活动,[9]若商家不遵守“二选一条款”,则平台会采取隐形的技术手段对该商家的店铺进行减少流量、取消活动推广、降低搜索排名等打压措施,从而迫使商家不得不在平台之间作出选择。

事实上,“二选一”的纷争由来已久,早在2012年“双十一”前夕,天猫就曾被爆要求参加当次购物狂欢节的商家“二选一”,美团外卖、滴滴打车平台也多次被新闻报道要求平台内商家、司机“二选一”。[10]当然,这样的“二选一条款”基本上不会以成文、公开的交易规则的形式进行展示,大多数的“二选一条款”均具有隐蔽性和短暂性,[11]因此对其进行法律上的举证便会变得极其困难。在平台竞争愈演愈烈的趋势下,多数

〔8〕郭锋等编著:《〈中华人民共和国电子商务法〉法律适用与案例指引》,人民法院出版社2018年版,第218页。

〔9〕杨晨、杨扬:《关于电商平台企业“二选一”行为的合规建议》,载《中国律师》2019年第1期。

〔10〕陈歆磊、李嘉怡:《二选一是不是正常的市场行为?》,载虎嗅网2019年10月21日,https://www.huxiu.com/article/322572.html。

〔11〕所谓短暂性,是指大多数的电商平台所制定的“二选一条款”均出现在大型购物节活动前后,例如“618”“双11”等,而待到这些购物节结束后,平台便会恢复原有的正常交易规则。

平台利用自身强大的市场支配地位强迫商家站队，这不仅是对平台内商家的不公平条款，更是损害竞争对手合法权益的不公平手段。

“公平原则”另一方面体现在平台内用户之间权利义务的对等性和一致性上。现如今，电商平台交易规则的不公平现象已经远远不止在平台与用户之间，多数平台为了吸引新用户流量、追求自身利益的最大化，在公开或不公开的交易规则中对不同的用户设定着不同的交易规则。例如，我们所熟知的“大数据杀熟”便是平台区分对待不同用户的典型案例。目前，大多数电商平台为了吸引新用户，对不同会员等级的用户会出现不同的价格显示。2017 年，有媒体报道滴滴打车平台对同一时间、同一起始路线、同一车型的新老用户收取了截然不同的打车费用，前后相差 10 元。[12] 同年，携程旅行网也出现了类似情况。该网站上的高级会员在浏览酒店信息时，平台仅仅向其展示了一家酒店中价值 2500 元/晚的高级客房的预订信息，而对于没有登录账户的普通网站游客，平台还会向其展示同一酒店中价格较为低廉的普通客房供其预订。[13]

随着大数据的兴起，算法越来越能够满足平台对用户信息定制化的要求，大数据通过对社交数据和行为数据的采集和分析，可以很轻易地向平台提供不同用户的精准画像。然而，这样的行为虽然能够给平台带来巨大的潜在经济利益，却时刻影响着平台内用户之间公平权益的获取。

电商平台虽然在当今逐渐具有了公共管理的职能和属性，但仍然不可否认其通过订立契约与用户建立平等民事法律关系的事实。作为与用户之间具有平等民事主体地位的电商平台，其在制定交易规则时不能仅仅立足于平台自身利益，不能够以谋求自身利益的最大化为目标滥用

[12] 中国产业经济信息网：《滴滴打车大数据杀熟引发信任危机》，载百度网 2018 年 3 月 24 日，https://baijiahao.baidu.com/s? id = 1595817274246910902&wfr = spider&for = pc。

[13] 王林：《媒体揭大数据杀熟背后真问题：你一举一动皆透明》，载新浪新闻中心网，http://news.sina.com.cn/o/2018-03-27/doc-ifysrsee5312371.shtml。

自己的规则制定权,从而限缩平台内用户(或部分用户)的合法权益。其在制定交易规则时必须综合考虑利益轻重、平台性质与平台负担,遵循权利、义务、责任对等的原则,避免平台与用户、用户与用户之间利益失衡的现象频繁发生。[14] 这也正是《电子商务法》在第32条规定的"公平原则"的要义所在。

(三)公正原则

"公正原则",从字面上看,可以被认为有"公平、正义"之含义。进一步讲,其要求电商平台在制定交易规则时要做到公平、正直、没有偏私。由此可见,"公正原则"实际上在一定程度上包含着"公平原则",而关于"公平原则"的论述详见前文,在此不多作赘述。

然而,"公正原则"又具有着其他的、不完全等同于"公平原则"的含义。事实上,"公平原则"更加强调公平尺度,即要求电商平台要做到一视同仁,对平台自身、对每一个平台用户均应当平等、均同。但"公正原则"更加强调一种不偏不倚的价值取向,其要求电商平台所制定的交易规则中,或许不一定非要给予每一位用户均等、完全一致的权利义务,但必须要做到给予每一位用户(无论是商家还是消费者)以实质公正的对待,给予每一位用户以其应得的利益,这种价值取向更加强调平台规则赋予用户利益在实际层面的正当性和合理性。事实上,"公正原则"是对"公开原则"和"公平原则"的进一步延伸,也是对电商平台经营者提出的更高的要求,[15]其以更加严苛的方式要求电商平台要对其平台内部的交易行为进行规范,对平台内出现的问题及时、公正地进行调整和"纠偏"。

## 二、七天公示制度

《电子商务法》第34条规定:"电子商务平台经营者修改平台服务

---

〔14〕 沈岿、付宇程、刘权等:《电子商务监管导论》,法律出版社2015年版,第155页。

〔15〕 郭锋等编著:《〈中华人民共和国电子商务法〉法律适用与案例指引》,人民法院出版社2018年版,第219页。

协议和交易规则，应当在其首页显著位置公开征求意见，采取合理措施确保有关各方能够及时充分表达意见。修改内容应当至少在实施前七日予以公示。”《平台规则制定程序规定》第7条规定：“网络零售第三方平台经营者制定或修改的交易规则，应当在网站主页面醒目位置公开征求意见，并应采取合理措施确保交易规则的利益相关方及时、充分知晓并表达意见，通过合理方式公开收到的意见及答复处理意见，征求意见的时间不得少于七日。”[16]不难发现，七日公示制度是“公开原则”的进一步延伸。

随着互联网技术和电商交易形式多样化的发展，电商平台难免需要不时地修改或增加一些交易规则以适应市场的变化，这些修改或新增加的交易规则中必然会涵盖涉及用户权利义务的条款。与用户在注册时所看到的交易规则不同的是，用户注册时可以选择点击“同意”或“不同意”的按钮对是否入驻平台进行自由选择。在此时，用户实际上有着很大的选择空间，其对于任何条款有异议或不可接受，均可以选择关闭注册页面并拒绝平台提供的技术服务和信息服务。且此时由于用户还没有真正进入具有“准公共产品”属性的平台中，没有真正开始享受平台服务，并且没有为进行电商交易付出任何的实际行动，因此，其因退出注册页面而造成的实际损失是微乎其微甚至可以忽略不计的。

然而，在用户入驻平台之后，平台若修改或增加了新的交易规则，则用户很难再以“用脚投票”的方式选择退出。毕竟对于一个已经习惯于

---

〔16〕 当然，公示制度也有例外情形。《平台规则制定程序规定》第8条规定：“符合下列情形之一的交易规则，可以不公开征求意见：（一）符合法律法规要求修改的交易规则；（二）根据省级人民政府有关部门要求，为保护消费者权益，需紧急采取措施的交易规则。”第9条规定：“网络零售第三方平台经营者应在交易规则实施前七日在网站醒目位置予以公开，涉及商业秘密的除外。”这样的条款是为保证电商交易以及消费者权益保护的高效性而作出的特殊规定。

电商交易模式且在电商平台留有多项信息[17]的用户，促使其选择退出比促使其继续使用平台服务所带来的损失[18]更大。因此，在此种情况下，即使修改或新增加的交易规则确有损害用户权益的条款出现，只要此种损害还不至于明显大到继续留在平台会得不偿失的地步，大多数用户仍然会选择无奈地继续使用平台服务。

但这样"忍气吞声"的用户反应可能会在一定程度上促使平台更加肆无忌惮地修改平台规则以谋求自身利益。事实上，无论是私人、团体还是政府，在制定相关规则时，都是具有强烈的自我价值偏好。[19] 2011年10月10日，淘宝商城发布了《2012年度淘宝商城商家招商续签及规则调整公告》，核心内容是将技术服务年费从以往的6000元提高至3万元和6万元两个档次，店铺违约保证金数额也被全线提高。公告还指出，缴费必须在2011年12月底之前一次性完成，年内不能缴费签订新合同的卖家，将被清退出商城。[20] 该公告一出，便引来了众多淘宝中小卖家的不满，甚至有些卖家自发组成了"反淘宝联盟"对淘宝商城的部分大型品牌商家店铺开始了"恶意购买""刷差评"等进攻行为，多数店铺因此瘫痪，但至此淘宝官方仍无退让迹象。[21] 最终，商务部不得不从中调解，才使得淘宝官方出台了较为倾向于中小卖家的新政策。

事后，商务部发言人针对此次淘宝事件特地在例行新闻发布会上作

---

〔17〕 此处所指的"用户信息"包括用户的账号、密码、平台绑定的银行卡信息、用户的收发货地址、交易记录、浏览喜好、粉丝群体等。由于这些都是用户在平台注册后长期交易期间所积攒的信息，且此类信息难以直接复制，因此用户若退出此平台而转向其他陌生平台进行电商交易，其损失会更大。

〔18〕 此处的"损失"不仅包括用户在此平台因申请删除个人信息或店铺信息而带来的时间成本损失及信息泄露风险，也包括在另一个平台重新建立用户信息所引发的时间或金钱上的成本损失。

〔19〕 马长山：《互联网+时代软法之治的问题与对策》，载《现代法学》2016年第5期。

〔20〕 书生剑客：《新规引发的淘宝十月围城事件始末》，载雪球网2019年5月10日，https://xueqiu.com/3993902801/126468371。

〔21〕 小生：《淘宝十二月围城：无解的博弈》，载记录者网，http://www.chinaz.com/recorder/taobaoweicheng.shtml。

出发言。商务部新闻发言人表示,此次事件在各方的共同努力下,得到了比较好的处置,事态也正朝着理性、积极的方向发展。下一步,商务部会加强对第三方交易平台的业务指导,加快网络零售管理体系建设,推进网络零售管理相关规定的出台,并希望平台今后在出台影响网络零售商、消费者权益等有关经营措施时,能够充分听取相关利益者的意见并进行平等协商,保持相关措施的连续性、稳定性和可预见性。[22] 此次发言是商务部首次对电商平台交易规则的修改程序提出指导性意见。

然而,要做到平等协商、充分听取意见,采取传统合同订立的方式是不可行的。根据《民法典》第543条的规定,只有在当事人协商一致的情况下,才可以变更合同。但考虑到电商平台内用户数量巨大,且地域分布广泛等因素,与平台内用户一对一地协商修订并不具有可行性。同时,又考虑到目前电商平台数量多、交易规则修改频繁以及平台权威性有限等问题,移植立法上的诸多提案制度、代议制度或线下听证制度等也被认为是无必要且脱离平台现实。[23] 因此,设定合理期限的公示期并在公示期内接受用户反馈意见的方式,更为合理,也更符合电商平台的交易现状。这也正是《电子商务法》第34条规定“七天公示制度”的原因所在。

在“七天公示制度”的规定下,平台应在网站主页显著位置公开修改信息、征求意见,并设置合理有效的技术措施保证用户及时表达意见,对于有沟通诉求的用户,平台应安排合理的线上、线下渠道,帮助实现双方协商交流,保证平台内经营者和消费者的知情权、自主选择权[24]和规则的制定参与权。

---

[22] 马原:《商务部谈淘宝事件:将起草出台网络零售管理条例》,载中国新闻网2011年10月19日,http://www.chinadaily.com.cn/dfpd/2011-10/19/content_13933733.htm。

[23] 刘汉堂:《电商平台协议和规则的修改问题研究》,北京大学2019年硕士学位论文,第24页。

[24] 赵旭东主编:《中华人民共和国电子商务法释义与原理》,中国法制出版社2018年版,第208页。

## 三、备案制度

《平台规则制定程序规定》第 6 条规定:“网络零售第三方平台经营者制定、修改、实施的下列交易规则应按照本规定公示并备案:(一)基本规则;(二)责任及风险分担规则;(三)知识产权保护规则;(四)信用评价规则;(五)消费者权益保护规则;(六)信息披露规则;(七)防范和制止违法信息规则;(八)交易纠纷解决规则;(九)交易规则适用的规定;(十)交易规则修改的规定;(十一)其他必要的交易规则或与规则相关的措施。”

与审批制不同的是,备案制度是一种事后的审查,而非事前的审查。如今随着各类规范性文件的不断增多,要求每一文件在正式实施前均经过主管机关的审批,已不具有现实可行性。因此,从社会经济发展效率的角度出发,备案制度在当今国家法层面愈加受到重视。从字面意思上理解,“备案”具有向主管机关报告事由存案以备查考之义。对各种规范性文件进行备案,是主管机关对行业内各项活动行使监管权的有效途径。[25] 若缺乏对规范性文件的备案审查,则会导致主管机关在监管活动中不能起到主导作用,从而难以将监管职能落到实处。加强对相关规范性文件的备案工作,在一定程度上可以相对尽早地从源头上预防和纠正相关主体的不当行为,从而避免或减少损害社会利益现象的发生。[26] 因此,考虑到备案制度在当前社会发展中的优势所在,商务部结合目前电商发展的现状,在《平台规则制定程序规定》中针对电商平台的交易规则也提出了相应的“备案”要求。

在我国电子商务相关法律中,除了对电商交易规则“备案范围”的规定,还有对备案管理机关、备案期限及备案内容的规定。《平台规则制定程序规定》第 5 条规定:“商务部负责建设网络零售第三方平台交易规

---

〔25〕 梁鹰:《备案审查制度若干问题探讨》,载《地方立法研究》第 4 卷第 6 期。

〔26〕 梅一波:《备案审查制度的若干缺陷及其完善》,载《法律方法》2016 年第 2 期。

则备案系统，省、自治区、直辖市商务主管部门负责网络零售第三方平台交易规则备案等日常管理。”第 12 条规定：“网络零售第三方平台经营者应在交易规则实施七日内自行登录网络零售第三方平台交易规则备案系统，提交本规定所列交易规则、征求的公众意见及意见答复处理情况。”为了符合《平台规则制定程序规定》中的备案要求，商务部已于 2015 年上线并开始试运行“网络零售第三方平台交易规则备案系统”，该备案系统中含有政府日常管理板块、企业备案板块及公众查询举报投诉板块。在公众查询举报投诉板块中，公众可直接搜索相关电商企业的名称并浏览与该企业相关的电商平台上的交易规则，在每一个平台规则的详细页面中，系统会进一步向公众展示规则的类型、备案日期、备案编号、备案联系电话、备案规则全文以及用户评议内容等。若公众想要对某个交易规则进行举报，需要进一步在举报板块中填写个人信息、举报原因等，举报操作完成之后用户会收到系统发送的举报成功提醒，随后即可随时输入个人信息并在系统上查询举报处理的最新进展。〔27〕

此外，《平台规则制定程序规定》中还包含有备案交易规则查询机制〔28〕、举报处理机制〔29〕以及违反备案制度的处罚机制〔30〕等相关条款，这些条款一齐构成了国家法层面的电商平台交易规则备案制度。

## 第二节　交易规则“立改废”的平台制度

交易规则“立改废”的国家法制度固然重要，但由于电商交易类型的多样化以及立法机关国家法制定的滞后性，在电商交易中起着直接影

〔27〕“商务部业务系统统一平台 · 电子商务信息管理分析应用 · 公众备案规则举报”，载商务部，http://dzsw.mofcom.gov.cn/report/public_rule_list。

〔28〕《平台规则制定程序规定》第 14 条。

〔29〕《平台规则制定程序规定》第 15 条。

〔30〕《平台规则制定程序规定》第 18 条、第 20 条。

响作用的平台自身关于交易规则"立改废"的制度就显得更具有意义。事实上,很多电商平台交易规则的制定条款后续都被国家法所吸收。例如,淘宝网最先为了了解民意、提高公众参与度而制定的"规则众议院制度"后续即被《电子商务法》第34条和《平台规则制定程序规定》第7条所吸收。随着该制度的普及以及国家法对其的进一步认可,各大电商平台均开始在各自平台内部建立起了与之类似的"规则评议制度"。因此,本部分将剖析几大平台内部交易规则的"立改废"制度,从而进一步了解电商平台规则"立改废"的相关机制。

## 一、平台规则的主要制定者:法务部门和业务部门

一个规章制度是否具有可行性,以及其条款内容是否能够发挥其应有的作用,在很大程度上取决于规章制度制定者的水平高低。一般来讲,电商交易规则的制定权归属于电商平台所属公司的法务部,但也并非所有的交易规则均由法务人员直接制定。

经本课题组调研,以京东为例,京东平台内部交易规则的制定人员大致可分为两类:一类是京东法务部工作人员,另一类是京东业务部工作人员。法务部基本上仅负责京东平台"普通用户服务协议"和"隐私政策"的制定,与商家有关的各项协议由平台生态部〔31〕负责制定,除此之外的"各品类平台规则"均由相关的业务部门负责制定。例如,客服部门负责制定京东开放平台有关"售后管理"的相关基础交易规则,质检部门负责制定各类商品有关"品质抽检"的相关政策。在各部门"各品类交易规则"制定完成后,法务部会对业务部门制定完成的部分交易规则进行审核并出具合规性法律意见。但京东平台内部的交易规则数量较多,且会不时修改,因此,法务部并不会对所有的交易规则进行一一审核,与用户权利义务关联度较低的交易规则通常会不经法务审核而直

〔31〕平台生态部以管理平台服务生态为基础,负责平台商家管理、交易合作等业务的部门。

接由业务部门发布。

再以腾讯公司为例，腾讯公司相关交易规则的制定人员也大体可分为两类：一类是法务部门工作人员，另一类是业务部门工作人员。腾讯公司的法务部在交易规则的制定过程中具有更大的主导权和审核权。腾讯公司的法务部是一个较为庞大的公司法务团体，其下设“知识产权法务部”“隐私及数据保护法务部”“诉讼法务部”“法务平台部”等，不同的下属法务部门负责腾讯公司内部不同产品及项目的法务事宜。如“知识产权法务部”负责腾讯公司“知识产权”相关政策的制定、研究和投诉处理，“隐私及数据保护法务部”负责腾讯产品有关隐私和数据保护的相关政策。其他部门在制定交易规则中涉及的“知识产权”和“数据隐私保护”相关条款需要统一遵循“知识产权法务部”和“隐私及数据保护法务部”所拟定的相关政策。除此之外，腾讯公司的“法务平台部”在腾讯产品交易规则制定的过程中也发挥着重要作用。“法务平台部”内部法务人员受“法务平台部”的直接领导，但又隶属于腾讯公司内部不同的6个事业群，每个法务平台部的法务人员会直接负责不同事业群的不同应用产品，并制定相关产品的“服务协议”和“隐私政策”。在涉及较大类目的交易规则时，也通常会由相关的“法务平台部”工作人员直接制定，除此之外的小型交易规则或者暂时性营销活动规则均由对接的业务部门工作人员先行制定并全部交由法务平台部工作人员进行进一步的审核，以保证交易规则的合法性和合理性。

## 二、平台规则制定的襄助者：法律/政策研究中心

目前，一些电商平台为了适应整个电商交易市场的不时变化、促进企业与政府及高校之间的良性互动，相继成立了隶属于企业内部的社会科学研究机构，其对于电商领域相关法律问题的研究具有应时性和前瞻性，对于平台规则的制定和修改起了极其重要的襄助作用。

2007年，阿里巴巴集团成立了阿里研究院。阿里研究院依托全球最大的在线商业生态系统——阿里巴巴商业生态圈，基于互联网的价值

导向,运用互联网化的方法和工具,研究互联网、大数据给社会经济带来的新现象、新规则。

如果说阿里研究院的研究方向多数是聚焦于互联网经济及大数据研究,那么腾讯研究院可谓国内最着重于进行法律研究的"互联网研究机构"。腾讯研究院成立于2011年,围绕互联网法律、公共政策、互联网经济、大数据等研究方向,与国内外研究机构、智库开展着多元化的交流和合作,不断推出面向互联网产业的数据和报告,为学术研究、产业发展和政策制定提供了有力的研究支持。自成立以来,其"法律研究中心"长期从事于互联网相关竞争规则、网络治理、信息保护等前沿法律问题的研究,并定期向社会输出了《中国互联网法律政策研究报告》《全球隐私及数据治理保护法律政策动态报告》等权威数据报告,为相关领域法律政策的预测和法律前沿问题的研究提供了第一手信息和资料。

最为重要的是,上述电商企业成立的"研究中心",会直接与企业内部的相关部门进行良性互动,并进一步促进企业内部法律事务的合法性和合规性。据课题组调研,以腾讯研究院为例,腾讯公司各法务部会定期与腾讯研究院的法律研究中心开展各种实践交流活动。法律研究中心每日研究并发布的各项报告和政策预警也均会通过企业内部系统进行专业筛选并传送于与该信息相关的各法务部门,使得各个法务部能够第一时间了解自己部门所涉业务的政策趋势,并及时更改与其部门对接的各个互联网应用产品的服务协议和交易规则,争取做到企业内各产品交易规则适时地合法合规,前瞻性地引领新的合法与合规。

同时,腾讯公司各法务部也会定期向法律研究中心传送各种与其业务相关的信息资料。腾讯公司的诉讼法务部和法务平台部会定期向腾讯研究院反馈近期由其部门经手的诉讼量、投诉量较大的争议法律问题以及相关的客观数据和公众舆论导向,以期研究院内的法律研究中心能够通过对这些客观数据信息的专业分析,与国内学者、智库以及其他社会研究机构共同探讨并得出更具前瞻性的研究成果并反馈于法务部。据课题组了解,之前较具争议性并被多数平台用户诟病的"交易规则管辖法院约定”和“重点交易规则不显著标识”[32]等问题,均是通过法律研究中心及各法务部的交流互动和探讨研究下不断改进并完善的。

除了阿里和腾讯集团外,京东和字节跳动等大型电商企业也均在其法务部内部设置了虚拟的法律研究机构,该研究机构也会定期监测国家立法部门和监管部门的各项政策规定,并在政策生效前梳理合规点并反馈于法务部内部制定交易规则的各法务工作人员。若政策中没有相关的法律规定,则其会与法务部相关工作人员共同预测风险点并预判修改后的交易规则的合规程度。各平台法律研究中心或政策研究中心的主要作用并不仅仅在于根据国家立法动向预测、研究行业内部的合规风险。在很多情况下,各法律研究中心还承担着向国家立法机关、执法机关提供企业实践动向、反馈企业诉求等相关工作,而国家相关立法机构在制定互联网、电子商务相关法律法规时,考虑企业诉求、吸纳企业建议的情况也不在少数。

## 三、平台规则制定的民主参与:规则众议院

2015 年,阿里巴巴率先在淘宝平台中设置了“规则众议院”这一栏目。规则众议院是淘宝规则发布前对外公开征集意见的场所,淘宝平台内的卖家和买家在成为普通议员后即可代表各自利益,对淘宝即将实行的交易规则中新增或变更的要点进行投票并发表意见。每一议员的投票选项若与规则最终采纳的结果一致,将可获得一定的积分和福利。这

---

[32] 由于交易规则具有“格式条款”的属性,《民法典》、《电子商务法》以及《网络交易平台合同格式条款规范指引》中均对平台的提醒注意义务作出了相关规定。例如,《网络交易平台合同格式条款规范指引》第 9 条规定:“网络平台应当采取显著方式提请合同相对人注意与其有重大利害关系、对其权利可能造成影响的价款或者费用、履行期限和方式、安全注意事项和风险警示、售后服务、民事责任等内容。…… 显著方式是指采取足以引起合同相对人注意的方式,包括:合理运用足以引起注意的文字、符号、字体等特别标识。不得以技术手段对合同格式条款设置不方便链接或者隐蔽格式条款内容,不得仅以提示进一步阅读的方式履行提示义务。”但在之前的实践中,多数电商平台为了追求页面的简洁化或为了刻意隐藏一些较具争议性的规则条款,并没有完全尽到法定的“提醒注意义务”。

一政策鼓励了一大批平台内普通用户参与进电商平台交易规则制定的过程中，也使得电商平台交易规则制定的法务人员或业务人员能够充分吸收平台内各方的看法和意见，在很大程度上体现了《电子商务法》中对于交易规则制定过程“公开化”的要求，使得交易规则能够真正地集“众思”、广“众议”。[33] 在普通议员之外，规则众议院中还设置了高级议员和专家议员的席位，不断邀请平台内有长期交易经验、有专业背景知识的人士参与进“规则众议院”这一活动中。

根据在“淘宝·规则众议院”这一页面中的统计，自2015年规则众议院成立以来，淘宝通过该页面共向平台内用户征求规则修改意见120余则，并得到了大量用户对“交易规则修改要点”的积极反馈。在该页面下显示的每一个“交易规则征求意见稿”的具体内容，基本上均由背景说明、审议内容（包括主要调整点和具体变更内容对比）及投票框三个部分组成。用户在选择支持或不支持时，还可将自己对该规则要点的进一步建议或意见反馈于该页面下。在征求意见期限届满后，淘宝将在意见征集页面下公示投票结果。多数结果公示中会对交易规则的支持率和反对率作以数据体现，并将用户支持和反对的理由逐一罗列，对于占比较高的反对理由，淘宝相关工作人员会结合反对理由对该交易规则修改时的制定原理作进一步的阐明和叙述。若有对交易规则反对率较高的情况出现，淘宝则会对该情况进行数据总结和公示，并延迟交易规则的正式实施日期，待调整规则内容并进行第二次意见征集之后，才会再次决定是否正式实施该交易规则。淘宝网2017年7月19日公示的《关于〈淘宝规则〉描述不符规则调整公开征集意见》曾因用户的强烈反对而再次调整相关内容，并进行了第二轮公示投票之后才正式开始实施该规则的。

---

[33] 《规则众议院——规则制定，你有话语权》，载淘宝网2015年6月16日，https://rule.taobao.com/detail-2792.htm? spm=a2177.7231193.0.0.602a17eaDUDP7z&tag=self。

## 四、平台规则修改后的用户退出机制

由于电商交易模式和电商技术的不断发展，平台内部交易规则的变动性极大，平台内部随时会出现交易规则某些要点的修改及更新。例如，多数电商平台在建立之初，会推出大量优惠的营销活动以吸引市场上的用户进入平台，待用户消费习惯培养成熟之后，平台便会“坐地起价”，变更或取消之前有关优惠营销活动的交易规则，取而代之的是更符合平台利益、可为平台带来持续性收益的交易规则。

对于这一变更行为的价值优劣和合理性暂且不去判断，但如前所述，新出台的交易规则的确会使得之前已经入驻平台且习惯于过往交易规则的用户的可期待利益〔34〕减损，迫使用户“服从”于修改之后的交易规则不仅会使得平台企业的商誉减损，也有悖于民法中“缔约自由”〔35〕和“合意变更合同”〔36〕的相关原则。

因此，多数电商企业出于平台合规性和商誉的考量，逐渐在平台“服务协议”中增加了交易规则修改之后的“用户退出机制”。例如，《淘宝平台服务协议》(2019 年 8 月 19 日版)第 7 条规定：“淘宝可根据国家法律法规变化及维护交易规则、保护消费者权益需要，不时修改本协议、补充协议，变更后的协议、补充协议(下称‘变更事项’)将通过法定程序并以本协议第八条约定的方式通知您。如您不同意变更事项，您有权于变更事项确定的生效日前联系淘宝反馈意见。如反馈意见得以采纳，淘宝将酌情调整变更事项。如您对已生效的变更事项仍不同意，您应当于变更事项确定的生效之日起停止使用淘宝平台服务，变更事项对您不产生效力；如您在变更事项生效后仍继续使用淘宝平台服务，则视为您同意

〔34〕 可期待利益在民法理论中，是指合同订立、履行过程中，合同一方当事人因信赖合同可以履行或持续履行的情况之下可获得的利益。参见王利明：《合同法总论》，法律出版社 2003 年版，第 724 页。

〔35〕 《民法典》第 5 条。

〔36〕 《民法典》第 136 条第 2 款。

已生效的变更事项。”《京东支付服务协议》第1.5条规定：“如果本公司对本协议内容进行变更，将在本公司网站以公告的方式提前予以公布，变更后的协议在公告届满之日起生效，无需另行单独通知您；若您在本协议内容公告变更生效后继续使用本服务的，表示您已充分阅读，理解并接受变更修改后的协议内容，也将遵循变更修改后的协议内容使用本服务；若您不同意变更修改后的协议内容，您有权于变更生效前停止使用本服务。”

目前大多数电商平台所采取的基本流程是：首先由电商平台公示修改后的规则内容，并设置一定的公示期限〔37〕，此公示有可能以网站主页的方式进行通知，也有可能以短信、电子邮件、系统私信的方式进行通知。其次，用户在公示期限内选择是否接受交易规则的相关修改内容。最后，接受修改内容的用户在公示期结束之后直接适用新的交易规则，并按照新的交易规则行使其权利义务；不接受修改内容的用户须在公示期限结束之前停止其交易行为并退出电商平台〔38〕，其退出前所作出的相关行为仍适用旧的交易规则内容，新规则对其不产生效力。若用户日后恢复使用该电商平台服务，则视为其接受了新的交易规则，此时其应当按照新的交易规则行使权利、履行义务。

“用户退出机制”是价值规律发挥资源配置作用导致优胜劣汰的必然表现〔39〕，赋予平台用户面对修改后的交易规则以选择权，设置合规、合理的用户退出机制，是保证平台内电商市场持续健康有序发展的重要前提。

〔37〕 据课题组统计，大多数电商平台交易规则的公示期均为7天，即法定的最低公示期限，有极个别较为复杂、争议性较大的规则可能会采取15天甚至更长的公示期。

〔38〕 此处的“退出”，可以是直接注销用户账号、卸载相应应用产品，也可以仅仅是停止使用平台服务，各大电商平台未对“退出”作以详细、严苛的规定。

〔39〕 赵旭东主编：《中华人民共和国电子商务法释义与原理》，中国法制出版社2018年版，第209页。

# 第三节　平台规则“立改废”存在的问题及完善

不可否认，目前多数电商平台在平台内部交易规则“立改废”程序的合规性上已经付出了很大的努力。随着《电子商务法》的公布与正式实行，出于避免执法机构的处罚及保障平台内市场正常、健康运行等目的，多数电商平台均及时调整了交易规则的制定、修改政策。但作为以追求经济利益为主的商事组织，多数电商企业在交易规则“立改废”机制合规化的进程中仍然有所保留，在符合国家法对于平台规则形式化合规的要求之上并未做到真正的实质性合规。以下试以“公示—评议制度”和“备案制度”为例论述存在的问题及完善路径。

## 一、“公示—评议”制度

### （一）“公示—评议”制度的一定缺陷

国内目前两大电商平台——淘宝和京东，均在其网站相关页面设置了平台规则公示区及评议区，但该制度设立及运行过程中的主导权仍然在平台手中，平台用户通过该制度实质性地参与规则制定的可能性并不高，该制度的运行仍然存在一定缺陷。

1. 多数平台在规则公示的方式上存在缺陷。《电子商务法》第34条规定，电商平台修改后的交易规则应当公示于网站首页并广泛征求意见。但多数电商平台并未将修改之后的交易规则置于网站首页，取而代之的是在极不显眼的位置以“超链接”的方式对交易规则进行公示。且目前使用手机、平板电脑进行电商交易的用户占多数，为了保证应用产品界面的简洁化和直观性，多数电商平台甚至会选择放弃在电商平台的手机应用产品上及时公示修改后的交易规则。此外，虽然有些电商平台的确会不定期以系统弹窗、私信等方式向用户公示相关交易规则，但这些公示并未设置合理的公示期限，一般情况下均是规则一经公示即已开始正式实施。

2. 多数平台在评议规则的选择上存在偏向性。以淘宝平台为例,虽然淘宝开设了专门的“淘宝规则—规则众议院”页面以供用户查询、评议平台规则,但自2015年该页面设置以来,淘宝网仅仅发起了155个平台规则变更要点的评议活动,在这155个活动链接中,还存在规则科普类页面及重复的规则评议页面。事实上,与用户权利义务息息相关的“管辖权约定”条款、“搜索机制选择”条款的修改均未出现在“规则众议院”的可评议页面中。

3. 多数平台没有建立完善的规则评议机制。纵使淘宝和京东两大电商平台均有设置类似于“规则评议”的页面,但打开每一个规则评议页面会发现,并非所有规则评议的页面内均包含规则设置背景、规则新旧内容对比、规则可能带来的权益影响等内容。在评议结果的反馈页面中,很多平台反馈公示仅以三到四行内容匆匆结尾,针对于规则的反对理由、反对人数及反对的回应并没有进一步地公示和解释。这样的评议方式使得平台内部的“众议院”制度在很大程度上沦为了形式主义的工具,并未发挥其应有的价值。

### (二)“公示—评议”制度的存在意义

平台规则的“公示—评议”制度在平台规则“立改废”及其执行层面具有重要意义。一方面,目前趋于严苛的法规制度对“公示—评议”制度提出了更高要求。在2020年商务部出台的《电子商务信息公示管理办法(征求意见稿)》[以下简称《办法(征求意见稿)》]中,不仅明确地对公示的位置、专门区域、公示内容的组成、信息公示管理的专职人员等提出了确切要求,还对公示行为的资料存档、公示义务的催告等进行了明确规定。相比于此前与平台规则有关的法规内容,此次《办法(征求意见稿)》展现出了执法部门对于规范平台信息公示行为的决心,不断满足立法的变化并适时调整公示方法仍是平台方合规治理的第一要义。另一方面,平台规则的“公示—评议”制度对平台商誉的提升和平台交易秩序的维护起着至关重要的作用。平台规则,尤其是与交易主体密切相关的交易制度的不透明化，在很大程度上会影响交易制度的顺利执行。目前多数平台的争议纠纷案件均源于平台用户对交易规则的不满，此类纠纷在新闻报道中屡见不鲜，且在一定程度上制约着平台秩序的正常维护。如平台在规则制定前即充分征求平台内用户意见，权衡平台内多方利益出台合规、合理的平台规则，即在很大程度上可以避免平台争议纠纷案件的发生。“公示—评议”制度在设置、执行层面的完善不仅有利于平台的合规监管，还有益于平台秩序和商誉的可持续发展。

因此，针对现有平台“公示—评议制度”的缺陷，综合考量电商市场虚拟性、人数地域广泛性及交易高速便捷性等特征，可以考虑从以下几方面进行完善。

1. 建立无差别的规则修改公示提醒〔40〕机制

不仅是《电子商务法》，《民法典》也要求“格式条款”制定方应当尽到完全的提醒注意义务，〔41〕提醒合同相对方关于增加其义务、减损其权益的所有条款。电商平台内部虽然交易行为频繁且用户数量较多，但在履行交易规则的“提醒注意义务”上仍然需要遵循国家法的相关规定。其应当做到无论是在用户使用的电脑网页版本，还是手机应用产品版本，均应及时、完整、无差别地公示修改之后的交易规则。考虑到网站首页公示面积有限等问题，若一个时间段内不便于在网站首页公示过多的规则内容，也应当将规则内容加以总结并以系统弹窗通知、邮件通知等用户可立即知晓的方式将规则变更要点及时传送于用户并尽到规则修改的公示义务。

2. 完善规则修改公示的具体内容

针对与用户权利义务息息相关的交易规则的修改，平台不仅应当公示该规则条款修改过后的具体内容，还应当将规则设置的法律依据、修改背景作进一步的解释说明，在必要情况下，还可对条款未来实施之后

---

〔40〕 此处所指的“公示提醒”不是生效规则的公示提醒，而是在“规则众议”制度下的公示提醒，即为了使得用户参与进规则修改要点的众议活动中而发起的公示提醒。

〔41〕 《民法典》第496条第2款。

带来的影响作必要性评估并公示于相关页面内。同时,应当为公示内容设置合理的公示期限,原则上不应短于法定的 7 天公示期,重要的规则修改内容应当设置更长的公示期限以确保用户的知晓和参与。需要注意的是,部分电商平台的生效规则公示页面和修改规则征求意见公示页面并不等同,因此,为了确保完整的、已生效的交易规则中的每一条款均经历修改公示、评议等环节,平台有必要在完整的生效规则公示页面的显著位置增加经历过修改的条款的评议反馈公示链接。

3. 吸引更多的用户参与规则评议过程

传统线下法律法规草案的制定过程,或会通过新闻宣传的方式提醒公众注意相关信息,或会直接邀请相关领域的专家学者、执法人员在专家论证会上对相关法规进行交流论证。这在很大程度上能够保证对相关规则条款真正有兴趣且具有相关专业背景知识的人参与其中,从而使得规则制定更具合理性和可行性。但目前部分电商平台设立的“众议院”制度在征求用户意见时并未对评议人员的“质量”作严格把控,所有平台均是允许全部平台内用户不加身份区分地对规则的修改内容发表意见。

为了保证修改后的规则能够切实保障相关用户的权益,在确保所有用户均可对规则的修改进行评议的基础之上,平台应当根据规则的不同类型及适用范围,以系统信息推送、邮箱信息推送并附加奖励机制的方式邀请经常在与规则相关的领域内进行交易活动的用户或与规则变更要点中的权益设置息息相关的用户参与进相关规则修改的评议活动中,以保证平台规则制定的合理性。同时,在评估票数有效性的过程中,平台也应当根据实际情况作公正、合理的票数统计。若在票数统计过程中,发现利益相关一方的参与投票的人数远远多于另一方,并有可能属于恶意投票或雇佣“水军”投票等现象的,则平台应当审慎判断结果的有效性,并根据实际情况考量是否应当就该规则修改内容发起第二轮投票评议。

4. 进一步完善评议及评议反馈的内容机制

在评议页面，除了为用户设置“支持”“可再评估”“支持”“中立”“反对”等选项外，还可在具体意见文本框输入页面内，允许用户以“图片”“文章链接”等方式佐证自己所提出的具体意见。为了保证用户真实地参与评议的全过程，在用户向平台提交投票选项及具体意见后，平台应当及时向用户发送投票成功的相关信息，必要情况下，还可向投票用户发送“评议查询码”，以此使得用户能够随时查看自己评议过的所有规则的最新进展情况和之后的实施情况。在评议反馈页面，除了公示规则评议的最终结果、投票比例，电商平台还应当针对呼声较高的反对理由进行逐一阐述，并向平台内用户解释不采纳该意见的具体原因。平台固然对规则实施与否具有最终决定权，但规则的实施必然需要适用于用户本身并受到用户的监督，因此对用户意见的完整反馈有利于从源头避免平台规则不合规现象和无序交易行为的发生。

## 二、备案制度

《平台规则制定程序规定》对交易规则的备案管理机关、备案内容已有所规定。但事实上，无论是制度规定层面还是实际操作层面，电商平台交易规则的备案制度仍不完善。

一方面，平台规则的备案并没有完全按规定进行。《平台规则制定程序规定》中要求电商平台制定的全部基础交易规则均应当在“商务部交易规则备案系统上”上进行备案，但根据课题组在备案系统上的调研，多数电商平台在该备案系统上进行备案操作的时间为 2016 年，即备案系统上线的第一年。在此之后，很少有电商平台因为交易规则的增加或修改，而重新在备案系统上进行备案。同时，《平台规则制定程序规定》还要求电商平台在系统上备案平台规则时，应当对规则生效前征求公众意见及意见答复处理的相关情况作备案公示。但点击多数电商平台在备案系统上提交的规则备案内容，很少发现有对公众意见及意见答复处理相关情况进行完整备案的电商平台，即使有，也仅仅是以几句话对“公众评议”作简短的总结。[42] 此外,虽然《平台规则制定程序规定》规定了用户可在规则系统上查询并投诉相关交易规则的权利,但该备案系统的链接频繁失效,且即使点击进入后,用户仍然无法在该系统中对交易规则进行投诉申请。

另一方面,目前商务部所实施的交易规则备案制度仍然有缺陷之处。商务部并未在《平台规则制定程序规定》中明确备案应当是实质审查还是形式审查。[43] 我国《立法法》第99条规定人大及其常委会有对报送备案的规范性文件进行主动审查的权力。虽然电商平台的交易规则与国家法层面的规范性文件在适用范围、严格程度上有明显差别,但由于《平台规则制定程序规定》中有关于执法处罚[44]以及公众投诉[45]机制的设立要求,各省(区、市)商务部门若仅对交易规则进行形式备案,似乎并不能满足其执法处罚以及接受公众投诉的相关规定。据此,可以认为:第一,《平台规则制定程序规定》所规定的备案制度并不排除商务部门主动进行实质审查的权力;第二,该规定至少是要求商务部门在接受公众投诉或进行执法处罚时是必须对交易规则的内容进行实质审查的。但是,根据调研数据显示,即使在《平台规则制定程序规定》正式实施之后,各大电商平台的交易规则仍然或多或少会出现违法条款,

---

[42] 例如,苏宁易购平台在备案其《客服系统服务使用规范》《商家发货管理规范》《促销活动基本准则》等基础规则的“公众评议”时,仅对支持率、反对率及公众留言进行了备案,关于“平台对评议的反馈”等内容并未作出详细的公示和备案。再例如,多数平台在备案“公众评议”时,均以未收到用户投票和意见反馈为由,取消了对“公众评议公示通知”文件的上传。此外,还有部分平台直接以“规则内容”冒充“公众评议内容”,将不相关的文件内容上传于“公众评议”的备案栏目中,试图以形式要件齐全的方式显示其完成了备案义务。

[43] 形式审查,即规则形式要件的审查,其要求各省(区、市)商务部门仅须对电商平台提交的基础交易规则、公告评议、评议反馈的数量和性质进行审核。实质审查,即对规则具体内容的审查,其要求各省(区、市)商务部门不仅应对规则形式要件的齐备程度进行审核,还应当对规则内容的合法性、合理性等进行全面且实质性的审核。

[44] 《平台规则制定程序规定》第18条。

[45] 《平台规则制定程序规定》第15条第1款。

且多数电商平台在"商务部规则备案系统"上进行备案的内容均不齐全。可见,实践中,各级商务部门对平台规则进行主动且实质性审查的积极性极低,即便是对交易规则进行事后实质审查的概率也较小。这种规则不明晰、规则与实践无法有效衔接的情形无疑将"备案制度"推上了较为尴尬的处境。

鉴于此,本书认为,"平台规则备案制度"可考虑以下几方面的完善:

(一)商务部门应加强对平台规则备案的形式审查

平台规则纷繁而又复杂,且更新频繁、快速,平台规则的备案制度若继续保留,显然不宜要求商务部门对所有备案的规则进行实质性审查。然而,既然平台规则的备案是一种对电商平台的监管要求,那么,商务部门应当对交易规则的备案形式、数量、内容等进行严格把控,对于缺乏公众意见及平台反馈公示内容的备案文件,商务部门应当根据具体情况,及时要求平台对相关内容进行补充。此外,《电子商务法》和《平台规则制定程序规定》要求各省(区、市)商务主管部门负责规则备案的日常管理工作。可以认为,这不仅要求各省(区、市)商务部门及时对规则进行归类管理、对用户投诉进行处理,还应当包括审查各自辖区内电商平台是否尽到了所有规则的备案提交义务以及审查其提交的文件是否齐全,对于没有将规则及其公告评议和反馈证明文件进行完整备案的平台,各省(区、市)商务部门应当及时要求平台完善规则备案内容。对于拒不履行备案义务的平台,各省(区、市)商务部门还可在权限范围内对其作出一定的警告或行政处罚。

(二)商务部门应在处理投诉举报时加强对交易规则的实质审查

除了形式审查,商务部门接到有关平台规则违法违规的投诉举报时,就应该对平台规则的合法性、合理性进行实质性审查,以有效地回应投诉举报和履行执法处罚的责任。实质性审查的开展不应局限于书面审查。由于平台规则不计其数,平台用户(无论是商家用户还是消费者用户)有可能会提出众多的投诉举报,因此,原则上,可以书面审查的方式来判断投诉举报的问题是否存在。若通过书面审查即可认为投诉举报反映的违法违规问题是否存在的，经书面审查后可以作出相应处理。若书面审查仍然存在需要听取平台方和投诉举报方或者其他用户意见的，可以考虑召开听证或听证会。

（三）商务部门应当定期公开公众举报信息及处理结果

法律法规中有关举报和处罚之条款的设立，并不仅仅是为了使得违法主体在违法行为发生之后及时承担相应责任，还应当是为了对尚未违法的主体予以提醒和警示。警示目的实现的重要途径之一即及时披露相关违法主体的处罚信息，使得其他主体能够及时了解到执法的动向和执法力度，从而避免相应违法行为的重复发生。《平台规则制定程序规定》赋予了公众对于平台规则备案情况进行举报的权利，商务部交易规则备案系统中也有相应的举报途径，但为了最大化发挥“举报”“处罚”机制的作用和影响力，商务部门应当及时公开相应的规则备案违法情形的处罚信息。这不仅仅是对其他主体的警示和对违法主体的监督，从一定程度上讲，也是对于商务部门执法行为的有效监督。

除“公示—评议制度”和“备案制度”的改进外，政府、行业组织也可进一步推进平台规则制定的标准化和规范化。标准化的交易规则不仅可以节省平台在交易规则制定程序上的时间成本，也可在一定程度上减少平台交易规则不合规条款的出现。这不仅仅是《电子商务法》和《平台规则制定程序规定》的要求，也是平台规则制定在实践中的大势所趋。

例如，原北京市工商局发布了全国首个电商平台交易规则示范文本，即《北京市网络商品交易平台服务合同》，并规定于 2018 年 11 月 1 日开始正式使用。该示范文本是原北京市工商局联合北京电子商务协会组织专门力量深入行业内有代表性的 14 家电商平台展开调研，收集电商平台经营者与平台内经营者合同文本，对文本的合法性、公正性、可行性、实用性等进行论证研判，多次召开研讨论证会，并通过社会广泛征求意见,最终形成的网络商品交易示范文本。[46] 该文本的发布对于国内电商平台交易规则的制定起了良好的指引作用。但该文本仅仅是有关平台“服务协议”的规范化文本,与用户交易行为及权利义务关联度更大的基础交易规则的示范文本,例如质量检验规则、争议纠纷处理规则,仍有待政府和相应行业组织给出进一步规范或指引。

## 第四节 平台规则修改后的救济问题——以“庆余年超前点播案”为例

### 一、平台规则修改的民法规制

一般情况下,合同在履行中合同订立双方可能遭受的损失包括“信赖利益损失”和“履行利益损失”等。所谓“信赖利益损失”是指合同一方当事人不履行或不适当履行合同,造成对方当事人因信赖合同能够履行而遭受的相关费用损失,其主要包括缔约准备费用、缔约成本、机会损失等。“履行利益”又称为“积极利益”或“积极的合同利益”,是指债权人基于债务人的履行行为直接获得的利益。“履行利益损失”与“信赖利益损失”不相同,履行利益的损失并不是因信赖合同将被履行而支出的相关费用,而是信赖合同会被顺利履行而可获得的利益。[47] 我国《民法典》第 584 条对于违约责任中的损害赔偿范围作出了明确规定:“当事人一方不履行合同义务或者履行合同义务不符合约定,造成对方损失的,损失赔偿额应当相当于因违约所造成的损失,包括合同履行后可以获得的利益;但是,不得超过违约一方订立合同时预见到或者应当预见到的因违约可能造成的损失。”

---

〔46〕 北青网:《北京工商:全国首个网络商品交易平台服务合同示范文本于 11 月 1 日起正式使用》,载新浪新闻中心网,http://k.sina.com.cn/article_2090512390_7c9ab00602000pdm2.html。

〔47〕 王利明:《违约中的信赖利益赔偿》,载《法律科学》2019 年第 37 期。

当然,“信赖利益损失”也好,“履行利益损失”也罢,均不只可以适用于线下合同。目前平台规则实质上具有“格式合同”的法律属性,因此以《民法典》的相关规定对其进行约束并无明显不当。但考虑到电商平台交易规则受众群体广泛、交易规则较多、平台合理商业价值偏向等现实问题,以对线下合同的标准规制线上平台规则并不具有完全的可行性。下文将以较具争议性的“庆余年超前点播案”为例,对平台规则修改后用户损失救济问题进行粗略的探讨。

## 二、“超前点播案”始末

2019 年 12 月,某电视剧在网络平台上热播之际,享有该剧网络信息传播权的腾讯视频平台和爱奇艺平台推出了“超前点播政策”。该政策规定,原本已付费的 VIP 再交纳 50 元即可在领先于普通用户超前观看 6 集的基础之上再超前观看 6 集。[48] 此政策一经发出,便引起了网上热议,多数平台用户“抱怨”交了会员费不仅没有享受会员应有的高级待遇,还被平台政策间接地强迫消费,甚至因为平台新政策的出台而降低了观看体验。随后,《人民日报》客户端发表的题为《视频网站套路层出不穷,吃相太难看》的文章称:“VIP 之外设置 VVIP,额外掏钱才能够享受超前点播,视频网站是在制造焦虑诱发用户消费。在此前购买 VIP 的协议中是否有这样的约定?如果没有标明,这种额外收费的行为,实际上是对消费者权益的侵犯。”

多数平台用户认为,此政策虽然给予了平台 VIP 选择是否购买“超前点播”的权利,但事实上只要有人对“超前点播”进行购买,就会出现剧情泄露的风险,这样会直接导致普通 VIP 用户的观看体验受损。同时,也有平台网友指出,腾讯视频和爱奇艺在 VIP 之外提供超前点播服务的主要问题在于用户购买 VIP 服务时的宣传承诺表明,用户可抢先看 6 集,平台在不加任何解释的情况下,会使得很多用户将此政策理解为

〔48〕 以下将此类购买“超前点播”的会员统称为“VVIP”。

只要有新的剧集更新，VIP 即可享有最为优先的权利提前看最新更新的 6 集。也正是基于这样的原因，多数平台用户认为自己作为 VIP 所享有的权益遭到了实质减损，甚至部分用户认为腾讯视频、爱奇艺平台应当赔偿自己因充值 VIP 服务而花费的会员费用。随后大量用户在网络上掀起了对腾讯视频、爱奇艺平台“超前点播政策”的讨伐，最终腾讯视频、爱奇艺平台迫不得已取消了原先的“超前点播政策”。

## 三、赔偿救济问题的分析

事实上，要平台承担规则修改之后的损失赔偿责任，不能仅考虑平台是否变更了不利于用户的交易规则这一要件，对于损失救济规则能否在平台中广泛适用，应当根据赔偿责任的构成要件并结合案例事实逐一进行分析确认。

### （一）违约行为

从合同领域违约赔偿的一般理论出发，其构成要件之一为合同一方当事人作出了违约行为，包括合同一方当事人不履行或者不完全履行合同约定的义务。具体到“超前点播案”中，腾讯视频平台和爱奇艺平台的“超前点播政策”是否属于对普通 VIP 的违约，还应当从“普通 VIP 服务协议”及相关规则的具体内容着手进行分析。

从一个较浅显的层面来理解，用户在腾讯视频平台及爱奇艺平台购买普通 VIP 时，平台会员相关政策即已经约定普通 VIP 能够享有的服务即提前观看平台内资源及减免广告等，腾讯视频平台及爱奇艺平台并没有作出实质的违约行为，其“超前点播”政策只不过是在普通 VIP 抢先看影视剧的基础之上又赋予了购买“超前点播”的所谓 VVIP 以抢先看更多集数影视剧的权利。该政策从形式上并没有减损普通 VIP 的任何权益，普通 VIP 仍然可以在其权限范围内享有自己应有的 VIP 权益。

从具体的层面来理解，若平台用户在购买普通 VIP 时，该剧已经在该平台播放，那么其应当有充分理由可以从网络宣传、平台系统提醒[49]中获取升级为VIP时可以抢先观看的集数，即6集；若平台用户在购买普通VIP时，该剧还没有在该平台播放，那么用户根本无法预知该剧播放的具体平台名称，若之后并没有在其购买VIP服务的平台播放，从常理出发，用户也没有理由和权利苛责腾讯视频平台和爱奇艺平台承担违约责任。

从更为深入也更间接的层面来理解，虽然普通VIP仍然可以抢先观看6集该剧，但仍然有用户认为腾讯视频平台和爱奇艺平台的行为是违约的，该违约行为就是没有赋予VIP以最为尊贵的平台服务的享有。原先购买VIP服务时，并没有"超前点播"政策的出现，在购买VIP服务之后出现的"超前点播政策"实际上相当于降低了VIP原先享有的会员等级，并将VIP服务分化为了"普通VIP"及"VVIP"两种等级，这种等级的分化使得普通VIP无法再享有原先在订立"会员服务协议"时所预想到的尊贵的会员服务体验。因此，多数用户以此为由投诉腾讯视频平台及爱奇艺平台的违约行为。

但是，随着电子商务交易模式的不断多样化，苛责平台仅仅局限于一种交易模式而不作修改或更迭，是不切实际的，也是不符合"电商促进"的基本精神的。同时，平台虽然在一定程度上是平台的管理者和电商发展的主力军，但其实质仍然是追求经济利益的商事主体。因此，只要平台没有作出实际性的违约行为——如原先约定提供抢先观看6集的服务，但实际上仅仅提供了3集——则不应当随意认定平台违反了"会员服务协议"的相关规定。

### （二）损害结果与因果关系

以"信赖利益"和"履行利益"进行划分，损害结果可以分为"因信赖合同会履行而付出的合理费用的损失"和"因合同另一方未实际履行约

---

[49]　一般用户在平台内点击普通VIP才能够观看的资源时，平台均会提醒用户作为普通用户仅能观看前5分钟，后续时长需要购买并升级成为VIP之后才可继续观看。

定而造成的可获得利益的损失”。

具体到“超前点播案”中，用户因信赖合同会被平台履行或完全履行而支付的会员费用由于平台未履行合同而造成的损失属于“信赖利益损失”，用户无法享有订立“VIP会员服务协议”时所约定的“可得利益”而造成的损失属于“履行利益损失”。从“信赖利益损失”角度出发，用户是否受到了损失主要应当考虑其支付会员费用的损失是否真正存在，换言之即用户所支付的会员费用是否与其订立合同时所信赖其应当享有的权益具有相当性。从“履行利益损失”角度出发，用户是否受到了损失主要应当考虑若平台履行了义务，则VIP是否可享有可得利益，以及其可得利益在平台违约时是否受到了减损。

事实上，“信赖利益损失”和“履行利益损失”在一定程度上可竞合。“超前点播案”可为例证。VIP用户信赖利益的损失无非是会员费用支付的损失，而履行利益的损失虽然被描述为VIP所享有的可得利益，但可得利益实际上非常难以量化，用户很难对其可得利益进行标准的数字金额上的价值定性，且在一定程度上用户所支付的会员费用实质上可以与其应当享有的可得利益相当。因此，在损失主张方面，多数VIP主张的损失即为会员费用的支出。

但主要问题在于，VIP用户费用的支出是否真正属于用户的损失，还有待进一步探讨。聚焦于“超前点播案”中，VIP用户虽然不再享有平台内等级最高的用户地位，但实际上并没有任何的损失，其作为VIP用户的基本权益仍然被平台规则所保护。除了会员等级政策的变化，其并没有受到其他任何实质性的损害。退一步讲，即使用户的权益真正受到损害，例如平台将原先的抢先观看6集的规则变更为抢先观看3集，用户仍然很难在司法实践中主张会员费用的全部损失。毕竟，平台内的资源丰富，其中一个资源播放规则的变更不足以向平台主张全部会员费用的赔偿。若仅仅主张一部分，则用户仍然很难对资源播放规则变更所对应的会员费用比例进行举证。当然，并不由此否定在此种情况下损害的存在，也不否认“超前点播”政策与此损失之间的因果关系。

另一种关于损害及其因果关系的可能主张是:若在原先 VIP 抢先看 6 集的基础之上,赋予 VVIP 再抢先看 6 集的权利,则可能会对普通 VIP 造成剧情的提前泄露,从而影响其观看体验。但是,一方面,观看体验损害实际上非常小,且极其难以量化;另一方面,观看体验损害的影响因素众多。若该网剧资源属于畅销小说的改编作品,则其剧情在资源播放之初即已被公众所熟知,同时,网络盗版资源、用户在资源更新之后没有及时观看等因素都可能导致用户在观看资源之前被网络信息所提前剧透。因此,部分用户所主张的剧情提前泄露所导致的观看体验受损的事实实际上很难与“超前点播政策”直接关联。

## 四、超越赔偿救济框架

通过对“超前点播案”的分析,可以基本再现传统民法对损失赔偿问题的方案和路径。在考虑是否应当对用户进行信赖利益或履行利益的损失赔偿时,首先,应当思考平台修改规则的行为是否属于一种违约行为,违约行为的认定应当从平台约定给予用户的实际权益的角度进行分析,而非过分注重对虚拟性权益约定的违约。同时,以“信赖利益损失”为由进行违约主张,还应当注重一个前提性问题,即“信赖基础”的存在。若用户在订立“会员服务协议”之初就对“服务协议”的变更方向〔50〕具有预知性,则其很难以“信赖利益损失”为由主张损害赔偿。其次,应当考虑用户是否因规则的修改而遭受到了实质损害。该损害或可以是信赖利益损害,或可是履行利益的损害,无论是哪种理论之下的损失,都应当兼顾损害性质、损害大小以及是否可以被量化等因素。最后,应当考虑平台规则修改与用户损害之间是否具有因果关系,还应当考虑该因果关系的关联程度以及因果关系的认定是否在很大程度上被其他非平台因素所阻却等因素。

---

〔50〕 例如,因国家法律要求进行变更、为了维护平台健康有序的秩序而进行变更或为了保护消费者合法权益而进行变更。

当然，平台规则修改之损失救济制度的建立并不能仅着重于对是否应当救济或在何种违法情形下进行救济的分析。各大电商平台在修改平台规则时或多或少会存在不合规、损害平台用户合法权益的条款。对于这些情况的出现，赔偿或救济是在所难免的，但如何在平台中建立一套完整的救济体系，是目前的一大难题。

首先，平台用户因规则修改而遭受的损失很难被价值量化，一个规则的修改究竟会迫使用户承担多大范围、多少实际费用的损失是无法进行有效、公正的计量的。不同用户针对同一个规则的修改，所承受的损失也有可能是千差万别的，损失主张的多样性和损失的难以举证性会在很大程度上增大平台损失救济机制建立的困难程度。[51]

其次，无论是大型电商企业还是新兴的小型电商企业，要求其在企业内部配备庞大的损失救济认定人员，也不具有现实可操作性。原本负责平台内争议纠纷解决的客服人员并不具有高度的专业性可对损害赔偿进行事实认定和更为困难的法律认定，其对证据在技术层面真伪的鉴别能力和在法律层面证明力大小的鉴别能力均有所欠缺。退一步讲，虽然电商企业能够配备一批具有专业鉴别能力的损失救济认定人员，但平台用户的救济主张千差万别，要求相应工作人员对救济主张进行一一认定，是一项极其耗费平台时间成本和金钱成本的“工程”。

最后，平台始终是以追求经济利益为目标的商事主体，在当今社会中，很难想象，一个主体既承担着规则的制定权、修改权和实施权，还承担着规则实施过程的监督权和规则损害的赔偿救济认定权。要求平台自身制定标准，并要求其及时、全面的审查、监督交易规则修改之后的赔偿认定工作，本身即不具有可行性。

然而，“超前点播案”的最终结果也给了我们更进一步的启示。平

〔51〕 同时，损害赔偿的认定工作不仅仅会聚焦于损失及其证据的认定，在“信赖利益损失”的赔偿主张下，还需要对相应规则修改时是否具有“期待可能性”进行认定，对于“期待可能性”的认定不仅仅需要考虑用户诉求，还需要考虑国家法律法规变更对于平台规则变更的影响程度等，这无疑加大了认定工作的难度。

台规则的修改或许对每一个受影响的用户而言,带来的损失很难量化或即便可以量化也非常微小。如该案中显示的 VIP 用户对自己在平台内享受平台资源的最优越地位被突然出现的 VVIP 用户所取代,VIP 用户的"内心失落"是常情可理解的,其转化为法律上的术语"信赖利益的损失"也未尝不可,尽管在支付会员费时双方的合同显然并无明确此"最优越地位",是否存在实质的"信赖利益"是可争议的。但是,毫无疑问,"超前点播案"的涉事平台最终放弃了"超前点播政策",可见其在许多用户的不满和声讨之下,非常在意自身商誉的维系。即便平台在法律上有权可以为了突然到来的赚取更多利润的商机而修改规则,即便平台坚持下去也不见得会损失太多原来已经有的 VIP 用户,可平台显然也并不愿意其诚信为商的声誉由此受到重大不利影响。

因此,可以认为,在传统民法规制的范围之外,由于平台——尤其是超大平台——覆盖极广的公共性,似乎还存在一种无形的、在法律上不见得具有约束力、但在事实上可以发挥柔性规制作用的声誉力量。只要在电商领域,仍然存在必要的竞争性,仍然有平台争夺用户资源的激励,这种声誉力量会对平台规则的修改以及修改后的救济产生约束作用。

## 第五节　小　　结

平台规则的"立改废"是一个过程,在此过程中,平台经营者无疑具有主导的、支配的地位,其拥有自主制定、修改和废止相关规则的权利,这是其在法律上享有的经营自主权的应有之义。在这一点上,其与普通中小企业制定自己的规章制度是相同的。但是,正如本书之前章节已经点出的,电商平台——尤其是超大平台——的公共性是非常凸显的,平台规则的制定、修改和废止会影响数以亿万计的用户,以及各种各样的商业形态,甚至会溢出影响更为广阔的经济秩序、社会秩序。这是普通中小企业所无法比拟的。

随着电子商务领域的发展，运用互联网技术、电子商务模式进行交易的便利性愈加凸显，越来越多的人提倡“电商促进”理论。但“电商促进”并不是无节制、没有边界的，由于电商平台技术手段的不断升级及其管控能力的不断提高，赋予平台治理权和管控权的平台规则的合规性和合理性，应当得到更多的关注。平台规则在现行法理论上更多被作为合同格式条款，但又有其不同于一般格式条款的特殊性和复杂性，将其理解为一种特殊的平台自治规则，也是可以初步成立并进一步探索的。

因此，不仅国家法——无论是民法还是监管法——对平台规则的“立改废”予以了高度重视，在追求商业利益和合规国家法的双重动力之下，平台经营者自身也极其关注。本章的目的就是展示国家法和平台自身对这个过程的规制，指出其存在的一些问题，提出若干完善的设想。同时，本章也试着结合“超前点播案”对平台规则修改后涉及的救济问题，进行了在民法框架内的和超越此框架的分析。

当然，传统民法及其格式条款理论仍然有捉襟见肘之处，相应的监管法规定也在赋予平台规则自主权和加强合规性、合理性约束之间寻求艰难的平衡，且因为涉及“多头监管”而有杂乱之困。平台规则“立改废”过程的规范化还有待更多深入地研究和探索。

# 第七章　平台规则的执行

平台规则的执行是指平台及其工作人员执行平台规则的活动。理性的平台用户尤其是平台内经营者在入驻平台时或入驻平台后,一般会关注涉及平台规则执行的以下内容:一是执行的具体措施有什么,即"我"在什么情况下会被"开除"?如果商品得到了差评会受到什么"惩罚"?如果商品好又会有什么"好处"?二是在日常经营中,规则会如何对"我"进行"约束","我"会被如何"监管"?三是平台规则是否正当合理,"我"是否愿意"心服口服"地接受平台规则对自己行为的约束和规范?

鉴于此,本章拟对平台的惩戒、平台的奖励、平台的日常监管以及平台规则执行的保障四个方面进行介绍和探讨。前三节主要对平台规则进行梳理总结并针对热点问题展开讨论,第四节则主要从理论层面进行分析。由于更多地对主流平台、共性问题进行介绍,取舍详略之际,考虑间有不周,在所难免。不当之处,请读者指正。

## 第一节　平台的惩戒

### 一、平台惩戒的概念

提到平台惩戒,最容易联系到的法学上的近义概念是"行政处罚",即"行政机关依法对违反行政管理秩序的公民、法人或者其他组织,以减损权益或者增加义务的方式予以惩戒的行为”。[1] 而这里之所以用“惩戒”，主要基于以下两点考虑：

一是平台惩戒与行政处罚不同。平台既不是行政主体，其实施的惩戒也主要基于平台内经营者违反了平台规则——尽管违反平台规则与违反相关法律法规存在诸多交叉重叠。无论从主体、依据、程序和救济上来看，平台惩戒都与行政处罚存在本质上的不同。由于平台惩戒的某些措施与行政处罚存在形式上的相似，为避免与行政处罚相混淆，本书用“惩戒”一词以示区分。

二是平台惩戒无须区分“处罚”和“强制”。行政法上，行政处罚与行政强制在作用、程序以及权力设定方面均有不同，无论是在实践中还是在理论上，这种区分都是十分必要的。而平台惩戒的规则皆由平台制定，其执行大都通过远程操作完成，涉及权限和程序的问题并非没有，但比起广泛存在、各个部门和各个地方层级负责实施的行政处罚和行政强制而言，是相对简单的，进行区分的意义不大。[2] 另外，平台的有些惩戒措施，如关闭店铺，既有临时管控、防止损失扩大的目的，也有“惩罚”的考虑。

因此，平台惩戒是指电子商务平台经营者依照已经公示的平台规则，对平台内经营者的违规行为作出的有关违规纠正、权利限制和财产管控等不利于平台内经营者的措施。

## 二、平台惩戒的原则

### （一）公正原则

行政处罚法语境下的公正原则，其基本含义是“设定与适用行政处罚之时，对被处罚相对人应当公平对待，没有偏袒”。[3] 在电子商务法

〔1〕 参见《行政处罚法》第2条。

〔2〕 为便于理解，本节会将平台惩戒与行政处罚、行政强制作类比，主要意指措施的类型相似，而非对平台惩戒是“强制”还是“处罚”进行区分。

〔3〕 参见杨小君：《行政处罚研究》，法律出版社2002年版，第45页。

语境下，平台惩戒公正的内涵包括以下两个方面：

一是对平台内经营者不应差别对待。有些平台在惩戒规则开篇会对该原则进行说明，明确平台内经营者适用惩戒规则平等原则。无论是否进行明确的说明，这都应当是平台惩戒的基本原则，尤其是不能根据平台内经营者的规模和影响力进行差别对待。同时，对于综合评价较高的店铺，进行惩戒时也不应该存在特权。

二是适用的惩戒措施和力度要与平台内经营者违规行为的事实、情节、性质相适应。如在平台内经营者发布的商品信息可能对消费者造成误导，可以"下架商品"或"删除商品"，待其重新编辑信息进行发布，而没有必要对其店铺进行关闭，这类似于行政法中的"比例原则"。〔4〕 对于不同种类的违规行为，也应做出不同种类和不同力度的惩戒措施，这类似于刑法中的"罪刑均衡"原则。〔5〕 对于同一违规行为，初次和再犯的惩戒力度也不同。〔6〕 总之，要使得对平台内经营者的惩戒"罚当其罪"，而不能"一刀切"。

(二)公开原则

公开原则是指平台惩戒的相关制度以及平台针对经营者做出的惩戒措施应当公开，具体包括以下两个方面：

一是惩戒相关制度的公示。《电子商务法》明确了平台服务协议和交

〔4〕 "比例原则的基本含义是行政机关实施行政行为应兼顾行政目标的实现和适当性手段的选择、保障公共利益和相对人权益的均衡，如为实现行政目标可能对相对人权益造成某种不利影响时，应将这种不利影响限制在尽可能小的范围和限度内，保持二者处于适度的比例。"参见姜明安主编：《行政法与行政诉讼法》，北京大学出版社、高等教育出版社 2015 年版，第 74 页。

〔5〕 "罪刑均衡"原则的核心内容是轻罪轻判、重罪重判，既体现在立法上，也体现在司法上。参见陈兴良主编：《口授刑法学(上册)》，中国人民大学出版社 2017 年版，第 67～74 页。

〔6〕 如《京东开放平台商家违规积分管理规则》中对于虚假交易的惩戒，根据违规行为第一次、第二次、第三次、第四次等，惩戒力度逐级增加。载京东平台规则中心 2022 年 12 月 28 日，https://rule.jd.com/rule/ruleDetail.action?ruleId=2754&type=0，后注《京东开放平台商家违规积分管理规则》链接同。

易规则的公示义务,[7]其中当然地包括与惩戒有关的交易规则。了解平台内各规章制度是平台内经营者决定是否入驻和依照规则进行经营的前提,也是消费者了解平台管理,进而决定是否选择该平台的重要渠道。如果平台作出的惩戒措施并非以已经公示的规则作为依据,就失去了正当性和公信力。

二是对平台内经营者的惩戒进行及时的公示。《电子商务法》明确了对平台内经营者的惩戒应当公示的制度,[8]这对平台内经营者具有更强的威慑作用和教育作用。因为,任何商事主体都不愿自己的违规行为被公示,从而导致商誉的减损。同时,公示在理论上也可以保障消费者的知情权,以便在消费时对商品和服务进行预判。

（三）累积性原则

所谓累积性原则是指,平台内经营者在一定时间内受到的处罚可能被累计起来进行评价。换言之,即使平台内经营者没有特别严重的违规行为,也可能基于违规行为的"累加"而适用较重的惩戒措施。以淘宝平台的惩戒规则为例,其采用两条路径并行的方式,除了对平台内经营者某种特定的违规行为立即做出一定的惩戒措施,还会根据违规的种类和情节的不同做出"扣分",当所扣分数达到某一节点时,则会作出相应的惩戒措施。累积性原则使得平台内经营者,尤其是已经受到过惩戒的经营者更加注意自己行为。这也反映在部分平台所确立的"累犯从重"制度。[9]

（四）惩戒与教育相结合原则

惩戒本身并不是目的,而只是保证规则实施的最后手段,平台规则能够被平台内经营者理解和认识,并在此基础上自觉地履行义务和行使权

---

[7] 《电子商务法》第33条。

[8] 《电子商务法》第36条。

[9] 例如,《淘宝网市场管理与违规处理规范》第5条规定:"会员累犯将从重或加重处理。"载淘宝网规则中心2019年5月6日,https://rule.taobao.com/?spm=a2179.1434706.0.0.669c1398bQTSRS&type=detail&ruleId=14&cId=1157#/rule/detail?ruleId=14&cId=1157。后注《淘宝网市场管理与违规处理规范》链接同。

利,才是惩戒的最终目的和最佳效果。因此,要通过惩戒对平台内的经营者进行教育,使已经受到惩戒和未受到惩戒的主体了解和遵守平台规则,达到特殊和一般预防的效果。

部分平台对于初次违反规则的平台内经营者,除了进行较轻的惩戒,也有其他可替代的措施以达到惩戒的效果。例如,淘宝平台对于情节轻微或者非故意的违规行为,可以通过教育学习等方式来替代惩戒。[10]

(五)惩戒与民事责任、行政责任、刑事责任并行适用原则

尽管在电子商务体系中,平台承担着重要的监管角色,但其性质还是商事主体,其作出的惩戒并不影响平台内经营者民事责任、行政责任和刑事责任的承担,这些责任是并行适用的。

具体说来,平台对平台内经营者做出惩戒后,消费者对与平台内经营者产生的纠纷,仍然可以提起民事诉讼,平台内经营者对平台的惩戒不服,或产生其他纠纷,也可以通过民事诉讼进行解决;平台内经营者的行为,例如刷单炒信触犯刑法的,还需要承担刑事责任。平台内经营者不能以受到了平台的惩戒为由来抗辩法律责任的承担,也不存在着竞合适用的问题。

## 三、平台惩戒的分类

行政机关实施的行政处罚,可以依据其所设定的义务的性质,分为申诫罚、财产罚、行为罚、人身罚。对处罚进行分类,可以使得各行为的法益侵害性更加明确。平台对平台用户的惩戒,也可以按照侵害法益的不同以及轻重程度不同,分为以下三类。

(一)声誉惩戒

声誉惩戒是指平台向违法违规的平台内经营者发出警告,申明其从事了违法违规行为,希望通过对其信誉施加影响,使其不再违法违规。

---

〔10〕 例如,《淘宝网市场管理与违规处理规范》第4条规定:“除违反法律规定外,会员首次、非故意或轻微违规的,视具体情节享有减免、从轻、自检自查、教育学习等替代性处理的机会。”

目前,电商平台有明确将警告等声誉惩戒独立适用的情况。例如,《京东开放平台总则》第5.1条规定:“为了提升消费者的购物体验,维持市场正常运营秩序,京东开放平台有权按照本规则规定的情形对商家经营行为采取以下管理措施:5.1.1 警告:指京东通过口头或书面的形式对商家的不当行为进行提醒和告诫。”《淘宝网市场管理与违规处理规范》第8条规定:“淘宝网针对会员的违规行为先进行纠正,消除不利影响;同时,根据判定结果的情节严重程度,淘宝网可采取如下市场管理或违规处理措施:(一)公示警告;……”

然而,正如前文在“公开原则”中提到的,《电子商务法》要求平台及时公示对平台内经营者违法违规行为的惩戒。就此而言,与其他惩戒措施并用的公示,就具有对信誉施加不利影响的后果,也可以认为是最普遍适用的一种声誉惩戒措施。

(二)财产惩戒

财产惩戒是指限制或剥夺违法违规的平台内经营者一定财产权的惩戒。其主要包括对账户的管控和对保证金的冻结、划拨。例如,平台内经营者出售假冒商品,淘宝平台可以对平台内经营者做出限制解冻保证金的惩戒措施;[11]关联店铺违规时,京东平台会要求平台内经营者提高店铺基础保证金标准。[12]

财产惩戒一方面能够对平台内经营者施加压力,使其出于对违规成本的考虑,不敢进行违法违规行为,另一方面能够在必要的时候弥补消费者经营者违法违规行为而受到的损害。

---

〔11〕《淘宝网市场管理与违规处理规范》第24条规定:“出售假冒商品,指卖家出售假冒注册商标或盗版商品的行为。……淘宝网视情节严重程度可采取下架商品、删除商品、限制发布商品、限制解冻保证金、支付违约金、查封账户等措施。”

〔12〕《京喜开放平台关联店铺管理规则》“五、关联店铺的违规处理:京喜开放平台有权视违规店铺的违规严重程度,对违规店铺的关联店铺立即作出如下处理:5.2 提高店铺基础保证金标准(提高区间为:50%~300%)、延长结算周期。”载京东平台规则中心,2022年9月16日生效,https://rule.jd.com/rule/ruleDetail.action?ruleId=572689928589283328&type=1。

### (三)行为惩戒

行为惩戒,是指限制或剥夺违法违规的平台内经营者特定行为能力和资格的惩戒。从电商平台的违规处理规范中可以看出,行为惩戒在各平台的惩戒措施中是种类最多的,且平台有意将特定行为与及时管控手段和违规惩罚标准相对应。平台通常将这些惩戒称为"市场管理措施"[13]。

目前电商平台的行为惩戒主要包括以下几种:(1)下架或永久下架商品,指将平台内经营者在售商品或服务转移至线上待售商品;永久下架商品则意味着该商品后续永久无法上架。(2)删除商品、信息,指删除平台内经营者已经发布的商品或者对店铺、活动页等位置的信息。(3)删除销量及评价,指删除商品的部分或全部销量及评价。(4)商品搜索降权,指调整商品在搜索结果中的排序,包括单个商品降权和全店商品降权。(5)限制发布商品,指限制平台内经营者发布新商品或上架待售商品。(6)限制参加营销活动,指限制平台内经营者参加平台发起的营销活动。(7)限制开新店,指限制平台内经营者在平台开设新的店铺。(8)商品或店铺屏蔽,指在搜索、导航、营销等各项服务中对平台内经营者商品或店铺等信息进行屏蔽。(9)账户管控,指平台对平台内经营者账户绑定的收款账户采取的限制措施,如取消收款功能、取消提现功能、禁止余额支付、禁止余额提现、冻结支付宝余额、延长交易账期等。(10)支付违约金,指根据协议约定由平台内经营者向消费者或平台支付一定金额的违约金。(11)查封账户,指永久禁止平台内经营者使用违规账户登录平台、登录商家管理系统、使用交流软件等。

值得注意的是,平台广泛适用的"扣分"并非一种惩戒措施,而是用来

---

〔13〕 例如,《淘宝网市场管理与违规处理规范》第 8 条规定:"淘宝网针对会员的违规行为先进行纠正,消除不利影响;同时,根据判定结果的情节严重程度,淘宝网可采取如下市场管理或违规处理措施。"《京东开放平台总则》第五章也是以"市场管理措施"为标题。《京东开放平台规则总则》,载京东平台规则中心,2021 年 6 月 10 日生效,https://rule. jd. com/rule/ruleDetail. action? ruleId = 2368&type = 0。后注《京东开放平台规则总则》链接同。

累积衡量适用何种惩戒措施的一种计分标准,就是前文提到的惩戒累积性原则的体现。如淘宝平台根据违规种类的不同,将违规分为一般违规、严重违规和出售假冒商品类违规,三者扣分独立计算,达到一定分数时处理也不同。[14]

## 四、平台惩戒的完善

### (一)细化惩戒认定标准

平台内经营者的某类违规行为,往往会对应几种不同的惩戒措施,平台也会在规则中进行说明,将按照情节的不同做出不同的惩戒措施。[15] 这使得平台进行违规处理时有了一定的"自由裁量权",但同时也可能无法给平台内经营者对自身行为的明确预期。因此,平台应当制定更加细致的认定标准,尤其是要在情节严重程度的认定上作出更加细化的规定,类似行政机关实践中常用的裁量基准,从而避免出现"同案不同判"的现象。

### (二)完善惩戒的程序

目前,平台很少对惩戒的具体程序进行规定。尽管信息技术的发展使得惩戒的作出十分简便,但仍应在程序问题上进行一定的完善,尤其是在避免损失扩大的前提下,给予平台内经营者一定的陈述申辩的权利,或能减少申诉和诉讼的产生。

---

〔14〕 参见《淘宝网市场管理与违规处理规范》第四章"违规行为类型及扣分"以及《淘宝网关于违规行为扣分及节点实施细则》。

〔15〕 例如,《淘宝网市场管理与违规处理规范》第 19 条规定:"淘宝网视情节严重程度可采取下架商品、监管商品、删除商品、限制发布商品、屏蔽店铺、监管账户、查封账户等措施。"

# 第二节　平台的奖励

## 一、平台奖励的概念

平台的奖励策略和手段，根据其是否上升为平台规则，可以分为“政策性”奖励和“常规性”奖励。“政策性”奖励在日常生活中并不少见。我们作为消费者，经常收到外卖软件奖励的“红包”，网约车软件奖励的“折扣券”，以使我们形成消费习惯。平台对于平台内经营者的奖励也很常见。当我们乘坐网约车，发现司机师傅火急火燎时，便能从聊天中了解到，在一天之内，或者某个时段内，达成某种“成就”（例如里程数量、接单数量），网约车司机便会获得油补、“红包”等某项奖励。根据网友“虎虎车友俱乐部”晒出的图片，网约车司机在当日凌晨 0 点至早上 6 点钟时段，如果完成 5 次网约车接单，便能获得额外的 12 元奖励，如果完成 10 次网约车接单，便能获得 20 元奖励。[16]

一方面，“政策性奖励”是平台间竞争的一种策略，通过补贴的方式吸引更多的商家入驻平台，也吸引了更多的消费者，并对该平台产生依赖；另一方面，通过这种方式可以进行“宏观调控”，使得平台更加合理地运转。例如，在凌晨时间段针对乘客多而司机少的情况，平台加大在该时间段对网约车司机的补贴力度，以平衡司机和乘客的供需关系。这种奖励方式会根据客观情况发生变化，具有短暂性和地域性的特点，从研究平台规则的角度来看，不太具有参考价值。

本节所称平台奖励，指向的是“常规性奖励”，即平台依照交易规则，稳定地对达到一定标准的平台内经营者给予某种权利上的便利或利益上的补贴。

---

〔16〕 虎虎车友俱乐部：《滴滴开始挽留司机了？发接单奖励给我，这种“奖励”我该回去吗？》，载搜狐网博客 2018 年 10 月 21 日，http://www.sohu.com/a/270403780_777664。

## 二、对平台奖励存在的认识误区

目前,学界对平台奖励研究较少,与惩戒相比,电子商务平台经营者似乎也未对奖励提起足够的重视。不少学者对于行政奖励(激励)早有研究,其中描述了对行政奖励存在的误解和质疑,结合电商平台运行现状,需要对涉及平台奖励的以下问题进行说明。

### (一)赏是否为罚的艺术性变形

有行政法学者曾提出"对有功者的赏,是否为对无功者的罚"这一问题,并进行了澄清,其认为赏与罚可能相互转化,同时又是独立的,认为对"有功者的赏"是对"无功者的罚"是夸大了两者矛盾性和相对性而得出的一种荒谬的结论。[17]

在电子商务法领域,这一问题也可能需要探讨。以搜索排名为例,若将综合评价较高的商品置于搜索排名的优先位置,根据网购经验可知,消费者往往会在前几个商品中进行选择,对其他排名靠后的商品则鲜有关注,这本质是否构成对其他平台内经营者的一种惩罚?首先,平台的奖励与行政奖励相比,其获得渠道更广、机会更大。社会中,我们很少人能有机会立功或取得重大科研成果,平台内经营者却可以通过提供优质的服务和商品来提高自己的综合评价从而获得奖励,这本身就是机会平等下自我选择的结果。其次,对于所谓的平台内经营者提供的可能影响到其他平台内经营者的便利,如前文提到的搜索排名,在消费者可以自行选择排名方式的前提下,[18]把优质的平台内经营者放置在靠前位置远比随机排序、按发布时间排序等排序方式更为合理。

### (二)平台奖励是否会构成或刺激不正当竞争

关于有观点提出的涉及不正当竞争的问题,包括两个方面:一是平

---

〔17〕 参见倪正茂:《激励法学探析》,上海社会科学院出版社2013年版,第30页。

〔18〕 如京东平台搜索商品后,可选择按"综合推荐""销量""价格""口碑"等方式进行排名显示。"京东"App安卓版本V11.0.0,最后测试时间:2022年5月19日。

台对平台内经营者的奖励,如果构成类似于滴滴的补贴政策,平台是否构成不正当竞争;二是奖励政策是否会刺激平台内经营者之间进行不正当竞争。[19]

对于政策性的、短期的、主要目的为排挤竞争对手的补贴行为,当然可能构成不正当竞争。但是,如前所述,这种补贴并非此处意图探讨的奖励。平台并无能力进行长期、高额度的补贴。凡是本书所指的、平台长期的补贴性奖励,额度都不高,[20]其目的也是鼓励商家进行销售,而非与其他平台之间进行竞争。目前出现的有关平台不正当竞争的问题主要是平台与平台内经营者基于"下架商品""二选一"引发的,并非因奖励而引发的争议。

对于平台内经营者之间的不正当竞争,例如"好评返现"情况,也并非由于平台的奖励刺激而产生。平台奖励中可能具有的如"搜索排名"等机制看似是平台内经营者进行不正当竞争的原因之一,但这一奖励归根到底还是依据消费者评价、商品的质量等综合考虑作出的。因此,最根本的动因还是在消费者好评等评价标准上得到承认。换言之,奖励是达到评价标准的结果,达到评价标准是平台内经营者之间的正当竞争,奖励和不正当竞争之间并无必然的原因与结果的关系。而平台也不可能取消评价机制,可行的办法还是加强对不正当行为的监管。这在后文讨论竞价排名问题时予以详述。

### (三)平台的奖励是否会误导消费者

国家市场监督管理总局原局长张茅曾指出,要正确处理好政府与市场的关系,不要再为企业的行为"背书";将对著名品牌、知名品牌进行清理,在政府的榜单上,只有黑榜,没有红榜。政府部门授予的某些荣誉

---

[19] 如通过"好评返现""好评赠送小礼品"等方式引导消费者进行"五星评价",从而在搜索排名显示中更具优势。

[20] 例如,京东平台《生鲜事业部特产馆业务组 2019 年销售激励政策》,其奖励为销售额的 0.5% ~1.5%。载京东平台规则中心,2019 年 10 月 25 日生效,https://rule.jd.com/rule/ruleDetail.action?ruleId=4648&type=0。

称号,很容易被企业拿来进行宣传(当然其有权这样做),进而对消费者的决策产生影响。一旦商品出现问题,甚至出现严重问题,如曾经获得诸多奖项并在出事前连续评为“中国名牌产品”“国家免检产品”的三鹿奶粉,出具“背书”的部门是否承担责任、承担何种责任,都会引发众多争议。因此,有观点认为,平台也不能为平台内竞争者“背书”,例如评选“金牌卖家”等行为。

其实,同政府为企业进行“背书”且相关法律责任不明确相比,平台的有些奖励措施实际上有为平台内经营者“担保”之意。以“淘宝平台金牌卖家”为例,不仅“金牌卖家”对消费者作出了品质承诺,一旦出现问题,平台也会“先行赔付”,从而对自己授予平台内经营者“金牌卖家”的行为进行“担保”。因此,“淘宝每个月会对金牌卖家的经营和服务情况进行定期考核,对服务不符合标准的卖家将取消‘金牌卖家’的身份标识”。这不仅不会损害消费者的权益,更是一种有利于消费者的经营策略。

### 三、平台奖励的意义

#### (一)对平台内经营者形成激励

“经济人”理论假定人的本性是使自身利益最大化。“承认‘自利’是人的本性,即便在那些崇高的情感和利他主义行为方面,也仍然不能摆脱‘自利’这个动力,是科学的诚实。”[21]平台内经营者当然不例外,他们也在经营中不断追求利益的最大化。同时,需求理论进一步指出,需求本身并不能产生行为,只有在特定的情形下使得需求的满足成为可能,才能使个体产生行为动机,调动个体的主动性和积极性,达到自身的预测目标。[22]

电子商务背景下交易习惯已经发生改变,加之平台内经营者很容易

---

〔21〕 参见杨春学:《经济人与社会秩序分析》,上海三联书店、上海人民出版社1998年版,第257页。

〔22〕 参见傅红伟:《行政奖励研究》,北京大学出版社2003年版,第114页。

“另起炉灶”，依靠传统的“特定情形”来激励平台内经营者已经不能满足其期待。换言之，既有的制度已经不能对平台内经营者形成充分的激励，平台需要重新定义“特定情形”，而平台的奖励作为“特定情形”的一部分，无疑是最直接、最明显、最有效的助推方式之一。一旦“提高商品质量”“获得用户好评”“及时回复消费者”等行为被纳入奖励的考量标准之内，平台内经营者可以通过这些行为获得“搜索排名”优势、获得“金牌卖家”称号，甚至直接获得“返现”，提高了获得利益的可能性。这些行为便有了更强的动因，对平台内经营者是更强的激励。而平台内经营者实力的增强，也会使得平台的竞争力不断提升，这也是平台进行激励的考虑之一。

### (二)有助于营造良好的电商环境

“经济人”理论认为个体追求利益的最大化也会促进社会公共利益。个体在作出决策时，始终包含着对利益明确的或者含蓄的计算，因此制度在设计时就要充分考虑尊重个体的这种自利的本性，从而使公共利益在个体的决策中获得增值。

平台的奖励像一只“看不见的手”，能够从平台内经营者“自利”这一角度出发，对平台内经营者的行为提出更高的要求，达到标准的平台内经营者长期来看往往也会获得更大的收益，则其即便“各自追求各自的利益，往往更能有效地促进社会的利益”[23]。同时，平台内经营者做出的“正外部性”行为也需要耗费一定的成本，平台的奖励对于该种行为也是一种补偿。

## 四、平台奖励现状

一般电商平台制定的规则，总是“罚多奖少”，多数条款都对惩戒方式进行了说明，却鲜有奖励的规定。以两大电商平台“淘宝”“京东”为

〔23〕［英］亚当·斯密：《国富论(下)》，郭大力、王亚南译，译林出版社2011年版，第24页。

例,按照奖励的类型可以分为以下两类。

（一）给予某些便利

平台通过采用特定的评价标准[24]（往往为量化标准）,对平台内经营者的经营状况进行综合考量,[25]确定优质的平台内经营者,通过赋予某种权利或者减免某项义务的方式在经营保障服务、搜索排名等方面对其给予更为优质的服务和便利。[26]

（二）现金型奖励

除了给予某些便利,部分平台也会有“激励金”或者“折扣”的奖励,以进一步激励平台内经营者诚信经营、提供优质服务,或通过平台内经营者的某些行为达到“双赢”的效果。前者如京东平台的激励金制度（2019 年 5 月 1 日起至 2020 年 4 月 30 日生效）,[27]与上述给予便利相比较,其评价考核方式是相同的,但在奖励的类型和获得奖励方式中均有不同。至于折扣奖励,比较典型的是京东平台的“广告奖励政策”。为鼓励商家主动投放站外广告促进销售,京东平台制定了《京东开放平

[24] 例如,《淘信用与经营保障服务规范》第 4 条规定:“淘信用是反映卖家在淘宝网合规经营意愿与能力的综合分值,包含经营历史、违规记录、买家关系、资质承诺等维度。”第 5 条规定:“淘宝网会根据卖家的淘信用分数,提供相应的经营保障服务。原则上,淘信用分数越高的卖家,保障服务的种类越多,服务水平越高。”载淘宝网规则中心 2018 年 9 月 6 日,https://rule. taobao. com/detail - 8795. htm? spm = a2177. 7231193. 0. 0. 244217eadD85kU&tag = self。

[25] 例如,根据《京东开放平台京东好店规则》,对于通用型京东好店的考察项分别有基础指标项、考评项、承诺服务项等 3 大项指标,15 小项指标。载京东平台规则中心,2023 年 2 月 10 日生效,https://rule. jd. com/rule/ruleDetail. action? ruleId = 3872&type = 0。

[26] 例如,根据《京东开放平台京东好店规则》,京东好店认证通过后,享受京东好店 icon 透标、搜索专属加权、频道优先露出、好店专属频道、部分商品加入微信“搜一搜”商品池、免费视频空间等专享权益。根据《淘信用与经营保障服务规范》,信用高的商家在合规工具与服务、人工及在线服务、投申诉保障服务、特色市场经营保障、营销活动保障、营销活动保障等 6 个方面享受平台提供的更为优质的服务和便利。

[27] 京东平台针对通用型好店专门制定了《通用型京东好店商家激励政策》,其通过评估商家在规定考核周期内京东平台通用型京东好店的认证情况,对于符合《激励政策》中激励标准的店铺,在考核期结束后,发放相应的激励金。载京东平台规则中心,2019 年 6 月 7 日生效,https://rule. jd. com/rule/ruleDetail. action? ruleId =4359。

台商家投放站外广告奖励政策》,即商家投放站外广告且广告落地页为京东平台所带来的引入订单,京东平台将对符合条件订单对应的平台扣点进行减免,收取1%扣点作为应支付手续费,平台扣点减免的部分以奖励金额充值到商家京准通账户,可用于进一步的广告投放。[28]

这一政策的作用确实非常明显,现在在社交平台中(如微博、QQ空间)中,经常能看到京东平台内经营者所附上的广告链接,点击后便可跳转至京东App,并显示广告中的商品。这不仅使得平台内经营者以更低的成本进行广告宣传,也提升了京东平台的影响力。

此外,京东平台还针对特定时间和特定部门制定了《生鲜事业部特产馆业务组2019年销售激励政策》《鲜花园艺部2019年销售激励政策》《生鲜事业部2019年销售激励政策》等根据平台内经营者的销售额来进行奖励的政策,以激励中小商家和新入驻商家良性经营、诚信竞争。

## 五、平台奖励的完善

应当看到,在各大电商平台制定的规则中,不仅奖励性规则较少,同时存在着奖励性规定笼统、模糊的情况。在实践中,至少可以从以下两个方面进行完善:

一是制定更加明确具体、多元的规定。如淘宝平台尽管在经营保障方面承诺给予"淘信用"分数较高的平台内经营者更多的便利条件,但对于如何保障、多大力度的保障并没有进行说明,这不便于平台内经营者对提高"淘信用"所花费的成本和获得的收益之间进行比较计算。换言之,平台内经营者不了解具体的制度时,激励效果也可能并不明显。平台可以在规则主页以专栏专版的形式,对于奖励的具体内容制定更加细化的实施办法。同时,也应当拓宽奖励的方式和种类。例如,参照京东平台以返现的方式进行激励,或以平台的名义进行优质店铺和优质商

---

[28] 虽然该奖励以"政策"命名,但其与之前提到的"网约车"的奖励并不相同,该政策具有长期性、普遍适用性,其已经在平台以规则的形式进行了公示,因此也属于本部分所讨论的奖励。

家的推荐,多方位发挥奖励的功效。

二是平衡奖励与“购买型”特权的关系,尽可能把真正的好店、好商品与通过购买获得特权的平台内经营者作出区分。以“竞价排名”为例,《电子商务法》第40条要求平台经营者在显示竞价排名的商品或服务时应当尽到对“广告”的显著标明义务,但从目前国内主流电商平台的实际情况来看,平台经营者对于参与竞价排名的商品或服务的标注基本上难称“显著”,多是在商品介绍的某个角落用几乎透明且较小的字体标出“广告”。对此,一是要对某些特权的取得进行“限制”,规定其只能以奖励的形式取得,而不能“购买”;二是对于类似搜索显示“竞价排名”的商业广告,也要显著标明,给“好店”留出足够的空间,防止误导消费者。

## 第三节 平台的日常监管

如果说平台的惩戒是对已发现违规行为的处理,平台的奖励是对优良经营者的激励,平台的日常监管则指平台如何发现违规行为、如何区分出优良和劣质商家、如何解决平台内经营者与消费者的纠纷等。其中,比较常见的就是平台的抽检、投诉—审查机制和平台内的信用评价机制。[29]

### 一、平台的抽检

#### (一)平台抽检的必要性

电子商务具有虚拟性的经营环境、跨地域性的流通服务,这样的特性为商品交易流通打破地域限制,降低交易成本,提高了市场效率,提供了广阔的交易平台,但对应地,也衍生出巨大的市场风险。

这主要体现在平台内经营者对商品的描述可能与事实不符,甚至存

〔29〕 关于纠纷的解决,参见本书第八章。

在售假卖假的情形。在传统的交易模式下,消费者通常可以接触到商品实物,对商品的好坏优劣有直观的判断,通过“货比三家”,最后付款购买。但在电子商务交易中,消费者仅凭商家的描述作出是否购买的判断,先下单付款,后收到商品。某些不法商家利用信息不对称,编造虚假信息,以次充好,使得瑕疵商品、假冒商品、缺陷商品充斥网络,消费者难以辨别真伪,由此引发了大量的投诉。

平台通过抽检的方式,一方面,能够对平台内经营者所售各类商品的质量有整体了解,确定哪类商品容易出现问题,以进行重点监管;另一方面,对于投诉较多、信用较差的平台内经营者的商品进行抽检,可以及时对有问题的商品进行删除,对违法违规的平台内经营者予以清退,维护平台的交易环境。同时,对平台内存的部分企图“真假混卖”的经营者,尤其在服饰箱包、化妆品等领域,通过抽检的方式,也能督促其合法合规经营,因为一旦抽检时检验到其掺杂的假货,可能使原本稳定盈利的状态被打破,甚至被清退,反而得不偿失。

### (二)平台抽检主要内容及流程

目前各主要电商平台均制定了比较完善的抽检制度,并对抽检流程以文字或流程图的方式进行了说明。一般由平台的工作人员匿名购买疑似假冒的商品,送由权威质检机构依据平台内的商品品质标注进行检测,并根据检测结果作出相应的处理措施。其流程大体一致,以淘宝平台质量抽检流程为例:

第一步,确定抽检对象。被抽检商品一般为被消费者、品牌或版权权利人投诉多次的疑似假冒商品,或者应消费者权益保护协会或国家认可的第三方机构请求抽检的商品。

第二步,进行样品获取。获取商品一般采用“匿名购买”的方式,即工作人员以普通消费者身份在店铺下单购买,不打开包裹的情况下直接交给平台,同时注意过程的记录和证据的留存。

第三步,将样品送由国家认可的第三方权威质检机构进行检验。

第四步,依据检测的结果进行后续处理:若商品检测结果合格,则终止抽检程序，并由平台支付检测费用；若检测结果不合格，则对商品进行删除，对平台内经营者进行处罚，平台内经营者仍可通过申诉的方式进行复检，同时，检测结果不合格时，检测费用由平台内经营者承担。

## 二、投诉—审查

### （一）投诉—审查制度主要内容

电子商务语境下，广义的投诉—审查是指，在网络交易中发生纠纷，或者在日常的浏览中，消费者发现平台内经营者提供的商品或服务违反法律法规或者平台内的交易规则，而向行政部门、行业协会和平台进行投诉，由收到投诉主体进行审查，并依据权限作出相应处理的机制。由于向行政部门、行业协会进行投诉更多是以法律法规为依据，因此本部分所讨论的是以平台规则为主要依据、以平台为接收投诉主体的内部投诉—审查。

消费者在整个交易的过程中，都可对平台内经营者进行投诉，平台通常会对投诉的流程和处理方式进行详细的说明。例如，《淘宝平台争议处理规则》的“发货规范”中，详细说明了卖家未按照约定发货时，如何确定违规类型、投诉处理的步骤，而一旦认定确实未按约定发货，且卖家与消费者协商不成时，平台会对卖家作出扣分、向买家支付违约金等处理。[30] 同时，操作也非常简单，只需点击“订单详情—我要反馈”便可对发货、售后、欺诈等问题进行投诉和举报。

除了对与自己相关的交易进行投诉，对于任何浏览到的商品，如果认为其是禁售品，或者假冒及盗版商品，都可以在商品界面进行“全网举报”，但举报的事项仅限于“出售禁售品”和“假冒及盗版”，同时需要进一步选择违规类型，并提供相应证据（非必须）。

---

〔30〕 参见《淘宝平台争议处理规则》第二节，载淘宝网规则中心 2019 年 5 月 6 日，https://rule.taobao.com/detail-99.htm?spm=a2177.7231193.0.0.738317eaOURmNg&tag=self。

### （二）投诉—审查机制存在的问题

1. 恶意投诉数量巨大

投诉—审查机制存在的目的在于避免被侵权人损失扩大，其核心在于“审查”，但由于平台投诉量巨大，进行实质审查费时费力，平台往往只进行形式审查，便作出处理决定。对知识产权的投诉更是如此，平台没有法定的实质审查义务，也不愿在实质审查上耗费成本，实质审查更是超出了平台的能力。[31] 平台进行形式审查后，通知并移除可能造成侵权的商品，便可以躲进“避风港”，这导致了该机制被同业竞争者滥用。根据阿里集团提供的数据，2018 年其平台上的恶意通知事件涉及 103 万商家、600 万条商品链接，损失人民币 1.07 亿元。网易考拉给出的恶意通知数据更是让人跌破眼镜，由于其是以自营为主的跨境电商进口平台，涉及平行进口渠道控制的投诉通知占通知总量的 90%。[32]

《电子商务法》第 41 条至第 44 条明确了电商平台收到通知后需要采取商品下架等必要措施，如果权利人在收到通知的 15 天内未向有关主管部门举报或向人民法院起诉，电商平台应当终止所采取的措施。这也意味着，只要提供了初步的证据，则被投诉商家商品至少会被“下架” 15 天。“一旦侵权不成立（或难以确认侵权行为的存在），这 15 天等待期的设置可能会使商家遭受致命的打击，即使在 15 天后恢复上架，一些时令性的、季节限定性、网红爆款商品（如月饼、应季水果、空调、雨伞、奥运会周边产品等）也已经错失了商机。据京东维权投诉系统 2018 年的数据统计，在一年两次的大促‘618’和‘双 11’前期，投诉量增长幅度约为 30% 到 40%，远远超过正常的月平均投诉量。但过了大促周期以后投诉量就会立即下降，然而大促期间的商品下架措施给商家造成的损失

---

〔31〕 参见苏冬冬：《论〈电子商务法〉中的“通知与移除”规则》，载《北京理工大学学报（社会科学版）》，2019 年 11 月第 21 卷第 6 期。

〔32〕 以上数据来自 2019 年 7 月 26 日在浙江省高级人民法院浙知沙龙中部分专家的发言。转引自马忠法、谢迪扬：《论“通知—移除”规则中网络服务平台的法律责任》，载《上海财经大学学报（哲学社会科学版）》2019 年第 6 期。

是难以弥补的。截至目前,我们还没有收到一例在权利人发起投诉之后去法院进行立案或者去行政机关进行举报的案例,当然其原因不尽相同,但也可以看出,很多情况下权利人根本就不需要去起诉,只需要被投诉商品在至少15天内不进行上架就完全可以达到权利人投诉的目的。设置在15天等待期允许权利人去法院起诉或者去行政机关进行行政执法的举报,对权利人来说并不是必需的”。[33] 而对权利人来说,其“恶意”和“错误”很难进行认定,“黄金时间”对被投诉人所造成的损失也很难估量,因此无论运用《反不正当竞争法》还是运用《电子商务法》,都不易解决。

2. 平台处理不具有中立性

目前,平台在进行投诉处理时更偏向消费者似乎已经成了“潜规则”,各大平台为了增强消费者的体验,增加订单数量和平台流量,似乎有意营造一种失衡:进入纠纷解决程序,高概率地以买卖双方自行和解的形式化解;淘宝平台介入解决的纠纷,高概率判定支持买家。[34] 消费者在具体投诉中得到了满意的结果,从而对平台保持了信心并扩大购买数量,平台的整体交易额就得到了扩容。这虽然在整体上有利于提供该类商品的平台内经营者,但对被投诉的该平台内经营者并不完全公平。同时,平台客服人员的业绩受消费者满意度、所负责类目交易量的双重考察,在进行具体的审查时也容易作出有失公正的裁决。

(三)投诉—审查的完善

对于目前“投诉—审查”存在的问题,平台或可从以下三个方面完善其规则:

一是保证金模式的建立,即平台经营者有权要求知识产权权利人在

---

〔33〕 参见范艳伟、王珏:《电商法来了,平台怎么办——论〈电子商务法〉下平台“通知—删除”规则的适用》,载《北京航空航天大学学报(社会科学版)》2019年第32卷第6期。

〔34〕 参见周翔:《描述与解释:淘宝纠纷解决机制——ODR的中国经验与观察》,载《上海交通大学学报(哲学社会科学版)》2021年第4期。

通知时支付一笔保证金，然后平台方可执行“通知删除规则”；如果最终判定侵权行为成立，平台不仅需要返还该笔保证金，而且有义务协助权利人追究平台经营者的赔偿责任；如果最终判定侵权行为不成立，该笔保证金则用于赔偿平台内经营者因采取必要措施导致的损失。[35] 尽管这可能给权利人维权设置了门槛，但也应看到，与坚信权利属于自己的平台内经营者相比，这一门槛更大限度地挡住了虚假投诉者，因此在定性方面具有合理性。而下一步可能需要明确保证金的数额问题。

二是平台应对审查的“形式”要件提出更高的要求。尽管目前平台可能无力对投诉进行实质性审查，但要求投诉者提供更加全面的、可信的形式证明是行得通的。当然这并非刻意为投诉者制造障碍或增加成本，而是要求其对自己的维权行为提供更加完备的证明材料，从而最大限度地避免恶意投诉的产生。

三是对投诉—审查现状进行适当的纠偏。平台应逐步引导建立双方平等的交易环境，减少对消费者的偏向，其中包括制定更加中立的投诉—审查制度，避免过度保护消费者而损害平台内经营者利益，在“店小二”的绩效方面应引入更多、更综合的考核标准等措施。

## 三、信用评价（级）机制

### （一）平台信用评价机制含义及内容

理想状态下的电子商务信用评价体系是指，征信主体（平台经营者、第三方信用评价机构）通过对被评价对象（平台内经营者）的经营状况和行为进行采集、整理、分级、共享等方式，公示给消费者，消费者得对该平台内经营者的信用作出评价；评价可作为其他消费者是否购买该商品或服务的参考。

《电子商务法》第 39 条对平台建立健全信用评价制度提出了要求，第 70 条也表明了对第三方信用评价机构予以支持。但目前来看，第三

[35] 参见杨明：《〈电子商务法〉平台责任条款之失》，载《中国经济报告》2017 年第 5 期。

方信用评价机构似乎并没有很好地发挥其公示信用供消费者参考的作用,消费者大多还依赖于平台本身的信用评价机制,对平台内经营者的信用作出评判。因此,此处选择了信用评价机制而不是电子商务信用评价体系一词,以表示平台自身对经营者所作出的一系列评价。

电商平台会依据平台内经营者对平台规则的遵守状况和消费者的评价,综合考量以对平台内经营者作出信用等级划分。例如,入驻淘宝的商家的淘信用分数,是通过对其经营历史、违规记录、卖家关系、资质承诺等多个维度综合评定的分值。其中,违规记录是一项重要的可量化指标,淘宝网平台根据商家的违规类型以及行为的严重程度,进行扣分处理,商家所扣分数达到一定节点时,将影响其信用评级。平台对于遵守平台规则的平台内经营者,给予一定便利,对于信用等级较低的平台内经营者,则给予更加严格的监管。这有助于确定重点监管对象,从而降低监管的成本。同时,平台信用评级机制的建立本身,也是一种敦促和"监管",平台内经营者为了获得良好的商业信誉以吸引更多的消费者,同样会规范自身行为,遵守平台规则。

### (二)信用评价最大障碍:"刷单炒信"问题

#### 1."刷单炒信"问题的出现

信用评价机制创立良好电商环境的想法并没有得到很好的实现。究其原因,既有消费者与平台内经营者评价所产生的效果不对等、消费者主观因素影响过大,也有平台层面的信用评价指标设置不合理、信用评价规则公示不显著、平台评价删除权限过大等原因。[36] 而最重要的是,刷单炒信问题严重。

由于商品销量和评价是影响电商平台检索的主要指标,且新入驻平台内经营者存在"后来者困境","刷单炒信"的现象由此产生。该现象具体是指平台内经营者在相关组织或个人的协助下,在电子商务经营过

---

〔36〕 参见王梦迪:《电子商务平台信用评价体系的完善——〈电子商务法〉第三十九条、第七十条的解读》,载《人民法治》2018 年第 20 期。

程中,以虚构交易和好评的形式,为自己提升销售数量与信用评级,从而在竞争中争取优势地位(正向刷单),或购买竞争对手商品并给出差评,降低竞争对手信用评价(反向刷单)的违法违规行为。

这种违规行为从一开始的找亲朋好友刷单、卖家之间互相刷单,发展到“握手网”App 等专业刷单软件和刷单网站的兴起,形成一条完整的产业链。2016 年,仅阿里巴巴就通过技术手段识别了信用炒作相关网站 179 个,发现社交软件专门从事信用炒作的群组 5060 个。[37]

2. 刷单炒信问题的规制

一是明确其法律性质,尤其是构成犯罪的定性与定量问题。对于刷单炒信行为违反《反不正当竞争法》《电子商务法》《消费者权益保护法》等规定,几乎不存在争议,但刑法适用的边界仍很模糊。目前,我国《刑法》中无专门针对“虚假交易”或“刷单炒信”的罪名,但司法实践中分别以非法经营罪和破坏生产经营罪处罚了“正向刷单”[38]和“反向刷单”。[39] 有学者提出,“刷单炒信”本身不是一种需要获得行政审批的经营行为,更谈不上“非法经营”,同时认定为“破坏生产经营罪”也是不恰当的[40],违反了“罪刑法定”原则。因此,有必要对“刷单炒信”的行为进一步明确,如要通过刑法进行规制,则需要以司法解释的形式对该条文作出扩大解释。

二是平台应通过技术手段对“刷单炒信”行为进行打击。目前阿里已经上线了 DeepFraud、DeepSeq、DeepGraph 等算法模型,并以此为基础搭建了一整套智能风控系统,对“刷单炒信”行为进行全链路防控。京

---

[37]　《2016 年阿里巴巴平台治理年报》,载原创文力档网 2018 年 3 月 17 日,https://max.book118.com/html/2018/0317/157658993.shtm。

[38]　李某某非法经营案,浙江省杭州市余杭区人民法院(2016)浙 0110 刑初 726 号刑事判决书。

[39]　董某、谢某破坏生产经营案,江苏省南京市雨花台区人民法院(2015)雨刑二初字第 29 号刑事判决书。

[40]　参见王华伟:《刷单炒信的刑法适用与解释理念》,载《中国刑事法杂志》2018 年第 6 期。

东也自主研发了“反作弊识别系统”进行监测。但如何从每天数不胜数的交易中把虚假交易型的“人肉刷单”和真实交易区分开来，仍然存在困难。因此，平台自身要以优化平台内交易环境从而增强平台吸引力和竞争力为目的，不断进行算法的优化和防范体系的升级。

三是黑名单制度的建立。2016 年 10 月，国家发展改革委、公安部、原国家质检总局、中央网信办、人民银行等七部门携手阿里巴巴、腾讯、百度糯米、滴滴出行等 8 家互联网公司共同签署《反“炒信”信息共享协议书》，以信息共享的形式对“刷单炒信”行为进行合作治理。2019 年 7 月，国家市场监督管理总局发布《严重违法失信名单管理办法（修订草案征求意见稿）》，把“刷单炒信”的主体纳入严重违法失信名单当中。〔41〕这能在很大程度上杜绝“刷单炒信”的现象，但也应避免黑名单的滥用。要有明确的法律、法规、规章作为依据，否则行政机关无论是自己采取措施，还是通过规范性文件命令要求社会组织、市场主体采取措施，都是违反依法行政原则的。〔42〕

## 第四节 平台规则执行的保障

平台规则的执行保障，其实质就是要让平台规则产生实效。就法律而言，“法的实效产生的方式是多样化的，既有基于认知和认可之上的自愿服从，也有因从众产生的习惯性服从；就强制服从而言，既可能是依靠

〔41〕 国家市场监督管理总局《严重违法失信名单管理办法（修订草案征求意见稿）》第 6 条规定：“主体有下列情形之一的，由负责部门列入严重违法失信名单：（二十一）网络交易经营者通过虚构交易、删除不利评价、授意他人发布不真实的利己评价等方式，为自己和他人提升商业信誉和商品声誉，或者通过将自己的商品与其他经营者的商品作不真实的对比、对其他经营者作不真实的不利评价等捏造、散布虚假事实的方式损害他人商业信誉和商品声誉，造成严重后果，社会影响恶劣，被市场监督管理部门行政处罚的。”

〔42〕 参见沈岿：《社会信用体系建设的法治之道》，载《中国法学》2019 年第 5 期。

社会强制力保障实施，也可能是依靠国家强制力保障实施；这种对法的服从既可能是一种以理服人的'说服'，也可能是不以对法律规定的认知或认可为条件的'压服'"。〔43〕

平台规则如何产生实效？其也离不开"说服"与"压服"两条路径。平台规则和平台规则的执行得到国家法律的认可，平台用户与平台之间就规则的制定、修改和执行等产生争议，若有一方将争议诉诸法院，依法制定的规则和执行规则的结果，也会得到法院的承认和认可。但是，事实上，平台规则在海量的电子商务交易中得到执行，显然不是完全依靠国家强制力作为保障的。

就"压服"而言，平台在其与平台内经营者、消费者之间的关系上，在制定、解释和执行规则方面都有着巨大的优势地位。由于优质平台或特色平台对广大用户或有着特殊需求的用户具有难以抵御的虹吸效应，加入平台的用户很难在规则制定、解释和执行上，具有与平台完全对等的分庭抗礼或谈判协商的地位。平台以"要么同意要么走人"的出局压力，获得了事实上的"压服"地位。

但是，电子商务平台——尤其是如淘宝、京东等商业巨头——即便有相当的市场支配地位，其仍然面临既有的和潜在的竞争压力。任何平台都不可能对已有相当市场份额的经营模式采取故步自封、安枕无忧的态度。若平台规则的制定、修改和执行存在诸多问题，不能很好地处理平台内经营者合法合规经营、消费者权益保护等问题，自然会有更好的平台在市场上出现等待用户的选择。"要么同意要么走人"的压服路径，也就不可能走到极致。平台规则在相当程度上也需要通过"说服"路径，增强其正当性、合理性，吸引更多的用户加入平台，并成为继续黏住活跃用户的重要工具。

因此，需要从平台规则的实质正当性、平台规则制定和修改的民主性以及规则执行的公正性三个维度，以加强平台规则产生实效的说服

---

〔43〕 罗豪才、宋功德：《软法亦法》，法律出版社 2009 年版，第 193 页。

路径。

## 一、平台规则的实质正当性

平台执行自定规则的“权力”,一方面来源于法律的规定,另一方面来源于服务协议和交易规则。通过服务协议的签订,平台使用者认可和接受平台的各种交易规则,也就认可了平台执行涉及自己相关权利义务的规则。

### (一)服务协议与交易规则的性质

理论上,平台服务协议是指电子商务平台通过规定数据信息发送、传输和处理方式来服务平台使用者的协议,属于信息服务合同。平台交易规则是指电子商务平台依法制定的,以提供规范化的网络交易服务为目的的,关于如何开展交易活动的各项规章制度。

而在实践中,两者并没有明确的区分,多数平台将自己制定的规章制度作为交易规则的一部分,而在服务协议中,又将接受交易规则作为签订服务协议的一部分内容,或者说,将交易规则作为了服务协议的附录。以淘宝为例,一方面,《淘宝服务协议》在淘宝网规则之下,是众多交易规则中的一部分;另一方面,《淘宝服务协议》在2.2补充协议中又规定:“由于互联网高速发展,您与淘宝签署的本协议列明的条款并不能完整罗列并覆盖您与淘宝所有权利与义务,现有的约定也不能保证完全符合未来发展的需求。因此,淘宝平台法律声明及隐私政策、淘宝平台规则均为本协议的补充协议,与本协议不可分割且具有同等法律效力。如您使用淘宝平台服务,视为您同意上述补充协议。”

此处无意对服务协议和交易规则作出区分,而是将其纳入统一的“平台规则”范畴,从其性质定位出发,探讨其正当性和存在的问题。关于平台规则的性质,目前理论界主要有两种观点:一是从民法的角度,认为包括服务协议在内的各种平台规则是格式条款;二是从公共治理的角度，认为平台规则具有软法性质。[44]

其实，无论认为其是何种性质，平台规则大多都赋予了平台自身极大的管控权。例如，各大电商平台几乎都会在服务协议中规定平台自身具有可以下架商品、关闭店铺、删除评论、冻结账户等“权力”，凡是在该平台进行交易活动的主体都需要受到该服务协议与交易规则的制约，平台亦可依据服务协议和交易规则对平台使用者进行上述的执行措施。“格式条款说”关注了订立和解除服务协议的阶段和环节，强调平台与平台用户之间纯粹基于平等、自愿、合意的初始关系以及关系解除；而“软法说”则关注在平台与平台用户之间关系持续期间，平台制定和修改规则在合意性方面的减弱，在单方性、主动性和支配性方面的加强。两种学说各有其合理之处，但共通的是，它们都认可平台规则的地位及其赋予平台的管控权、执行权。

“格式条款说”与“软法说”不仅是解释性的，也是规范性的。但是，两种学说在解释力和规范力上有各自的不足之处。“格式条款说”的不足就是忽视了平台规则的适用对象是成千上万的，而不是传统的仅涉及少量当事人。平台规则的实质合理与否，往往会影响重大交易秩序的公平性，甚至会具有溢出效应，引发社会秩序的稳定性问题。以格式条款理论解释服务协议以外的大量平台规则，只能把聚焦点落在其是否存在法定无效情形，但格式条款法定无效情形不仅是受到严格限制的，而且这种是否无效的判断毕竟是事后的，对平台规则的制定和修改过程无法形成足够的关注，无法在事前、事中就对平台规则的出台形成一定的制约。“软法说”的不足就是忽视了平台规则的适用其实是有强制力的，平台规则不是完全由其约束对象——平台用户——凭自由意志决定是否遵守的。司法实践中，在平台规则适用纠纷发生时，法院往往也支持合法有效的平台规则的适用性。所以，其并不是严格意义上的软法。

---

〔44〕 参见沈岿、付宇程、刘权等：《电子商务监管导论》，法律出版社2015年版，第102～103页。

正如本书第五章所揭，如果将大量存在的平台规则视为一种规范体系，适用对象极其广泛，效力空间范围以互联网虚拟世界为基础，甚至跨越国界，那么，可以参考传统法学理论，将服务协议视为格式条款的同时，亦将其视为“平台自治法”的基础规范或承认规则，而服务协议以外的其他平台规则的最终效力就在于该基础规范或承认规则。[45] 然而，这些平台规则不应简单地视为格式条款，而应像对待国家法体系中的法规范那样，对其制定和修改的过程进行必要的事前、事中的程序控制。

（二）平台规则的实质正当性问题

平台规则的实质正当性应该建立在其不仅满足格式条款的有效要件，也满足一般法律原则对其的要求的基础上。

1. 足够的注意提醒义务

《民法典》第 496 条第 2 款明确规定了格式条款制定一方需要提醒合同相对方注意与其权利义务有重大利害关系的条款，确认合同相对方是在知悉这些条款的情况下签订的合同。在电子商务领域，电商平台也应当在用户注册的过程中，利用各种可能的方式提醒用户注意服务协议中与用户权利义务息息相关的重要条款。对于提醒注意的范围和方式，原国家工商行政管理总局于 2014 年发布的《网络交易平台合同格式条款规范指引》第 9 条第 1 款有较为明确的规定，包括与其有重大利害关系、对其权利可能造成影响的价格或者费用、履行期限和方式、安全注意事项和风险警示、售后服务、民事责任等内容。

目前，大部分电商平台对于提醒注意义务都有着较好的履行情况，并未出现以技术手段对合同格式条款设置不方便链接或隐藏格式条款内容的情形。例如，在淘宝平台 PC 端注册时，注册的第一步便是通过弹窗的方式提醒用户审慎阅读，并且利用下划线、加粗等方式提醒用户特别注意与其权利义务相关的条款，同时在网页底部附有《淘宝平台服务协议》《法律声明及隐私权政策》《支付宝服务协议》具体内容的超链接。

〔45〕 参见本书第五章第一节。

点击超链接阅读具体协议内容时，淘宝也会运用加粗、下划线等方式将重要条款予以重点示明。京东、携程等的注册流程与淘宝相似，且京东在注册时弹窗显示的首页就将《隐私条款》的具体内容予以呈现。

但是，仍然有学者质疑，认为基于电商交易活动高效性和便捷性等原因，大部分用户在注册电商平台账户时并不会仔细（甚至完全不会）阅读服务协议的具体内容。因此，即使平台采取加粗、下划线等方式标明重点条款，仍然不能够证明平台尽到了完全的提醒注意义务。针对康奈尔大学法学院合同法专业的92名学生服务协议阅读情况的调查显示，只有4%的学生会完全阅读服务协议，17%的学生表示其只会阅读一些担保、产品信息、披露和警告等自己感兴趣的条款，剩余的学生都没有完全阅读服务协议的习惯。[46]

其实，若电商平台已经用弹窗、下划线、加粗的方式尽到了格式条款的提醒注意义务，那么，再强制其在注册阅读流程的完善上花费更大的运营成本，是不合理的。用户选择阅读与否完全是其个人自由。若用户自身对自己所享有的正当权利漠不关心，而法律和政府依然"父爱主义"泛滥，反倒不利于市场秩序的健康、有序发展。因此，归结为一点，只要服务协议签订时，平台对格式条款提供了足够的注意提醒，平台规则就在此节点上具备了正当性。

2. 平台规则的无效情形

《民法典》第497条规定："有下列情形之一的，该格式条款无效：（一）具有本法第一编第六章第三节和本法第五百零六条规定的无效情形；（二）提供格式条款一方不合理地免除或者减轻其责任、加重对方责任、限制对方主要权利；（三）提供格式条款一方排除对方主要权利。"服务协议和交易规则中确立的平台可以自主判断、作出一定惩戒措施的规定，也可能存在构成《民法典》规定的关于格式条款无效的情形。

例如，服务协议和交易规则中确实存在一些加重对方责任、排除对

〔46〕 参见姚黎黎：《网络服务协议订立的法律规制》，载《科技与法律》2016年第6期。

方权利的条款。以争议的管辖权为例,《京东“JD. COM”开放平台店铺服务协议(二)》(京东平台规则中心已删除)第15条规定:“履行本协议过程中产生的任何争议,双方应协商解决,协商不成的,应向本协议签署地人民法院提起诉讼。”在这种条件下,用户即使胜诉,但是时间成本和差旅费用的损失依然要由个人承担。这在很大程度上导致了用户的合理权利诉求难以实现,对于用户(无论是平台内卖家还是买家)来说,都是不合理且不公平的,属于排除合同相对方主要权利、免除己方责任的典型情形。至于平台对平台内经营者采取执行措施的条款,一般是规定在某种情况下,平台得做出某种行为,这并非对平台内经营者权利的排除,而是一种附条件的管控手段。例如,依据《淘宝网市场管理与违规处理规范》,只有在平台内经营者出售假冒商品或作出不当描述时,平台才会限制保证金的解冻。而上述管辖权的问题,在一开始就排除了对方选择管辖法院的权利,这两者是截然不同的。

3. 平台规则的合理性

以“格式条款说”为依据,从《民法典》对有效合同的要求角度,考察平台规则实质正当性的要件,是一个有意义的路径,但也是存在瑕疵的路径。平台与用户合同关系理论注意到了成立和结束这种关系的自愿性、平等性,却忽视了在关系存续期间,平台制定和修改规则具有极强的单方性和支配性。由于海量用户的存在,平台规则的制定和修改不可能依据传统的合同变更理论建立在“协商一致”的基础上。因而,在平台—用户关系存续期内的平台规则制定和修改,一方面无须协商一致,另一方面又涉及成千上万的用户,继续用合同或合同变更理论解释和规范之,甚至用传统上往往仅涉及少量当事人的格式合同理论解释和规范之,都有着相当程度的牵强。

因此,有必要从一般法律原则对立法的要求角度,考察平台规则的实质正当性要件。这也是另外一个可补充的路径。例如,法律的制定——无论是硬法还是软法——应当遵循比例原则。比例原则内涵的目的正当性、适当性、必要性、均衡性要求,就应适用于平台规则。若平台规则规定的措施所欲实现的目的不正当,或者并不能实现规范平台内经营者行为的目的,或者并不能保证对平台内经营者的权益的最小侵害,或者与平台内经营者的违规行为相对应明显过重,其或许并不属于格式条款无效的情形,但可以评判其是否符合比例原则、是否应予调整。再如,法律的制定和修改应当给守法者稳定的预期,而不能朝令夕改,即应当符合合理期待或信赖保护原则。平台规则也应照此制定或修改。若平台规则没有正当理由溯及既往,或者在改变经营策略、可能影响平台内经营者权益时,相应规则的出台没有给平台内经营者必要的调整期,就是与合理期待或信赖保护原则相悖的,甚至可能出现“十月围城”式的“抗议”。

## 二、平台规则制定、修改的民主性

现代民主国家理论认为,通过民选代表制定出来的法律,是人民意志或多数人意志的体现;法律一旦颁布实施,人民自当遵守,违法就要受到惩戒,除非该法本身经过法律审查机制被认定侵犯人民基本权利而无效。然而,“民选代表 = 人民或多数人意志”的公式将复杂现实过于简单化了,因此,现代立法理论又特别强调不同形式的公众参与(如公开征求意见、座谈会、讨论会、咨询会、听证会等),以使立法过程不是简单建立在民选代表的基础上,而是叠加一个直接民主的机制。“民选代表 + 公众参与 + 权利保障”也许不是最完美的立法方案,但被普遍认为是目前可以最大限度给予不同利益主体进行博弈、以最大限度实现立法正当性的路径。

法律由立法机关或准立法机关制定规则,强制社会公众进行遵守,尽管代议民主和直接参与实现了利益主体间的“协商”,但一旦施行,公众没有选择不接受的权利。相比较而言,平台用户若对平台规则不满意,在理论上,可以“用脚投票”、离开平台,从而不必遵守该规则。但是,而由于平台虹吸效应的存在,以及用户——尤其是平台内经营者——已经有的投入,离开平台也并不是“说走就走”的容易。因此,平台也不能任意根据自己的意愿去制定和修改规则，而是要体现一般立法程序的民主性。

（一）平台规则制定与修改的公众参与

诚如耶林所言，“你必须到斗争中寻求你的权利”。[47] 平台内经营者在平台修改服务协议和交易规则时享有的表达意见的权利也并非自电商平台开始运营时即拥有的。《电子商务法》第 34 条第 1 款规定了平台规则修改征求意见制度。事实上，在 2014 年商务部出台的《网络零售第三方平台交易规则制定程序规定》就对平台规则制定时公开征集意见提出了要求。而这些规定产生的“导火索”是 2011 年发生的淘宝“十月围城”事件。[48]

2015 年淘宝上线了“淘宝众议院”，平台内经营者和消费者都可在平台上对新规的发布发表看法并进行投票，这搭建了一条“协商”的渠道。随后，在 2017 年，京东也上线了类似的“规则评审团”。这些发表看法的渠道有多少平台内经营者和消费者会充分利用、发表观点，有多少“水军”参与其中，平台会多大程度地考虑这些意见，在大型商家与中小店铺、商家与消费者、平台与用户之间出现意见对立时又当如何处理，在本课题调研中，平台的工作人员未能给予回应。可想而知，这一制度发挥其应有的功效尚需时日，需要平台、平台内经营者和消费者共同打造民主化的平台规则制定和修改过程。

（二）平台规则修改与退出

《电子商务法》第 34 条第 2 款规定：“平台内经营者不接受修改内容，要求退出平台的，电子商务平台经营者不得阻止，并按照修改前的服务协议和交易规则承担相关责任。”其立法原意是：对于服务协议或交易规则的修改，平台内经营者可以同意，也可以不同意，在不同意时可以退

---

〔47〕［德］鲁道夫·冯·耶林：《为权利而斗争》，胡宝海译，中国法制出版社 2004 年版，第 101 页。

〔48〕详情参见本书第二章第二节。

出,并且平台应按照修改前的协议承担由此给平台内经营者所产生的所有损害的赔偿责任。[49] 但事实上,平台对于该损害责任的赔偿往往是“选择性忽略”。

以淘宝为例,《淘宝平台服务协议》第7条规定:“淘宝可根据国家法律法规变化及维护交易规则、保护消费者权益需要,不时修改本协议、补充协议,变更后的协议、补充协议(下称‘变更事项’)将通过法定程序并以本协议第八条约定的方式通知您。如您不同意变更事项,您有权于变更事项确定的生效日前联系淘宝反馈意见。如反馈意见得以采纳,淘宝将酌情调整变更事项。如您对已生效的变更事项仍不同意,您应当于变更事项确定的生效之日起停止使用淘宝平台服务,变更事项对您不产生效力;如您在变更事项生效后仍继续使用淘宝平台服务,则视为您同意已生效的变更事项。”该规则的确在形式上回应了“不得阻止”的要求。然而,在未明确负责赔偿的情形下,平台内经营者考虑在平台已经有的投入,很难谈得上退出是自由的。

即使平台声明了平台规则修改时会对退出的平台内经营者进行赔偿,如何赔偿才是合理且可行的?从合理的角度来说,按照平台内经营者损失的多少进行不同的赔偿,无疑是公正的,但这一损失很难进行计算,尤其平台内经营者的规模能带来多少收益,其投入有多少能够被认定为成本,在实际认定中十分困难。从可行性的角度来说,按照平台内经营者的规模、销售额等指标,制定有梯度的赔偿标准直接适用,无疑是方便的,但这也会忽略平台经营者的“个性”问题。因此,各平台明确规则修改时对退出的平台内经营者进行赔偿,并制定合理赔偿标准,是《电子商务法》第34条意图达到的效果,也是平台规则正当性的要求之一。只是,平台规则在这方面的正当性还有所欠缺。

---

〔49〕 参见全国人大财经委员会电子商务法起草组编著:《中华人民共和国电子商务法条文释义》,法律出版社2018年版,第109页。

## 三、执行规则的公正性

更多通过“说服”而不是“压服”来实现平台规则，不仅依赖于平台规则的实质正当性、平台规则制定和修改的民主性，还需要公正的规则执行。如同任何营商环境都需要公正执法一样，平台规则是否能为平台用户所接受、所遵循，也在一定程度上取决于该规则能否得到公正执行。

### （一）影响公正的因素

2012年，一篇发表于《IT时代周刊》的文章引起广泛关注，[50]大意内容为从“删差评”、“刷信誉”到“开流”、参股店铺，这群平均年龄只有27岁的淘宝工作人员掌握着监督管理、组织促销、发布广告、处理投诉等多重权力，他们利用手中的权力换取了惊人的利益，也直接决定着店铺的“生死”。

技术的发展使得规则的执行不像传统执法那样需要严格地授权、遵守程序性规定以及接受监督，这降低了对客服人员的业务要求。他们的权力由程序设定，往往在后台“一键操作”即可完成，但同时也使得他们的权力被不断放大。目前，在任何搜索平台通过简单检索，都能发现不少“刷单”“删除差价”的中介。非有内部工作人员的参与，如何完成“删除差评”这种需要平台进行授权才可操作的行为呢？可见，客服人员的腐败问题，值得高度重视。

除了贪腐问题，业绩压力或业绩激励下的客服人员本身对“案件”的判断和处理也可能影响公正。各平台的评论和投诉网站显示，处理相应时间慢、处理结果过重并没有使消费者和平台内经营者“心服”。

### （二）增强规则执行公正性的措施

除了细化规则、进行业务培训、完善考核机制和平台本身“反腐”，在执行时进行解释说理、接受监督和完善对处理不及时的救济也显得十分重要。

---

〔50〕石雁、杨磊、张淇人：《淘宝腐败黑幕调查》，载《IT时代周刊》2012年第8期。

我国《行政处罚法》明确了作出行政处罚时应当告知当事人作出处罚的事实、理由和依据,法院在作出判决时也会对判决的事实和法律依据进行详细阐述。而平台往往只规定作出惩戒时进行通知,平台的公示也只涉及惩戒的结果,这既不利于受到惩戒的平台内经营者从心理上接受和认同该惩戒,也未能实现接受"消费者监督"。

因此,平台工作人员在作出惩戒,尤其在作出对用户影响较大的惩戒时,要对行为认定、适用规则的理由进行说明,给予用户解释和说明的权利,通过说理使其接受惩戒,避免投诉或者诉讼的产生。进而,平台在进行违规惩戒决定公开时,也就同时公开了违规行为、适用的规则,对其他用户可以起警示作用。

同时,尽管各平台都规定了对于违规处理可以进行申诉,并对流程进行了清晰的说明,[51]但申诉后处理,一般仍为客服人员一人作出,既没有"级别"上的更高,也没有"人数"上的更多。对此,或可增加申诉处理人员的数量,由一名客服人员增加至三名进行评审,或者引入"大众评审员"发表意见,以保障申诉结果相比第一次处理结果更加合理、公正。

## 第五节　小　　结

通过对平台的惩戒、平台的奖励、平台的日常监管以及平台规则执行的保障等四个方面的简要介绍和分析,平台惩戒既应遵循行政处罚法、行政强制法中类似的公开、公正等原则,也应依照平台惩戒自身较为特殊的"累积性"原则。平台的奖励对于激励平台内经营者、营造良好的电商环境、平衡权利与义务方面具有十分重要的意义,但目前平台奖励的规定不多,因此有必要制定更加多元、细致的奖励性规定。平台的

---

〔51〕 例如,《淘宝网关于市场管理措施解除与违规申诉实施细则》,载淘宝网,https://rule.taobao.com/detail-488.htm?spm=a2177.7231193.0.0.4dac17ea5wbIci&tag=self。

日常监管主要包含三种方式,平台的抽检、投诉—审查和信用评价。平台的这些制度能够发现违规行为、区分出劣质商家,对平台内经营者形成约束,但“恶意投诉”“刷单炒信”等问题严重,若要使监管制度发挥应有功效,必须对这些行为进行规制。同法律执行的保障相似,平台规则的执行既需要有强制手段进行“压服”,也需要进行“说服”,取得平台内经营者自愿的认可和服从,在没有“国家强制力”作为直接保障时,后者显然是十分重要的。平台可以加强规则的实质正当性、规则制定和修改的民主性以及执行的公正性,以保障规则的执行,进而构建健康的电商环境。

# 第八章　平台规则与争议解决

电子商务以互联网等信息网络为媒介，这使得电子商务争议呈现出诸多独有特点，对其解决的效率性、便利性和保密性等方面都提出了较高的要求，导致传统的争议解决方式已经无法胜任电子商务领域处理纠纷的需要。而要完善电子商务的争议解决机制，不仅要关注技术层面，更要注重组织技术，进行分工协作，建立健全与之相适应的纠纷处理组织技术。[1] 在此背景下，传统的争议解决方式逐步向线上化探索，互联网法院的成立正是典型代表；电子商务平台经营者也正着手建立、完善电子商务新型争议解决方式。而 2019 年 1 月 1 日起开始实施的《电子商务法》第四章勾勒了电子商务争议解决的相关制度构建，兼容并统一传统与新型的争议解决方式，在全面、多样、有效供给公共产品的同时，也满足了快速化解纠纷的现实需要，推动电子商务争议解决机制的成熟和电子商务环境的优化。针对当下电子商务及其纠纷的实际状况，理想状态是让平台发挥其在控制层面的优势，监管部门负责合法性审查，只不过后者审查的不是平台上的内容，也不是它们的用户，而是平台制定的规则本身；只要这些争议解决规则符合法律规范的要求，监管部门又能在随后的执法、司法活动中监督平台严格按照规则处理电子商务纠纷，那么最终将会有利于社会整体福利的增加。相信随着我国电子商务争议解决领域立法层面的完善发展、司法裁判层面的总结分析和前瞻性

---

〔1〕 [美]埃里克·弗鲁博顿、[德]鲁道夫·芮切特：《新制度经济学：一个交易费用分析范式》，姜建强、罗长远译，上海人民出版社 2006 年版，第 80 页。

研判、执法监管层面措施的规范与健全、各类新兴技术的广泛应用、各种争议解决方式的进一步实践,各种空白将会逐步被填补,电子商务领域的争议解决也会卓有成效。

本章主要介绍电子商务争议解决,首先,通过明确电子商务争议的定义、分类和特征,厘定研究范围,并揭示当下争议解决的困境与挑战。其次,分别从电子商务争议传统解决方式与新型解决方式两个方面展开论述电子商务多元争议解决方式以及两者之间的衔接。再次,基于平台争议解决规则这一平台经营者治理平台、化解电子商务纠纷的规制基石和有力抓手,从其建构者、内容与合法性三个角度展开阐述。最后,主要立足于我国司法实践,分析平台规则在诉讼这一争议解决方式中的适用现状,并探讨了人民法院针对平台规则的司法审查原则。

## 第一节　电子商务争议概述

根据商务部发布的《中国电子商务报告 2022》,2022 年全国电子商务交易额达 43.83 万亿元,同比增长 3.5%。全国网上零售额达 13.79 万亿元,同比增长 4.0%;农村网络零售额达 2.17 万亿元,同比增长 3.6%;跨境电商进出口总额达 2.11 万亿元,同比增长 9.8%,占进出口总额的 5.0%。电子商务服务业营收规模达 6.79 万亿元,同比增长 6.1%。电子商务从业人数达 6937.18 万人,同比增长 3.1%。[2] 海量的电子商务交易,既产生了海量的电子商务纠纷,又推动了纠纷处理方式的变革。

---

〔2〕《中国电子商务报告 2022》,载商务部官网,http://dzsws.mofcom.gov.cn/article/ztxx/ndbg/202306/20230603415404.shtml。

## 一、何谓"电子商务争议"

### (一)电子商务争议

电子商务争议即电子商务纠纷,指的是各方主体在电子商务活动中,通过互联网等信息网络进行在线交易的过程中所产生的各种纠纷的总称。电子商务争议从性质上来看更多是一种民事争议,其交易主体具有平等地位;电子商务争议以合同纠纷、侵权纠纷为主。行政争议整体上在电子商务争议中占比较低。由于电子商务的监管更多通过电子商务平台展开,政府与平台、与电子商务经营者之间发生行政争议的情形不是没有,但相比围绕电子商务活动发生的民事争议,在数量上不可同日而语。

### (二)电子商务争议的类型

电子商务发展至今,各类争议层出不穷,依照不同的分类标准,可将电子商务争议划分为不同的类型。就争议发生的阶段而言,电子商务争议可依照电子商务活动流程而划分为各阶段性争议。具体而言,在"平台搭建—用户注册—发布商品/服务信息—选购—支付—运输—退货/收货确认—信用评价—售后服务"这一电子商务活动流程中,对应涉及的电子商务纠纷有平台服务问题、电子合同问题、支付问题、收发货等运输问题、商品质量问题、退款问题、售后服务问题等。如《淘宝平台争议处理规则》中第三章"争议处理"的小节目录依次为发货规范、签收规范、退换货规范、运费规范、质量问题等,就是按照整个电子商务活动流程中所有可能遇到的问题而划分的。其中,买家在支付前,如有不满可以取消订单;因尚未支付价款,所以双方之间的买卖合同尚未生效,基本上很难产生争议。因此,争议主要产生于买家付款后的诸多环节,买家付款后属于授信人,电子商务平台在线争议解决程序也主要由买家一方启动。[3]

---

〔3〕 参见王婧:《电子商务平台在线调解问题研究》,上海师范大学 2019 年硕士学位论文,第 14～16 页。

就争议发生的主体而言,电子商务争议主要存在于电子商务平台经营者、平台内经营者、消费者、电子商务辅助服务者、第三方权利人等电子商务主体之间,主要包括:(1)消费者与电子商务平台经营者、平台内经营者之间的买卖合同争议、服务合同争议、侵权责任类争议等;(2)电子商务平台经营者与平台内经营者之间的服务合同争议等;(3)电子商务经营者或消费者与电子商务辅助服务者之间的服务合同争议、不当得利争议、侵权责任争议等;〔4〕(4)电子商务经营者与在第三方权利人之间的知识产权争议、侵权争议等;〔5〕(5)平台经营者之间、平台内经营者之间的不正当竞争争议等。

此外,还可以有多种划分方式,如以标的物是否具有虚拟性为标准,将电子商务争议划分为涉及线下流程的电子商务争议和完全线上的电子商务争议;以争议涉及的国界为标准,将电子商务争议划分为国内电子商务争议和跨境电子商务争议。

## 二、电子商务争议的特征

电子商务争议的产生、发展、结束一般都在线上进行,因此具备了自身所独有的色彩。电子商务争议主要有以下几个特征:

### (一)技术性

计算机网络技术是电子商务发展的必要条件,电子商务的建立、运行都离不开信息与通信技术的支持。这种原生的技术特性也反映在了电子商务争议当中。如侵权行为地、结果地的确定上,由于电子商务活

---

〔4〕 电子商务辅助服务者是指在电子商务活动中提供辅助服务的主体,如提供担保、安全支付的支付企业,提供运输服务的物流企业,提供信用认证、信用评价、信用投诉、信用查询等信用服务的征信企业等。商务部《中国电子商务报告 2020》载明,2020 年电商交易平台服务营收额持续快速发展,达 1.15 万亿元,同比增长 36.3%;截至 2019 年年底,中国有 8.5 万家电子商务服务企业,可以为各类电子商务企业提供交易、支付、物流、信息技术、认证、代运营、营销、咨询、培训等多方面电子商务服务。

〔5〕 参见洪友红等:《〈中华人民共和国电子商务法〉适用指南》,法律出版社 2019 年版,第 229~234 页。

动通过电子数据来完成,交易者一般并不清楚自己所登录的网站到底是在何处,自己在与谁进行交易,争议在哪里发生。于是,在网络纠纷中出现了争议主体、客体及行为地难以认定的问题。

此外,最近几年技术创新突破边界,电子商务领域数字化、网络化、智能化、融合化发展水平得到显著提升。大数据、云计算、物联网、区块链、人工智能、智能供应链、无人零售、无人配送等关键技术在零售领域普遍应用,信息革命和产业变革不断深入,平台经营者通过数据分析、社群运营、流量创新等多种方式获取消费者偏好,引导平台内经营者设计、研发并生产符合市场需求的产品,网络定制创新创业活跃;同时,平台内经营者通过数字技术应用与大数据分析,在供应链生产、仓储物流、用户与营销等多个方面实现线上线下智能匹配、同步运营、融合发展。[6] 这些新技术的采用都伴随着新问题、新矛盾、新纠纷,如大数据技术使用过程中所引发的个人信息保护问题与大数据杀熟问题、区块链技术所衍生的数字货币金融诈骗问题、人工智能所带来的机器歧视问题、小程序技术下微信平台的电商平台经营者性质认定争议等。

### (二)争议主体地位悬殊化

尽管从民事法律关系角度来讲,电子商务经营者与消费者、电子商务交易平台与用户地位是平等的。但在实际生活中,通常消费者的地位低于电子商务经营者。主要表现在交易地位、力量、信息等方面实质上的不对等和不平衡。

就电子商务经营者与消费者之间而言,这种不平等性集中体现在双方信息的不对称方面。[7] 电子商务经营者拟定的格式合同或格式条款较多,有时甚至严重损害或剥夺消费者的正当权利。[8] 此外,由于电子

---

〔6〕《中国电子商务报告 2020》,载商务部官网,http://dzsws.mofcom.gov.cn/article/ztxx/ndbg/202109/20210903199156.shtml。

〔7〕胡晓霞:《消费纠纷的在线解决:国外典型经验与中国方案》,载《法学论坛》2019 年第 4 期。

〔8〕参见贺琼琼主编:《电子商务法》,武汉大学出版社 2016 年版,第 207 ~208 页。

商务活动的虚拟性特点，不同于线下购物，消费者只能通过销售者发出的图片或者相关文字介绍等单方信息对产品进行大致了解，对经营者的信息了解更是有限，支付信息和信用记录等也存在不确定性，导致消费者被欺诈的现象较线下交易更严重；一旦发生买卖纠纷，责任主体很难确认，证据的提取和保存不易，维权程序的启动以及维权行动的前期准备工作困难重重，维权能力和效果更是有限。〔9〕

就电子商务平台经营者与平台用户（包括消费者用户与卖家用户）之间而言，不平等性就更加明显了。虽然用户是基于平等地位、自愿签订平台服务协议而成为平台用户的，而且，可以随时解除协议、退出平台，但是，用户在服务协议有效存续期间，其与平台经营者之间的地位是相当悬殊的。这不仅仅体现在信息的不对称方面，更体现在平台基于自治和国家授权所享有的管控权和治理权，平台行使权力可以制定和执行平台规则，甚至带有一定的强制性。所以，消费者用户或卖家用户与平台之间就平台规则以及平台执行国家法、平台规则的措施的合法性、合理性，常有争议发生。

（三）争议性质、类型以及发生领域的固定化

电子商务争议的性质多为民商事争议。2019 年，全国网络消费前二十大热点投诉问题依次为：退款问题、发货问题、商品质量、网络欺诈、霸王条款、售后服务、退换货难、虚假促销、网络售假、订单问题、保证金不退还、物流问题、货不对板、客服问题、冻结商家资金、恶意罚款、发票问题、信息泄露、高额退票费、送餐超时、其他。〔10〕 电子商务争议发生的领域主要集中在零售电商类。生活服务类电商紧随其后，占比为 8.10%；跨境电商占比为 7.13%；金融科技占比为 6.37%；物流快递占

〔9〕 参见姜英超：《小额网购纠纷在线快速解决机制研究》，载《中国石油大学学报（社会科学版）》2017 年第 2 期；徐思远：《C2C 网站解决“柠檬问题”的策略比较与分析》，载《东南学术》2012 年第 4 期。

〔10〕 网经社电子商务研究中心：《2019 年度中国电子商务用户体验与投诉监测报告》，载网经社官网 2020 年 3 月 14 日，http://www.100ec.cn/zt/2019yhtsbg/。

比为2.75%;其他占比约为8.35%。[11] 零售电商体量大投诉也较为集中,该类投诉依旧是电子商务最热门的投诉领域;在线教育、在线旅游、在线出行以及线上生鲜等生活服务类电商平台的蓬勃发展、跨境电商伴随着消费升级而火热程度上升,也导致其纠纷初见端倪。电子商务领域消费投诉量一定程度上与该领域消费活跃度成正比。

## 第二节 电子商务多元争议解决方式

争议解决机制就是特定主体依照特定的方式和规则,通过一定程序化解纠纷的范式。[12] 争议解决的机制是静态的,而争议解决的实践是动态的,相对于机制而言,争议解决的实践过程是具体落实化解纠纷目标的必要环节。[13] 本节内容的任务就是要剖析当下电子商务多元争议解决方式的实践,并着重介绍我国电子商务多元争议解决方式以及其在推动网络空间治理法治化中的作用。[14]

电子商务多元争议解决方式之间应当相互衔接、相辅相成,构成一个形式多样、运行规范的电子商务多元争议解决系统。该系统本质上是

---

〔11〕 网经社电子商务研究中心:《2019年度中国电子商务用户体验与投诉监测报告》,载网经社官网2020年3月14日,http://www.100ec.cn/zt/2019yhtsbg/。

〔12〕 齐树洁主编:《纠纷解决与和谐社会》,厦门大学出版社2010年版,第6页。纠纷解决机制是指特定主体以特定的方式、规则,通过一定的程序解决纠纷,维护社会和谐与发展的一种纠纷解决范式。

〔13〕 参见赵旭东:《纠纷与纠纷解决原论》,北京大学出版社2009年版,第75~76页。

〔14〕 参见淘宝网规则中心:《淘宝平台服务协议》,载淘宝网2022年12月31日,https://rulechannel.taobao.com/?type=detail&ruleId=20002240&cId=176#/rule/detail?ruleId=20002240&cId=176。第4.3条"交易争议处理"规定:"您在淘宝平台交易过程中与其他用户发生争议的,您或其他用户中任何一方均有权选择以下途径解决:(一)与争议相对方自主协商;(二)使用淘宝平台提供的争议调处服务;(三)请求消费者协会或者其他依法成立的调解组织调解;(四)向有关行政部门投诉;(五)根据与争议相对方达成的仲裁协议(如有)提请仲裁机构仲裁;(六)向人民法院提起诉讼。"

一种监管模式、监管理念的转变，是应对电子商务纠纷特征而衍生出的多元治理格局；它更是电子商务市场实践的选择与结果，贯穿纠纷的事前、事中与事后整个过程。

《电子商务法》第60条规定了5种争议解决方式，分别为协商和解、调解、投诉、仲裁和诉讼，其表现了自力救济与公力救济相结合、线上与线下相结合、充分尊重当事人意志的理念，构成了一套完整的、有层次的争议解决体系。同时，《电子商务法》第58～63条等明确了电子商务经营者建立的预设争议解决机制、投诉举报机制、协助机制、在线争议解决机制等其他纠纷处理方式，创设了新型的完全着眼于电子商务的独特的解决方式。

## 一、电子商务传统争议解决主要方式及其线上化发展

### （一）协商和解

电子商务纠纷的协商和解，是指电子商务纠纷当事人双方在没有第三方参与的情况下，在自愿的基础上平等协商沟通，达成和解以处理纠纷的方式，属于当事人自力救济的范畴。[15] 协商和解是最基础、最广泛存在的一种争议解决形式，当争议发生时，无论是消费者还是平台内经营者第一时间并非寻求第三方解决，而是先行协商，希望通过这一种直接、快捷、节省资源的方式来解决问题。

《电子商务法》第60条规定的当事人之间协商和解的争议解决方式，是与第59条规定的电子商务经营者接受有关用户投诉的机制相衔接与配合的。当然，电子商务经营者没有收到有关投诉，直接与相对方协商解决争议，也无不可。电子商务争议的当事人通过协商和解、达成和解协议，化解纠纷，应当得到鼓励与认可。

### （二）调解

调解是指由纠纷所涉当事人以外的第三方，依据一定的规则，对纠

---

〔15〕 参见刘益灯：《电子商务中消费争端解决制度研究》，中南大学出版社2016年版，第292页。

纷双方当事人进行说服疏导，促使其在平等协商的基础上自愿达成调解协议，以解决争议、平息矛盾。调解是商事活动中当事人较为乐意选取的一种方式，因为其具有成本低廉、程序快捷、方式灵活、对抗性弱的特点。调解需要遵循自愿原则、合法原则和尊重当事人诉讼权利的原则。[16]

电子商务纠纷中的调解是由消费者组织、行业协会或者其他依法成立的调解组织所进行的调解，属于社会调解的范畴。随着互联网对人民生活的渗透和普及，民众对争议解决的便捷性要求越来越高，“互联网+调解”模式也应运而生。在线调解是指双方当事人在共同选择的中立者的帮助下，通过信息技术，就争议的问题相互妥协和让步，以达成协议处理电子商务纠纷的方法。相对于传统的人民调解，在线调解依托互联网技术，突破时空限制，做到了调解数据网上流转，在程序上拥有更大的灵活性、自主参与性与简易便捷性，进一步节省了当事人的维权成本。[17]

当前，在线调解工作正逐步展开，在线调解平台、在线调解人员培训等工作都在加快推进。2016 年 10 月，由最高人民法院开发建设的人民法院统一在线调解平台正式上线，推动覆盖纠纷受理、分流、调解、反馈等流程，实现在线办理当事人诉前调解、诉中调解和司法确认等事项。[18] 2018 年 11 月，司法部发布《关于推进个人调解工作室建设的指导意见》，该指导意见指出，个人调解工作室要充分利用中国法律服务网和人民调解信息系统开展人民调解在线咨询、受理、调解等；积极运用人民调解移动终端、手机 App、微信群等开展调解工作，创新在线调解、视

---

〔16〕 参见吴景明主编：《〈中华人民共和国电子商务法〉消费者权益保护法律制度规则与案例》，中国法制出版社 2019 年版，第 242～256 页。

〔17〕 参见青岛政法：《黄岛法院互联网调解首试成功，19 起案件 5 天结案》，载中国产业经济信息网 2019 年 12 月 27 日，http://www.cinic.org.cn/xy/qingdao/qdzf/697779.html。

〔18〕 《中国电子商务报告 2020》，载商务部官网，http://dzsws.mofcom.gov.cn/article/ztxx/ndbg/202109/20210903199156.shtml。报告载明“截至 2019 年 10 月 31 日，最高人民法院在线调解平台有 2679 个法院入驻，在线汇集 21379 个专业调解组织和 79271 名专业调解员，共调解案件 1369134 件”。

频调解等方式方法。[19]

（三）投诉

投诉是指当消费者、知识产权权利人等权利主体在其权益受到侵害时，向负有处理电子商务争议职责的行政机关投诉、举报相关当事人的违法活动，请求有关部门（是指拥有行政执法权的行政机关，如税务局、市场监督管理局等）予以处置。[20] 在线消费者投诉是指通过网络上设置的投诉和处理系统，化解电子商务纠纷的一种替代方式。

（四）仲裁

仲裁是指依法设立的仲裁机构依据仲裁协议，对当事人之间的合同纠纷和其他财产权益纠纷按照法定程序作出的对双方当事人均具有约束力的裁决的行为。[21] 在电子商务活动中，平台经营者、平台内经营者与消费者之间往往使用自动信息系统在相互之间达成电子商务合同，对于平台内经营者和消费者而言需要尤为注意电子商务合同中的争议管辖之约定。如合同中明确约定双方自愿将争议提请明确的仲裁委员会予以裁决的，除非仲裁协议无效，否则将排除法院对该纠纷的管辖权。仲裁在经营者纠纷和跨境电子商务纠纷中发挥着重要作用，一般不适用于消费者纠纷。

仲裁作为商事争议解决制度历史悠久，源远流长，在电子商务领域正在焕发新的生机。2019 年 4 月 16 日，中共中央办公厅、国务院办公厅印发了《关于完善仲裁制度提高仲裁公信力的若干意见》，提出要积极发展线上仲裁。适应互联网等新经济新业态发展需要，依托互联网技术，建立网络化的案件管理系统以及与电子商务和互联网金融等平台对

---

〔19〕《中国电子商务报告 2018》，载商务部官网，http://dzsws. mofcom. gov. cn/article/ztxx/ndbg/201905/20190502868244. shtml。

〔20〕参见吴旭华、褚霞编著：《〈中华人民共和国电子商务法〉原理、实务及案例》，法律出版社 2019 年版，第 259 ~ 261 页。

〔21〕参见吴景明主编：《〈中华人民共和国电子商务法〉消费者权益保护法律制度规则与案例》，中国法制出版社 2019 年版，第 258 ~ 263 页。

接的仲裁平台,研究探索线上仲裁、智能仲裁,实现线上线下协同发展。[22] 网络仲裁在全国各地蓬勃发展,在广州仲裁委员会、深圳国际仲裁院等相继开展网络仲裁之后,国内其他仲裁委员会也开始开展“互联网+仲裁”的创新探索。杭州仲裁委员会于2019年7月5日正式成立杭州互联网仲裁院,凡是争议标的额不超过500万元的网络购物合同纠纷、网络服务合同纠纷等,均可在仲裁院的“中国杭州智慧仲裁平台”上,实现申请、受理、送达、调解、举证、质证、结案等所有环节的书面审理。[23]

网络仲裁利用互联网技术资源提供仲裁服务,解决网上争议,具有不限地域、高效便捷、安全合规等优势。网络仲裁在解决跨境争议时,可减少因法律适用问题带来的不确定性。

(五)诉讼

诉讼是司法机关在案件当事人和其他诉讼参与人的配合下,为处理纠纷而依法定诉讼程序进行的全部活动。诉讼与其他争议解决方式相比,具有公权性、强制性、程序性的特点。[24] 电子商务纠纷诉讼一般在管辖权、适用法律、电子证据和举证责任分担等方面存在争议和难题。网上法庭是指以网络服务平台为依托,进行在线的起诉、立案、举证、开庭、裁判等网上庭审的各项工作的一种网络司法方式。[25]

互联网法院是我国改革司法制度与发展电子商务争议解决机制的重要举措。2017年8月,中国首家互联网法院“杭州互联网法院”正式成立,此后又在北京、广州建立了互联网法院。之后最高人民法院于2018年9月颁布了《关于互联网法院审理案件若干问题的规定》,其中

---

〔22〕《中国电子商务报告2020》,载商务部官网,http://dzsws.mofcom.gov.cn/article/ztxx/ndbg/202109/20210903199156.shtml。

〔23〕参见孙陶、曹宇:《杭州互联网仲裁院成立》,载浙江在线官网,http://zjnews.zjol.com.cn/zjnews/zjxw/201907/t20190706_10532045.shtml。

〔24〕参见吴景明主编:《〈中华人民共和国电子商务法〉消费者权益保护法律制度规则与案例》,中国法制出版社2019年版,第258~263页。

〔25〕参见杭州市余杭区人民法院:《电子商务网上法庭》,载杭州市余杭区人民法院官网2015年9月21日,http://yuhang.zjcourt.cn/col/col1227418/index.html。

规定：互联网法院采取在线方式办理案件，实现案件的起诉、调解、立案、送达、举证、庭审、裁判、执行、上诉等全流程上网在线化。[26] 互联网法院作为集中管辖互联网案件的基层人民法院，以“网上案件网上审理”的新型审理机制为主，集中管辖所在市辖区内的网络购物合同纠纷、网络服务合同纠纷、网络侵权纠纷、网络著作权纠纷等11类互联网案件，基本涵盖电子商务领域常见纠纷类型。截至2019年10月31日，杭州、北京和广州互联网法院共受理互联网案件118764件，审结88401件，在线立案申请率为96.8%，全流程在线审结80819件，在线庭审平均用时45分钟，案件平均审理周期约38天，比传统审理模式分别节约时间约3/5和1/2，为当事人平均节约开支近800元，一审服判息诉率达98%，裁判自动履行率98%，审判质量、效率和效关呈现良好态势。[27] 自新冠疫情发生以来，杭州互联网法院率先创设常态化疫情防控在线司法服务样本；首创异步审理模式；启动在线诉讼平台适老化改造，建立老年当事人绿色通道；设立全国首个跨境数字贸易法庭，积极探索涉外纠纷化解机制；“云法官”入驻青年电商网红店；首创司法拍卖“5G + VR”720°全景直播看样，完善执行平台“在线执行”功能。[28]

网上法庭与互联网法院的设立和不断创新发展，融合机制创新与网络解纷，运用语音识别、人脸识别、知识图谱等技术，将多元调解、审判执行、电子证据存证和电子送达等多个平台融为一体；利用大数据分析技术对涉网案件数据进行多模块比对分析，梳理规律和特点，形成结构化、标准化的互联网司法裁判规则。[29] 把物理空间的法庭搬到网络空间，

[26] 《中国电子商务报告2018》，载商务部官网，http://dzsws.mofcom.gov.cn/article/ztxx/ndbg/201905/20190502868244.shtml。

[27] 参见《中国电子商务报告2019》，载中国政府网，http://www.gov.cn/xinwen/2020-07/02/content_5523479.htm。

[28] 参见《中国电子商务报告2020》，载商务部官网，http://dzsws.mofcom.gov.cn/article/ztxx/ndbg/202109/20210903199156.shtml。

[29] 参见张雯：《“24小时不打烊”做司法界的“奔跑者”》，载北京互联网法院网站2020年3月9日，http://www.bj.xinhuanet.com/2019ft/dgrwft/zhangwen/index.htm。

满足了互联网时代多元化诉讼的需求，在解决电子商务纠纷、创新诉讼程序的同时也便捷了各方当事人，营造了人性化网络司法空间，提高了司法效率，降低了诉讼维权成本。

## 二、电子商务新型争议解决方式

电子商务新型争议解决方式为平台规制提供了新的手段和工具，主要有预设争议解决机制、投诉举报机制、协助机制、争议在线解决机制等方式。部分方式的实践早在《电子商务法》之前即有，《电子商务法》的出台将这些方式真正集合统一。这些机制可以划分为三类：一是平台内部争议预防机制，二是平台在线争议解决机制，三是平台配套执行机制及其他各种交易治理机制。三者形成制度化关联，共同构成了在线电子商务平台争议解决的一般性方案，发挥了单个机制所无法达到的最大功效。[30]

### （一）平台内部争议预防机制

平台内部争议预防机制并不属于狭义的“争议解决机制”范畴，但其功能是预防争议的发生、改进争议的解决。一套有效的预防机制往往比事后补救更为重要。[31] 平台内部争议预防机制作为一种处理纠纷的预设机制，是电子商务争议解决机制所不可或缺的部分。

#### 1. 平台经营者的预设争议解决机制

我国电子商务立法鼓励电子商务平台经营者建立担保机制以利于电子商务的发展和消费者权益的保护。该担保机制的内容主要包括电子商务平台经营者质量担保机制、消费者权益保证金、先行赔偿机制的设立。[32] 严格来说，这三项制度不属于电子商务纠纷出现后的解决机

〔30〕 参见高薇：《互联网争议解决的制度分析：两种路径及其社会嵌入问题》，载《中外法学》2014 年第 4 期。

〔31〕 参见［美］伊森·凯什、［以色列］奥娜·拉比诺维奇·艾尼：《数字正义——当纠纷解决遇见互联网科技》，赵蕾、赵精武、曹建峰译，法律出版社 2019 年版，第 22～23 页。

〔32〕 《电子商务法》第 58 条。

制,但是有预防纠纷产生、协助纠纷化解的作用,其属于辅助性或配套性争议解决机制。

平台商品、服务质量担保机制往往更有利于用户体验的提升。实践中,目前各大头部电商平台的质量担保机制建设尚在实践探索中,其常规做法是通过产品服务标准、信用评价机制等方式来控制平台内的产品质量与服务质量。建立直接的担保机制对电商平台来讲会承担较大的风险和成本,比较可行的方式是以专业第三方承险的形式来落实质量担保机制,例如拼多多平台的正品保证保险、美团外卖平台的超时送达赔付、天猫平台的运费险等保险产品。

消费者权益保证金的设立是为了保证电子商务平台经营者的先行赔付机制能够有效实施,平台经营者与平台内经营者之间达成协议,要求拟入驻的平台内经营者缴纳的用于保障消费者合法权益的专用款项,一旦平台内经营者损害消费者权益,在卖家未履行消费者保障服务承诺时用于对买家进行赔付的资金。〔33〕 这既是一种执行的担保,也可视为防范纠纷发生和保证纠纷发生后能够得到有效处理而设置的预防性的救济机制。〔34〕

〔33〕 参见淘宝网服务中心:《淘宝网消费者保障服务》,载淘宝网 2021 年 12 月 31 日,https://www.taobao.com/market/xiaobao/xbintro2.php。其中载明:"淘宝根据《消费者保障服务协议》约定的条款和条件及淘宝网其他公示规则的规定,将卖家消保保证金缴存并止付锁定于其支付宝账户,在卖家未履行消费者保障服务承诺时用于对买家进行赔付的资金。具体即消费者保障服务支持自买家完成支付宝担保交易付款之日起至交易成功后 15 天内保障买家权益,如有商品质量问题、描述不符或付款后未收到货等,全程支持退货退款,退货运费由卖家承担。若卖家不履行承诺,以卖家保证金给予先行赔付,保障每一个消费者的网购权益。"参见拼多多消费者保障中心:《拼多多消费者保障计划》,载拼多多官网 2017 年 12 月 19 日,https://www.pinduoduo.com/home/customer/。第 8 条规定:"为积极落实消保计划,确保消费者权益保障工作的可持续开展,拼多多设立消费者保障基金,用于对网络交易中合法权益受到损害、商家因不可抗力或意外事件等无法履行赔付义务、已经穷尽各种途径仍不能获得法定标准赔付的消费者进行适当补偿。"

〔34〕 郭锋等编著:《中华人民共和国电子商务法法律适用与案例指引》,人民法院出版社 2018 年版,第 360 页。

电子商务平台经营者的先行赔付机制,是指在平台内经营者与消费者交易的过程中因违约或侵权而造成消费者损害的情况下,电子商务平台经营者先于平台内经营者对消费者进行赔付的机制,《消费者权益保护法》和《电子商务法》均对此有所规定。之所以对平台课以此责任,是因为平台有能力也有义务提供相关信息,若平台不予提供,则可推定其存在主观方面的过错。实践中淘宝平台、京东平台等均在服务协议或用户协议中规定了消费者申请先行赔付的规则。

2. 电子商务经营者的投诉、举报机制

电子商务经营者应当建立用户投诉、举报机制是法律规范的强制性要求。这也是纠纷预防机制之一。[35] 电子商务平台经营者、自建网站或者通过其他网络服务销售商品或者提供服务的经营者和平台内经营者都应当建立各自的投诉、举报机制,其既相互独立又相互联系。需要注意的是,当纠纷发生时一方当事人选择"投诉举报"方式并非都直接指向争议解决,其也是指一种"大众监督"式的监督举报,可对不直接涉及自身权益的任何商品或服务进行举报,进而使平台内的商品或服务始终能受到用户监督。目前,多数电商平台的网站页面底部都有直接的投诉举报入口,一些还会直接链接到主管机构的投诉举报入口。

针对商家所售商品引发消费者高频投诉的情况,京东平台依据投诉信息,搭建了商品体验风险指数模型,定期对在售商品进行风险评估和筛查,主动发现商品潜在风险,开展风险调查并通过对有关商品的"搜索降权、屏蔽""限制参加营销活动"等管控措施,预防纠纷的发生。

3. 电子商务经营者的协助机制

电子商务经营者的协助义务主要体现在《电子商务法》第 61 条和第 62 条的规定上,第 61 条是平台经营者对消费者的协助义务的概括性规定;第 62 条是针对"人民法院、仲裁机构或者有关机关无法查明事实"这一特别情况下协助义务及其相应责任的规定,其权利主体不限于消费

[35] 《电子商务法》第 59 条。

者，也扩展至电子商务经营者。

当消费者因电子商务活动产生纠纷时，无论消费者采用何种争议解决方式，都可能需要电子商务平台经营者来协助提供交易的相关信息，以便矫正因信息不对称等导致的不平衡地位。尽管《电子商务法》第61条未明确平台经营者协助义务的具体内容，但根据《消费者权益保护法》等法律规范，应包含提供平台内经营者的必要信息、按照消费者的调解意愿进行调解、协助联系平台内经营者、协助退货退款、协助执行、设立消费者权益保证金等。[36] 第62条规定电子商务经营者"提供原始合同和交易记录"的义务和责任承担。该类信息往往在电子商务经营者控制之下，且构成电子商务纠纷处理的重要证据，有助于纠纷的事实查明和解决。

4. 平台信用机制

平台信用机制是电子商务交易中的电子商务平台经营者、平台内经营者、消费者以及物流企业等主体之间建立的多方信任关系。[37] 每一方参与电子商务交易的主体之间都存在信用的问题，因此相互之间都需要借助一定的信用评价结果以对交易对象、交易过程作出一定的判断和选择，最终影响交易决策。信用评价的指标、程序、主体等因素对信用评价的结果都存在重大影响，信用结果一方面为平台内商务活动决策提供参考，另一方面也为电子商务平台管理平台内经营者提供一定的参考和支撑。

信息化技术更是放大了信用机制的影响，其在信用行为的时间跨度上、透明度上、信息量和影响力上都远超线下。《电子商务法》第39条、

[36] 参见吴旭华、褚霞编著：《〈中华人民共和国电子商务法〉原理、实务及案例》，法律出版社2019年版，第282～283页；全国人大财经委员会电子商务法起草组编著：《中华人民共和国电子商务法条文释义》，法律出版社2018年版，第188～212页。

[37] 参见陈显友：《电子商务信用评价与治理研究》，中国财政经济出版社2014年版，第17页。

第70条对平台建立健全信用评价制度提出了要求，[38]目前各平台均有一套独立的评分标准和等级标注。我们经过比对不同领域中的几家典型电子商务平台的信用评价规则后发现，当前的电子商务评价体系渐趋完善。各大平台根据平台特点和业务模式建立了相应电子商务信用评价体系，以方便消费者对电子商务平台内经营者的历史性经营行为、商品的服务或品质等作出一定评价。

信用评价服务可以分为个人信用评价和企业信用评价。当前，芝麻信用是个人信用评价中认可度较高的信用评价机构；[39]在企业信用服务机构中，中国商务信用平台、诚信通以及淘信用等都提供相应的信用服务。[40]以淘宝平台为例，买家每成功交易一次，就可对卖家作一次信用评价，根据“好评”“中评”“差评”三类评价对应不同的信用积分；不同的信用积分额对应不同的店铺等级，从高到低依次有“金钻皇冠”“皇冠”“钻石”“心”，等级越高店铺信誉度就越高。同时淘宝平台和天猫平台还推出了综合体验“店铺星级”指标，平台基于店铺品牌力、特色服务、纠纷处理、退换体验、服务咨询、物流时效、品质体验、用户评价这8个维度严格考核，星级代表店铺综合体验能力，五星为综合体验最高星

---

[38]《电子商务法》第39、70条。

[39]芝麻信用的个人信用服务产品芝麻信用分的市场认可度极高，是当前中国应用范围广、市场认可度较高、应用场景广泛的综合类信用评价。芝麻信用是蚂蚁金服旗下的信用服务机构，已获得企业征信业务牌照。芝麻信用依托蚂蚁金服和阿里系各大产品（比如淘宝、阿里巴巴、支付宝、花呗等产品），从中获取并分析信用信息，充分了解个人的信用状况，并打通信息阻碍，在信用卡、消费金融、酒店、租房、出行等多个场景为用户提供信用服务。

[40]“诚信通”服务主要解决企业之间网络贸易中的信用问题，由阿里巴巴委托第三方独立机构对企业身份、交易信用等信息进行诚信认证。企业交纳一定费用后，经过诚信认证的会员在信息排序上享有优先权。2018年8月，《淘宝网“淘信用”与经营保障服务规范》正式实施，淘宝网宣布启动“淘信用”计划。“淘信用”会以卖家的经营历史、违规记录、买家关系、资质承诺等指标计算得出卖家的合规经营能力分值，意在引导商家重视信用的作用。淘信用不以店铺大小、流量情况等进行区分，也不会直接作为影响商家的流量分配的因子，目的在于希望约束商家刷单炒信等违规行为，同时让诚信商家减少恶意差评、恶意投诉的烦扰。

级。除此之外,有些平台还会对信用较好的平台内经营者进行平台认证,在商品或店铺上打上信标识,或者在平台显著位置设置专门分区对优质店铺进行公示,以供买家选择。这些标识会对平台用户的电子商务活动产生巨大影响。〔41〕 平台对于自营店铺和自营商品则会显著标明其"自营"性质以区分商品来源,如京东商城的"自营"标识和天猫的"天猫超市"分区。

前述形态基本上都是第三方对卖家所作出的信誉认证,买家反馈也是对卖家信用状况的反映,具有其特有的约束力和优势。〔42〕 各电子商务平台在商品页面内往往提供了"评价区/点评区"和"问答区",成功购买过该商品的买家可以对其订单所涉商品进行评价,一般平台将评价的打分选项分为 5 个级别,最好为五星级,最差为一星级。〔43〕 依照《电子商务法》规定,平台经营者需要如实记录并公布,不能删除这些评价。〔44〕

〔41〕 参见范筱静:《电子商务中在线纠纷解决机制初探——以信息技术应用和消费者保护为视角》,载《科技与法律》2012 年第 4 期。美国的第三方 ODR 平台 Square trade 曾统计发现,经其认证后的商户销售量平均提高了 15%。

〔42〕 参见范筱静:《论电子商务的消费纠纷在线避免措施及在中国的实践》,载《求索》2013 年第 7 期。

〔43〕 参见淘宝网规则中心:《淘宝特价版评价规范》,载淘宝网 2020 年 8 月 23 日,https://rule.taobao.com/detail-11002863.htm?spm。其中载明:"用户有权基于真实的交易在订单确认收货后 15 天且交易成功 180 天内对商品或服务进行评价,自交易成功之日起 180 天内,买家可在作出店铺评分后追加评论,追加评论的内容不得修改,也不影响商家的店铺评分。评价包括'店铺评分'和'评论内容',被评价人可在评价人作出评论内容和/或追评内容之时起的 30 天内作出解释。同时平台会基于有限的技术手段,对与评价原则不符、不当使用评价工具,或异常交易产生的评价采取包括屏蔽评论内容、评分不累计等处理措施。"参见淘宝网规则中心:《淘宝平台服务协议》,载淘宝网 2022 年 12 月 31 日,https://rulechannel.taobao.com/?type=detail&ruleId=20002240&cId=176#/rule/detail?ruleId=20002240&cId=176。第 4.2 条规定:"您有权在淘宝平台提供的评价系统中对与您达成交易的其他用户商品及/或服务进行评价。您有权选择通过匿名形式发表评价内容。"

〔44〕 《电子商务法》第 39 条。

### (二)平台经营者的"在线争议解决机制"

#### 1. 在线争议解决机制概述

实践中,逐渐发展出了由平台经营者提供一系列内部争议解决规则,在获得电子商务活动相关主体事先同意的基础上,由平台经营者担任纠纷处理者的在线争议解决机制。《电子商务法》第63条规定电子商务平台经营者可以建立争议在线解决机制。[45] 平台经营者的争议在线解决机制是平台经营者以平台争议解决规则为框架构建的、用以解决其平台内电子商务纠纷的系统。该规定是一项重要的制度创新,虽然平台经营者并无建立该机制的法定义务(仅是一项倡导义务),但是该项规定为电子商务争议解决开辟了新的空间,构成平台治理的重要组成部分。该项规定的表述虽较为简略,却包含了重要的制度构建,为电子商务的新型争议解决机制奠定了正当性基础。

对当下电子商务领域头部平台的争议解决相关规则制定、争议解决机制设置和执行进行考察,可以发现一些共通的特点:

(1)发展较早的综合性商品类电商平台具备相对完善的争议解决规则和平台内解决机制,其流程往往递进流畅、衔接严谨,能够在平台内化解大部分纠纷。如淘宝平台和京东平台都有争议解决的专项规则且可获得性较好,规则兼有实体事项和程序事项,兼有平台处理纠纷的通用总则和各交易流程、各分类产品纠纷处理的具体细则,[46] 使得当事人能够对争议处理流程和结果有一定合理预期。而其他电商平台的争议解决规则和机制都相对缺乏,如滴滴出行平台和拼多多平台争议解决规

---

〔45〕《电子商务法》第63条。

〔46〕如京东平台既有处理纠纷的通用总则《京东开放平台交易纠纷处理总则》,也有各交易流程、各分类产品纠纷处理的具体细则,如《发货问题纠纷处理判责标准》《签收问题纠纷处理判责标准》《售后问题纠纷处理判责标准》《商品质量问题纠纷处理判责标准》《运费问题纠纷处理判责标准》《商品描述不符问题纠纷处理判责标准》《服务态度与违背承诺问题纠纷处理判责标准》《家电类商品纠纷处理判责标准》《大件类商品纠纷处理判责标准》《生鲜类商品纠纷处理判责标准》《定制类商品纠纷处理判责标准》等。

则的完整性和体系性较差。

(2)就争议解决方式而言,各平台内部大都有协商和解、客服调处、投诉举报的机制和通道,而协商和解是最基础、最广泛存在的一种争议解决形式;无论何种方式,各方均通过平台传递信息、提供证据、陈述意见,最终解决纠纷。此外,阿里巴巴集团旗下的淘宝平台和闲鱼平台额外创新有类似"陪审团"制度的"大众评审"和"闲鱼小法庭",而滴滴出行平台的争议解决方式则相对较为单调。

(3)主流平台都将争议解决机制作为平台服务并引导用户使用。首先,平台往往将争议解决作为平台服务的一种规定在用户服务协议中,要想使用平台服务,就必须同意该服务协议,进而获得事先授权[47];其次,平台也会采用各种形式对争议解决服务进行宣传引导,如在服务协议中约定适用,设立"服务中心""规则众议院"服务板块等;[48]最后,在具体程序中,平台提供了固定化、格式化、可选择的管理工具和反馈机制。[49]

---

〔47〕 参见淘宝网规则中心:《淘宝平台服务协议》,载淘宝网2022年12月31日,https://rulechannel. taobao. com/? type = detail&ruleId = 20002240&cId = 176#/rule/detail?ruleId=20002240&cId=176。提示条款规定:"当您按照注册页面提示填写信息、阅读并同意本协议且完成全部注册程序后,即表示您已充分阅读、理解并接受本协议的全部内容,并与淘宝达成一致,成为淘宝平台'用户'。阅读本协议的过程中,如果您不同意本协议或其中任何条款约定,您应立即停止注册程序。"第4.3条"交易争议处理"规定:"如您依据淘宝平台规则使用淘宝平台的争议调处服务,则表示您认可并愿意履行淘宝平台的客服或大众评审员作为独立的第三方根据其所了解到的争议事实并依据淘宝平台规则所作出的调处决定(包括调整相关订单的交易状态、判定将争议款项的全部或部分支付给交易一方或双方等)。在淘宝平台调处决定作出前,您可选择上述(三)、(四)、(五)、(六)途径解决争议以中止淘宝平台的争议调处服务。如您对调处决定不满意,您仍有权采取其他争议处理途径解决争议,但通过其他争议处理途径未取得终局决定前,您仍应先履行调处决定。"

〔48〕 具体如淘宝平台在"规则中心"汇总页面中专设选项"消保及争议处理",并下辖3个规则分支:《淘宝平台特殊商品/交易争议处理规则》《淘宝平台争议处理规则》《淘宝网七天无理由退货规范》,平台用户可以由此详细了解平台争议解决规则和程序。

〔49〕 参见谢鹏远:《电子商务平台争议解决引导机制初探》,载《科技视界》2019年第31期;范筱静:《电子商务中在线纠纷解决机制初探——以信息技术应用和消费者保护为视角》,载《科技与法律》2012年第4期。

(4)各平台内部都设置有相应的争议预防机制和执行机制,在整个程序中力求简单、灵活、高效,且都以格式合同、格式条款的方式将该职权赋予平台经营者自身;但是各平台资源和能力不同,导致在实施效果上各平台差异较大。如由于支付牌照的限制,阿里系企业和腾讯系企业可以依托支付宝与微信支付这两个第三方支付平台提供更为高效而有保障的争议解决服务;京东平台则可以依托其自建物流,在快递领域内提供完善而高效的争议解决服务。

(5)就各方主体的权利义务而言,现有平台规则在内容上着重强调买卖双方所应当履行的义务以及违反特定规则所需要承担的后果,而很少涉及平台经营者自身作为调处主体所应遵循的调处规则和相应责任,并设置了诸多免责条款。

(6)当前各平台所提供的争议解决服务是免费的,但是卖家在商家入驻平台时,往往需要缴纳技术服务年费等费用,似乎可以认为该服务费用已经包含其中并由卖家买单。[50]

2. 以淘宝为例的分析

有研究显示,截至2019年,零售电商上市公司数据中,无论是年活跃用户、净利润、总资产还是市值,阿里巴巴集团都位居榜首。阿里巴巴集团旗下的平台包括淘宝平台、天猫国际网站、阿里妈妈、菜鸟、盒马等网站及客户端,其中淘宝平台是我国乃至全球目前最有影响力、规模最大的零售交易平台。[51] 淘宝平台是我国最早出现、市场份额最大、用户渗透率最高、目前也最为成功的电子商务网站,其为广大商家和消费者提供了一个规则完善的交易平台,其规则同时也适用于天猫、闲鱼等整

[50] 丁颖:《网上消费者争议的在线解决——以淘宝平台模式为例》,载《武大国际法评论》2014年第1期。

[51] 参见网经社电子商务研究中心:《2019年度中国网络零售市场数据监测报告》,载网经社官网2020年6月5日,https://www.100ec.cn/zt/2019wllsbg;艾媒数据中心:《2019中国网购市场发展规模与用户行为分析》,载艾媒网2019年11月12日,https://www.iimedia.cn/c1020/66739.html。

个阿里巴巴平台。[52]

淘宝平台作为电子商务平台的先驱者以及各种争议解决规则制度的制定者，在电子商务市场具有较大优势和较大影响力，具备相对完善的争议解决规则和平台内解决机制，具有一定的行业普适性和代表性；其争议解决机制所存在的问题及对策也可以为其他电子商务平台所借鉴。[53]

(1)争议解决的主体

平台内争议解决方式包括协商和解、客服调处、大众评审三种。协商和解由当事人双方自主进行。客服调处、大众评审的纠纷处理主体分别为淘宝客服小二与大众评审员。处理平台内部纠纷，需要对该平台有着深刻的认识和了解。[54] 平台自设在线争议解决机制的裁判人员的专业性并非体现为其对法律知识的掌握上，而是体现为其对平台规则和电子商务交易习惯的理解上。在调处人员缺口巨大的现状下，人数众多的"客服小二"和"大众评审员"无疑是最为合适的人选，其在平台语境下社会经验丰富，也奉平台规则和交易习惯为圭臬。

---

[52] 参见淘宝网规则中心：《淘宝平台服务协议》，载淘宝网 2022 年 12 月 31 日，https://rulechannel.taobao.com/? type = detail&ruleId = 20002240&cId = 176#/rule/detail?ruleId = 20002240&cId = 176。第 1 条定义规定："淘宝平台指包括淘宝网、天猫、飞猪等网站及客户端。淘宝平台经营者的单称或合称，包括淘宝网经营者浙江淘宝网络有限公司、天猫经营者浙江天猫网络有限公司、飞猪经营者杭州淘美航空服务有限公司等。"这在司法实践中也被予以确认，如在"王某明与浙江淘宝网络有限公司案"[杭州互联网法院(2018)浙 0192 民初 645 号]中载明"从原告登录闲鱼平台的方式及闲鱼平台的官方网站来看，原告使用闲鱼平台需要登录淘宝会员名及相应密码，且闲鱼网的网站'2.taobao.com'，可以看出闲鱼网系淘宝网的二级域名。同时，《闲鱼管理规则》也明确闲鱼平台是淘宝旗下为淘宝会员提供便捷交易服务的在线闲置社区，闲鱼用户必须是淘宝会员。故，本院认定闲鱼平台应当适用淘宝平台的各项规定，包括《淘宝规则》"。

[53] 丁颖：《网上消费者争议的在线解决——以淘宝平台模式为例》，载《武大国际法评论》2014 年第 1 期。

[54] 参见苏力：《法治及其本土资源》，中国政法大学出版社 2014 年版，第 134 ~ 135 页。"法律的专业化与重大的历史经济文化的背景的改变是分不开的。在任何社会里，优秀的司法者，无论是职业的还是非职业的总是那些对人情世故有深刻理解的人们，是那些有相当丰富社会经验的人"。

值得指出的是,淘宝平台非法定争议解决机构,纠纷双方只要任意一方选择使用淘宝平台的争议调处服务,都等同于双方授权淘宝平台作为独立第三方,根据其所了解到的争议事实并依据淘宝平台规则作出调处决定。这种授权既是平台用户的自我管理,也是一种不可撤销的事先授权,有助于提高争议解决效率。[55] 在电子商务纠纷发生后,买家通常会在与卖家协商不成后申请电商客服的介入,此时的电商客服充当的就是第三方争议解决主体。只要任意一方申请客服介入,由淘宝分配的客服小二即被授予权限介入处理该纠纷,客服小二是淘宝平台中有权对买卖双方纠纷作出判断的工作人员。

淘宝平台的海量交易产生海量纠纷,淘宝客服人员无法给予及时的调处,这时就需要大众评审发挥作用了。大众评审平台拥有500万名大众评审员,2017年启用社会权威评审团,律师团、司法专业人士、各行各业专家、政府人士等的加入,将大众评审共治共建专业能力大幅提升。大众评审员由淘宝网会员申请产生,满足一定条件的买家和卖家均可申请。在纠纷判定的过程中,如果只有买家代表并不能保证公平性,因此,卖家方面的观点和意见也十分重要,这也间接促进了买卖双方的了解融合。手机淘宝扫描大众评审网页页面上的二维码即可进入大众评审的页面。在注册页上显示,成为大众评审的必要条件是会员注册时间满一年,已通过支付宝实名认证。同时又分别根据买家、卖家身份的不同,分别设定了不同的准入条件,但均涉及信用等级和纠纷指标要求,二者整

---

〔55〕 郭静静:《电子商务平台的法律地位研究——以消费者保护为中心》,对外经济贸易大学2018年博士学位论文,第114页。

体上并无明显的准入差别待遇。[56] 在申请后第一次进入时,平台会有相关考题由新评审员完成,只有经过平台提示掌握了基本的认定规则后,才可以参与后续争议判定。淘宝系统向大众评审员随机派送任务,使其在作出判断时获得的是分散的、独立的、去场景化的信息,能一定程度上保证大众评审员作出判断的中立性。

(2)争议解决的依据

争议解决的依据是建构纠纷当事人在争议解决过程中的权利义务与纠纷调处主体权责的指导性规则,是规范纠纷处理行为的指导性规则。具体、明确的争议解决依据使得纠纷处理过程更加规范合理,使得调处结果更具可预见性。其不仅仅包括国家法层面的正式法律,还包括非国家法层面的自治性规则,如行业规章、商业惯例、风俗习惯等。[57]

平台在处理纠纷时,首先尊重当事人的意思自治。买卖双方就交易有约定的优先从约定;未约定或约定不明的,双方可协议补充。当无法达成补充协议的,平台将按照平台规则进行处理,平台规则有特别规定的优先从特别规定。最后若仍无法确定责任归属的,平台往往按照

---

〔56〕 参见方旭辉:《网上纠纷解决机制的新发展——从网络陪审团到大众评审制度》,载《江西社会科学》2014 年第 11 期;淘宝网规则中心:《淘宝网大众评审公约(试行)》,载淘宝网 2015 年 3 月 20 日,http://pan. taobao. com/jury/help. htm? spm = a310u. 3036333. 0. 0. N8NJGZ&type = standard。第 4 条规定:“评审员通过公开招募产生,符合以下条件的淘宝网会员均可登录判定中心(http://pan. taobao. com)申请成为评审员:(一)会员注册时间满一年;(二)已通过支付宝实名认证;(三)买家须同时符合下述要求:1、会员等级大于等于 VIP2;2、信用等级大于等于三心;3、近 90 天要求淘宝介入的交易笔数小于等于三笔;(四)卖家须同时符合下述要求:1、信用等级大于等于一钻;2、近 30 天纠纷退款率低于行业平均值;3、申请成为评审员的当个自然年内无违反《淘宝规则》严重违规相关规定被扣分;(五)无其他不适合担任评审员的情形。满足以上所有条件的会员经申请,即可自动获得评审员身份。”笔者发现这个准入规则是经过修改的,在之前卖家相比买家准入条件更为严格,使得大众评审团成员多为买家,引起了卖家的质疑和不信任。

〔57〕 参见赵旭东:《纠纷与纠纷解决原论》,北京大学出版社 2009 年,第 130 页;方霞:《电商售假纠纷在线解决机制的完善——基于法社会学的考察》,清华大学 2015 年博士学位论文,第 8 页。

正常消费习惯、商业/行业交易习惯、日常经验法则等独立判断并作出处理。[58]

争议解决平台规则兼具实体事项和程序事项,包含平台处理纠纷的通用总则和各交易流程、各分类产品纠纷处理的具体细则。淘宝平台就对买卖双方之间可能出现的纠纷细化分类,并根据不同的情形分配买卖双方举证责任,并对质量问题、运费问题、商品描述不当等情形作出细致规定。纠纷处理过程中,买卖双方依照平台规则规定进行举证,并对证据的真实性、关联性、完整性、准确性和及时性负责,并承担举证不能的不利后果。

(3)争议解决的程序

争议解决的过程中涉及程序的启动主体与启动时间、方式的选择与确定、当事人的权利与义务、程序的中止与恢复、程序的自然终结和被迫终结等内容,在其中的各个环节都会通过设置时效、类型化标签等方式来提高效率,推进平台内争议解决。

第一,交易双方协商和解。平台在线协商是指当事人在无第三方介入的情况下,充分利用平台提供的技术支持进行交流沟通,以达成和解、化解纠纷的一种方式。在线协商可能贯穿争议解决的始终。平台经营者通常根据商品性质分类设定,[59]要求提起方应在规定的期间内启动

---

〔58〕 参见拼多多消费者保障中心:《拼多多消费者保障计划》,载拼多多官网 2017 年 12 月 19 日,https://www.pinduoduo.com/home/customer/。第 5 条规定:"拼多多自行发现或经消费者投诉发现商家可能存在违规或异常经营行为的,将以普通、非专业人员的知识水平标准,根据商家和消费者提交的证据材料,结合店铺用户数据与拼多多平台用户数据对比分析结果,以及普通人的正常消费习惯、商业/行业交易习惯、生活常识等因素判定商家是否违反其向消费者做出的服务承诺。"参见美团规则中心:《美团外卖交易纠纷处理规范》,载美团网 2020 年 1 月 6 日,https://rules-center.meituan.com/rules-detail/95。第 4 章交易纠纷处理原则第 2 条纠纷处理规定:"(二)平台收集到双方提供的凭证和/或其他证据材料后,将按照本规范对相应纠纷做出处理;本规范没有明确规定的,由平台依其独立判断做出处理。"

〔59〕 参见淘宝网规则中心:《淘宝网七天无理由退货规范》、《淘宝规定的时限的实施细则》,载淘宝网 2019 年 5 月 6 日,https://rulechannel.taobao.com/?spm=a2177.7231193.0.0.2a7f17eaPTpVNC#/rules。

程序,否则平台有权不予受理,[60]甚至有用户还就此条款的有效性诉诸法院。[61] 因此,期限内的可以提交争议解决申请,而期限外则允许自行与卖家协商解决或寻求其他争议解决方式。

平台协商和解方式多样灵活,既有自主协商,也有系统和客服的协助协商。用户可通过"阿里旺旺"这一聊天工具直接与交易相对方进行线上沟通以协商和解。当然也存在标准化、格式化的协商和解平台系统,充分地利用系统自动化谈判工具化解纠纷。系统协商程序可以通过平台的自助界面进行,通常协商和解结果被平台经营者固定为仅退款、退货退款和换货。直接与交易方协商和解的处理方式则更为多样。这两种协商和解渠道均没有第三方介入。

买家选择"退款"或者"退货退款"后,需要填写格式化申请表,分为"退款原因""退款金额""退货方式""补充描述(阐述申请理由,最多200字)和上传凭证(最多3张照片)"四个项目。关于"退款原因",买家只能在系统提供的"尺码不合适""拍错/多拍/不喜欢"等9个选项内予以选择,在选择以后还会出现针对该分类的具体情况选择。

买家提交退款申请后,可在个人页面"退款/售后"栏目查看申请的详细进度及卖家答复等。卖家应当在48小时内作出处理回应,否则淘宝平台将自动退还货款;如果卖家作出回应并同意退款,则买家需要将商品寄回(如有),货款则由支付宝平台退回给买家。当然,双方也可以通过"阿里旺旺"等在线工具直接进行更为细致的交涉。[62] 达成解决合

---

〔60〕 参见淘宝网规则中心:《淘宝平台争议处理规则》,载淘宝网2019年5月6日,https://rule.taobao.com/detail-99.htm? spm。第4条规定:"买家应在淘宝规定的时限内在线发起维权。"第5条规定:"以下几种情形不受受理期限限制:(一)行政机关认定为假冒或违禁商品;(二)买家提供司法机关出具的生效法律文书;(三)买家未在淘宝规定的时限内在线发起维权,但能够提供凭证证实商品存在品质等相关问题;(四)卖家承诺或双方另行约定售后服务期限。"

〔61〕 浙江省杭州互联网法院民事判决书,(2019)浙0192民初10444号。

〔62〕 包括但不局限于更换/补送商品、口头或公开致歉、发放店铺优惠券、依法承担相应赔偿责任等。既保证了消费者的利益,也降低了卖家的损失,节约了社会资源。

意后再在平台上进行申请,可使纠纷更快地解决。

如果买家按照标准化的协商和解途径申请了退款或售后,但是双方未协商一致,则在对方拒绝申请诉求后,申请方拥有为期 3 天的处理期。其既可以在该提醒页面选择"修改申请"进行再一轮的协商和解,也可以补充说明诉请并选择"客服小二"或"大众评审员"介入,[63]进而进入平台经营者的在线争议解决过程。超过 3 天申请人未处理的,则平台不再受理。当然,无论是受理期间还是不受理期间,当事人之间都可以协商和解来强制终结"客服小二"或"大众评审员"的介入程序。

第二,"客服调处"。客服小二介入实际上是在当事人自行协商不顺利时,由客服借助平台系统线上介入进行调处的机制。当卖家店铺因自身系统、管理、人力、仓储等原因出现异常大量维权或舆情事件,且卖家不具备及时处理能力时,为保障买卖双方交易安全,淘宝平台可主动介入处理。[64]当然淘宝平台并不是受理调处所有纠纷,在约定情况下,可以不予受理,买卖任意一方有权自行通过司法机关等途径向相对方主张权利。[65]

在线协商往往为申请人工处理的必经程序,即只有当双方协商不成的情形下,另一方才能申请人工客服介入。如果实现了全额退款这类救济,原则上淘宝平台将不再接受人工介入的申请,客服都会以退款成功

---

〔63〕 参见服务中心:《大众评审》,载淘宝网 2018 年 1 月 1 日,http://pan.taobao.com/jury/help.htm。

〔64〕 参见淘宝网规则中心:《淘宝平台争议处理规则》第 2 条,载淘宝网 2019 年 5 月 6 日,https://rule.taobao.com/detail-99.htm?spm。

〔65〕 参见淘宝网规则中心:《淘宝平台争议处理规则》,载淘宝网 2019 年 5 月 6 日,https://rule.taobao.com/detail-99.htm?spm。第 6 条规定:"淘宝受理买卖双方在淘宝平台上产生的交易争议处理申请,但出现以下情形的,淘宝可不予受理,买卖任一方有权自行通过司法机关等途径向相对方主张权利:(一)买家未在本规则规定的受理期限内发起维权;(二)交易订单显示的商品或服务与买卖双方约定的实际交易商品或服务不一致,导致交易事实无法查清;(三)买卖双方经自行协商达成退款或退货退款协议并履行完毕,一方或双方反悔产生争议;(四)买卖双方进行虚假交易或利用信用卡、花呗等实施套现且交易成功;(五)交易做退款处理后,因卖家需要取回商品产生争议;(六)除淘宝平台规则规定的情形外,买家主张交易引发的额外损失或法定赔偿事宜。"

为由关闭投诉。《淘宝平台争议受理及调处方式的实施细则》声明了“买家可以向卖家发起维权,买卖双方也可以直接向淘宝进行投诉”。但平台“帮助中心”的说明和实践操作显示,双方未协商一致时才能申请客服处理。直接向淘宝平台投诉的方式在实际操作中是存在障碍的,如果消费者拟将“已完成订单”提交客服处理,则只能选择处理工具“小蜜”(智能帮助工具)。对于任何问题,“小蜜”均会将消费者引入“申请退款”等类型化、格式化的协商和解流程链接上。若选择自己已取消并退款的交易订单进行投诉,只能选择“咨询小蜜”以了解详情,不能申请客服介入。只有当平台内经营者拒绝退款,才会出现“申请客服介入”的链接。京东平台也明确说明,“如消费者提起交易纠纷申请后 36 小时内,买卖双方协商未果或商家未作处理,则京东介入处理”;拼多多平台也将“卖家拒绝处理”作为“客服介入”的前置条件。〔66〕将协商作为一种“强制性”的前置程序,一方面,可以在很大程度上解决客服资源稀缺的问题,〔67〕另一方面,也能区别“真实纠纷”与“误会”。

对于恶意评价等纠纷,卖家也可请求调处:只要任意一方申请客服介入,客服小二即被授予权限介入处理该纠纷。申请客服小二介入后,系统一般会给予当事人 3 天的举证期,由其上传凭证,分别提交各自的证据和主张,包括双方通过“阿里旺旺”等方式沟通的记录及内容、商品描述与订单状态、进货渠道证明、快递物流信息、鉴定凭证,买家卖家可

---

〔66〕参见拼多多消费者保障中心:《拼多多消费者保障计划》,载拼多多官网 2017 年 12 月 19 日,https://www.pinduoduo.com/home/customer/。第 3 条规定:“消费者认为商家未履行或未全面履行上述服务承诺,损害其合法权益的,可以向商家提出售后申请,要求商家按照消保计划履行义务或进行赔付。商家拒绝履行义务、拒绝赔付或者双方就相关事宜无法达成一致的,消费者可以申请拼多多介入处理。消费者也可以直接向拼多多发起投诉或维权/赔付申请,但应当提供必要的交易信息和相应的证据供拼多多核实。”

〔67〕参见胡晓霞:《消费纠纷的在线解决:国外典型经验与中国方案》,载《法学论坛》2019 年 7 月第 4 期。

在系统中发表留言进行说明；逾期则需要承担举证不能的责任。[68] 就整个过程来讲，举证环节比较灵活，证据的形式和标准也相对宽松；在方便当事人维护自身利益的同时也减少了查证难度。在此举证期间完成后由淘宝分配“客服小二”进行凭证审核，并作出调处决定。

从凭证审核开始，客服小二则通过各种方式单独或同时与双方沟通。若双方在自愿平等基础上达成协议的，以双方调解协议结案，客服小二一般会以各种方式努力促成和解；但如若逾期未操作则视为双方已和解；卖家每一次拒绝都会收到系统的风险提示；小二最终处理前，会给卖家最后24小时的和解机会等。[69] 达不成协议的，客服小二一般会在4～7个工作日审核凭证（其间买卖双方可以在调处界面随时留言，不断更新己方证据），并根据争议处理规则给出裁决意见并予以执行，同时通过交易纠纷端口、App、电子邮件、短信或电话等方式予以信息提醒。[70]

第三，“大众评审”。大众评审机制是淘宝平台特有的争议在线解决机制，由“大众评审员”这一社会化的互联网用户力量对商品信息和电子商务纠纷进行集体判定，也能参与平台规则的共建。自2012年上线至今，大众评审拥有500万名大众评审员，累计完成超过1亿次纠纷判定，保护千万互联网商家和上亿消费者合法权益，同时推动各行业规则优化，普惠互联网生态。仅仅2017年，就有近80万人次参与争议判定，成功处理超过685万宗纠纷问题，相当于全国法官4年处理案件总量。[71] 其业务内容包括交易维权、规则众评、处罚申诉、商品净化、恶评

---

〔68〕 马永保：《法律视角下淘宝网的争议处理》，载《上海政法学院学报（法治论丛）》2013年第5期。

〔69〕 周翔：《描述与解释：淘宝纠纷解决机制——ODR的中国经验观察》，载《上海交通大学学报（哲学社会科学版）》2021年第29期。

〔70〕 参见淘宝网规则中心：《淘宝特价版评价规范》，载淘宝网2020年8月23日，https://rule.taobao.com/detail-11002863.htm?spm=。第3条规定：“淘宝通过淘宝平台系统、阿里旺旺、电子邮件、短信或电话等方式向买卖双方发送的与争议处理相关的提示或通知。有利于满足不同情况下的不同交流需要。”

〔71〕 参见服务中心：《大众评审》，载淘宝网2018年1月1日，http://pan.taobao.com/jury/help.htm。

鉴定等。大众评审是一种众包式在线争议解决机制,这种模式发源于美国电子商务平台 eBay。该机制是为规范淘宝平台秩序,让更多会员参与平台治理,并增强对淘宝网会员违规行为及交易纠纷判定的公正性、合理性和及时性,将本为淘宝工作人员的职责,交由公开征集的淘宝会员中的志愿者,由他们集体判定。大众评审是一种创新机制,聚点滴之力,借助电子商务平台尝试探索"共建共治共享"社会治理模式,降低争议解决成本,也发挥着社会教育功能,使参与者将在此程序中的心得用以指导电子商务活动。

平台同时规定了大众评审员的回避制度,程序上保障了客观公正,但是主要依靠评审员的自觉放弃投票,并没有在技术上实现分配任务时对评审员关联关系的识别。[72] 就评审原则而言,评审员应保持客观中立,根据《淘宝服务协议》和淘宝规则来进行评审。实际上,一般的评审员对服务协议的了解不足,基本上还是以普通人的认知进行判断。对此,在评定时,页面也会提示相关规则,以帮助评审员了解淘宝规则是如何规定的。处理结果并非由 31 人同时作出认定,而是在一定时间内通过匿名投票方式对任务分别进行判定,优先获得 16(含本数)人支持的一方即获胜。如支持任何一方的评审员均不足 16(含本数)人,则构成无效判定,淘宝网将人工介入判定处理。评审员的评审裁决为一裁终局,淘宝平台会执行评审员判定的结果;如若在评审期限内没有处理,则由客服小二继续进行处理,以此来控制纠纷处理的时间,避免人数不足所造成的拖延。

(4)平台争议解决机制的中止与恢复

在"客服小二"或"大众评审"的介入过程中会出现调处程序的中止与恢复。淘宝处理纠纷期间,出现以下任一情形的,淘宝将中止纠纷处理程序:买卖双方一致要求中止,并约定期限自行协商处理纠纷;任何一

---

〔72〕 参见淘宝网规则中心:《淘宝网大众评审公约(试行)》第 4 条,载淘宝网 2015 年 3 月 20 日,http://pan. taobao. com/jury/help. htm? spm = a310u. 3036333. 0. 0. N8NJGZ&type = standard。

方通知淘宝要求将纠纷提交司法机关或拟向公安机关报案。当然，若出现“买卖双方逾期既未操作交易款项也未告知协商结果、逾期未提供司法机关或公安机关的案件受理凭证、公安机关未及时给出调查结论或处理建议、争议被撤诉以及司法机关做出裁判且生效”这几种情况时，[73] 淘宝平台有权恢复调处程序，以防久拖不决。

(5)平台责任的限制

就平台不当调处行为所应当承担的责任而言，目前各平台要么语焉不详，直接回避该问题；要么对此直接设置诸多免责条款。平台是否需要承担责任学界则有不同的看法，有的学者认为基于权责一致的理念需要其承担责任；有的则认为平台所提供的争议解决服务本为无偿服务，也非法定义务，不当调处行为既有市场予以规范和惩罚，也有诉讼兜底保护，若苛责太重，则会给平台增加巨额成本，也会影响平台经营者的积极性，甚至妨碍电子商务的健康发展。[74]

淘宝平台对其调处责任问题，是与用户有约定的：由于信息掌握、职属定位、甄别能力、人力物质资源所限等因素，淘宝平台经营者并非此类纠纷处理的权威、专业、司法机构，淘宝平台的客服、大众评审员并非专业人士，平台对于交易纠纷的调处仅能以普通人的认知水准及日常经验对纠纷当事人提交的相关证据材料进行鉴别和认定，在恪守中立第三方身份的前提下作出相对合理的调处决定，若无故意或重大过失，即便调

---

[73] 参见淘宝网规则中心：《淘宝平台争议处理规则》第78条，载淘宝网2019年5月6日，https://rule.taobao.com/detail-99.htm? spm。

[74] 参见薛虹：《论电子商务第三方交易平台——权力、责任和问责三重奏》，载《上海师范大学学报(哲学社会科学版)》2014年第5期；邓鑫：《第三方电商平台自律管理规则的效力》，载《人民司法(案例)》2018年第11期；刘凯湘、刘晨：《互联网第三方平台服务协议效力的判断原则及其意义——评蔡振文诉淘宝案》，载《中国应用法学》2017年第3期；薛军：《平台有权对售假商家罚款吗?》，载《中国市场监管报》2020年9月1日，第3版。

处决定不当,亦不违反双方合同约定,无须承担相应违约责任。[75] 这一约定在司法实践中也得到了认可,人民法院在裁判正文中也会对平台的调处行为是否存在故意或重大过失进行认定。[76]

与淘宝平台区别调处行为主观状态而进行责任划分不同,有一些平台在其平台规则中进行责任豁免,如强调平台不保证处理结果等完全正确,不保证纠纷处理结果符合用户的期望,也不对交易纠纷调处结果及赔付决定承担责任。[77] 更有甚者,直接明确"同时用户、商户均声明放弃因平台的纠纷调解处理行为而对平台进行追责(包括但不限于对平台提起诉讼、索赔、投诉、举报等)"。[78]

(6)平台争议解决机制的性质

《电子商务法》第63条没有限定平台争议解决机制的性质,为平台经营者构建有关争议解决机制提供了广阔的发展空间。平台争议解决机制可以为争议当事人提供协商和解的途径,也可以提供在线调解服务,还可以建立"准仲裁"性质的在线争议解决机制。[79] 就前述协商和解、客服调处、大众评审这三种争议解决方式而言,只有客服调处和大众评审这两种机制的性质需要明确。

第一,客服调处机制的性质。淘宝客服小二介入平台纠纷后可能出

---

[75] 参见淘宝网规则中心:《淘宝平台服务协议》第4.7条,载淘宝网2022年12月31日,https://rulechannel.taobao.com/?type=detail&ruleId=20002240&cId=176#/rule/detail?ruleId=20002240&cId=176。

[76] 浙江省杭州互联网法院民事判决书,(2019)浙0192民初3365号;浙江省杭州互联网法院民事判决书,(2019)浙0192民初8494号。

[77] 参见京东平台规则中心:《京东开放平台交易纠纷处理总则》,载京东商城官网2022年4月7日,https://rule.jd.com/rule/ruleDetail.action?ruleId=2392&type=0;拼多多平台规则中心:《拼多多用户服务协议》,载拼多多官网2022年1月8日,https://www.pinduoduo.com/pdd_user_services_agreement.pdf。

[78] 参见美团规则中心:《美团外卖交易纠纷处理规范》,载美团网2020年1月6日,https://rules-center.meituan.com/rules-detail/95。

[79] 参见全国人大财经委员会电子商务法起草组编著:《中华人民共和国电子商务法条文释义》,法律出版社2018年版,第210页。

现两种结果：其一，争议双方在客服小二的努力下促成和解，可以认定为是一种民间调解。我国法律上对调解是有专门的主体要求的，如法院调解、行政调解、人民调解委员会调解等，因此淘宝也不属于严格意义上的调解组织。但根据广义的调解概念，由民间组织或个人主持的以民间通行的各种社会规范为依据通过对纠纷当事人进行说服、劝解促使他们互相谅解并自动消除纷争的活动，可以称为民间调解。淘宝小二作为较为中立的第三方客服，劝说、说服争议双方达成和解协议，符合民间调解的定义和特征。因此，从调解的本意去理解它，可以将此种程序认定为是一种民间调解。这种调解并不需要像传统调解那般需要签字和盖章，往往在达成调解后，买卖双方就在平台系统的帮助下自动履行了。

其二，无法达成和解的，客服小二径直根据争议处理规则给出裁决意见。在这种程序中由第三方裁决结案，在平台内具有一定的强制执行力和终局性，而在平台外还可以寻求其他救济途径，具有非终局性。因此，其不同于现有制度下的调解和仲裁。但在理论上，存在"非终局性仲裁"、"无拘束力仲裁"或称"准仲裁"这一仲裁类型，〔80〕即当事人不服非终局性仲裁裁决的，依照法律规定的程序与期限，可以向法院起诉，案件进入诉讼程序后，当事人之间的争议由法院重新审理。而淘宝客服此种调处所涉及的纠纷，往往事实清楚简单、标的额小、存在一定程度上保护消费者的需要，且调处结果对争议双方具有一定执行力，争议主体还可以寻求平台外的救济途径；该种裁决结案、非终局性的特征符合准仲裁的性质，从价值目的上也符合准仲裁的设置目标，属于准仲裁性质。

第二，大众评审机制的性质。如前所述，大众评审有不同的任务类型，若承担的是争议解决任务的，其所涉及的纠纷往往事实清楚简单、标的额小、存在一定程度上保护消费者的需要，其处理结果在平台内也是

---

〔80〕 参见薛虹：《论新增通用顶级域名系统中准仲裁程序的实施》，载《网络信息法学研究》2017 年第 2 期。对于简单易裁的、程序简易的、需要对某种主体倾斜保护的纠纷，可以采取非终局性仲裁的方式，如我国《农村土地承包经营纠纷调解仲裁法》《劳动争议调解仲裁法》均规定了非终局性的仲裁。

一裁终局，具有一定执行力，并且不排除平台外部的救济途径。因此，旨在解决争议的大众评审也属于准仲裁。

（三）平台的执行与救济

1. 平台的执行行为

平台的执行，是指平台依据争议双方达成的和解协议、平台作出的调处结果或者司法机关、行政机关或其他有权组织作出的裁判或决定，在平台及其关联企业中采取执行措施，以督促一方当事人履行责任、解决争议的行为。[81] 选择平台调处纠纷，本质上是纠纷双方权利的让渡。平台用户在选择使用平台的争议解决规则时，就表明其对平台所作出的调处决定是认可并愿意履行的。但是该选择并不代表用户在平台调处中或调处后，不可以再选择其他争议解决方式。只是在通过其他争议解决途径未取得终局决定前，并不妨碍平台调处结果的执行。这种排他性和约束力意义明显，既能提升争议解决效率，也维护了平台威信。[82] 平台内的自动执行机制正是在线争议解决机制的魅力所在，极大地减轻了法院的审理压力和执行压力。

以淘宝平台为例，在其内部处理争议期间，依据事先与用户签订的《淘宝平台服务协议》，可以采取"一揽子"执行措施。就平台的执行措施而言，既存在针对处理结果的直接执行行为，也存在通过预防、警示、限制服务等措施加强平台用户自律，并教育、督促交易双方当事人遵守和履行处理结果的间接执行行为。

---

〔81〕 参见淘宝网规则中心：《淘宝平台争议处理规则》，载淘宝网 2019 年 5 月 6 日，https://rule. taobao. com/detail - 99. htm? spm；拼多多消费者保障中心：《拼多多消费者保障计划》，载拼多多官网 2017 年 12 月 19 日，https://www. pinduoduo. com/home/customer/。

〔82〕 参见马永保：《法律视角下淘宝网的争议处理》，载《上海政法学院学报（法治论丛）》2013 年第 5 期；淘宝网规则中心：《淘宝平台服务协议》，载淘宝网 2022 年 12 月 31 日，https://rulechannel. taobao. com/? type = detail&ruleId = 20002240&cId = 176#/rule/detail? ruleId = 20002240&cId = 176。

(1)直接执行行为

直接执行行为主要是指支付宝账户的强制措施,即平台可指示支付宝公司对用户的支付宝账户采取取消收款、资金止付、强制划扣等强制措施。如因用户行为使得第三人遭受损失或用户怠于履行调处决定,淘宝及/或其关联平台出于社会公共利益保护目的,可指示支付宝公司自用户的支付宝账户中划扣相应款项进行支付。

在买卖双方协商一致达成和解协议或由“客服小二”“大众评审”作出了调处结果且涉及争议款项但无法自行操作时,自处理结果生效之日起,淘宝系统将执行处理结果,依据淘宝规则的违规处理措施自动完成对卖家违规行为及交易纠纷的纠正和处理。当处理结果涉及款项内容时,淘宝有权根据双方达成的和解协议或调处内容,通知支付宝公司直接将交易货款和(或)保证金的全部或部分支付给买家(或)卖家,或协助卖家(或买家)按照处理结果将相关款项支付给买家(或卖家)。除交易款项外,根据争议处理结果仍需卖家承担赔偿责任的,淘宝有权通知支付宝公司划拨卖家根据淘宝平台相关协议缴纳的保证金或其他款项支付给买家。但是当卖家相关账户余额不足致使无法退款或赔付时,由买卖双方自行协商或通过其他途径解决。[83]

平台和第三方支付机构往往都会在事先与买卖双方签订的服务协议中获得授权,使得第三方支付机构可按照平台的指令控制转移争议款项的全部或部分,并对当事人账户采取限制措施。[84] 买家在平台内进行购买活动,往往通过第三方支付的方式完成,以支付宝为例,其设立目的主要是通过“第三方担保”“代收代付中介服务”的交易方式来解决电

---

〔83〕 参见淘宝网规则中心:《淘宝平台争议处理规则》,载淘宝网 2019 年 5 月 6 日,https://rule. taobao. com/detail－99. htm? spm。

〔84〕 参见郑洁:《中欧电子商务消费争议多元纠纷解决机制之比较研究》,载《中国国际私法与比较法年刊》2018 年第 1 期;蚂蚁集团:《支付宝服务协议》,载支付宝官网 2022 年 1 月 30 日,https://render. alipay. com/p/f/fd－iztow1fi/index. html。

子商务活动中交易双方存在的信用顾虑。[85] 从货款流动过程来看，当买家发出购物请求并完成支付后，该笔相应数额货款会打入支付宝账户中，支付宝则向卖家发出已收到货款的通知，卖家则按照约定向买家发货，只有当买家接收该货物并点击确认收货或自动付款期限届满后，才会由支付宝平台将货款打入买家账户，即在买家对商品满意并确认收货之前，该笔价款并没有转到卖家账户中，而是在平台的"管控"之下。

此外，一般买家在收到货物且满意的情形下，往往也怠于向平台或第三方支付机构发出支付货款的通知，即不会立即点击"确认收货"，而是等待一定期限后（淘宝平台根据商品的虚拟或实物状态和所选择的物流方式而确定了不同的自动确认收货时间，依次有马上确认、24 小时确认、3 天确认、10 天确认、30 天确认自动收货等不同的安排），系统自动确认收货。

因此，无论是货物在途期间，还是买家实际收货后到系统确认收货之时的间隔，买家下单后所付款项并不会即时到达卖家账户，而是以"备付金"的形式被第三方支付机构管控，类似于财产保全。在平台经营者和平台内经营者多次博弈的互动中，被控制的资金流源源不断，结算周期内产生的退款及赔付成本，往往由平台在下次结算款中扣除，平台经营者由此获得处理平台内纠纷的主动权和保障执行的优势。[86] 当买卖双方就纠纷协商达成一致，或者平台对纠纷作出了处理，平台可依消费者申请或主动向第三方支付机构发出通知，依程序将该笔价款返还给消

---

〔85〕 高薇：《网络交易中的私人纠纷解决：类型与特性》，载《政法论坛》2013 年第 5 期。

〔86〕 参见淘宝网规则中心：《淘宝平台服务协议》，载淘宝网 2022 年 12 月 31 日，https://rulechannel. taobao. com/? type = detail&ruleId = 20002240&cId = 176#/rule/detail?ruleId = 20002240&cId = 176。第 6.2 条规定："当您违约的同时存在欺诈、售假、盗用他人账户等特定情形或您存在危及他人交易安全或账户安全风险时，淘宝会依照您行为的风险程度指示支付宝公司对您的支付宝账户采取取消收款、资金止付等强制措施。"参见美团规则中心：《美团外卖交易纠纷处理规范》，载美团网 2020 年 1 月 6 日，https://rules - center. meituan. com/rules - detail/95。

费者。亦即支付宝担保交易的逆向流程，如果认定买家维权成功即将之前有争议的款项返给买家，反之则将款项直接付给卖家。[87]

(2)间接执行行为

平台经营者的间接执行行为主要包括：第一，信息处理行为：平台可对相应信息进行删除、屏蔽处理。第二，服务限制行为：平台可对用户执行账户扣分、中止提供部分或全部服务（如店铺监管、关闭订单、限制发货、限制发布商品、限制网站登录）、终止提供服务（如查封账户、关闭店铺）等处理措施。[88] 第三，处理结果公示披露行为：平台将用户的违约行为处理措施信息以及其他经国家行政或司法机关生效法律文书确认的违法信息在平台上予以公示。第四，垫付追偿行为：如用户的支付宝余额或保证金不足以支付前述相应款项的，平台可使用自有资金代其支付，并向义务人追偿本息。[89]

综上所述，我们不难发现：第一，淘宝平台等对其内部经营者的违规行为，更多采用"行为罚"的方式，即删除商品信息、查封账户、终止提供服务等措施，而非制定严格的赔偿责任。平台经营者不具备被授权或者被委托行政监管的主体资格条件，因此其在大多数情况下较少采用政府机构常用的罚款或向当事人追责等手段，更多采用禁止入驻市场或限制使用服务等手段。第二，平台经营者对其所规定的执行内容享有相当的裁量权，其内容呈现出一种"金字塔模型"，审慎地将遵从与威慑策略相结合，即其底部是建议与劝服性措施，中间为较为缓和的制裁措施，顶端是惩罚性制裁措施。首先假设平台用户具有德行且自愿守规守法，则平

---

〔87〕 申欣旺：《淘宝互联网纠纷解决机制》，载《民主与法制》2016 年第 5 期。

〔88〕 参见京东平台规则中心：《京东开放平台交易纠纷处理总则》，载京东商城官网 2022 年4 月 7 日，https://rule. jd. com/rule/ruleDetail. action? ruleId = 2392&type = 0；拼多多消费者保障中心：《拼多多消费者保障计划》，载拼多多官网 2017 年 12 月 19 日，https://www. pinduoduo. com/home/customer/。

〔89〕 参见淘宝网规则中心：《淘宝平台服务协议》，载淘宝网 2022 年 12 月 31 日，https://rulechannel. taobao. com/? type = detail&ruleId = 20002240&cId = 176#/rule/detail?ruleId = 20002240&cId = 176。

台会选取金字塔模型底部的措施；如果这种假设没有充分的基础，那么规制者就应沿着金字塔层级拾级而上，逐步采用更具有威慑性的措施。平台通过这种反复互动，就会刻画用户守规守法信用画像，并采取相应的回应措施。[90] 第三，平台纠纷处理结果的执行以平台自治执行为主、司法执行为辅，多种执行方式并存。平台经营者本质上不是具备司法强制性的争议解决机构，其调处、执行行为更像一种市场行为；对于纠纷处理结果的执行，其既有径直处分争议标的等直接执行手段，也有在无法通过平台直接执行时所采用的间接执行手段。[91]

2. 处理结果的救济

一方面，平台内部设有一定的救济程序，即针对平台调处结果的申诉程序。申诉是指纠纷当事人认为平台调处程序、调处结果不正确或调处人员存在徇私舞弊的情形，而向平台阐述理由、提供证据，申请平台重新判责、处置的行为。目前国内主流的电子商务零售平台都没有规定针对平台调处结果的申诉程序；只有滴滴出行平台和美团外卖平台对此在平台规则中作出规定。[92]

其中，滴滴出行平台的规定较为翔实完备，具有很强的借鉴意义。在其平台内，纠纷当事人可在收到平台调处结果后 4 日内进行申诉，如未申诉或申诉未通过的，则平台调处结果生效。平台应在受理申诉后 10 个工作日内完成核查判责，并反馈处置结果；若情况复杂、期限内难以查明的，平台可以合理延长处理期限。平台在申诉程序中作出的调处结果是最终的处理结果，若无重大事实变化等情况，被处置用户基于同一事由向平台提起复核诉求的，平台将不予受理。此外，出于效率考虑

---

〔90〕 参见［英］罗伯特·鲍德温、马丁·凯夫、马丁·洛奇：《牛津规制手册》，宋华琳等译，上海三联书店 2017 年版，第 12、141、587 页。

〔91〕 孙艺珺：《消费类电子商务纠纷的在线争端解决机制研究》，华东政法大学 2017 年硕士学位论文，第 32 页。

〔92〕 参见美团规则中心：《美团外卖交易纠纷处理规范》，载美团网 2020 年 1 月 6 日，https://rules - center. meituan. com/rules - detail/95。

和合理适度原则，平台设置了用户在一定期间内提出申诉的合理次数，对滥用权利的用户在其合理次数用完后对其采取暂时性限制申诉功能、要求其签署保证书等措施。[93]

另一方面，平台毕竟不是专业的司法机关，其作出的处理结果也不具备终局性特征；平台经营者作出处理决定后，并不当然意味着当事人其他救济途径的消亡。倘若当事人通过平台经营者的争议在线解决机制之后认为自己未能得到充分救济，其仍可以通过其他方式进一步寻求救济。因此，当事人一方对平台调处结果有异议的，可向人民法院起诉，[94]平台经营者可能作为单独被告，也可能被列为共同被告。

（四）在线争议解决机制的优势

随着互联网技术和电子商务的迅速发展，传统的诉讼机制对于解决电子商务纠纷越来越力有不逮。而相对于传统的线下争议解决机制，在线争议解决机制程序较为灵活，并且能够摆脱传统争议解决机制的法律困境，其借助互联网技术，克服了时空局限、节约了成本、提高了效率。面对电子商务纠纷量化倍增的趋势，这种无偿机制很大程度上化解了争议解决需求和供给间的矛盾，[95]为纠纷处理提供了新思路。

"一个制度之所以存在是因为它具有价值，而一个制度之所以不被取代是因为它的价值无法被取代。"[96]通过前文平台在线争议解决机制的具体阐述，总结起来其价值主要体现在以下三个方面：首先，从启动程序来看，借助平台经营者自身的技术手段，更加方便快捷。通过平台经营者的建立线上沟通系统和投诉、调处渠道，双方可以随时在线协商，或

---

〔93〕参见滴滴出行法律条款与平台规则中心：《滴滴网约车服务秩序侧投诉申诉程序说明（临时）》，载滴滴打车官网2021年5月27日，https://www.didiglobal.com/law。

〔94〕参见淘宝网规则中心：《淘宝平台争议处理规则》，载淘宝网2019年5月6日，https://rule.taobao.com/detail-99.htm? spm。

〔95〕参见张欣：《中国电子商务纠纷在线治理研究》，载《北京航空航天大学学报（社会科学版）》2014年第1期。

〔96〕参见丁伟、朱榄叶：《当代国际法学理论与实践研究文集》（国际私法卷），中国法制出版社2002年版，第311页。

者直接向平台经营者投诉请求进行处理纠纷。其次,从解决过程来看,该机制具有明确的争议解决主体、具体可供选择的争议解决方式、较为详备紧凑的程序规范,使当事人无须受制于严格、冗长、成本高昂的诉讼程序,各自分别举证陈述自己的主张即可,气氛较为轻松,这种弱对抗性避免了矛盾激化。此外,平台内部调处人员熟悉平台规则和交易习惯,电子商务纠纷类型相对固定、标的额小、事实简单,平台的争议解决机制也就更为专业。最后,从结果及执行上来看,平台经营者基于其平台服务角色使其能够有效地约束电子商务活动主体,既方便高效,又能维持纠纷处理结果的效力,同时实现了纠纷的初步过滤和分流,减少了传统争议解决程序的启动。

### (五)在线争议解决机制的不足与改进

由于电子商务发展的时间较短、相关技术尚不完善、配套法律缺失,平台经营者争议在线解决机制仍然存在着一些问题,主要体现在以下几方面:

一是平台经营者的中立性、公正性危机。首先,在平台经营者在线争议解决机制中,充当第三人的是平台经营者自身,但是其角色具有复杂性,尤其是在其身份混同的情况下,[97]其中立属性堪忧。其次,平台兼具“规则制定者”、“纠纷调处者”和“平台内执行者”等多重身份,但又为自身设立了免责条款,权力的行使并没有相应的责任义务对其进行制衡,缺乏透明度、用户参与度以及可问责性。最后,平台调处人员选任方式不当,保障措施缺乏,专业化不足,再加上由于缺乏配套自律及监督机制,致使实践中调处人员寻租、滥用职权等行为屡禁不止。[98] 这也导致

[97] 电子商务平台经营者可以在其平台内从事商品和服务的自营活动,实践中也不乏开展自营业务的混合型电子商务平台,如天猫超市、京东商城等,在此情形中,电子商务平台经营者扮演了电子商务平台服务的提供者和交易活动的卖方两种法律角色,身份发生了混同。

[98] 参见中商情报网信息时报栏目:《阿里永久关闭 26 家行贿店铺严打淘宝腐败店小二》,载中商情报网 2015 年 3 月 26 日,https://m.askci.com/chanye/40234.html。

纠纷处理结果不确定,存在“同案不同判”的现象。

二是平台内部争议预防机制没有发挥应有的功效。首先,争议解决引导机制缺乏系统性与规范性。平台经营者虽已制定了争议解决规则,但缺乏具体指引,如哪些行为可以投诉、如何发起投诉、如何搜集和固定证据、如何举证和表达异议等。其次,平台信用机制失去参考意义,当前电子商务环境下的信用评价体系存在平台垄断评价规则、评价指标设置缺乏公正性、科学性等问题,使得交易主体的真实信用水平难以合理全面的反映出来;同时,也伴随着刷单炒信、恶意差评、恶意交易、售卖假货等失信行为的存在。

三是衍生类纠纷难以打包解决。电子商务纠纷极可能涉及财产性的纠纷,也可能涉及人身性纠纷,如消费者的人身权、人格权等,也可能存在二者兼有的情形。从纠纷性质上来划分,可以分为违约类纠纷及其衍生的侵权类纠纷。[99] 同样都是基于电子商务活动所引发的纠纷,但在实际处理中却无法被纳入调处,只能依赖传统争议解决手段,[100] 进而导致当事人争议解决成本的二次支出。

四是程序正当性问题。在追求电子商务纠纷处理经济性与便捷性的同时,该机制在程序上的问题也日益凸显。首先是举证程序不规范,证据的收集、提交与认定存在大量留白,当事人应当提供何种形式的证据、有效凭证的证明程度、证据的公示与质证等均无规定,这些问题直接导致了调处结果的简单化、随意化。其次是调处过程单一化、非程序化现象明显,纠纷当事人无参与权,审查手段单一化、审查过程不透明,调

〔99〕 参见方霞:《电商售假纠纷在线解决机制的完善——基于法社会学的考察》,清华大学2015年博士学位论文,第126～129页。

〔100〕 参见淘宝网规则中心:《淘宝平台争议处理规则》,载淘宝网2019年5月6日,https://rule. taobao. com/detail - 99. htm? spm;京东平台规则中心:《京东开放平台交易纠纷处理总则》,载京东商城官网2022年4月7日,https://rule. jd. com/rule/ruleDetail. action? ruleId = 2392&type = 0。

处结果说理不充分。[101] 这既增强了调处人员审查判断的难度和不确定性，也导致了当事人的不信任和不接受。

五是处理结果的有限性。基于规则的自治性，争议双方都可以拒绝平台介入而诉诸传统争议解决机制，致使平台调处程序中止/终止，或当事人对调处结果有异议，而向人民法院起诉。这都使得平台在线争议解决机制被束之高阁，纠纷处于不稳定状态。[102] 此外平台经营者虽然依照服务协议可以强制划拨平台内经营者的保证金和交易款项，但是调处结果超出该部分的仍然需要争议双方另行解决。

上述问题应予以重视和解决，否则容易导致"制度破产"，进而造成电子商务领域的无序与混乱。应将电商平台的在线争议解决机制与其他在线争议解决机制进行协调，同时应将在线争议解决机制与传统的线下争议解决机制协调起来。要赋予纠纷当事人充分的选择权，使其能够通过适当的途径去保护自己的合法权益。同时完善相应的法律规范，引入对电子商务规则制定的征求意见和评估机制，保证规则的质量和公正性。通过法律来明确平台经营者在电子商务纠纷处理中的权利及其边界，明确平台选择调处人员的最低标准，加强对其权力运用的监督，以避免其滥用；解决程序不规范问题，增加证据开示与质证环节，保障当事人的参与权与救济权。[103] 最终通过加强人员配备科学化、运作基础合法化与正当化，运用电子化信息技术，紧密衔接现有法律框架，发挥创新意识、协调意识、绿色意识、开放意识、共享意识，[104] 汇聚多元主体力量，实现争议解决机制建设的转型升级。

---

〔101〕 参见周肖萌：《电子商务平台交易纠纷解决机制研究——以淘宝平台模式为例》，广西民族大学2019年硕士学位论文，第126～129页。

〔102〕 参见方霞：《电商售假纠纷在线解决机制的完善——基于法社会学的考察》，清华大学2015年博士学位论文，第126～129页。

〔103〕 参见薛虹：《国际电子商务法通论》，中国法制出版社2019年版，第126～129页。

〔104〕 程琥：《在线纠纷解决机制与我国矛盾纠纷多元化解机制的衔接》，载《法律适用》2016年第2期。

## 三、为什么是多元争议解决方式

在电子商务蓬勃发展的同时，与之相关的纠纷也日渐增多，实践中电子商务争议解决机制呈现出多元化的特征。在这种背景下，深入分析电子商务多元争议解决机制的建立动因，有利于进一步推动电子商务纠纷的妥善解决。

### （一）纠纷处理的效益性追求

"效益"作为一个经济学专用术语，它的基本理念是："通过消耗最少的资源换取同样的效果，或在消耗同样多资源的情况下能取得最佳的效果。"经济分析法学将法律效益作为一项制度的重要评价指标。[105] 争议解决的设计也被认为应当做到尽可能以最小的成本投入获得最大的效益。电子商务多元争议解决机制的代价既包括为了维持这种机制所必须支付的代价，也包括当事人和参加者所付出的代价。就前者而言，电子商务争议的新型解决方式更多的是依靠市场化的运作，基本上作为平台服务的一部分由企业自行提供，国家不需要投入大量的人力和物力来维持。此外，当事人也会根据自己的利益对代价进行计算，关注争议解决的经济收益。电子商务纠纷的跨国界、跨区域性导致若以诉讼等传统线下方式处理纠纷，则需要耗费大量的时间和金钱。而电子商务纠纷往往都是小额纠纷，由于争议本身的价值以及自身资源的有限性，当事人在争议的处理上仅愿意花费有限的费用。[106] 而在线争议解决机制的发展则刚好能够满足当事人的解纷心理，当事人足不出户就可在线上实

---

〔105〕 张文显：《当代西方法哲学》，吉林大学出版社1987年版，第242页。

〔106〕 丁颖：《网上法庭：电子商务小额纠纷解决的新思路——国外主要实践及中国相关制度构建》，载《暨南学报（哲学社会科学版）》2015年第10期。

现纠纷的快速、低成本处理。[107]

(二)服务全面性的需要

近年来,电子商务行业在激烈竞争中蓬勃发展,在国内电子商务平台市场中,前有易购网、亚马逊的黯淡,后有拼多多以及社交电商的崛起。面对激烈的市场份额争夺,如何保持核心的市场竞争力成为各大电子商务平台关注的重点。电子商务经营者逐步认识到,在电子商务领域同质化竞争严重的背景下,“产品和服务才是企业最根本的核心竞争力”。这就需要电商平台不断提高自身的服务品质,保持服务的全面性。

平台经营者关注争议解决的动因主要是出于经济利益的考虑。电子商务平台的争议解决作为平台服务的一部分,已经成为消费者选择电子商务平台的一项重要考虑因素,完善的纠纷处理机制能够吸引更多的消费者前来使用交易平台,因为当事人不用担心在纠纷发生时得不到及时处理,从而能够减少后顾之忧。进而吸引越来越多的消费者使用该电子商务平台,发挥集聚效应,从而增加企业的经济效益。此外,平台内设争议解决机制,也可以减少纠纷当事人选择平台以外的投诉、仲裁、诉讼等传统争议解决机制所可能导致的巨额风控成本。当然,平台的经营秩序已经成为公共秩序的一个重要组成部分,平台治理也成为公共治理的重要抓手,电子商务平台在线争议解决机制的建立也是企业承担社会责任的体现,其借此可树立良好的企业形象和社会形象,间接增加了企业的经济利益,如商誉估值。

正是在这种理念的影响下,各大电子商务平台经营者相继出台争议处理规则,力图建立一个公正、便捷的纠纷处理机制,使得电子商务纠纷

---

〔107〕 参见刘满达:《论争议的在线解决》,载《法学》2002 年第 8 期;高兰英:《ODR 与 ADR 之明辨》,载《求索》2012 年第 6 期。在线争议解决即 Online Dispute Resolution,其术语和理念来源于 ADR(alternative distribute resolution),是指“涵盖所有网络上由非法庭但公正的第三人,解决企业与消费者间因电子商务契约所生争执的所有方式”。ODR 对应的是线下纠纷解决机制,是“传统争议解决机制与网络技术‘联姻’的结果”,包括传统诉讼在内的可能完全采用网络进行的纠纷解决机制都属于 ODR 的范畴。

在平台内部就能得到完善的处理。

(三)"诉累"的现实困境

当前我国法律界主流对非诉讼解决制度的正当性和合理性存在质疑,对于调解、协商等非诉讼争议解决方式的理论和技能知之甚少,而诉讼中心、法律万能等传统法律意识却盘根错节,难以脱钩。[108] 虽然中国传统的"厌讼"意识很强,但在改革开放后,国家开始重视法治建设,强调法律一元统治地位,将化解纠纷的职能收拢至法院,提倡使用诉讼程序解决争议。[109] 在这种强烈推崇法律功能、诉讼本位的时代背景下,再加上诉讼化解纠纷的终局性、权威性和强制性特点,人民群众对司法裁判等正式制度日益依赖,忽略了其他替代性争议解决方法。[110] 此外,平台现象扩大了外部性的源流与规模,使得个体无法采取什么有效举措为自身提供防范,尽管政府可能试图鼓励公民自己采取预防措施,但人们还是期待国家来履行"最后求助者"的角色,以提供相应的保护,平台虽然崛起,政府仍不会消失。再加上平台的处理过程不公开,处理结果目前尚无进行法律效力确认的通道,如果当事人将争议交由诉讼等传统争议解决制度,则面临着法院等机构的重复审查,加大了争议解决成本,这种衔接和透明度的不足也会直接导致当事人选择较为稳妥的诉讼方式来解决争议。这些因素都使得法院案件的数量持续增长,法院的"诉累"压力依旧存在,这在电子商务初期发展中尤为凸显。

(四)多元化解纠纷的必然性

2014 年《中共中央关于全面推进依法治国若干重大问题的决定》将"完善调解、仲裁、行政裁决、行政复议、诉讼等有机衔接、相互协调的多

---

[108] 范愉:《当代世界多元化纠纷解决机制的发展与启示》,载《中国应用法学》2017 年第 3 期。

[109] 杨良胜:《多元化纠纷解决机制改革的创新发展——基于马鞍山实践探索的思考》,载《法律适用》2016 年第 10 期。

[110] 丁颖:《在线解决争议方式的发展及其对策》,载《云南师范大学学报(哲学社会科学版)》2011 年第 6 期。

元化纠纷解决机制”作为一项重要内容。2016年最高人民法院在《关于人民法院进一步深化多元化纠纷解决机制改革的意见》中提出：创新在线纠纷解决方式，深入推进多元化纠纷解决机制改革，是人民法院深化司法改革、实现司法为民公正司法的重要举措，是实现国家治理体系和治理能力现代化的重要内容，是促进社会公平正义、维护社会和谐稳定的必然要求。合理配置纠纷解决的社会资源，完善和解、调解、仲裁、公证、行政裁决、行政复议与诉讼有机衔接、相互协调的多元化纠纷解决机制。[111]

由此可见我国已将创新在线争议解决方式、完善多元争议解决机制的建设提到国家治理层面，赋予其重大的政治意义和社会价值；鼓励当事人优先选择成本较低、对抗性较弱、利于修复关系的非诉讼方式处理纠纷。电子商务领域也对此予以贯彻和回应，全国人大财经委员会电子商务法起草组就表示“电子商务立法全面贯彻党的十八大和十九大精神”，[112]《电子商务法》第60条“电子商务争议的五种解决方式”和第63条“电子商务平台在线争议解决机制”的制定也与《关于人民法院进一步深化多元化纠纷解决机制改革的意见》一脉相承。[113]

## 四、多元争议解决机制之间的衔接

虽然我国已有电子商务平台调处、调解、投诉、仲裁、诉讼等多元纠纷化解方式，但其在实践中长期存在着各管一段、相互脱节、迟延低效、

---

〔111〕参见人民网：《中共中央关于全面推进依法治国若干重大问题的决定》，载中国共产党新闻网2014年10月29日，http://cpc.people.com.cn/n/2014/1029/c64387-25927606.html；最高人民法院：《关于人民法院进一步深化多元化纠纷解决机制改革的意见》，载黑龙江人民法院网2017年3月2日，http://www.hljcourt.gov.cn/public/detail.php?id=16647。

〔112〕全国人大财经委员会电子商务法起草组编著：《中华人民共和国电子商务法条文释义》，法律出版社2018年版，第100页。

〔113〕全国人大财经委员会电子商务法起草组编著：《中华人民共和国电子商务法条文释义》，法律出版社2018年版，第6页。

成本高昂等问题,[114]导致法治轨道的堵塞断层,这也反映到早期电子商务纠纷处理当中。如前所述,电子商务多元争议解决机制既存在电子商务新型争议解决方式,也存在电子商务传统争议解决方式,两者在中立性、专业性、处理效率、处理成本、执行效果方面各有优劣,各自适合不同的场景,其间及其内部存在着不同方式的衔接。[115]平台内的在线争议解决机制更适合解决平台内自生的、频繁发生的、较为简单且专业性不强的纠纷;而平台外的在线争议解决机制一般适用于解决跨平台或跨行业性的、标的额高、较为复杂少见且专业性较强的纠纷。两者相互配合、相互衔接、互相渗透补充,[116]形成线上、线下融通有序的多层次、全方位电子商务争议解决机制,并丰富了该机制的内涵。

### (一)电子商务新型争议解决方式之间的衔接

在电子商务新型争议解决方式中,平台内部争议预防机制作用于整个电子商务活动,从源头上遏制、避免了纠纷的发生和扩大。当纠纷的发生不可避免时,平台在线争议解决机制往往是当事人的第一选择,并由平台配套执行机制来保障前述程序处理结果的执行。三者前后衔接,形成制度化关联,共同构成了在线电子商务平台争议解决的一般性方案,发挥了单个机制所无法达到的最大功效。

平台在线争议解决机制内部也存在衔接,在发生电子商务纠纷时,协商和解往往是当事人优先选择的一种争议解决形式,贯穿纠纷处理全过程。当协商未果时,当事人一方可以选择"平台客服"或"大众评审员"介入,开启平台内的调处程序。对于公平正义的追求,不能无视其代价。基于电子商务纠纷的特点,由固定化、格式化平台程序主导的协商

---

〔114〕 程琥:《在线纠纷解决机制与我国矛盾纠纷多元化解机制的衔接》,载《法律适用》2016年第2期。

〔115〕 高薇:《网络交易中的私人纠纷解决:类型与特性》,载《政法论坛》2013年第5期。就衔接而言,有学者从观念衔接、制度衔接、机制衔接、保障衔接4个方面论述,本文仅从制度衔接角度展开。

〔116〕 梁江焕:《非约束性网上仲裁解决B2C电子商务纠纷的法律分析》,载《北京仲裁》2015年第2期。

和解解决大多数纠纷,解决不了的由平台介入调处。这是一种始于问题诊断、经由格式化流水处理、最后通过平台介入调处来化解电子商务纠纷的递进式、漏斗状模式,将大量简单、轻微的纠纷尽可能地交给系统自动处理,留下少量疑难、严重的纠纷交由人工调处。[117]

而之前的协商和解记录对平台后续的调处程序是有影响的,相关记录往往作为证据涉及纠纷事实的认定,并构成争议处理依据及结论的有效组成部分。[118] 在平台调处期间,当事人可以以协商和解为由来中止平台调处程序,并在协商和解无果时恢复平台调处程序。这里特指当事人双方利用平台所提供的沟通工具进行协商和解。

### (二)电子商务新型争议解决方式与传统争议解决方式之间的衔接

电子商务新型争议解决方式与传统争议解决方式之间实现有机衔接,也有助于避免纠纷的延误搁置,促进纠纷的有效解决。这主要体现在以下三个方面:

1. 由平台在线争议解决机制转接到电子商务传统争议解决方式。平台并不是纠纷处理过程中的最终环节。在平台处理纠纷期间,当出现当事人选择其他争议处理途径(如要求自行协商处理纠纷、请求消费者协会或者其他依法成立的调解组织调解、向有关行政部门投诉、将纠纷提交司法机关或仲裁机构处理)时,平台将中止争议调处服务,转由传统

[117] 参见赵蕾、黄鹂:《eBay 在线纠纷解决中心的设计理念与机制》,载《人民法院报》2017 年 10 月 13 日,第 9 版;胡晓霞:《消费纠纷的在线解决:国外典型经验与中国方案》,载《法学论坛》2019 年第 4 期。

[118] 参见淘宝网规则中心:《淘宝平台争议处理规则》,载淘宝网 2019 年 5 月 6 日,https://rule.taobao.com/detail-99.htm?spm。第 3 条规定:"淘宝通过淘宝平台系统、阿里旺旺、电子邮件、短信或电话等方式向买卖双方发送的与争议处理相关的提示或通知,构成争议处理依据及结论的有效组成部分。"

争议解决方式处理。[119] 在平台作出的责任认定和处理决定以及作出处理结果后，当事人对其有异议的，可向人民法院提起诉讼；两者结果不一致的，以法院裁判结果为准。[120] 当然，平台对其用户的处理并不免除用户所应承担的法律责任。

2. 由电子商务传统争议解决方式转接到平台在线争议解决机制。在当事人要求中止平台调处程序后，若出现"买卖双方逾期既未操作交易款项也未告知协商结果、逾期未提供司法机关或公安机关的案件受理凭证、公安机关未及时给出调查结论或处理建议、争议被撤诉以及司法机关做出裁判且生效"这些情形时，[121] 平台有权恢复调处程序，以防久拖不决。

---

〔119〕 参见淘宝网规则中心：《淘宝平台服务协议》，载淘宝网 2022 年 12 月 31 日，https://rulechannel.taobao.com/?type=detail&ruleId=20002240&cId=176#/rule/detail?ruleId=20002240&cId=176。第 4.3 条"交易争议处理"规定："如您依据淘宝平台规则使用淘宝平台的争议调处服务，则表示您认可并愿意履行淘宝平台的客服或大众评审员作为独立的第三方根据其所了解到的争议事实并依据淘宝平台规则所作出的调处决定（包括调整相关订单的交易状态、判定将争议款项的全部或部分支付给交易一方或双方等）。在淘宝平台调处决定作出前，您可选择上述（三）、（四）、（五）、（六）途径解决争议以中止淘宝平台的争议调处服务。如您对调处决定不满意，您仍有权采取其他争议处理途径解决争议，但通过其他争议处理途径未取得终局决定前，您仍应先履行调处决定。"

〔120〕 熊英、贺明星：《电子商务纠纷解决机制研究及立法建议》，载《中国工商管理研究》2015 年第 2 期。

〔121〕 参见淘宝网规则中心：《淘宝平台争议处理规则》，载淘宝网 2019 年 5 月 6 日，https://rule.taobao.com/detail-99.htm?spm。第 78 条规定："淘宝处理争议期间，出现以下任一情形的，淘宝将中止争议处理程序：（一）买卖双方一致要求中止，并约定期限自行协商处理争议；（二）任何一方通知淘宝要求将争议提交司法机关或拟向公安机关报案。"第 79 条规定："出现以下任一情形的，淘宝将恢复争议处理程序：（一）买卖双方自行协商处理争议的，应在程序中止后 30 日内自行操作交易款项，或向淘宝提供协商结果，由淘宝代为操作，逾期买卖双方既未操作交易款项也未告知协商结果。（二）一方通知淘宝要求通过司法机关解决争议或拟向公安机关报案的，未在通知淘宝后的 7 个工作日内向淘宝平台提供司法机关或公安机关的案件受理凭证。（三）争议被司法机关撤诉。（四）司法机关对争议作出判决且生效。（五）公安机关受理案件后的 6 个月后仍未对案件给出调查结论或处理建议。"

3. 执行机制之间的衔接。纠纷处理结果的执行是解决纠纷的最后一步。[122] 和解协议仅具有合同效力，主要是依靠当事人自觉履行，并不能直接申请法院执行。当义务方不履行时还需通过仲裁、诉讼等方式进一步解决争议。经过人民法院司法确认的调解协议、仲裁裁决、司法裁判文书在生效后由法院依照诉讼法负责执行。即使法院通过平台执行前述文书内容，平台也仅仅是配合法院执行的协助执行者，并非执行主体，并不具备强制执行权。

当事人选择平台在线争议解决机制处理纠纷的，就协商和解、客服调处、大众评审这三种争议解决方式而言，分别对应着和解协议和调处结果这两种处理结果。虽然前文从学理上将客服调处和大众评审分别认定为民间调解与准仲裁，但这并未得到司法实践确认，司法实践中，往往基于合同的角度来审查电子商务纠纷平台处理结果。因此，平台处理结果仅具有合同效力，和解协议主要是依靠当事人自觉履行，调处结果主要依靠平台执行，但是两者均不能直接申请法院执行。当义务方不履行时还需通过仲裁、诉讼等方式进一步解决争议。

纠纷处理不再是电子商务新型争议解决方式与传统争议解决方式各自的事情，应当充分发挥两者的优势，强调其多元性、共存性、衔接性，从而可以最大力度、最高效率地解决电子商务纠纷，共同形成"非诉在前、诉讼断后"的递进式、漏斗状的纠纷处理模式，层层过滤、筛选、分流，以便快速化解纠纷。[123] 此外，不同机制之间的衔接在一定程度上减轻了纠纷所涉事实和证据的重新收集整理，减少了当事人和纠纷处理主体的工作，节约了社会资源。当然，需要注意的是，电子商务多元争议解决机制的目的是给当事人提供多种争议解决途径，以保护当事人的权益。

---

〔122〕 林思宇：《电子商务在线纠纷解决机制构建的新设想》，载《广西师范学院学报（哲学社会科学版）》2019 年第 6 期。

〔123〕 参见龙飞：《中国在线纠纷解决机制的发展现状及未来前景》，载《法律适用》2016 年第 10 期；王伟涛：《我国电子商务在线纠纷解决机制研究》，吉林大学 2015 年硕士学位论文，第 27 页。

当事人可以基于其各自不同的需求而选择不同的方式，每一种纠纷处理方式并不应当是选择其他方式的前置条件。

## 第三节　平台争议解决规则

平台争议解决规则系平台规则的一种，其是平台经营者治理平台、化解电子商务纠纷的规制基石。

### 一、平台争议解决规则的建构者

虽然法律规则能够形成、调整和维护共同体秩序，但是在私法领域中，宗教、道德、伦理习俗、行业惯例等非法律规则对于共同体良好秩序的形成也起着至关重要的作用。已有的法律规则虽然有国家的强制力作为后盾，但是从时机适应性、价值追求、救济成本、救济效果等方面综合考量，其并不完全符合电子商务市场对规则的要求。在其他因素都相同的情况下，有效的、低成本的非法律替代措施将降低对法律的需求。当前，电子商务市场的规模正在不断扩大，需要一种有效的规则来维护交易秩序，保障交易安全，推动其顺利发展为新的经济增长点。对于电子商务纠纷而言，电子商务平台经营者确立的争议解决规则至关重要。

《中国电子商务报告 2018》载明：在我国电子商务发展所面临的挑战中，首先就是初步建立的法规体系和治理体制，与不断创新和细分的电子商务生态体系不适应。此外，近年来，“电子消费纠纷调解平台”所收到的消费者投诉呈现上升趋势，说明电子商务的规范和管理跟不上电子商务行业的发展速度，出现了不少发展瓶颈。随着电子商务领域新经济新业态的不断涌现和电子商务法律制度的缓慢供给，政府对其进行直接规制的成效越来越不明显。[124]

国家法的约束与整体社会的法治要求之间存在着一种自身无法完全填补的空隙，而平台经营者在电子商务纠纷中的实践，事实上给未来国家治理实践和治理立法提供了宝贵经验，平台规则下的平台行为也是为了弥补政府电子商务规制能力缺陷的需要。[125] 平台经营者之所以是“平台争议解决规则”的主要制定者，就是因为平台经营者担任此角色有着得天独厚的优势，是在契合市场经济发展规律的基础上由实践发展而来的。

### （一）平台经营者建构争议解决规则的合理性

#### 1. 内在动力充沛

如前所述，当下，平台的电子商务争议解决功能日益成为平台服务和消费者保障机制的一部分，是增强用户体验、获取市场份额的发力点。平台愿意顺应电子商务的更新和发展，不断完善自治规则，通过内部的在线争议解决机制、信用评价机制等为交易主体提供一条全新的、高效的纠纷处理途径，并以此来弥补交易双方之间的信息不对称。平台经营者建构争议解决规则实际上是一种自利行为，是为了平台效益的最大化——吸引并维持交易主体进入、增加平台交易量、扩大平台规模，因此在长期的、重复博弈的过程中，激发了平台处理纠纷的动力。[126] 平台内电子商务争议解决机制已经不仅仅是法学语境下的纠纷解决路径了，其更是一种新兴产业、一种数据宝库。站在商业角度来看，平台无论出于直接利益考虑还是出于企业社会责任担当的考虑，都不想把这一产业拱手让人。

---

〔124〕 参见解志勇、修青华：《互联网治理视域中的平台责任研究》，载《国家行政学院学报》2017 年第 5 期；张欣：《中国电子商务纠纷在线治理研究》，载《北京航空航天大学学报（社会科学版）》2014 年第 1 期。

〔125〕 参见刘权：《网络平台的公共性及其实现——以电商平台的法律规制为视角》，载《法学研究》2020 年第 2 期。

〔126〕 周翔：《描述与解释：淘宝纠纷解决机制——ODR 的中国经验观察》，载《上海交通大学学报（哲学社会科学版）》2021 年第 4 期。

而国家成文法具有一定的滞后性，使其在因时而变的及时性方面力有不逮。法律应当具有稳定性，若对已经颁布的法律朝令夕改，不但会影响法律的权威，还会使人们无所适从。但是，网络技术发展迅速，使得新的电子商务模式不断涌现，进而又促使新的法律关系产生。这急需国家对新兴法律关系进行规制和调整，但是国家立法不是万能的，不能一出现新问题就呼吁立法解决。立法有着严格而规范的程序、高昂的立法成本，过程漫长。例如，《电子商务法》立法自 2013 年立项到 2018 年 8 月颁布，前后历时 5 年，仔细调查研究斟酌后才制定颁布。网络技术革新和电子商务多变性所代表的新情势与法律规范本身的稳定性和滞后性难相协调，法律需求和法律供给的矛盾凸显。

相对于现有法律规则，平台经营者的自治规则等非法律规则更能回应电子商务市场的现实需求，为解决电子商务纠纷提供全新的路径选择。

2. 创制能力占优

平台经营者基于其自身运营而掌握着更多的知识与信息，因此更有可能找到最符合成本有效性要求的解决方案，尤其是在政府缺少必要的资源与信息时。平台自身优势明显，与传统的调解、仲裁、诉讼等线下争议解决机制相比，电子商务平台不但能够提供更好的专业技术，以提高在线争议解决机制的服务效率，如服务器的存储量，提取信息的速度等；同时，电子商务平台雄厚的经济实力还能够吸引大量的人才，并满足建构争议在线解决机制过程中各方面的需求。平台掌握着海量数据这一重要生产要素，[127]其利用信息数据技术优势，建立起较为完备的系统，得益于平台技术架构的低信息成本，更有可能让制度真正落实。

此外，平台经营者直接为电子商务交易活动的双方当事人提供平台服务，最了解电子商务的实际需求，能够及时、灵活地制定或调整相关规

---

〔127〕 [美]伊恩·艾瑞斯：《大数据：思维与决策》，宫相真译，人民邮电出版社 2014 年版，第 63 页。

制，发挥其与生俱来的优势，实现对平台电子商务活动的自我管理、自我监管、自我服务功能。如平台能通过技术手段和沟通反馈工具回避对抗、避免矛盾激化，将大部分纠纷化解在初级阶段，解决纠纷管辖权的问题，也能充分利用平台“本土资源”，让活跃在该平台的用户或熟悉平台规则的工作人员参与其中进行处理，使得结果更加公正和易接受。

3. 运行效率较高

规则的灵魂和活力在于其适用，否则无异于屠龙之技。当下随着人们观念和生活方式的变迁，尤其是移动互联网的迅速普及，电子商务不断发展，针对各个用户层面的电子商务平台基本上都已建立，目前国内的电子商务平台用户已经超过了数亿，网购已经融入了人们的日常生活中。消费者在逐渐接受网购的过程中，也熟悉了如何在遇到问题时使用规则保护自己的权益。所以，平台拥有庞大的用户群和交易量，意味着其拥有充足的客户和案源，而且经过长期的积淀，人们逐渐对平台的在线争议解决方式产生了路径依赖。

此外，平台经营者是为注册用户提供平台服务的主体，其可以通过App或者网页采集、传输和处理电子商务交易活动全过程的数据信息，运用技术能力引导、塑造平台秩序，解放了生产力。[128] 这些信息在处理纠纷时，往往能作为支持双方主张的关键证据，在纠纷处理过程中需要作为证据从平台的服务器中提取出来。而平台自己提取这些数据，不仅效率更高，而且能保证其为“第一手”证据，极大降低了信息在虚拟载体上修改的可能性，提高了保真度，省去了辨别真伪等烦琐的程序性过程。

传统争议解决方式的在线化，虽然也能在一定程度上减少时间成本和其他成本，但是仍须根据案件的标的额收取一定比例的诉讼费用和仲裁费用。而平台经营者所提供的争议在线解决机制，不仅高效便捷，而且往往是免费的服务。对于消费者而言，一般会倾向于选择更方便、更

---

[128] 江小涓：《高度联通社会中的资源重组与服务业增长》，载《经济研究》2017年第3期。

便宜的路径,在节约时间和金钱成本的同时,也使得平台的规模化优势和消费者的主动性、积极性得以有效发挥,在高效解决电子商务纠纷的同时,促进了电子商务网络空间秩序的建立。[129]

相比较而言,国家法的救济成本则较为高昂。电子商务纠纷自身独有的特点导致管制难度加大,单凭国家行政部门乃至司法部门皆成本高昂。[130] 强化平台的纠纷处理功能,实际上就是由平台替代政府承担监管职责,本质上将治理模式由依法规治理转为依合同、依平台规则治理。这种治理模式的转变带来了效率的提升,因为新的治理模式虽然将原本国家用于调查、裁判、执行等支出的成本都主要由企业承担了,但平台经营者在创新经营模式的同时必定也会创新与新的经营模式相关的规则,必定会比国家立法者更早、更快、更全面地了解相关规则的需求,也必定愿意依据自定规则处理相关的纠纷。这就大大地节省了制度成本。而传统国家法治理模式若想获得较好的效果,不仅需要公主体的高度参与——立法的及时跟进、执法的随时适应,还需要平台对其立法、执法进行密切配合,这会使得制度成本居高不下。[131]

4. 地位相对中立

平台经营者一般不是电子商务活动的直接当事人,而是平台服务的提供者,地位相对中立。其制定平台争议解决规则,有利于平衡双方当事人之间的利益关系。电子商务模式涉及平台、商家及消费者三方主体,且由于交易过程中存在大量信息不对称,而平台作为中间方,处于明显的信息优势地位,理应对商家与消费者之间的交易诚信、交易安全承担必要的管理职责。而通过平台争议解决规则处理电子商务纠纷,系平

---

〔129〕 林思宇:《电子商务在线纠纷解决机制构建的新设想》,载《广西师范学院学报(哲学社会科学版)》2019 年第 3 期。

〔130〕 邓鑫:《第三方电商平台自律管理规则的效力》,载《人民司法(案例)》2018 年第 11 期。

〔131〕 参见赵轩:《互联网平台监管模式的转变——基于法经济分析方法的立法透视》,载《法律方法》2017 年第 2 期。

台履行管理职责的体现,对维护消费者利益具有积极意义。[132]

当然,平台的中立是相对的。虽然淘宝等平台均声明自己是作为“中立的第三方”处理纠纷,但是中立前提应该是机构设置上的独立性。淘宝争议在线解决机制内置、附属于平台,不具备机构上的独立性。此外,平台作为追求利润最大化的盈利性商业组织,其能否完全客观中立地作出判断尚存在疑问。[133] 但是,从另一个角度来说,绝对的中立是否必然是好事,相对的中立是否必然应予否定?考虑程序正义,的确是应当否认非中立性,而从实质正义上来说,出于纠纷处理效率、消费者保护以及平台声誉的考虑,可能答案并不那么明确。

依照平台经营者处理纠纷时的角色和参与程度,可以将其分为电子商务平台经营者的一般法律角色和特殊法律角色。前者是指用户通过平台与平台内经营者从事电子商务活动的情形,平台作为促成双方交易的居间人,独立于平台内经营者与平台用户;后者是指用户与“自营”型平台或综合性平台“自营”板块从事电子商务活动的情形。对于后者,平台经营者既是卖方,是当事人,也扮演着裁判者角色,承担着处理纠纷的职责。

就平台经营者的一般法律角色而言,其独立于买卖双方。对平台来讲,二者都是需要其妥善服务的,只有准确地把握好自身在处理纠纷时的定位,才能形成平台内经营者与消费者数量逐步上升的局面,实现利益最大化。因此,一般而言,平台并不会在具体的裁判中有意偏向某一方。就平台经营者的特殊法律角色而言,该交易模式下平台的中立性问题在本质上是一个对买家保护力度的问题,如果与平台作为一般法律角色相比更倾向于保护消费者,那我们应当承认其在纠纷处理时的地位是中立的。从长期来看,一个平台要想走得稳、走得远,只有在这方面做到不偏不倚才会在激烈的市场竞争中被买家“用脚投票”。这一点京东商

---

〔132〕 上海市长宁区人民法院民事判决书,(2019)沪0105民初17054号。

〔133〕 参见郑洁:《中欧电子商务消费争议多元纠纷解决机制之比较研究》,载《中国国际私法与比较法年刊》2018年第1期;马永保:《法律视角下淘宝网的争议处理》,载《上海政法学院学报(法治论丛)》2013年第5期。

城做得很好,“京东自营”是京东商城的立身之本,是其目前最大的营收来源,2019 年自营业务销售收入约占总收入的 88.6%。[134]

(二)平台建构争议解决规则的法律依据

关于平台经营者制定平台争议解决规则的法律依据,学理上主要有以下两种观点。

1. 平台服务协议

平台内经营者和消费者等平台用户进行电子商务活动,均须接受平台服务协议的约束,服从平台经营者的管理。平台经营者依据该服务协议,产生管理电子商务平台的职责,并将“平台争议解决规则”视为“平台服务协议”的组成部分,要求相关主体一并遵守。依据平台服务协议,平台经营者提供争议解决规则,这就是履行合同约定的行为。因此,在权力来源方面,平台与用户的关系起源于平等民事契约关系,但基于双方地位与实力的差距而逐渐产生不平等性,发展成为一定意义上的管理与被管理关系,[135]这种治理是基于“民事合意”,而非社会契约式的“政治让渡”。[136] 而私权力主体并不当然地不享有公共治理的职能,其仍可以通过法律对平台与用户自愿合意的认可而获得正当性。平台经营者制定平台争议解决规则的权利,来自平台服务协议的授权。[137]

2. 国家法律的授权

平台除了通过平台服务协议这一民事契约方式来授权制定争议解决规则、实现自我规制,来自国家立法层面的义务性、倡导性规定也是其制定争议解决规则的外在推手。我国现有法律规范和政策性文件对平台经营者建立完善的内部争议解决机制作出了明确要求,平台经营者有

---

[134] 参见格根坦娜:《为啥都说京东稳了?》,载搜狐网 2020 年 11 月 16 日,https://m.sohu.com/a/432266406_115207。

[135] 沈岿、付宇程、刘权等:《电子商务监管导论》,法律出版社 2015 年版,第 137 页。

[136] 参见刘权:《网络平台的公共性及其实现——以电商平台的法律规制为视角》,载《法学研究》2020 年第 2 期。

[137] 参见杨立新:《网络交易民法规制》,法律出版社 2018 年版,第 149 ~ 151 页。

权制定“平台争议解决规则”。[138]

立法者认为，既然电子商务空间为平台经营者所建构，那么要求其履行相应的管理职能也是合理的。[139] 从现行立法角度观察可以发现，2010年施行的《网络商品交易及有关服务行为管理暂行办法》[140]第22条、2014年施行的《消费者权益保护法》第44条、2019年施行的《电子商务法》中的电子商务合同的订立与履行、电子商务争议解决、电子商务促进等章节规范授予了平台经营者制定平台争议解决规则的权利，平台经营者发布“平台争议解决规则”是有法律根据的。

这一点也在司法实践中得到确认：“相关法律法规和政策性文件明确电子商务平台作为交易组织者，一方面负有维系交易秩序、维护交易安全的职责，另一方面也拥有制定商品和服务质量安全标准、消费者权益保护、纠纷处理方式及商家违规经营处罚等规则的权利。平台作为第三方交易平台的经营者和管理者，就平台服务与管理等内容与商家做出约定，具有全体成员共同约定的管理规范性质，符合电商交易平台自治管理惯例。”[141]

## 二、平台争议解决规则的类型

平台经营者作为电子商务平台的运营者和管理者，就平台服务与管理等内容作出约定，符合自治管理惯例。平台争议解决规则系平台

---

〔138〕参见郭静静：《电子商务平台的法律地位研究——以消费者保护为中心》，对外经济贸易大学2018年博士学位论文，第48～49页；刘权：《网络平台的公共性及其实现——以电商平台的法律规制为视角》，载《法学研究》2020年第2期；邓鑫：《第三方电商平台自律管理规则的效力》，载《人民司法（案例）》2018年第11期。

〔139〕全国人大财经委员会电子商务法起草组编著：《中华人民共和国电子商务法条文释义》，法律出版社2018年版，第100页。

〔140〕该办法因《网络交易管理办法》2014年3月15日起施行而废止。

〔141〕参见上海市长宁区人民法院民事判决书，（2017）沪0105民初20204号、（2018）沪0105民初3084号、（2018）沪0105民初7132号；上海市第一中级人民法院民事判决书，（2018）沪01民终6286号；浙江省杭州互联网法院民事判决书，（2019）浙0192民初3248号等。

各方主体共同约定的自律管理规则，平台用户可以通过签订协议、接受规则来选择加入，某种程度上是平台与所有平台用户共同达成的一致契约，遵守该规则不单单是用户对平台的义务，更是对其他用户的义务。[142]

就实践来看，各平台经营者基本上都有规定平台争议解决规则，只不过其内容以及制定、修改、实施等程序不得与强行法等法律规范冲突。当然，平台争议解决规则可以严于法律规范等相关规定，此时在内部关系上可以依此协议约束平台用户；但是其不应对知识产权权利人等第三方主体产生法律约束力，此类主体因未参与到前述合同关系中，因此只需要在法律规定的框架内维权即可，由第三方主体自行决定是否接受其约束。[143] 最后，若是在平台争议解决规则中没有规定现行法律规范的相关内容，则并不影响相关主体依据现行法律规范依法行使自己的权利，维护自己的利益。

平台争议解决规则主要是通过其权利和义务的确定力、制裁和实施的说服力、多元利益的实现力以及内部秩序的型构力，[144] 在国家法缺漏的地方发挥着它的社会规范作用。结合当下主流平台经营者的实践，[145] 平台争议解决规则按其内容可以分为实体性规则和程序性规则，实体性规则往往涉及平台与平台用户、平台卖家用户与买家用户之间实体性权利、义务的分配，而程序性规则则是为了实现前述权利、义务而制

---

〔142〕 邓鑫：《第三方电商平台自律管理规则的效力》，载《人民司法（案例）》2018 年第 11 期。

〔143〕 参见威海嘉易烤生活家电有限公司诉永康市金仕德工贸有限公司、浙江天猫网络有限公司侵害发明专利权纠纷案，最高人民法院指导案例 83 号(2017 年)。

〔144〕 参见季卫华：《社团规章与合作治理》，南京师范大学 2016 年博士学位论文，第 66 ~ 71 页。

〔145〕 例如，“淘宝平台”的《淘宝平台争议处理规则》、“京东平台”的《京东开放平台交易纠纷处理总则》、“拼多多平台”的《拼多多消费者保障计划》以及“滴滴出行平台”与“美团外卖平台”等散见的纠纷解决条款。

定的关于流程方面的事项。[146]

（一）实体性规则

电子商务争议往往是平台用户之间或平台与用户之间就各自的实体权利或义务内容和边界发生纠纷。如平台制定的规则、纠纷调处、执行措施等是否公平合理，平台经营者出售的商品是否合乎质量要求，消费者购买的商品是否属于可以无理由退货的商品范围之内，等等。而关于各方主体实体权利义务的规则，当然既有国家法的规定，也有更为细致的平台规则。无论是国家法，还是平台规则，通常并不会以集中的争议处理规则的名义呈现，而是散布于规范不同领域、不同类型交易关系的各种文件之中。根据一般法理，争议解决规则归属于程序法范畴，因此，这些大量存在的实体性规则不是狭义的争议解决规则。然而，一方面，电子商务争议的解决离不开这些作为化解纠纷判准的实体性规则，另一方面，在平台规则体系之中，实体性规则和程序性规则往往交织在一起，很难从规则的电子文本名称上轻易区分其基本是实体性规则还是程序性规则。基于此两点考虑，在此对实体性规则做一简单介绍。

与电子商务争议解决有关的实体性规则较为繁杂，散见于各种平台规则之中。总体而言，各平台经营者既制定有平台规则总则，也制定有各色规则分则，主要可划分为：用户账户相关规则、隐私权及个人信息保护规则、交易相关规则（营销推广规则、电子合同规则等）、市场管理规则（包括市场管理与违规处理规则、定价及评价等信用秩序管理规则、商业费用规则、知识产权规则等）、争端解决和消费者保护规则、其他商业模式规则（特色市场规则、内容市场规则、生态角色规则等）、临时性告示规则等。这些规则都会涉及各方主体在交易过程中的实体权利义务。

具体到直接相关的平台纠纷处理规则，主流平台既制定有基础纠纷

---

[146] 如《淘宝平台争议处理规则》第三章规定的举证责任的分配、第四章规定的撤销和中止、第五章规定的执行均为程序性条款。《拼多多消费者保障计划》第 2 条规定的消费者的权益保障则为实体性条款。

规则《平台交易纠纷处理总则》，也有类目纠纷处理规则和具体争端处理规则。类目纠纷处理规则往往会涉及珠宝首饰类目商品、食品饮料类目商品、家具类商品、生活类目商品、教育培训类商品、大件类商品纠纷处理判责规则，以及家居日用类商品、3C类商品、鞋靴类商品、腕表品类商品的质量问题纠纷处理指引规则等；具体争端处理规则则可以划分为取消订单问题、禁发商品问题、假冒商品问题、服务态度与违背承诺问题、赠品问题、发票问题、商品描述不符问题、运费问题、商品质量问题、售后问题等纠纷处理判责规则。大致上，类目纠纷处理规则和具体争端处理规则更多是涉及实体性权利义务内容。

（二）程序性规则

就程序性规则而言，大致有平台内部争议预防规则、平台在线争议解决规则和平台的执行与救济规则三大类。平台内部争议预防规则一般包括平台用户的投诉、举报规则，电子商务经营者的协助规则，平台抽检规则、末位淘汰规则等。平台在线争议解决规则通常会涉及争议解决主体的确定方式与确定标准，争议解决的方式和程序，平台争议解决机制的中止与恢复等。平台的执行规则往往囊括信息处理、行为限制、支付账户强制措施、处理结果公示、垫付追偿等直接与间接执行规则，平台救济规则则下设平台内部申诉规则、诉讼救济规则等。

如前所述，争议解决的方式涉及协商和解、客服调处、大众评审三种方式，在程序上将纠纷通过格式化的类型选择，层层分流，使问题得到快速、专业化的处理。在这个过程中，平台规则会涉及程序的启动主体与启动时间、方式的选择与确定、当事人的程序性权利与义务、程序的中止与恢复、程序的自然终结和被迫终结等内容。在其中的各个环节，平台规则都会通过设置时效、类型化标签等方式来提高效率，推进平台内争议解决。

## 第四节　平台规则在争议解决中的适用

平台规则系平台经营者处理电子商务纠纷的裁判准则，在平台内适用平台规则是顺理成章的。但是，如果经由平台处理的电子商务纠纷，又走向平台以外的机构进行调解、投诉、仲裁甚至诉讼，这些传统争议解决机制下的主体又会如何对待平台规则，是否会予以有效性认定并加以适用呢？对此，本课题进行了一次数据收集和分析，以展示平台规则在争议解决中的实际适用情况。

### 一、"非诉讼争议解决方式"中的适用

非诉讼争议解决方式包括和解、调解、投诉、仲裁以及平台在线争议解决。但平台规则在"非诉讼争议解决方式"中适用的数据较难寻找，主要原因是：这些数据本身是一种资源，其中甚至涉及商业秘密和个人信息等，所以难以寻觅；各解决方式的处理机构往往较为分散，如调解机构、投诉机构、仲裁机构等，很难获取和统计各纠纷处理方式的汇总数据；各解决方式的处理机构往往不只解决电子商务纠纷，作为传统的纠纷处理机构，其数据中还包含着大量的非电子商务纠纷，因此，即使搜集到了部分争议解决机构的公开数据，也无法对其内部电子商务纠纷数据的构成进行分析；多种争议解决方式往往以不公开为原则，如仲裁、调解等，这使得该类数据的搜集更是困难。

即便如此，可以肯定的有两点：第一，由平台主导的新型电子商务争议解决方式基本上主要以平台规则作为处理准则，来进行事实认定、责任分配。如淘宝平台下《淘宝平台争议处理规则》第 2 条规定"买家向卖家发起维权或任一方向淘宝投诉的，淘宝将根据本规则进行处理，淘宝平台其他规则有特别规定的，优先根据特别规定处理"；第 7 条规定"买卖双方就交易商品或服务有约定的，优先从约定；未约定或约定不明

的,双方可协议补充;无法达成补充协议的,淘宝将按照本规则进行处理,本规则有特别规定的优先从特别规定”。[147] 京东平台下《京东开放平台交易纠纷处理总则》第5条“若消费者提起交易纠纷申请后24小时内,买卖双方协商未果或商家未作处理,消费者申请京东介入的,京东有权根据本规则对纠纷进行处理”。[148] 美团外卖平台下《美团外卖交易纠纷处理规范》第1章第1条规定“美团外卖交易纠纷处理规范,是美团外卖用户和商户授权美团外卖作为独立第三方,对双方存在纠纷的交易款项归属或赔偿做出处理的基本程序与标准”。[149]

第二,平台规则在诉讼中的适用可以折射其在非诉讼争议解决方式中的适用情况。(1)调解、仲裁机构和法院在处理纠纷时适用法律方面具有很强的相似性,而且,诉讼往往是终局性、保障性的争议解决方式,在“非诉讼争议解决方式”中有关平台规则的适用如有争议,也可能会流向诉讼领域,在诉讼中体现出来。因此,在相当程度上,调解、仲裁领域的平台规则适用可以参照诉讼中平台规则的适用情况。(2)从纠纷的发生数量到最后进入诉讼程序纠纷数量之间的巨大数量差距,本身也在说明着平台规则在纠纷处理中得到了广泛的适用。电子商务纠纷经由平台主导的新型解决方式以及协商和解、调解、投诉、仲裁等“非诉讼争议解决方式”,一直到最后“诉讼”这种终局式的争议解决方式,整体上呈漏斗递减状。非诉纠纷和诉讼纠纷两者之间的数量鸿沟,也可以间接地反映出平台规则在非诉讼争议解决方式中得到了广泛的适用。但经大众评审机制处理的电子商务纠纷数量却仅占到淘宝平台纠纷总量的10%,由此可知,平台在线争议解决机制处理的纠纷不计其数。而在

---

[147] 参见淘宝网规则中心:《淘宝平台争议处理规则》,载淘宝网2019年5月6日,https://rule. taobao. com/detail－99. htm? spm。

[148] 参见京东平台规则中心:《京东开放平台交易纠纷处理总则》,载京东商城官网2022年4月7日,https://rule. jd. com/rule/ruleDetail. action? ruleId＝2392&type＝0。

[149] 参见美团规则中心:《美团外卖交易纠纷处理规范》,载美团网2020年1月6日,https://rules－center. meituan. com/rules－detail/95。

中国裁判文书网检索“网络购物合同纠纷、网络服务合同纠纷、网络侵权责任纠纷”三类电子商务纠纷案由，2017 年共有公开案例 14471 件。(3)如前所述，诉讼作为终局性的、保障性的争议解决方式，在其之前“非诉讼争议解决方式”中有关平台规则的适用如有争议，最终也会流向诉讼领域，反映在其中，因此对“诉讼争议解决方式”中平台规则适用的分析和了解，可以反过来窥知其在“非诉讼解决方式”中适用之一二。

## 二、“诉讼争议解决方式”中的适用

平台规则在“诉讼争议解决方式”中的适用通常是指国家司法机关根据法定职权和法定程序，运用平台规则处理案件、化解纠纷的活动。裁判文书是诉讼救济状况的书面集中反映，对此类活动相关的数据进行收集和分析，是发现和揭示平台规则司法适用现实的最好路径。以下是对本次研究的具体说明。

(一)研究过程说明

1. 检索目标

本次检索目标为“电子商务平台规则的合法性”。具体而言是指：在电子商务纠纷的诉讼解决中，有无当事人对平台规则的合法性或效力质疑；若有，司法实践是如何处理的？是否可以从中总结出一些规律？

进一步说明：有无当事人对平台规则的合法性或效力表示质疑，是了解平台规则司法适用的一个切入点。虽然不能由此观察其全貌，但可以更具针对性地了解司法对平台规则的态度以及平台规则的效力问题。

2. 检索经过

(1)检索时间：2020 年 8 月 31 日。

(2)检索方法：关键字搜索。

(3)检索数据库：威科先行、北大法宝、无讼、万方、中国裁判文书网、律商网。

(4)检索年限：2001 年 1 月 1 日～2020 年 6 月 30 日。

(5)检索限定(出现位置限定、案由检索、关键字检索):为了增强目标案件的权威性与相关性,经多种检索范围限定对比分析后,选择使用①“裁判理由及依据+网络购物合同纠纷、网络服务合同纠纷、网络侵权责任纠纷+平台规则”;②“裁判理由及依据+网络购物合同纠纷、网络服务合同纠纷、网络侵权责任纠纷+平台协议”;③“裁判理由及依据+管辖权纠纷+平台”。

3. 检索筛选过程与相关度排序等

本次采用“威科先行”法律信息库为基础/标准数据库。原因在于,在“威科先行”法律信息库中以“网络购物合同纠纷、网络服务合同纠纷、网络侵权责任纠纷”为案由进行检索,从2001年1月1日至2020年6月30日间,共检索出70305件案例,远超“中国裁判文书网”63677件、“北大法宝”58109件、“无讼”案例数据库中50417件。

依托“威科先行”数据库,以“裁判理由及依据+网络购物合同纠纷、网络服务合同纠纷、网络侵权责任纠纷+平台规则”和“裁判理由及依据+网络购物合同纠纷、网络服务合同纠纷、网络侵权责任纠纷+平台协议”为检索限定进行案例检索,分别获得294篇案例和71篇案例。在此365篇样本案例中,去掉重复案例4篇,再排除不相关案例88篇,剩余有效样本共计273篇。在筛选过程中,存在许多直接依照平台规则处理纠纷的情况,出于对诉权的尊重,法官并未提及或论述平台规则相关条款的合法性与有效性,而是仅仅认定当事人之间存在合同关系,进而依照合同进行裁判。如“双方之间形成服务合同法律关系,前述协议、规则对合同双方当事人具有法律约束力”。[150] 这种情形事实上是默认平台规则有效并予以执行。但是,出于统计和研究的严格性、严肃性,没有将此类“未直接认定合同条款有效性”的案例筛选进来。因为这类案件即使筛选进来,裁判正文中也没有相关论证和说理,对研究无益,反而

〔150〕 参见浙江省杭州互联网法院民事判决书,(2019)浙0192民初2199号、(2019)浙0192民初6574号、(2019)浙0192民初8174号、(2020)浙0192民初386号。

会在一定程度上扭曲一些研究项目的数据。

而依托“威科先行”数据库，以“裁判理由及依据+管辖权纠纷+平台”为检索限定进行案例检索，获得96篇案例。在此96篇样本案例中，排除不相关案例73篇（之所以不相关案例如此之多，是因为很多案例中争议双方之间根本就不存在约定管辖条款的合意，合同条款未成立也就无所谓平台规则有效性的问题），再加上前述案由排除的不相关案例中涉及管辖权纠纷的案例3篇，剩余有效样本共计26篇。

综上所述，共剔除无效案例162件，获得有效目标案例299件，通过对该299篇裁判文书进行综合分析、整理、比较来进行“平台规则合法性”的案例综述。需要指出的是，案例的检索、筛选过程虽经多次把关，但不可避免仍存在一定的局限性，如目标数据库案例更新不够及时、案例发布不全面以及归类错误等问题，导致数据存在一定偏差。

（二）研究结果说明

1. 基本数据层面

总体来讲，就所选取的299篇目标案例中，实体性纠纷和程序性纠纷（主要是指管辖权异议）在数据层面上还是呈现出蛮大差别的，因此予以分别展示。

（1）实体性纠纷数据分析

就网络购物合同纠纷、网络服务合同纠纷、网络侵权责任纠纷这三项案由下所选取的273篇目标案例而言，其在数据层面主要呈现出以下特点：

在案件受理地域分布方面，由于平台经营者往往在用户协议和平台规则中采用格式条款约定纠纷管辖，所以整体上较为集中：浙江235例（约占86.1%）、上海33例（约占12.1%）、北京4例（约占1.4%）、广东1例（约占0.4%）。这也与各省（区、市）电子商务发展现状和主流电子商务平台经营者的所在地分布有关，基于平台经营者对其所在地的影响力，或多或少会被优惠对待，因此平台经营者也往往将其所在地作为争议解决的约定管辖地。

在案件审判年限分布方面，整体上也契合了电子商务和平台规则的发展趋势，逐年增多：2016 年 1 例、2017 年 3 例（约占 1.1%）、2018 年 29 例（约占 10.6%）、2019 年 193 例（约占 70.7%）、2020 年上半年 47 例。

在案件所涉标的额分布方面，涉及金额 0～500 元的 15 例（约占 5.5%）、500～10000 元的 146 例（约占 53.5%）、1 万～10 万元的 80 例（约占 29.3%）、10 万～50 万元的 22 例（约占 8.1%）、大于 50 万元的 2 例（约占 0.7%），此分布也与前述电子商务纠纷的争议标的小额化特征相符。此外，在 273 篇目标案例中，除前述 265 例在原告诉请中直接涉及金额的案件外，其余的 8 例电子商务纠纷原告在诉请中并未涉及金额，仅仅提出了诸如解封账号、恢复商品链接、恢复用户权限、赔礼道歉等行为类诉请。

在案件审理法院层级分布方面，主要集中于基层人民法院，共 260 例（约占 95.2%），主要集中于杭州互联网法院、北京互联网法院和上海市长宁区人民法院；进入中级人民法院的都是经上诉到二审后审结的案件，共 13 例（约占 4.8%）。这也反映出此类案件所涉标的额并不大，与前述标的额统计数据相验证。

在案涉电子商务经营者主体分布方面，主要集中于主流平台经营者：淘宝平台 232 例（约占 85%）、[151] 拼多多平台 33 例（约占12.1%）、京东平台 2 例（约占 0.7%）、滴滴出行平台 1 例（约占0.4%）、其他平台 5 例，这也基本上和各平台经营者的体量、市场份额占比相趋同。

（2）程序性纠纷数据分析

就管辖权异议这一程序性纠纷所选取的 26 篇目标案例而言，其在数据层面主要呈现出以下特点：

在案件受理地域分布方面，由于目标案例中大部分以平台用户为原

---

〔151〕 参见淘宝网规则中心：《淘宝平台服务协议》，载淘宝网 2022 年 12 月 31 日，https://rulechannel.taobao.com/?type=detail&ruleId=20002240&cId=176#/rule/detail?ruleId=20002240&cId=176。

告,其往往基于民事诉讼中的管辖原则主观确定有利于其诉讼的管辖法院,无视或规避其与平台经营者的约定管辖。因此,作为程序利益受损方的被告——平台经营者,往往提起管辖权异议,由此也导致案件受理法院相比实体性纠纷较为分散:江苏16例(约占61.5%)、湖南4例(约占15.4%)、安徽3例(约占11.5%)、吉林1例、江西1例、河南1例。

在案件审判年限分布方面,随着平台经营者对可能导致约定管辖条款无效情形的注意,平台规则不断发展和完善,管辖权异议方面的案例也在减少:2014年4例、2015年7例、2016年6例、2017年4例、2018年5例、2019年0例、2020年上半年0例。

在案件审理法院层级分布方面,主要集中于中级人民法院,共23例(约占88.5%),进入中级人民法院的除了一例再审案件外,其余的都是二审案件;由基层人民法院审理的案件共3例(约占11.5%)。这也反映出此类案件大多经过二审程序的审理,在实务中的争议比较大,法律风险化解难度大,往往需要高层级人民法院和多重诉讼程序来定分止争。这既给当事人增加了诉累,也浪费了司法资源,还影响了司法裁判的公信力。

在案涉电子商务经营者主体分布方面,主要集中于主流平台经营者:淘宝平台13例(约占50%);其余的则既存在平台内经营者,也存在通过自建网站、其他网络服务销售商品或者提供服务的电子商务经营者,其中纽海电子商务(上海)有限公司4例(约占15.4%)。具体而言,电子商务纠纷中因管辖条款有效性而产生争议的电子商务经营者主体呈现出多样性,既有淘宝平台、领购网网络购物平台等平台经营者,[152]

---

[152] 朱俊玲与浙江淘宝网络有限公司、李达荣管辖案,河南省郑州市中级人民法院(2015)郑立民终字134号管辖裁定书;徐玉明与北京领购网科技有限公司案,湖南省长沙市中级人民法院(2017)湘01民辖终765号管辖裁定书。

也存在平台内经营者主体,[153]还存在平台内部的电子商务经营者。[154]

2. 裁判结果、裁判理由的统计与分析

案件的裁判结果和裁判理由也会因电子商务纠纷的实体性问题和程序性问题而呈现出较大差别,需要在数据统计与分析上分别展示。需要注意的是,在司法实践中,往往是诉讼双方对平台规则予以援引,法院再对此予以效力认定,且都是从合同法的角度予以论证。依据合同法规定,平台规则的效力认定结果可分为有效、无效与效力待定,有效合同中还存在可撤销情形,但是在目标案例中,只存在有效和无效两种认定结果,不存在可撤销情形。

人民法院往往基于平台规则是否系当事人自愿合意缔结、内容是否违反了强行法的规定来认定其效力,总体上倾向于认可平台规则的效力,持宽容态度。除小部分案件外,这种论证往往较为简单和格式化,基本上都是从形式上对条款的效力予以认定,对具体内容(如条款是否公平合理、用户是否完全理解等)往往较少关注和讨论,说理不太充分,未能遵循从程序审查到实体审查的效力认定逻辑。但是也要注意,司法实践在平台规则合法性这一问题上呈现出一种复杂心态,各个法院以及不同时期同一法院的裁判结果和效力认定路径也有所差异,并无明确统一的裁判标准,表明人民法院在不同主体利益的保护之间存在摇摆和权衡,也反映了平台规则合法性认定的复杂性。

我国电子商务正处于快速发展的上升期,但是与之相配套的制度与规范尚有不足,在法律缺位的情况下,各个法院在作出裁判前往往会对本法院或者本区域法院就过去相似案例所作的裁判进行参考,最直接的表现就是在同一区域的许多裁判文书中裁判理由基本雷同,存在复制现象。此外,基于对当事人诉权的尊重保护和不告不理原则的遵循,平台

---

[153] 江西省上饶市(地区)中级人民法院民事裁定书,(2017)赣11民辖终139号。

[154] 如江苏省中级人民法院民事裁定书,(2015)苏中民辖终字第00429号;吉林省延边朝鲜族自治州中级人民法院民事裁定书,(2017)吉24民辖终33号。

规则合法性的司法规制是一种事后规制、被动规制、个案规制,其发挥效用依赖于当事人诉权的行使,法院无权主动介入。因此,法院只能对部分电子商务经营者及其部分平台规则所涉条款进行审查,司法规制的范围和领域较为狭小。

(1)实体性纠纷数据分析

在裁判结果分布方面,则呈现出一边倒的态势,除了1个案例外,[155]其余272个案例中平台规则均被人民法院认定合法有效并予以适用,平台规则在司法实践中呈现出较高的受认可度和适用性。整体上其合法性的支持判决要远远高于约定管辖条款。

就案涉具有合法性争议的平台规则而言,实体性纠纷中主要可以分为以下三类:一是平台内部争议预防规则,即平台经营者在自我管理中,针对举报、投诉、自查中所涉及的违规用户而采取惩处措施的规则,[156]共有55例案件,所涉平台规则全部被认定为合法有效并予以适用。所涉措施包括平台经营者对滥用会员权利行为、刷单套券等虚假交易行为、描述不符行为、售假行为、经营禁发商品行为、知识产权侵权行为等所采取的惩处措施,惩处措施往往为相关信息的删除屏蔽处理、限制店铺经营、查封账户、划扣消费者权益保证金、终止提供服务等。二是平台经营者"在线争议解决机制和执行机制"的相关规则,即由平台经营者作为独立第三方而对平台内电子商务纠纷进行调处或提供格式化协商

[155] 参见广东省佛山市中级人民法院民事判决书,(2017)粤06民终12202号。

[156] 涉及的平台规则有:《淘宝平台特殊商品/交易争议处理规则》《淘宝网市场管理与违规处理规范》《淘宝网关于虚假交易实施细则》《淘宝网关于滥用会员权利实施细则》《禁发商品及信息名录&对应违规处理》《淘宝禁售商品管理规范实施细则(四)色情低俗、催情用品类》《闲鱼管理规则》《京东开放平台商家违规积分管理规则》《拼多多假货处理规则》《拼多多描述不符处理规则》《拼多多发货规则》《拼多多消费者保障计划》等。

和解工具并执行处理结果的规则,[157]共有209例案件,所涉平台规则全部被认定为合法有效并予以适用。此种规则往往涵盖平台内协商和解、客服调处、大众评审这三种纠纷处理方式,其间会涉及程序的受理范围、启动主体与启动时间、方式的选择与确定、当事人的权利与义务、程序的中止与终结、处理结果的执行等平台规则的合法性问题。三是前两种以外的其他规则,[158]整体上数量比较少,共有9例案件,所涉平台规则除1例外全部被认定为合法有效并予以适用;主要涉及平台的安全保障责任、系统确认收货时限、交易超时规定、预约购买返现、快递签收地点、平台内经营者退店条件等事项。以上三种类型基本上涵盖了我国目前在司法实践中所涉及的平台规则。

这三类规则对众多电子商务经营者的用户而言都是事先拟定、重复使用且在订立合同时未与其进行协商,毫无疑问都是格式条款,但是在其有效性、合法性认定中,格式条款的有效性论证却存在较大缺口。在样本案例中,人民法院未就格式条款的有效性予以论证的共计247例(约占90.5%),裁判正文中未出现"格式"二字。就格式条款的有效性予以论证的共计26例(约占9.5%)。

此三类规则在司法实践中认定其合法性的裁判理由具体总结如下:

第一,平台内部争议预防规则。

随着电子商务领域的日趋规范化和制度化,平台责任也进入了立法者、执法者、学者和社会舆论的视野,《电子商务法》专设一章以明晰电子商务经营者的法律责任,原国务院反垄断委员会也起草了《关于平台

[157] 涉及的平台规则有:《淘宝平台服务协议》《淘宝平台争议处理规则》《闲鱼社区交易争议处理规范》《淘宝禁售商品管理规范》《禁限售商品的争议处理(卖家版)》《七天无理由退换货规范》《淘宝退换货问题的争议处理(卖家版)》《假冒商品的争议处理规则》等。

[158] 涉及的平台规则有:《淘宝网超时说明》《淘宝平台服务协议》《淘宝平台争议处理规则》《预约购买协议》《拼多多商家客服回复规则》等。

经济领域的反垄断指南》以引导平台经济领域经营者依法合规经营。[159]而在强化平台问责后，平台经营者为避免承担行政责任势必会加强对用户的控制，通过举报、投诉、自查等多种方式进行监管，以规范电子商务活动，减少平台用户负外部性行为的需求、化解潜在的电子商务纠纷。其间如果用户违反了与平台的事先约定，平台就可以依据协议对用户采取不同种类、不同程度的惩处措施。

显然，平台有权对违法违规行为进行处罚，但其并非源于监管部门的授权，而是依据事先与用户的协议。以往当事人不服行政部门的处罚可以提起行政诉讼，就事实和法律两个方面提出异议；现在当事人则只能依据协议，主张协议条款无效或提起违约诉讼，法院则判断约定条款是否有效、平台经营者是否存在违约行为。

在这一司法认定过程中，对格式条款有效性进行论证的案例共计21例（约占38.2%），相比下节约定管辖条款在此方面论证案例数的占比要少近20%。其中各平台具体分布为：拼多多平台共计18例，淘宝平台共计2例，滴滴出行平台1例。而拼多多平台分布之所以如此多，是因为其在《拼多多平台合作协议》《拼多多描述不符处理规则》《拼多多假货处理规则》等平台规则中给予违规平台内经营者远超一般惩处力度

[159]　参见国务院反垄断委员会：《国务院反垄断委员会关于平台经济领域的反垄断指南》，载中国政府网，http://www.gov.cn/xinwen/2021-02/07/content_5585758.htm。

的处罚(尤其是争议颇大的假一赔十条款)。[160]

平台内部争议预防规则在本部分样本案例中都被认定为有效,在未就格式条款进行论证的案例中(共计 34 例,约占 61.8%),有效性论证基本上都较为简单,往往是通过强调"当事人自愿成为平台用户,同意接受并签署过涉案平台协议及相应规则,系双方的真实意思表示,且上述规则并不违反国家法律、行政法规的强制性规定",[161]来认定该规则属合法有效、对当事人双方均具有约束力。

而在就格式条款进行论证的案例中,除有前述论证外,主要就是对格式条款有效性的论证。整体而言,上海市长宁区人民法院(拼多多平台纠纷的约定管辖地)对于拼多多相关规则的裁判理由论述更为详细充

---

[160] 拼多多平台在《消费者保障计划》中对消费者作出了"假一赔十"的承诺,同时根据《拼多多用户服务协议》,该赔偿最终由平台内经营者承担;此外,平台还可以抽查的方式发现售假商家,对其进行 10 倍罚款,用来对消费者进行补偿。这意味着,看似由平台向消费者作出的"假一赔十"承诺,但最终是由销售假冒商品的平台内经营者买单,这由此引发"上海寻梦信息技术有限公司"(拼多多平台经营者)和平台内经营者的诸多纠纷。这些规则在网站上和买家 App 中无法找到,经咨询得知其可在拼多多商家版 App 登录后,于商家后台首页面顶部导航栏里的"规则中心"寻找。以下处理规则内容来自上海市长宁区人民法院民事判决书,(2018)沪 0105 民初 16201 号;上海市长宁区人民法院民事判决书,(2018)沪 0105 民初 18370 号等裁判文书中拼多多平台一方所提供的证据。如"根据《拼多多平台合作协议》及《拼多多假货处理规则》之规定,平台有权对贵店采取下列一项或者多项限制措施:1. 下架或禁售涉假商品;2. 限制店铺账户资金提现/限制店铺账户部分资金提现,额度为涉假商品历史总销售额的十倍;3. 临时增加店铺保证金金额,增幅为涉假商品历史总销售额的十倍;4. 其他平台认为有必要的措施"。如《拼多多描述不符处理规则》第 4.4.2 条载明"平台将根据分类认定及处理标准以及描述不符的类别采取下列一项或多项违规处理措施:1)限制该商家店铺(包括关联店铺)账户资金提现;2)对该店铺所有商品或者描述不符商品作下架或屏蔽链接处理;3)对商家予以警告,通知其进行整改;4)对该店铺所有商品或者描述不符商品进行一定期限的禁售;5)自商家店铺保证金或账户可提现余额内扣收消费者赔付金,用以对一定期限内所有描述不符商品订单对应的消费者进行赔付;6)单方解除《拼多多平台合作协议》,终止与该商家的合作,清退该店铺;7)其他拼多多平台认为必要的措施"。

[161] 参见浙江省杭州市余杭区人民法院民事判决书,(2016)浙 0110 民初 7876 号、(2017)浙 0110 民初 7704 号;上海市长宁区人民法院民事判决书,(2019)沪 0105 民初 18567 号;浙江省杭州互联网法院民事判决书,(2020)浙 0192 民初 1305 号。

分、令人信服，杭州互联网法院（淘宝平台纠纷的约定管辖地）相比之下做得差一些。当然，这也和拼多多平台更为激进的“十倍赔偿”规则有关，而且这种赔付行为系平台主动履行对消费者权益的保护，并不以消费者主动索赔为前提。而淘宝平台往往是“三倍赔偿”和退换货、下架商品、关闭店铺等“行为罚”。京东平台争议比较少，可能与其很大一部分业务系京东自营、正品率和服务口碑高有关。当然，也要注意到，不论是上海市长宁区人民法院还是杭州互联网法院，其裁判观点都具有一致性和稳定性，给各方当事人带来较强的预判性和教育性。拼多多平台的相关纠纷在此具有极大的代表性，因此本部分的有效性论证主要以其相关案例为例。

具体而言，多个案例在裁判正文中基于合法性与合理性从以下几个方面予以有效论证。[162]

其一，平台自律管理方面。相关法律法规和政策性文件明确电子商务平台作为交易组织者，一方面负有维系交易秩序、维护交易安全的职责，另一方面也拥有制定商品和服务质量安全标准、消费者权益保护、纠纷处理方式及商家违规经营处罚等规则的权利。拼多多平台作为第三方交易平台的经营者和管理者，就平台服务与管理等内容与商家作出约定，具有全体成员共同约定的管理规范性质，符合电商交易平台自治管理惯例。[163]

其二，意思自治方面。电商平台并非垄断行业，无论是商家还是消

---

〔162〕 参见上海市长宁区人民法院民事判决书，（2017）沪0105民初20204号、（2017）沪0105民初11642号、（2018）沪0105民初3084号、（2018）沪0105民初7132号；上海市第一中级人民法院民事判决书，（2018）沪01民终6286号、（2018）沪01民终9924号、（2019）沪01民终2936号等。

〔163〕 杭州互联网法院就淘宝平台的平台自律管理也作出了相应的论述，如浙江省杭州互联网法院民事判决书，（2019）浙0192民初3248号中载明“本院认为，《假冒商品的争议处理规则》系被告淘宝公司单方发布，并对会员的行为作出一些限制，但这是为了有利于网站的管理和维护社会秩序及其自身合法权益。如果任由侵权产品肆意在网上发布，不仅损害权利人的利益，亦损害社会公共利益”。

费者均有选择交易平台的自由,有完全的意思自治。从尊重商家意思自治的原则出发,商事交易重视外观性,商主体之间作为更为理性且更加专业的交易对象,在订立合同时双方法律地位更加平等,对合同条款的理解更能体现意识自治原则。拼多多平台作为提供电商入驻平台的运营方,客观上显然无法与每一家店铺所属公司就合作协议内容予以磋商,因此,系争合作协议实质上赋予了平台内经营者签约选择权,在排除胁迫、重大误解或显失公平的基础上,商家入驻平台签署协议并继续合同关系,即视为对自身相关权利的让渡,根据诚信原则表明其愿意接受平台规则的约束、服从平台自律管理,系双方真实意思表示。

其三,格式条款方面。相关平台规则虽系格式条款,但首先,拼多多平台在合作协议首部已特别提醒用户签订协议时认真阅读、充分理解、审慎考虑选择是否接受,并对相关售假的认定及处罚条款处均采用了字体加粗、添加下划线等方式提醒平台内经营者注意,已履行了充分合理的提示与说明义务。其次,关于平台协议和规则的效力,经审查,并无合同法规定的无效情形。所谓的惩罚性条款是基于保护消费者权益、网络交易平台商誉及正常经营管理秩序的考虑而制定的,就合同而言属于店铺的违约责任,拼多多平台作为网络平台服务提供者,对此类行为统一制定专门的处罚规则具备一定的合理性,而不因相关条款本身的权利义务安排而必然使其归于无效;此外,条款中也给店铺经营者提供了充分的解释机会,双方利益没有显著失衡。拼多多平台相关合同条款不存在免除己方责任,加重对方责任,排除对方主要权利的无效情形。

第二,平台经营者“在线争议解决机制和执行机制”的相关规则。

平台经营者往往会制定一系列内部争议解决规则,在获得电子商务活动相关主体事先同意的基础上,由平台经营者担任纠纷处理者并就处理结果予以执行。不同于立法、司法、执法等有着严格的规范和程序要求,平台经营者相比公权力部门集规则制定、争议解决、规则执行权力于一身,在处理相关事务及纠纷时拥有更多的自由。然而,这种自由也容易发展成为一种隐患。由于平台与用户两者地位悬殊,平台出于自身利益和平台管制的考虑,有充分的理由迫使用户去接受一个对自身较为不利的协议,进而有可能侵害用户的合法权益,其权力的合法性与合理性也就会受到用户质疑。

就涉及本部分规则的司法案例而言,209 例案件中共有 208 个案例发生于淘宝平台中,[164] 这一方面是因为淘宝平台是我国最早出现、市场份额最大、用户渗透率最高的电子商务平台,另一方面是因为其他平台的很大一部分纠纷,当事人以投诉、举报等方式进行维权,并未直接引入平台调处程序。就淘宝平台下的 208 个案例而言,淘宝网独占 194 例(约占 93.3%),天猫平台共计 8 例,[165] 闲鱼平台共计 6 例。[166] 这在某种程度上也反映了淘宝平台下淘宝网内的商品质量和平台环境有待进一步提高。

在涉及本部分规则的司法案例中,平台经营者作为被告的案例共 62 例(约占 29.7%),而平台经营者作为原告的案例高达 147 例(约占 70.3%)。之所以会有这种现象,是因为平台介入调处的电子商务纠纷主要由买家提起,依照平台规则,平台经营者在作出并执行纠纷调处结果时,对于卖家作为义务方而未及时履行义务的情形,平台经营者可使用其自有资金对其他用户进行先行垫付并予以追偿。这些案例就是淘宝平台在替平台内经营者先行垫付后,未及时获得其偿付进而作为原告

---

[164] 非淘宝平台案例为北京互联网法院民事判决书,(2019)京 0491 民初 34492 号,平台经营者为北京转转精神科技有限责任公司名下的"转转二手买卖"网站。

[165] 参见浙江省杭州市中级人民法院民事判决书,(2019)浙 01 民终 3126 号;浙江省杭州互联网法院民事判决书,(2019)浙 0192 民初 3927 号、(2019)浙 0192 民初 5621 号、(2019)浙 0192 民初 5946 号、(2019)浙 0192 民初 6967 号、(2019)浙 0192 民初 8494 号、(2019)浙 0192 民初 8672 号、(2019)浙 0192 民初 8904 号。

[166] 参见浙江省杭州互联网法院民事判决书,(2018)浙0192 民初421 号、(2019)浙0192 民初 3516 号、(2019)浙 0192 民初 5662 号、(2019)浙 0192 民初 8914 号、(2019)浙 0192 民初 9837 号、(2019)浙 0192 民初 10443 号。

诉讼追偿所引发的。[167] 此外,需要注意的是,本部分案例就格式条款的有效性予以论证的只有 1 例,[168] 是各个平台规则模块中最少的一个。这是因为在前述平台经营者作为原告的案例中,一方面平台内经营者在淘宝平台内的资产已经被扣划殆尽,另一方面作为被告往往需要到网站所在地应诉而被迫负担大量额外的、不合理的差旅费用和时间耗费,因此平台内经营者往往"未作答辩、未提供证据也未能出庭",[169] 也就无从提起格式条款无效的申请,法院也往往不会就格式条款的有效性予以审查。

此 209 例案件中,所涉平台规则全部被认定为合法有效并予以适用。其论证都比较简单和格式化。

其一,在平台经营者作为被告的案例中,大多数原告并未直接主张平台规则的无效,而是对平台依据平台规则而作出的处理结果主张矫正,这事实上就是主张平台规则无效。而法院在裁判正文中,也往往会对平台规则的效力进行审查和认定。其论述往往是"淘宝公司创设淘宝

---

〔167〕 参见淘宝网规则中心:《淘宝平台服务协议》,载淘宝网 2022 年 12 月 31 日,https://rulechannel. taobao. com/? type = detail&ruleId = 20002240&cId = 176#/rule/detail?ruleId = 20002240&cId = 176。第 6.3 条赔偿责任规定:"如您的行为使淘宝及/或其关联公司、支付宝公司遭受损失,您应赔偿淘宝及/或其关联公司、支付宝公司的上述全部损失。如您的行为使淘宝及/或其关联公司、支付宝公司遭受第三人主张权利,淘宝及/或其关联公司、支付宝公司可在对第三人承担金钱给付等义务后就全部损失向您追偿。如因您的行为使得第三人遭受损失或您怠于履行调处决定、淘宝及/或其关联公司出于社会公共利益保护目的,可指示支付宝公司自您的支付宝账户中划扣相应款项进行支付。如您的支付宝余额或保证金不足以支付相应款项的,您同意委托淘宝使用自有资金代您支付上述款项,您应当返还该部分费用并赔偿因此造成淘宝的全部损失。您同意淘宝指示支付宝公司自您的支付宝账户中划扣相应款项支付上述赔偿款项。如您支付宝账户中的款项不足以支付上述赔偿款项的,淘宝及/或关联公司可直接抵减您在淘宝及/或其关联公司其他协议项下的权益,并可继续追偿。"

〔168〕 参见浙江省杭州市中级人民法院民事判决书,(2019)浙 01 民终 3126 号。

〔169〕 参见浙江省杭州互联网法院民事判决书,(2018)浙 0192 民初 10444 号、(2018)浙 0192 民初 10450 号、(2019)浙 0192 民初 858 号、(2019)浙 0192 民初 2184 号、(2019)浙 0192 民初 2186 号。

网后，制定了平台服务协议及配套的淘宝争议处理规则、退换货争议处理规则等，并在淘宝网上对上述规则进行了公告；原告自愿注册会员，其与被告自愿签订的《淘宝平台服务协议》及《淘宝平台争议处理规则》等相关淘宝平台规则，系双方真实意思表示，内容不违反国家法律、行政法规的强制性规定，属合法有效，协议对双方均有约束力，双方均应当按照协议约定全面履行各自的权利义务”。〔170〕

其二，在平台经营者作为原告的案例中，其论述与平台经营者作为原告时大同小异，而且此类案件往往由淘宝平台依照约定管辖条款于杭州互联网法院打包起诉，而杭州互联网法院对此也往往打包交由某几个法官集中审理，因此其有效性论证也更为趋同和格式化，如“被告自愿注册会员，入驻淘宝平台开设淘宝店铺，其与原告签订的《淘宝平台服务协议》、《消费者保障服务协议》及相关淘宝平台规则，系双方真实意思表示，不违反国家法律、行政法规的强制性规定，属合法有效，双方应当按照协议约定履行各自的权利义务”。〔171〕

其三，唯一的一件对格式条款有效性予以论证的案例，除前述平台规则有效性的一般论述外，对于格式条款的有效性，仅进行了“在众酒公司点击注册成为天猫用户前已经提醒其阅读，众酒公司主张该条款属于免除其责任的格式条款且未提请其注意，依据不足，本院不予支持”这一简单论述。〔172〕

第三，其他规则。

如前所述，本部分平台规则零散而不成体系，涉及的平台事项较为

---

〔170〕　参见浙江省杭州互联网法院民事判决书，(2018)浙0192民初9491号、(2019)浙0192民初5680号、(2019)浙0192民初10722号、(2020)浙0192民初75号等。

〔171〕　参见浙江省杭州互联网法院民事判决书，(2018)浙0192民初8887号、(2018)浙0192民初10428号、(2018)浙0192民初10430号、(2019)浙0192民初22号、(2019)浙0192民初2216号、(2019)浙0192民初2857号、(2019)浙0192民初7034号、(2019)浙0192民初7035号、(2019)浙0192民初7036号、(2019)浙0192民初7037号、(2019)浙0192民初7038号。

〔172〕　参见浙江省杭州市中级人民法院民事判决书，(2019)浙01民终3126号。

分散，难以归于某一具体规则之下。就电子商务经营者主体而言，9份样本案例中淘宝平台共计5例（约占55.6%），拼多多平台共计2例，广东正标行电子商贸有限公司开设的“正好惠品网站”和浙江星巢网络科技有限公司开设的“C5饰品交易平台”各1例。

在这一司法认定过程中，9份样本案例都聚焦于平台规则是否均系双方真实意思表示，且该约定是否违反国家法律、行政法规的强制性规定。

其中对格式条款有效性予以论证的案例共计4例（约占44.4%），其中有3例都基于“平台规则符合电子商务法的立法精神，不属于明显加重格式合同接受一方义务，免除、减轻己方责任的条款”而认定其合法有效；[173] 1例基于“网站上发布公告和新活动规则是其单方的意思表示，未与当事人协商并取得同意；并且显示的字迹较小，没有尽到合适的提醒义务，在实际注册会员时必须接受其内容，否则无法进行注册，故该内容是免除自身责任，加重对方责任，排除对方主要权利”而作出无效认定。[174]

而在未对格式条款有效性予以论证的案例中，其往往一方面从合同法合法性角度论证当事人一经选择“已经阅读并且同意以上协议”选项并点击“同意以上文件并继续”按钮，即表示其已接受平台规则，并同意受平台规则各项条款的约束；另一方面也从合理性角度论证相关平台规则系平台管理的需要，也是对买卖双方权益的平衡，并不违反法律法规的强制性规定。[175]

（2）程序性纠纷数据分析

在案件裁判结果分布方面，不同于前述实体性纠纷数据，整体上呈

---

〔173〕参见浙江省杭州互联网法院民事判决书，（2019）浙0192民初10623号、（2019）浙0192民初10839号、（2019）浙0192民初10843号。

〔174〕参见广东省佛山市中级人民法院民事判决书，（2017）粤06民终12202号。

〔175〕参见浙江省杭州互联网法院民事判决书，（2019）浙0192民初1981号、（2019）浙0192民初5668号、（2020）浙0192民初1735号；上海市长宁区人民法院民事判决书，（2019）沪0105民初17054号。

现出较为分裂的一面,就电子商务经营者与其用户之间的约定管辖条款而言,支持约定管辖条款合法有效并予以适用的共计 10 例(约占 38.5%),认为无效并适用法定管辖的共计 16 例(约占 61.5%)。[176] 本部分案涉具有合法性争议的平台规则较为集中单一,只涉及平台规则中的约定管辖条款。就本部分所总结的平台规则效力认定路径而言,都是相对而言的,各个法院以及不同时期的同一法院在实践中会在多种路径中排列组合,其往往基于程序和内容两个方面展开,既要看电子商务经营者是否尽到了提请注意和说明的合理义务,也要看双方的权利义务设置是否合理。

第一,一般情况分析。

这些案件中有三个现象需要注意:

一是就约定管辖条款的内容而言,既存在约定仲裁管辖(共 3 例,约占 11.5%),[177] 也存在约定诉讼管辖(共 23 例,约占 88.5%),而平台经营者往往是约定其所在地诉讼管辖。这种现象也使得两者的有效性论证所适用的法条各不相同。

二是约定管辖条款往往是平台经营者和用户之间的约定,但是在部分消费者和平台内经营者的纠纷中,当事人也会援引其各自与平台经营者的约定管辖条款。

绝大多数人民法院基于合同的相对性原则对此并不认可,如(2016)苏 05 民辖终 871 号案例中指出"该协议系淘宝平台注册用户与淘宝平台经营者之间签订的协议,而非淘宝平台注册用户之间签订的协议,本案中,并无证据证明当事人双方之间就买卖合同存在管辖约定。如将三当事人之间两两分别达成的管辖合意概括适用,则有违协议管辖制度意思表示真实和直接达成合意的适用原则"。

---

[176] 涉及的平台规则主要有:《淘宝平台服务协议》《淘宝平台争议处理规则》《拼多多用户服务协议》等。

[177] 参见江苏省无锡市中级人民法院民事裁定书,(2016)苏 02 民辖终 1160 号;吉林省延边朝鲜族自治州中级人民法院民事裁定书,(2017)吉 24 民辖终 33 号。

但是也有个别法院对此予以认定，如在“姚欢与威登堡（天津）国际贸易有限公司管辖案”[178]中载明“当事人双方基于淘宝平台交易所产生纠纷，应当遵守淘宝平台约定；《淘宝平台协议》第10条规定：因使用淘宝平台服务所产生及与淘宝平台服务有关的争议，任何一方均可向被告所在地人民法院提起诉讼。故在淘宝平台上所产生的纠纷应由被告住所地人民法院管辖”。又如在“中粮海优（北京）有限公司与浙江淘宝网络有限公司管辖案”中[179]载明“被上诉人与浙江淘宝网络有限公司签订的《淘宝平台服务协议》约定，因使用淘宝平台服务所产生及与淘宝平台服务有关的争议，由被告所在地人民法院管辖。而本案系因网络买卖食品发生的纠纷，不是为网络平台服务发生争议，不应按照《淘宝平台服务协议》确定被上诉人与上诉人之间的管辖”。

三是本样本案例中所涉及的约定管辖条款毫无疑问都是格式条款，但是在其有效性、合法性认定中，格式条款的有效性论证却存在较大缺口。在样本案例中，人民法院未就格式条款的有效性予以论证的共11例（约占42.3%），裁判正文中未出现“格式”二字。就格式条款的有效性予以论证的共15例（约占57.7%）。

第二，两类约定管辖条款的有效性认定。

就约定仲裁管辖条款的有效性认定而言，3个样本案例都未基于格式条款的相关规范考证其有效性，而是仅仅基于《合同法》和《仲裁法》简单考证当事人之间是否达成了仲裁合意，进而认定其效力。往往通过论证“平台用户的注册流程包括阅读并确认案涉约定仲裁管辖条款，用户只有点击同意后才能完成注册程序、使用电子商务经营者所提供的平台服务，当事人双方已自愿达成书面仲裁协议，相关仲裁条款对当事人

---

[178] 江苏省淮安市中级人民法院（原江苏省淮阴市中级人民法院）民事裁定书，（2016）苏08民辖终84号。

[179] 重庆市第五中级人民法院民事裁定书，（2018）渝05民辖终1139号。

具有法律约束力”。[180]

关于约定诉讼管辖条款的有效性，人民法院对该问题判别不一，甚至截然对立，而导致这种差别产生的原因恰恰是对于格式条款有效性的不同认定。各个电子商务经营者往往会在服务协议中就争议解决设立有“约定管辖”条款，[181]该类条款对众多的用户而言是事先拟定、重复使用且在订立合同时未与其进行协商的，属于格式条款。而对于格式条款有效性认定所适用的法条而言，则较为丰富，[182]总体上其效力判定基于合法性与合理性从以下两个角度进行审查。

一是格式条款制定方是否采取了合理方式提请对方注意并说明免除或者限制其责任的内容。其中的有效认定则往往论证简单、说理不足，如“平台经营者在用户登录网站时，已采取必要合理措施提醒用户注意管辖条款，用户必须在同意之后才能进入网站注册和购物，该约定不违反法律规定，故该管辖协议是双方的真实意思表示，应视为有效”。[183]

---

[180] 参见江苏省无锡市中级人民法院民事裁定书，(2016)苏02民辖终1160号；吉林省延边朝鲜族自治州中级人民法院民事裁定书，(2017)吉24民辖终33号。

[181] 参见淘宝网规则中心：《淘宝平台服务协议》，载淘宝网2022年12月31日，https://rulechannel.taobao.com/?type=detail&ruleId=20002240&cId=176#/rule/detail?ruleId=20002240&cId=176。第10条规定：“您因使用淘宝平台服务所产生及与淘宝平台服务有关的争议，由淘宝与您协商解决。协商不成时，任何一方均可向被告所在地有管辖权的人民法院提起诉讼。”参见拼多多平台规则中心：《拼多多用户服务协议》，载拼多多官网2022年1月8日，https://www.pinduoduo.com/pdd_user_services_agreement.pdf。第12.2条规定：“对于因本协议而产生的或者与本协议有关的争议，双方均应努力通过友好协商的方式进行解决。协商不成的，任何一方均有权提起诉讼，且各方一致同意由本协议履行地人民法院管辖。本协议履行地为中华人民共和国上海市长宁区。”

[182] 包括原《合同法》第39条、第40条、第52～53条；《消费者权益保护法》第26条；《最高人民法院关于适用〈中华人民共和国民事诉讼法〉的解释》第31条、第34条；《最高人民法院关于适用〈合同法〉若干问题的解释(二)》第6条、第9条及第10条等。需要说明的是：本项数据检索所涉案例皆发生在《民法典》生效施行(2021年1月1日)之前，故相关条款主要源自《合同法》。

[183] 参见河南省郑州市中级人民法院民事裁定书，(2015)郑立民终字第134号；江苏省南京市中级人民法院民事裁定书，(2016)苏01民辖终562号。

而无效论证则较为丰富和充分，如“虽然用户协议/服务协议中的管辖权条款采用了加黑、加粗或下划线等字体标识，但该协议内容按标题共计十多条，每个标题之下均包含几个甚至十几个条款，篇幅冗长繁多，有较多数量的条款均经过了前述字体标识，与其他条款并无明显区别；且协议管辖条款并未标注在网站醒目位置，夹杂在繁多的条款中，处于末页，仍有赖于相对方在大量信息中予以检视获悉。此外，网站页面与纸质介质存在差异，纸质介质通过加黑方式容易引起消费者注意，但网站页面本身内容丰富，消费者浏览时注意力容易被分散，故在网站页面上字体加黑方式的提示注意功能降低；此外，网站经营者有更多更有效的提请注意方式如弹出式页面等可供选择，理应根据实际情况采用合理的提请注意方式。因此，电子商务经营者没有在提供的协议上直接明示上述条款内容，也没有通过合理明确的方式让用户注意到该管辖约定条款，该条款淹没在大量烦琐的资讯中，对本案当事人不具有法律约束力”。[184]

二是条款本身是否存在“免除己方责任、加重对方责任、排除对方主要权利”的无效情形等。其一，本部分的有效认定往往以“该管辖约定条款不违反法律规定”而一笔带过，并未单独提及。其二，翔实的论证主要集中于无效认定方面，如“首先，网站用户在登记注册时，对于电子商务经营者提供的协议条款只能在其引导下一步步完成注册，即使注意到，也无法对其进行协商修改，只能默认选择同意，完全排除了用户在法律规定的范围内进行选择的权利。其次，就网站购物或服务合同而言，消费者购买的物品价值一般不高，而其住所地或合同履行地却遍布全国各地或全球，实践中以消费者作为原告起诉居多，如确定被告或网站所在地法院管辖，就因可能关涉高额差旅费或时间耗费而使消费者提起的诉讼毫无实际意义。进一步讲，在网站送货的情况下，本来外地用户可

〔184〕 参见江苏省无锡市中级人民法院民事裁定书，(2015)锡民辖终字第162号；江苏省苏州市中级人民法院民事裁定书，(2015)苏中民辖终字第284号、(2015)苏中民辖终字第429号；江苏省盐城市中级人民法院民事裁定书，(2015)盐商辖终字第148号。

以依照被告住所地或合同履行地管辖原则，享受本地法院管辖的法定管辖利益，一旦认定协议管辖条款有效，势必造成海量的外地消费者都被迫到网站所在地应诉或起诉，被迫负担大量额外的、相比购物价格明显不合理的差旅费用和时间耗费，并能以此诉讼得失的衡量阻却消费者合理的权利诉求，不利于市场诚信体系的建设。因此，该管辖约定明显降低了电子商务经营者的应诉成本，加重了消费者的维权成本，损害了消费者的利益，未遵循公平原则，排除了交易相对方主要权利，故该条款无效”。[185]

至于样本案例中人民法院未就格式条款的有效性予以专门论证的案例，其约定管辖条款的有效性论证基本上都较为简单，不论是有效论证还是无效论证，都是通过明确当事人之间是否订立有约定管辖条款，且该条款是否系双方当事人的真实意思表示来予以认定；若是则视为有效，否则认定为无效。[186]

同时我们发现，针对同样的电子商务经营者“纽海电子商务（上海）有限公司”和其同一份用户协议“《1号店用户服务协议》”中的约定管辖条款，同属江苏省的三个不同的中级人民法院分别对其有效性作出了不同的认定。江苏省无锡市中级人民法院和苏州市中级人民法院均予

---

[185] 参见江苏省苏州市中级人民法院民事裁定书，(2015)苏中民辖终字第429号；江苏省南京市中级人民法院民事裁定书，(2015)宁民辖终字第176号；江苏省泰州市中级人民法院民事裁定书，(2016)苏12民辖终124号；湖南省长沙市中级人民法院民事裁定书，(2017)湘01民辖终765号。

[186] 如河南省郑州市中级人民法院民事裁定书，(2015)郑立民终字第134号案例裁判正文中载明：“本院经审查认为，本案争议的买卖合同是通过淘宝网络订立的。上诉人朱俊玲在使用淘宝网交易之前，需先点击确认同意《淘宝服务协议》注册成为淘宝会员方能交易。《淘宝服务协议》第9条明确约定会员与淘宝平台的经营者均同意以淘宝平台的经营者住所地人民法院为第一审管辖法院，该约定不违反法律规定，双方应受此拘束。”又如江苏省无锡市中级人民法院民事裁定书，(2016)苏02民辖终1160号案例裁判正文中载明：“本案中，李建良通过大宗公司提供的网络交易平台进行开户，在开户流程中包括阅读并确认案涉《协议书》等文件，完成开户流程后才会分配交易账号和初始密码；且李建良亦实际使用相关账号和密码投入资金进行了交易。因此，案涉《协议书》符合法律规定的签订形式，《协议书》中的相关仲裁条款对当事人具有法律约束力。《协议书》中明确约定争议经协商不能达成一致意见，可提交中国国际经济贸易仲裁委员会进行仲裁，该仲裁协议应为有效。”

以无效认定，其中两者论证各有偏重。苏州市中级人民法院在两个案例中均着重论述了“《1 号店服务协议》中载明的管辖权条款虽采取加黑加粗字体标识，但未能采取合理的方式提请消费者注意，对本案当事人不具有法律约束力”。〔187〕至于无锡市中级人民法院的论证在简要论述前述理由的同时，还同时论证了“该约定管辖条款系格式条款，但该条款将纠纷管辖法院单方限定在网站运营者所在地法院，明显降低了电子商务经营者的应诉成本，加重了消费者的维权成本，损害了消费者的利益，未遵循公平原则，排除了交易相对方主要权利，故该条款无效”。〔188〕而江苏省南京市中级人民法院则对此认定有效，其认为“按照纽海公司经营的 1 号店网站平台的购物流程，用户同意《1 号店用户服务协议》后才可以成为 1 号店的会员并进行购物，且在《1 号店用户服务协议》的前言部分和有管辖法院约定的部分均在突出醒目的位置用黑体加以特别标注。因此，该条款虽是格式条款，但已采用合理的方式充分提醒用户注意，应认定为合法有效”。〔189〕此外，就江苏省苏州市中级人民法院而言，同样是电子商务经营者的约定管辖条款，在类似情形下有的被认定有效，有的却被认定为无效。〔190〕这些同案不同判的现象增强了当事人预期的不确定性，不利于司法的权威性和稳定性，也不利于电子商务的发展。

---

〔187〕参见江苏省苏州市中级人民法院民事裁定书，(2015)苏中民辖终字第 284 号、(2015)苏中民辖终字第 429 号。

〔188〕参见江苏省无锡市中级人民法院民事裁定书，(2015)锡民辖终字第 162 号。

〔189〕参见江苏省南京市中级人民法院民事裁定书，(2016)苏 01 民辖终 562 号。

〔190〕其间江苏省苏州市中级人民法院民事裁定书，(2016)苏 05 民辖终 856 号、(2018)苏 05 民辖终 213 号案例认定为有效；而江苏省苏州市中级人民法院民事裁定书，(2016)苏 05 民辖终 1242 号、(2017)苏 05 民辖终 69 号案例则认定为无效。

### （三）平台争议解决规则的审查原则

元规制与自我规制[191]的理论与实践赋予了平台经营者相当程度的裁量空间，鼓励其设置自己的内部控制与管理体系。在这种以平台经营者为主体的规制体系下，司法审查人员的首要角色为“保持距离的规制”，依靠平台经营者设置适宜的运行机制和规则，同时采取必要措施，确保这些机制得以有效运行。但是，所面临的挑战在于，如何确保平台经营者运用被赋予的裁量权，去实现公共规制目标，而非自身私人利益。因此，公权力机关的任务远非被动地监督合规情况，或仅仅监督“纸面上的体系”，还要积极地质疑平台经营者，要求其证明其体系的实际运行，审查其风险管理措施，并判断是否满足规制义务的要求。公权力机关不能完全依赖或过于尊重平台经营者自身的体系，需要对其不合法、不合理之处作出某些修正。

有法官和学者认为，人民法院在审查平台规则——包括但不限于平台争议解决规则——的合法性时，需要注意：平台经营者作为电子商务组织者，负有维护交易秩序、交易安全的职责，依法享有规范用户行为的权利；其虽然拥有庞大的用户群体，仍属于普通商事主体，不涉及公共服务，在不违反法律规定的前提下，自主选择其经营模式、制定交易规则、确定纠纷处理方式等均属于平台的自主经营、自治空间范畴；平台规则系平台经营者治理平台的规则基石和有力抓手，对平台规则的司法审查应当遵循当事人意思自治原则，尊重平台规则的约束力和平台争议解决机制这一当事人私力救济选择，对其内容的合理性审查应当严格限定边

---

[191] 参见［英］罗伯特·鲍德温、马丁·凯夫、马丁·洛奇：《牛津规制手册》，宋华琳等译，上海三联书店2017年版，第163～187、587页。自我规制是指规制对象对自身施加命令和结果的规制，其范围可以从非政府主体实施的任何规则，到由被规制者自身自定和实施的规则。元规制是与自我规制相对应的概念，突出了政府的引导作用。元规制是指外部规制者有意促使规制对象本身针对公共问题，作出内部式的、自我规制性质的回应，而不包括规制者的无意行为。

界,而不宜干涉过多。[192]

但是,前述对平台规则审查权限的限制,并不意味着公权力机关完全放弃平台规则合法性与有效性的司法审查权,以及必要的行政监管权。平台经营者作为商主体以盈利为目的,其有动机也有能力在平台规则中"夹带私货",运用"霸王条款"侵害用户权益、谋求不当利益。因此,一方面,立法部门颁布《民法典》《电子商务法》等法律规范,建立格式条款制度、平台规则制定公示制度等,以防止平台经营者滥用权利,平衡当事人利益。[193] 另一方面,在原则性、概要性的立法框架之下,政府部门通过发布对应的指引、标准以及示范性合同,来保障平台规则内容的规范性与公正性;[194] 司法机关在司法实践中明确有关平台规则合法性的争议焦点和裁判标准,来给予当事人预期和指引。

一般情况下,平台规则虽为格式合同,但若平台经营者已尽到提示、说明义务,那么,平台在合理范围内免除其责任或限制用户权利的格式条款是合法有效的。因为在充分竞争且无垄断的情况下,双方自愿订立且不存在法定无效情形的格式条款,只要不属于给付严重失衡的非正义情况,则应认定其效力。[195] 法律对格式条款进行限制的目的并非彻底摒弃它,而是在合同双方自愿合意的前提下,防止发生显失公平情形。

当然,也有学者认为,人民法院对平台规则、平台行为的司法审查主要局限于私法领域,存在缺失和不足,在广度和深度上都有待提升。平台具有公共性,其越来越多地履行传统公共职能却又没有与之相对应的

---

[192] 参见浙江省杭州互联网法院民事裁定书,(2019)浙0192民初9880号;薛军:《平台有权对售假商家罚款吗?》,载《中国市场监管报》2020年9月1日,第3版。

[193] 薛军:《平台有权对售假商家罚款吗?》,载《中国市场监管报》2020年9月1日,第3版。

[194] 参见郑洁:《中欧电子商务消费争议多元纠纷解决机制之比较研究》,载《中国国际私法与比较法年刊》2018年第1期。如商务部发布的《第三方电子商务交易平台服务规范》、原国家工商行政管理总局发布的《网络交易平台合同格式条款规范指引》等。

[195] 参见刘凯湘、刘晨:《互联网第三方平台服务协议效力的判断原则及其意义——评蔡振文诉淘宝案》,载《中国应用法学》2017年第3期。

严格审查。因此，人民法院应当依照相关公法原理和公法价值，对平台规则、平台行为进行必要的司法审查。[196] 这一充分认识到平台特殊地位、平台与用户特殊关系的观点，值得进一步深入探索。但是，在司法实践中，迄今为止，尚未发现此种司法审查情形。

## 第五节　小　　结

劳伦斯·莱斯格说："在网络空间中，某只看不见的手正在建造一种与网络空间诞生时完全相反的架构。这只看不见的手，由政府和商务共同推动，正在建造一种能够实现最佳控制并使高效规制成为可能的架构。"[197] 面对日益增加和不断变化的电子商务纠纷，传统的争议解决机制已经不能满足需求，积极推进多元化争议解决机制改革刻不容缓。[198] 对此，中国相关实践通过不断突破与创新，日益深入构建多元化的争议解决方式，以此应对挑战，推动了网络空间治理的法治化。电子商务多元争议解决方式之间应当相互衔接、相辅相成，构成一个形式多样、运行规范的电子商务多元争议解决系统。该系统本质上是一种监管模式、监管理念的转变，是应对电子商务纠纷特征而衍生出的多元治理格局；它更是电子商务市场实践的选择与结果，贯穿纠纷的事前、事中与事后整个过程。纠纷处理不再是电子商务新型争议解决方式与传统争议解决方式各自的事情，应当充分发挥两者的优势，强调其多元性、共存性、衔接性，从而可以最大力度、最高效率地解决电子商务纠纷，共同形成"非

---

[196] 参见刘权：《网络平台的公共性及其实现——以电商平台的法律规制为视角》，载《法学研究》2020 年第 2 期；[美]朱迪·弗里曼：《合作治理与新行政法》，毕洪海、陈标冲译，商务印书馆 2010 年版，第 142 页。

[197] [美]劳伦斯·莱斯格：《代码 2.0：网络空间中的法律》，李旭、沈伟伟译，清华大学出版社 2018 年版，第 6 页。

[198] 齐树洁主编：《纠纷解决与和谐社会》，厦门大学出版社 2010 年版，第 6 页。

诉在前、诉讼断后”的递进式、漏斗状的纠纷处理模式,层层过滤、筛选、分流,以便快速化解纠纷。[199]

在网络空间中,代码就是法律,代码及其自我执行的属性催生了中国特色的电子商务线上争议解决机制。[200] 电子商务争议新型解决方式主要由平台经营者提供一系列内部纠纷处理规则,在获得平台用户事先同意的基础上,按照合同约定由平台经营者合法介入处理纠纷。整个过程也是平台经营者通过对代码技术的控制来建构自己的权力范围、为处理电子商务纠纷提供权威性支持的过程;[201] 但其在合法性和正当性方面仍存在挑战。司法实践在平台规则合法性这一问题上呈现出一种复杂心态,各个法院以及不同时期同一法院的裁判结果和效力认定路径也有所差异,并无明确统一的裁判标准,表明人民法院在不同主体利益的保护之间存在摇摆和权衡,也反映出了平台规则合法性认定的复杂性。在这种以平台经营者为主体的规制体系下,司法审查人员的首要角色为“保持距离的规制”,依靠平台经营者设置适宜的运行机制和规则,同时采取必要措施,确保这些机制得以有效运行。

平台经营者主导的电子商务新型争议解决方式作为一种制度变革的力量正在萌芽,这种以平台经营者为主体的规制体系进路或许会为将来实现“更好规制”打下坚实的基础。

---

[199] 参见龙飞:《中国在线纠纷解决机制的发展现状及未来前景》,载《法律适用》2016 年第 10 期;王伟涛:《我国电子商务在线纠纷解决机制研究》,吉林大学 2015 年硕士学位论文,第 27 页。

[200] [德]贡塔·托依布纳:《魔阵·剥削·异化——托依布纳法律社会学文集》,泮伟江、高鸿钧等译,清华大学出版社 2012 年版,第 178 页。

[201] 张欣:《中国电子商务纠纷在线治理研究》,载《北京航空航天大学学报(社会科学版)》2014 年第 1 期。